Theologie am Nullpunkt

T V Z

reformiert!

herausgegeben von
Matthias Felder, Magdalene L. Frettlöh,
Frank Mathwig, Matthias Zeindler

Bd. 13 – 2022

Eine Liste der bereits in der Reihe *reformiert!* erschienenen Titel findet
sich am Ende dieses Bandes.

Matthias Zeindler, Magdalene L. Frettlöh (Hg.)

Theologie am Nullpunkt

Karl Barth und die Krise der Kirche

T V Z

Theologischer Verlag Zürich

Der Theologische Verlag Zürich wird vom Bundesamt für Kultur
für die Jahre 2021–2024 unterstützt.

Bibliografische Informationen der Deutschen Nationalbibliothek
Die Deutsche Nationalbibliothek verzeichnet diese Publikation in der Deutschen
Nationalbibliografie; detaillierte bibliografische Daten sind im Internet über
http://dnb.dnb.de abrufbar.

Umschlaggestaltung
Simone Ackermann, Zürich
Unter Verwendung einer Grafik von Matthias Käser

Druck
CPI books GmbH, Leck

ISBN 978-3-290-18500-8 (Print)
ISBN 978-3-290-18501-5 (E-Book: PDF)
© 2022 Theologischer Verlag Zürich
www.tvz-verlag.ch

Vorwort zur Reihe

Die Schweizer Reformation war die erfolgreichste Reformation sowohl im Blick auf ihre Reichweite als auch auf ihre Nachhaltigkeit. Das Ausrufezeichen im Reihentitel *reformiert!* hebt den Finger im deutschsprachigen Raum der lutherischen Erbengemeinschaft. Die reformierte Tradition steht für Offenheit gegenüber anderen Konfessionen und Religionsgemeinschaften, für ein kritisch-engagiertes und zugleich aufmerksam-widerständiges Verhältnis gegenüber dem Staat und für einen revisionsfreudigen Gegenwartsbezug ihrer Glaubensinhalte.

Das Ausrufezeichen fällt auf und bekräftigt sichtbar dasjenige, worauf es bezogen ist. Ausrufezeichen sind – wie Theodor W. Adorno bemerkt hat – ein Stilmittel des Expressionismus, das zugleich Auflehnung und Ohnmacht signalisiert. Ein Widerspruch wird über- oder zugespitzt – Karl Barths «Nein!» – oder ein Protest als kollektive Bewegung stilisiert – Stéphane Hessels «Empört euch!». Der Strich mit dem Punkt hat Konjunktur in den sozialen Medien als Satzzeichen der ewig Unverstandenen. Das Ausrufezeichen reagiert auf eine gestellte oder unterstellte Frage und versucht die Zweifel zu überspringen, die der Satz selbst nicht auszuräumen vermag. Das Ausrufezeichen in *reformiert!* steht für all das: eine Position, ihre Bekräftigung und den dadurch alsbald provozierten Widerspruch.

Mit dem Ausrufezeichen unterscheiden sich die Reformierten vom Punkt der Lutheraner. Was bei Letzteren zum Abschluss kommt, wird bei Ersteren offengehalten. Wer ein Ausrufezeichen setzt, rechnet mit Fragezeichen: Nachfragen, Einwänden, Kritik und der Nötigung, noch einmal und immer wieder neu zu beginnen. In diesem Sinn folgen die reformierten Reformatoren dem Humanisten Erasmus, der den Ausdruck *logos* in Joh 1,1 nicht mit *verbum* «Wort», sondern mit *sermo* «Gespräch»/«Rede» übersetzte. Reformiertes Bekennen gehört seither in das Gespräch der Kirche über den Glauben und tritt nicht an seine Stelle. Kirche nach reformiertem Verständnis ist entsprechend geistbegabte Kommunikationsgemeinschaft in der Nachfolge ihres Herrn.

Die Geschichte und Gegenwart der reformierten Kirchen und Theologien besteht aus einem Netz solcher Kommunikationsgeschichten. Das machte sie einerseits zum weltweit wirkungsmächtigsten schweizerischen Exportartikel. Andererseits erzeugt dieses Selbstverständnis bis heute ein vielstimmiges Gemurmel, in dem das eigene Wort manchmal untergeht, Missverständnisse und Dissense zum Alltag gehören und der Streit um die Wahrheit zum Dauerbrenner wurde.

Die Zumutung, die Debatte nicht abreissen zu lassen oder gar doktrinär abzubrechen, kann so ermüdend werden, wie sie unverzichtbar ist und bleibt.

Die Reihe *reformiert!* greift diese lange Tradition des reformierten Gesprächs auf: zeitgenössisch, herkunftsbewusst, kontrovers, innovativ. Reformiert steht nach dem Verständnis der Herausgebenden für einen lebendigen Streit um die Sache ohne Schlusspunkt, aber mit deutlichem, zur kritischen Reflexion herausforderndem Ausrufezeichen.

Matthias Felder   Bern, im November 2017
Magdalene L. Frettlöh
Frank Mathwig
Matthias Zeindler

Inhalt

Vorwort

«Kirche ist eigentlich eine Unmöglichkeit. Pfarrer kann man eigentlich nicht sein. Predigen, ja wer darf, wer kann denn das, wenn er weiss, um was es da geht?»[1] In kaum zu überbietender Dramatik drückt Karl Barth in seinem Vortrag *Not und Verheissung der christlichen Verkündigung* von 1922 die Verlegenheit aus, in der er sich nicht nur selbst befindet, sondern in der er die Kirche als ganze stehen sieht. Diese Kirche ist zutiefst infrage gestellt, und damit nicht nur das Tun derer, die in ihr allsonntäglich im Gottesdienst den Verkündigungsauftrag wahrnehmen, sondern auch die sich versammelnde Gemeinde.

Der Kontext solch drastischer Sätze ist bekannt und von Barth mehrfach beschrieben worden. Bei Ausbruch des Ersten Weltkriegs muss er bestürzt zur Kenntnis nehmen, dass mit der Mehrheit der deutschen Intellektuellen auch fast alle seine theologischen Lehrer sich vorbehaltlos mit der deutschen Kriegspolitik identifizieren. Barth nimmt dies nicht bloss als politische Fehleinschätzung wahr, sondern als Bankrott all dessen, was er bis anhin in der Theologie für gültig und tragfähig gehalten hatte. Das Versagen der Theologenschaft offenbart eine Grundlagenkrise ungeahnten Ausmasses. Eine Grundlagenkrise, die auch ein neues Licht auf die täglichen Kämpfe im Safenwiler Pfarramt wirft und sich spiegelt in der Unzulänglichkeit des eigenen theologischen Rüstzeugs angesichts des sozialen Elends in den Familien, der wirtschaftlichen Not der örtlichen Arbeiter:innenschaft oder der Sprachnot in der Verkündigung.

An diesem Nullpunkt angekommen, sieht sich der junge Aargauer Pfarrer – im fortwährenden Gespräch mit seinem Kollegen und Freund Eduard Thurneysen – dazu genötigt, nach neuen Grundlagen für Kirche und Theologie zu suchen. Auch dieser Teil der Geschichte ist bekannt und soll hier lediglich kurz aufgerufen werden. Eine Reihe von Vorträgen in der Gemeinde und an Konferenzen bilden in den 1910er Jahren gleichsam das Forschungslabor, in welchem Barth sich Schritt für Schritt an neue, grundstürzende Einsichten herantastet, die dann mit den beiden Römerbrief-Kommentaren (1919/1922) und dem Tambacher Vortrag *Der Christ in der Gesellschaft* (1919) die theologische und kirchliche Landschaft erschüttern sollten. Dabei bestätigt sich der eingangs zitierte Zusammenhang in zunehmender Deutlichkeit: Der Krise der Tätigkeit des Pfarrers liegt eine Krise der Kirche zugrunde, wesentlich mit hervorgerufen durch eine Krise

---

[1]   Karl Barth, Not und Verheissung der christlichen Verkündigung, 1922, in: ders., Vorträge und kleinere Arbeiten 1922–1925 (GA III.19), hg. von Holger Finze-Michaelsen, Zürich 1990, 65–97 (91).

der Theologie, die ihrerseits in einer Krise des Hörens auf das wurzelt, was Kirche und Theologie fundiert, das Wort des lebendigen Gottes.

Folgerichtig vollzieht sich die Umkehr der Theologie in einem entschiedenen Rückgang auf die Bibel. Im *Römerbrief* beginnt Barth eine Pauluslektüre zu praktizieren, die den Text nicht länger historisierend auf Distanz hält, sondern sich seinem Anspruch vorbehaltlos auszusetzen versucht. Barth wird dabei nicht nur die «neue Welt in der Bibel»[2] entdecken, sondern auch einen Gott, der sich nicht länger als religiöser Firnis über das menschliche Denken und Planen legen lässt und der stattdessen all dem als der «ganz Andere» schroff und unverfügbar entgegensteht. Barth vollzieht dabei einen theologisch verwegenen Schachzug: Nicht das ökonomische, politische, soziale und gesellschaftliche Elend nimmt er als die entscheidende Krise seiner Zeit wahr. Vielmehr ist Gott selbst die Krise des Menschen, führt Gottes Nein den Menschen in die Krisis, ins Gericht. Aber in ebendieses Nein ist das Ja des gnädigen, des sich der Geschöpfe erbarmenden Gottes eingeschlossen: «Er begnadigt uns, indem er unsere Krisis einleitet, indem er uns ins Gericht bringt.»[3]

Die Beiträge des vorliegenden Bandes versuchen, sich den Suchbewegungen, Entdeckungen und Reflexionen Karl Barths in den Jahren vor und nach den Römerbrief-Kommentaren und dem *Tambacher Vortrag* anzunähern. In Auseinandersetzung mit wichtigen Referenztexten aus der frühen Zeit der Dialektischen Theologie rekonstruieren die Autor:innen die zentralen Einsichten Barths, verfolgen ihre Entwicklung im späteren Werk und befragen sie auf ihre Relevanz in gegenwärtigen Krisen von Kirche und Gesellschaft hin. Immer wieder wird dabei sichtbar, dass auch in unserer Gegenwart kirchlichen Krisen theologische Krisen zugrunde liegen. Und dass theologische Krisen letztlich stets auf die Notwendigkeit neuen Hörens auf die biblischen Texte verweisen – und darin auf die Begegnung mit dem Gott Jesu Christi, aus dessen Verheissung allein neues Leben zu erhoffen ist.

Der Band dokumentiert eine Ringvorlesung an der Universität Bern im internationalen Karl-Barth-Jahr 2019, das unter dem Motto *Gott trifft Mensch* stand. Die Vorlesung wurde gemeinsam vom Institut für Systematische Theologie der Theologischen Fakultät der Universität Bern, dem Schweizerischen Evangelischen Kirchenbund (heute: Evangelische Kirche Schweiz) und den Reformierten Kirchen

---

[2]   Karl Barth, Die neue Welt in der Bibel, 1917, in: ders., Vorträge und kleinere Arbeiten 1914–1921 (GA III.48). In Verbindung mit Friedrich-Wilhelm Marquardt (†) hg. von Hans-Anton Drewes, Zürich 2012, 317–343.

[3]   Karl Barth, Der Römerbrief (Zweite Fassung) 1922 (GA II.47), hg. von Cornelis van der Kooi und Kaja Tolstaja, Zürich 2010, 65.

Bern-Jura-Solothurn verantwortet. Wir danken allen Beiträger:innen für Vorträge und Diskussionen und ebenso dafür, dass sie ihre Texte überarbeitet und für diese Publikation zur Verfügung gestellt haben. Zu unserem grossen Bedauern haben wir von Joachim von Soostens Eröffnungsvortrag *Ende aller Selbstverständlichkeiten. Theologie in den Zeitdeutungskämpfen der 1920er Jahre,* der die theologische Landschaft am Anfang des 20. Jahrhunderts kartografierte, keine Druckfassung erhalten.

In, mit und unter Barths Bearbeitung der Krise von Kirche und Theologie bringen die Beiträge des vorliegenden Bandes zentrale Themen der frühen dialektischen Theologie zur Sprache: die Wiederentdeckung der Alterität Gottes, die Religions- und Kulturkritik, die Eschatologie, die Bibelhermeneutik, wegweisende Grundmotive der reformierten Tradition ... Und sie zeigen allesamt, wie sehr diese Theologie – in Anknüpfung und Widerspruch, in Auseinandersetzung und im Miteinander – im Gespräch entstanden ist, mit den biblischen Texten zunächst, sodann mit dem Freund Eduard Thurneysen, dem Lehrer Adolf von Harnack, der buchstäblich erlesenen Kommunikation mit Schleiermacher, Kierkegaard, Dostojewski, Nietzsche, dem Hören auf Mozart ... und wie sie aus sachlicher Nähe und Distanz heraus neue Gespräche evozieren kann, wie das hier von Luca Di Blasi initiierte mit Martin Heidegger.

Darum mag nicht zufällig am Ende der Vortragsreihe die Überzeugung stehen, dass Barth den Kulturprotestantismus nicht nur hinter sich gelassen hat, sondern dass Barths prophetische Theologie – im Ringen mit Schleiermacher wie in Begeisterung für Mozart – «den Wahrheitskern eines kulturprotestantischen Humanismus» erneuert habe (Georg Pfleiderer).

***

Wir danken Martin Rahn-Kächele für die umsichtige Formatierung und die Erstellung der Register, André Stephany und Beate Heiniger für sorgfältige Korrekturlektüren und Matthias Käser für die professionelle Gestaltung der Cover-Grafik. Mitarbeitende des Theologischen Verlags Zürich haben auch diesen 13. Band der Reihe *reformiert!* engagiert und zuverlässig betreut; auch ihnen wiederum einen grossen Dank.

Neben diesem zeitaufwändigen Engagement der Autor:innen und Bearbeiter:innen wurde die Publikation durch die Übernahme des Druckkostenzuschusses durch die Reformierten Kirchen Bern-Jura-Solothurn und die Evangelische Kirche der Schweiz ermöglicht. Herzlichen Dank dafür.

***

Anlässlich des 100. Geburtstages Karl Barths hat Albrecht Grözinger die These illustriert, «dass der offenbarungstheologische Ansatz der dialektischen Theologie ein weitaus grösseres und herausforternderes praktisch-theologisches Potenzial enthält, als dies deren Inauguratoren wie deren Kritiker entfaltet haben. Insofern jedoch hat die Dialektische Theologie ihre praktisch-theologische Zukunft noch vor sich.»[4] Die Dokumentation der Berner Ringvorlesung *Theologie am Nullpunkt* aus Anlass des 100. Geburtstages des ersten Römerbrief-Kommentars bietet vielfältigen Anlass zu der Überzeugung, dass das (Früh-)Werk Karl Barths nicht nur in der Praktischen Theologie, sondern in allen theologischen Disziplinen, in Universität, Kirche und Gesellschaft seine Zukunft noch vor sich hat. Darum wünschen wir diesem Band Leser:innen, die das Erbe der Dialektischen Theologie anzutreten wagen in Zeiten von Fundamentalismen, die unsere komplexen und komplizierten Lebenswelten auf Schwarz-Weiss-Bilder reduzieren. Denn Dialektik ist ein Antidot zum Fundamentalismus.

Bern, im März 2022
Matthias Zeindler und Magdalene L. Frettlöh

---

[4]   Albrecht Grözinger, Offenbarung und Praxis. Zum schwierigen praktisch-theologischen Erbe der Dialektischen Theologie, in: Zur Theologie Karl Barths. Beiträge aus Anlass seines 100. Geburtstags (ZThK Beiheft 6), hg. von Eberhard Jüngel, Tübingen 1986, 176–193 (193).

Peter Zocher

«... wirklich nicht in Gefahr, deutsch-national zu werden»

Vom Safenwiler Pfarramt zur Göttinger Professur[1]

I. Karl Barth als Pfarrer in Safenwil (1911–1921)

1. Der Pfarrer und seine Gemeinde

Während des Frühjahrs 1911 reift in Barth der Entschluss, sich nach dem Ablauf seiner Hilfspredigerzeit in Genf um eine erste eigene Pfarrstelle nicht im Heimatkanton Bern zu bewerben, sondern – wie schon sein Vater Fritz – im Aargau.

Bis dahin lebte und arbeitete er fast ausschliesslich in kleineren und grossen Städten, nun zieht es ihn in die ländlich geprägte Arbeiter- und Bauerngemeinde Safenwil, zu der etwa 1500 Personen gehören. Um seine Wahl muss er sich keine Sorgen machen, im Gegenteil: Nachdem er im April eine Probepredigt gehalten hat, werden er und sein Vater brieflich geradezu bestürmt, er möge sich doch für Safenwil entscheiden. Er tut dies und wird am 30. April 1911 einstimmig zum neuen Pfarrer der Gemeinde gewählt.

Im Juli 1911 bezieht Barth das Pfarrhaus in Safenwil; seine Installation kann am 9. Juli noch sein Vater vornehmen, der wenige Monate später überraschend verstirbt. Barth selbst hält seine Antrittspredigt über Joh 14,24 und führt programmatisch aus: «Ich bitte euch, mir auch darin Vertrauen zu schenken, dass ich euch nicht von Gott rede, weil ich einmal Pfarrer bin, sondern dass ich Pfarrer bin, weil ich von Gott reden muss, wenn ich mir selber, meinem bessern Ich, treu bleiben will.»[2] Zur Wahl erreichen den jungen Pfarrer Gratulationen unter anderem von seinen theologischen Lehrern Hermann Gunkel, Adolf von Harnack, Wilhelm Herrmann, Adolf Jülicher und Adolf Schlatter.

---

[1]   Überarbeitete Fassung der am 4. März 2019 gehaltenen Vorlesung. – Im Folgenden wird bei biografischen und zeitgeschichtlichen Angaben auf Einzelnachweise verzichtet. Vgl. dazu: Eberhard Busch, Karl Barths Lebenslauf. Nach seinen Briefen und autobiographischen Texten, München [4]1986, 72–178; Christiane Tietz, Karl Barth. Ein Leben im Widerspruch, München 2018, 79–162.

[2]   Karl Barth, Predigten 1911 (GA I.51), hg. von Eberhard Busch / Beate Busch-Blum, Zürich 2015, 199.

Auch Nelly Hoffmann ist zur Installation ihres Verlobten nach Safenwil gekommen; lange bleibt sie allerdings zunächst nicht: Zwar verzichtet sie auf ein ursprünglich angestrebtes Musikstudium, doch bereitet sie sich mit einem Gastaufenthalt bei einer englischen Familie und unter der Anleitung ihrer Mutter in Genf erst noch auf ihre zukünftige Rolle als Ehe- und Pfarrfrau vor. Bis zur Hochzeit am 26. März 1913 wird sie von ihrem Bräutigam sehnlich vermisst, ist sie ihm doch «geistig gewachsene Gefährtin [...]: ebenbürtig, auf gleichem Niveau im Sinn, im Geschmack, im Takt, im Gefühl, in der Lebensstimmung». In Nelly Hoffmann hat er sie gefunden, die «ungesuchte Einheit, den Zusammenklang der Seelen, der sich eben durch nichts anderes, auch nicht durch guten Willen, ersetzen lässt in der Liebe».[3]

Die nach der Hochzeit gemeinsam verbrachten Safenwiler Jahre sind die glücklichste Zeit in der Ehe von Karl und Nelly Barth. Nach der Geburt der Tochter Franziska im Jahre 1914 kommen hier die Söhne Markus (1915), Christoph (1917) und spät auch noch Matthias (1921) zur Welt; einzig der jüngste Sohn Hans Jakob wird erst in Göttingen geboren (1925). Selbstverständlich übernimmt Nelly Barth den Grossteil der Kindererziehung; sie führt mithilfe von im Haus tätigen «Mädchen» den Haushalt und wacht auch über die Finanzen – angesichts der eher knapp bemessenen Besoldung der Safenwiler Pfarrstelle keine leichte Aufgabe. Ihrem Mann hilft sie auch sonst, so gut sie kann, und steht ihm bei Anfeindungen und in Auseinandersetzungen zur Seite; sie spart aber auch nicht mit Kritik an der Art und Weise eines Vortrags oder einer Predigt – oder an den Entwürfen zum Vorwort der Römerbrief-Auslegung! –, wenn diese ihr missfallen haben. Barth beschreibt ihr Wirken und seine Ehe im September 1915 so: «Nelly ist in allem sehr dabei, ich muss es dir doch auch wieder einmal sagen [...], wieviel ich an ihr habe, von Monat zu Monat mehr, und wie sie mir eigentlich sehen und tragen hilft.»[4]

Die Predigt steht im Mittelpunkt von Barths Wirken in Safenwil. Man muss dies einmal betonen, weil man aus der Literatur mitunter den Eindruck gewinnen kann, er habe sich dort praktisch nur politisch betätigt. Barth hält in den zehn Safenwiler Jahren beinahe 500 Predigten. Den Bibeltext wählt er frei, und der Vergleich mit seinen Genfer Predigten zeigt, wie hörerorientiert er predigt: Die Predigten sind nun weniger komplex aufgebaut, sie erscheinen weniger akademisch und sind deutlich kürzer – jedenfalls zunächst. Von den Safenwilern

---

[3]   Brief an Fritz Zulauf vom 26.5.1911 (KBA 9211.122).

[4]   Brief an Eduard Thurneysen vom 19.9.1915 (KBA 9270.48; Karl Barth / Eduard Thurneysen, Briefwechsel, Bd. 1: 1913–1921 [GA V.3], bearb. und hg. von Eduard Thurneysen, Zürich 1973, 84).

und der Arbeit dort berichtet Barth nach wenigen Monaten nur Gutes: «Willst du etwas hören von meinem Landpfarrerleben? [...] Es macht mir sogar wesentlich mehr Freude als in Genf, hier zu arbeiten. Die Safenwiler sind zur Hälfte Bauern, zur Hälfte Arbeiter. Drei Fabriken strecken ihre unästhetischen Schlöte in die sonst schöne Landschaft.»[5] Und: «Es fällt mir auf, wie ganz anders man hier als Pfarrer *mitten* im Volkesleben drinsteht, nolens volens, als z. B. in Genf. [...] Man kann hier als Pfarrer einfach Alles werden und machen, die Leute finden es ziemlich selbstverständlich, dass man eben überall dabei und an der Spitze ist, wo es sich um die ‹Kultur› handelt. Mir ist diese Situation ganz erwünscht, lieber als die an andern Orten, wo man mit seinen ‹christlichen› Bestrebungen so nebenab steht und froh sein muss, wenn die Leute etwas von Einem wollen. Hier hat man das erfreuliche Gefühl, *nötig* zu sein.»[6]

Hilfe benötigt, so bemerkt der neue Pfarrer schnell, in Safenwil vor allem die grosse Zahl der Fabrikarbeiter und -arbeiterinnen. Sie müssen vom Konfirmandenalter an bis zu zwölf Stunden am Tag arbeiten und verdienen oft trotzdem nicht genug für ihren Lebensunterhalt. Die Problematik ist für Barth nicht neu, Armut und Not vor allem von Arbeitern hatte er in Berlin und Genf bereits kennengelernt, und von der «Sozialen Frage» handeln Schriften und Predigten von ihm schon seit Jahren. In Safenwil allerdings sind ihm die beklagenswerten Zustände nicht mehr nur ein eher theoretischer Betrachtungsgegenstand. Hier wird er vor der Haustür mit ihnen konfrontiert. Als man ihn bittet, im örtlichen Arbeiterverein Vorträge zu halten, sagt er zu und kommentiert dies äusserst pragmatisch: «Ich wäre doch ein Esel, wenn ich die Leute in ihrem unglaublichen Bildungshunger stehen liesse, wenn sie zu mir kommen, nur weil sie Sozen sind.»[7]

Barths Einsatz für bessere Lebensbedingungen der ortsansässigen Arbeiterschaft und für deren bessere Bildung weitet sich schnell aus und führt zum Konflikt mit dem Textilfabrikanten Walter Hüssy. Kennzeichnend für die Schärfe des Streits und die Atmosphäre, in der er stattfindet, ist ein Kommentar im *Freien Aargauer,* der Parteizeitung der Sozialdemokraten, vom 20. Februar 1912: «Herrn Pfarrer Barth geht es wie einem Wanderer, der nachts durch ein fremdes Dorf zieht; irgend ein billiger Köter fängt sein Geheul an – ein Laut des Wanderers und er ist von einer wütenden Meute umringt, und irgend ein Kläffer tut sich dabei immer hervor.» Die Auseinandersetzungen um Barths weiteres soziales und politisches Engagement, das ihn am Ort eine Gewerkschaft gründen und 1915 auch in die Sozialdemokratische Partei eintreten lässt, werden die Jahre in

---

5 Brief an Fritz Zulauf vom 22.10.1911 (KBA 9211.123).
6 Brief an Fritz Barth vom 21.9.1911 (KBA 9211.81).
7 Ebd.

Safenwil zu einem guten Teil beherrschen und die anfängliche Harmonie schnell überlagern.

Vielen gilt Barth als «roter» oder auch «Genosse Pfarrer», und man rechnet ihn zu den Religiösen Sozialisten. Er pflegt mit ihnen zwar intensiven Kontakt, identifiziert sich jedoch zu keiner Zeit ganz mit ihnen. Zentral ist ihm immer die Existenz als Christ, zu der ihm sein sozialdemokratisch orientiertes politisches Engagement aber nie als Widerspruch erscheint. Seine Kritik an einem Religiösen Sozialismus, der in seinen Augen eine andere und falsche Gewichtung vornimmt, wird Barth in dem Vortrag *Der Christ in der Gesellschaft* äussern, den er 1919 in Tambach hält.[8]

2. Die theologische Wende – Arbeit an den Römerbriefen

Bald nach dem Ausbruch des Ersten Weltkriegs unterzeichnen neben vielen anderen zwei seiner ihm wichtigsten Lehrer, die theologisch liberal eingestellten Adolf von Harnack und Wilhelm Herrmann, umstandslos den Gelehrten-Aufruf vom 4. Oktober 1914 *An die Kulturwelt*, der die deutsche Haltung bedingungslos unterstützt und mit dem die gegnerische Propaganda abgewehrt werden soll. Dieses Ereignis gibt Barth den Anstoss zu einem gründlichen Umdenken, und zwar nicht etwa nur aufgrund der zweifellos vorhandenen ethischen Bedenken gegen die hier vertretene Meinung, sondern vor allem, weil er die Theorie seiner Lehrer, also das theologische System, das ihnen eine solche Haltung ermöglicht, radikal infrage stellt. An seinen Freund Willy Spoendlin schreibt er wenige Wochen später: «Über den Kaiser und seine Hofprediger verwundere ich mich kaum, auch nicht über die Masse, aber über die geistigen Führer des deutschen Christentums? Was für ein Zusammenbruch der christlichen Ideale nicht nur in der Praxis, sondern auch in der Gesinnung, in der ruhigen Theorie!»[9] In seinen Zweifeln und Vorbehalten bestärkt wird Barth durch Eduard Thurneysen (1888–1974), der seit 1913 Pfarrer im benachbarten Leutwil ist.

Für Barth besteht der Ausweg aus seinen theologischen Zweifeln darin, dass er daran geht, noch einmal neu die Bibel zu lesen. Im Safenwiler Pfarrhausgarten unter einem Apfelbaum sitzend, so schildert er es später, beginnt er damit, den Römerbrief des Paulus gründlich zu studieren. 50 Jahre später erinnert Barth diese Lektüre so: «Ich begann ihn zu lesen, als hätte ich ihn noch nie gelesen:

---

[8] Karl Barth, Vorträge und kleinere Arbeiten 1914–1921 (GA III.48), hg. von Friedrich-Wilhelm Marquardt (†) / Hans-Anton Drewes, Zürich 2012, 546–598.

[9] Brief an Willy Spoendlin vom 4.1.1915 (KBA 9215.1).

nicht ohne das Gefundene Punkt für Punkt bedächtig aufzuschreiben. [...] ich las und las und schrieb und schrieb.»[10] – In engem Austausch vor allem mit Thurneysen liest und schreibt Barth, um Paulus neu zu verstehen, und denkt zunächst nicht an eine Veröffentlichung. Eine solche wird erst durch eine finanzielle Unterstützung des befreundeten Zürcher Industriellen Rudolf Pestalozzi (1881–1963) möglich, den Barth über Thurneysen kennenlernt und der von ihm und seiner Theologie fasziniert ist. Alle drei treffen sich mit ihren Ehefrauen von nun an regelmässig auf dem «Bergli», dem Ferienhaus der Pestalozzis oberhalb von Oberrieden am Zürichsee. Ferienaufenthalte dort, meist mehrmals im Jahr und oft mit weiteren Freunden, werden zu einer über Jahrzehnte gepflegten Tradition; Karl Barth ist, zunächst in Begleitung seiner Frau, später in der Charlotte von Kirschbaums (1899–1975), in allen diesen Jahren der mit Abstand am häufigsten auf dem Bergli anzutreffende Gast.

Im Spätsommer 1918 gelingt es Barth, seinen *Römerbrief*[11] in gerade zwei Monaten für den Druck fertig zu machen. Das Buch erscheint offiziell 1919 im Berner Verlag G. A. Bäschlin, die ersten 300 Exemplare liegen aber bereits zum Weihnachtsfest 1918 vor. Bald übernimmt der Münchener Christian Kaiser Verlag den Vertrieb in Deutschland, wo das Buch nun ebenfalls Aufmerksamkeit erregt.

«*Nur* Vorarbeit ist alles menschliche Werk und ein theologisches Buch mehr als jedes andre Werk»,[12] schreibt Barth, als er nur drei Jahre später schon wieder ein Vorwort zu einer Römerbriefauslegung formuliert. Seine erste Auslegung erscheint ihm nun als «noch viel zu sehr auf Hurra! gestimmt» und zu vielen «Missverständnissen und Irrungen» Anlass gebend.[13] Ganz am Ende seiner Safenwiler Zeit schreibt Barth – wieder in stetigem Austausch mit Thurneysen – in nur elf Monaten eine noch einmal neue Auslegung, die 1922 erscheint. Barths zweite Römerbriefauslegung wird zur wohl einflussreichsten theologischen Monografie des 20. Jahrhunderts. Bis 2011 erscheinen 18 deutsche Auflagen mit insgesamt 48 000 Exemplaren. Übersetzt wird das Buch ins Englische, Französische

---

[10] Karl Barth, Nachwort, in: Heinz Bolli (Hg.), Schleiermacher-Auswahl, München / Hamburg 1968, 290–312 (294f.).

[11] Karl Barth, Der Römerbrief (Erste Fassung). 1919, hg. von Hermann Schmidt (GA II.16), Zürich 1985. – Angesichts der sich mit Barths *Römerbriefen* intensiv befassenden Beiträge der Ringvorlesung erschien ein näheres inhaltliches Eingehen auf beide Fassungen an dieser Stelle entbehrlich.

[12] Karl Barth, Der Römerbrief (Zweite Fassung). 1922 (GA II.47), hg. von Cornelis van der Kooi / Katja Tolstaja, Zürich 2010, 5.

[13] Brief an Eduard Thurneysen vom 27.10.1920 (KBA 9270.271; Briefwechsel Thurneysen I [Anm. 4], 436).

und Chinesische, aber z. B. auch und teils erst jüngst ins Griechische, Japanische, Koreanische, Niederländische, Portugiesische, Russische und Ungarische.

3. Die Zusammenarbeit mit Eduard Thurneysen

Seit seinen Marburger Jahren ist Barth mit Eduard Thurneysen befreundet. Beide sind Mitglied der Zofingia und kennen sich wohl von Kindheit an, denn schon ihre Väter waren miteinander befreundet. 1913 wird Thurneysen Pfarrer im unweit von Safenwil gelegenen Leutwil und 1916 heiratet er Marguerite Meyer (1893–1995); von nun an sind beide Familien – auch das Ehepaar Thurneysen wird fünf Kinder bekommen – häufig beisammen, und man übernimmt wechselseitig Patenschaften. Den nun möglichen theologischen Austausch geniessen Barth und Thurneysen. Sie legen den Weg zwischen Safenwil und Leutwil regelmässig zu Fuss zurück oder treffen sich in der Mitte. Ihre Freundschaft vertieft sich zu einer langjährigen sehr engen Arbeitsgemeinschaft und lebenslangen Verbundenheit.

Auf Thurneysen geht, folgt man Barths eigener Erinnerung, auch der unmittelbare Anstoss zur Beschäftigung mit dem Römerbrief zurück: Er sei es gewesen, schreibt Barth noch 1968, der ihm eines Tages zugeflüstert habe, man brauche «für Predigt, Unterricht und Seelsorge» eine «ganz andere» theologische Grundlegung. – Am nächsten Morgen habe er sich mit allem ihm «damals zugänglichen Rüstzeug» vor dem Römerbrief des Paulus wiedergefunden.[14] Aus dieser Arbeit erwächst der *Römerbrief*, dessen Erscheinen 100 Jahre später den Anlass zum Karl Barth-Jahr 2019 bietet.

Auch an diesem ersten *Römerbrief* Barths werden Thurneysens Zuhören, die Gespräche mit ihm und sicher auch von ihm und anderen vorgebrachte Korrekturvorschläge ihren Anteil haben. Schriftlich fixiert ist dies leider nicht, traf man sich doch in den Jahren 1916–1918, als der erste *Römerbrief* entstand, Woche für Woche, manchmal mehrfach, persönlich.

Die umfangreiche Mitarbeit Thurneysens an der Überarbeitung dieser Auslegung, die nur drei Jahre später zum «Zweiten Römerbrief» führt, ist dagegen nachlesbar. 1920/21 ist Thurneysen bereits Pfarrer in Bruggen im Kanton St. Gallen, und so erfolgt der Austausch nun in der Regel schriftlich. Dank der 2015 erschienenen vollständigen Edition der Briefe Thurneysens aus den Jahren

---

[14] Barth, Nachwort (Anm. 10), 294.

1920/21[15] ist sein Anteil nun transparent. Mir scheint auch nach deren Kenntnisnahme, Barths Bemerkung im Vorwort zum zweiten *Römerbrief* trifft Umfang und Art dieser Mitarbeit recht genau: Thurneysen habe, so Barth, «auch das ganze im Entstehen begriffene Manuskript gelesen, begutachtet, und sich durch Einschaltung zahlreicher vertiefender, erläuternder und verschärfender Korollarien, die ich meist fast unverändert übernommen habe, in sehr selbstloser Weise ein verborgenes Denkmal gesetzt. Kein Spezialist wird dahinter kommen, wo in unserer auch hier bewährten Arbeitsgemeinschaft die Gedanken des einen anfangen, die des andern aufhören».[16] Die jetzt vorliegende Edition belegt, dass Thurneysens Beiträge sich in diesem Rahmen bewegten. In den Worten der Herausgeberin: «Thurneysens inhaltliche Rolle im *Römerbrief* II-Projekt kann dahingehend zusammengefasst werden, dass seine Ergänzungen keine spektakulären Metaphern oder genialen Einfälle enthalten. Er hat aber unentbehrliche Arbeit geleistet: er hat das Buch, das mit grosser Geschwindigkeit geschrieben und das wohl berühmteste theologische Werk des 20. Jahrhunderts wurde, begleitet und wichtige Korrektur- und Ergänzungsarbeit geleistet.»[17]

II. Karl Barth als Professor in Göttingen (1921–1925)

1. Der bekannte Unbekannte

Anfang 1921, als ihn die Anfrage erreicht, ob er bereit wäre, eine Honorar-Professur für Reformierte Theologie in Göttingen zu übernehmen, ist Barth in Deutschland kein ganz Unbekannter, auch wenn Safenwil, wie es noch im neuen Dokumentarfilm[18] heisst, «in the middle of nowhere» liegen mag. Nicht nur, aber

---

[15]   Katja Tolstaja (Hg.), «Das Römerbriefmanuskript habe ich gelesen». Eduard Thurneysens gesammelte Briefe und Kommentare aus der Entstehungszeit von Karl Barths *Römerbrief* II (1920–1921), Zürich 2015. – In den von ihm selbst edierten ersten beiden Bänden seines Briefwechsels mit Barth (siehe Anm. 4 und 33) hat Thurneysen die darüber Aufschluss gebenden Passagen weggelassen.

[16]   Barth, Römerbrief II (Anm. 12), 24. Der «bewährten Arbeitsgemeinschaft» war bereits ein Predigtband entsprungen, in dem es keine namentliche Zuordnung der einzelnen Predigten gab: Karl Barth / Eduard Thurneysen, Suchet Gott, so werdet ihr leben!, Bern 1917.

[17]   Tolstaja, Römerbriefmanuskript (Anm. 15), 30. – Dass Tolstaja bezüglich der angeführten Aussage Barths zunächst von «Mystifikation» spricht und gar formuliert, dass sie sich «gleichermassen als Anerkennung und Verdeckung von Thurneysens Anteil am *Römerbrief* II deuten» lasse (13), verwundert angesichts dieses ihres Fazits ein wenig.

[18]   Gottes fröhlicher Partisan – Karl Barth, Dokumentarfilm von Peter Reichenbach, CH/D 2017.

auch seine Herkunft sorgt dafür, dass deutsche Theologen mit dem Namen «Barth» etwas verbinden, war doch sein Vater ein geachtetes Mitglied der vor dem Ersten Weltkrieg überschaubaren Schar akademisch tätiger evangelischer Theologen. So ist der Name des Vaters auch das erste, was erwähnt wird, als man Barth als Kandidaten für die Professur nennt.[19] Den Sohn aber, den einige seiner Lehrer als Studenten mehrfach zu sich nach Hause eingeladen hatten, werden wenigstens diese ebenfalls erinnert haben. Dazu kommt: Sein *Römerbrief* hat dadurch, dass ihn der Christian Kaiser Verlag übernommen hat, einiges an Gewicht und Beachtung gewonnen, und Barths 1919 in Tambach formulierte Kritik am Religiösen Sozialismus, dem er bis dahin zugeordnet wurde, hat in interessierten Kreisen durchaus Aufsehen verursacht.

Man muss das betonen, hielt es Friedrich Wilhelm Graf doch jüngst für bemerkenswert, dass in Tambach lediglich «100 bis 120 protestantische Bildungsbürger» anwesend gewesen seien und auch die Zahl der Rezensionen zur ersten Druckfassung des Vortrags[20] «eher bescheiden» geblieben sei.[21] Man kann darüber streiten, bis zu welcher Grösse eine Zahl von Rezensionen «eher bescheiden» bleibt, und mit welchem Massstab Graf hier gemessen hat, verrät er leider nicht. Aber immerhin: Allein für 1920/21 verzeichnet die Bibliografie der Sekundärliteratur zu Barth fünfzehn Rezensionen, verfasst unter anderem von Friedrich Gogarten, Walther Köhler und Friedrich Siegmund-Schultze (keineswegs nur theologische «Laufkundschaft»), und sie erschienen in der *Zeitschrift für Theologie und Kirche,* in *Christentum und Gegenwart,* auch in schweizerischen und katholischen Zeitschriften, in allgemeinen Literaturanzeigern und selbst in der Tagespresse.[22] Für den Druck bloss eines Vortrags eines bis dahin noch nicht sehr bekannten Pfarrers aus der Schweiz ist dies wohl eine beachtliche Resonanz.

---

[19]   Siehe unten, Abschnitt II.2.

[20]   Karl Barth, Der Christ in der Gesellschaft. Eine Tambacher Rede, mit einem Geleitwort von Hans Ehrenberg, Würzburg 1920.

[21]   Friedrich Wilhelm Graf, Ethische Orientierungskraft erloschen. Über die dunklen Kehrseiten eines scharfen Geistes, in: Zeitzeichen 12, 2018, 31f. (32).

[22]   Die Rezensionen sind ermittelbar über: Bibliographie Karl Barth, Bd. 2: Veröffentlichungen über Karl Barth, in Verbindung mit der Universitätsbibliothek Tübingen und dem Institut für Hermeneutik an der Universität Tübingen hg. von Jakob Matthias Osthof, Zürich 1992, 2138 (zu Nr. 112 der Bibliographie).

2. Die Umstände der Berufung und die Bedenken Barths

Mit Datum vom 16. August 1921 teilt Carl Heinrich Becker (1876–1933), der Preussische Minister für Wissenschaft, Kunst und Volksbildung, Barth mit, dass er ihn zum «Honorarprofessor in der Theologischen Fakultät der Universität Göttingen» ernannt habe, und zwar mit dem Lehrauftrag «Einführung in das reformierte Bekenntnis, die reformierte Glaubenslehre und das reformierte Gemeindeleben».[23] Dass mit Barth jemand zum Professor berufen wird, der nach seinem Studium zwölf Jahre im Pfarramt wirkte und keine Dissertation oder Licentiatenschrift verfasst hat, ist auch zu dieser Zeit ungewöhnlich.

Die Einrichtung der reformierten Professur ging auf die Initiative des Göttinger Pfarrers Johann Adam Heilmann (1860–1930) zurück,[24] der sich schon seit Jahren bemüht hatte, damit an einer weiteren Stelle (neben der ähnlich ausgerichteten Professur in Erlangen) einen «Ersatz» für die längst verloren gegangenen reformierten Fakultäten und Akademien herzustellen. Gelingen konnte das Vorhaben 1921 nur mit der für sechs Jahre zugesagten Finanzierung durch die «North Western Synod» der *Reformed Church of the United States of America*, die den Hauptteil des Gehalts ausmachen sollte. Die weiter aufgestockte Bezahlung verblieb in der Grössenordnung eines Pfarrergehalts. So kam es ‹nur› zu einer Honorarprofessur, denn das Gehalt einer solchen war frei verhandelbar.

Aus diesem Grund, aber auch weil die Professur als der Fakultät nur assoziiert erscheinen sollte, um deren «lutherisches Profil» nicht zu verwässern, hatten bereits mehrere Kandidaten abgesagt, darunter der renommierte Erlanger Professor Ernst Friedrich Karl Müller (1863–1935). Jener brachte dabei Barth ins Spiel, und zwar als «Sohn des früh verstorbenen Berner Professors» und «Verfasser des originellen, sozial angehauchten Römerbrief-Kommentars».[25]

Die Anfrage Heilmanns erreicht Barth am 31. Januar 1921. Vom Wohlwollen des zuständigen Ministers, von den Empfehlungen Barths und von den die Professur betreffenden Modalitäten berichtet Heilmann ausführlich, von den Absagen nicht. Die unerwartete Möglichkeit, doch noch ins akademische Lehramt zu wechseln, überrascht Barth, reizt ihn aber zugleich sehr, und so sagt er nach nur kurzem Überlegen zu. Ende Februar stellt er sich in Göttingen vor.

---

[23] KBA, Dokumente und Materialien: Professuren; Faksimile-Abdruck: Karl Barth – Bilder und Dokumente aus seinem Leben (GA VI.54), hg. von Peter Zocher, Zürich 2018, 85.

[24] Zum Folgenden vgl. bes. Matthias Freudenberg, Die Errichtung der Professur für Reformierte Theologie an der Georg-August-Universität Göttingen: JGNKG 94, 1996, 237–257; vgl. auch Tietz, Barth (Anm. 1), 113f.

[25] Zitiert nach Tietz, Barth (Anm. 1), 113.

Zuvor, unmittelbar nach dem Erhalt der Anfrage, sucht er Rat bei dem väterlichen Freund Martin Rade (1857–1940). Die wichtigsten Punkte, in denen er unsicher ist und die er Rade gegenüber anspricht, sind: 1.) Passe ich in die kirchlich-theologische deutsche Landschaft? 2.) Was hat es mit den speziell reformierten Professuren überhaupt auf sich? 3.) Kann der amerikanische Hintergrund ein Problem sein, d. h. kann es sich negativ auswirken, in Deutschland zu arbeiten und vom «siegreichen Westen» bezahlt zu werden? 4.) Wie wird sich dies auf das Verhältnis zur Fakultät auswirken? 5.) Wenn es ihm, so Barth, auch leichtfalle, sich – wie gewünscht – politischer «Agitation» zu enthalten, da er sie auch bisher nicht geübt habe (!): «steckt», so fragt Barth, «hinter diesem Wunsch irgend etwas Bedenkliches, Reaktionäres, mit der Rechtsströmung auf Euren Universitäten Zusammenhängendes»?[26] Wie von Barth erbeten, antwortet Rade sehr schnell und macht ihm Mut, die Professur zu übernehmen; eine ausführlichere Antwort erreicht Barth erst, als er schon positiv auf die Anfrage reagiert hat.[27]

Dem Freund Thurneysen nennt Barth weitere, teils ganz profane Gesichtspunkte: «Du kannst dir denken, wie es in mir und in Nelly mit mir rumort. Alle nur möglichen Bilder entrollen sich: der [...] ‹Abbau› hier, der Umzug mit Grenzschikanen, die Reise mit drei bis vier Unmündigen, die Ankunft in dem ehemaligen ‹Gasthaus›, das laut Brief für den zukünftigen Professor bereit sei, und dann öffnet sich wie ein gähnender Schlund die Notwendigkeit, einem unbestimmten Haufen oder Häuflein deutscher Theologiestudenten Mitteilungen, irgendwelche (was nur für — und über was doch nur auch?) Mitteilungen zu machen. [...] Daneben dann: Definitiver Schluss mit allen klassischen Mittagessen, Kinder, die nicht genug Milch kriegen, in meiner Pfeife echtes Buchenlaub, Abgabe eines Drittels unserer Batzen an die verwünschten Westler, von denen sie ja z. T. auch herkommen sollen, Teilnahme von Markus und Stöffeli am nächsten Krieg. Weiter: seltsame Existenz als Säule reformiert-konfessioneller Bestrebungen, leise nahender Geruch von Konsistorialrätlichkeit, Bönzlein unter Bonzen, [...]. Weiter freilich auch: erfreulicher Übergang zu einer gewissen Weltlichkeit, heraus aus dem schweizerischen toten Winkel (o wie werde ich noch heulen nach meinem stillen Safenwil!), endlich ein Publikum, zu dem eine dialektische Beziehung möglich ist, [...], Ausblick über die deutsche Tiefebene, Fahrten mit Expresszü-

---

[26] Vgl. den Brief Barths an Martin Rade vom 31.1.1921 (KBA 9221.5; Karl Barth / Martin Rade. Ein Briefwechsel, mit einer Einleitung hg. von Christoph Schwöbel, Gütersloh 1981, 153f.).

[27] Briefe Martin Rades an Barth vom 5.2.1921 bzw. 12.2.1921 (KBA 9321.27 und KBA 9321.36; Barth/Rade, Briefwechsel [Anm. 26], 155f.).

gen nach allen Richtungen, Besichtigung des nicht mehr allzu fernen Meeres, [...]!!»[28]

Die Sorge um die Zukunft der Kinder ist es, die Barth veranlasst, hier wie nochmals 1925 bei der Berufung auf die ordentliche Professur in Münster von der im preussischen Beamtenrecht enthaltenen Klausel Gebrauch zu machen, nach der ein Ausländer davon befreit werden kann, bei der Übernahme ins Beamtenverhältnis mit allen direkten Familienangehörigen deutscher Staatsbürger zu werden. Barth, seine Frau und die Kinder bleiben also Schweizer.[29]

Die Gründe und näheren Umstände, unter denen Barth Anfang Januar 1926 dennoch seinen deutschen Reisepass erhält,[30] sind unklar; allein: Bemerkenswert ist, dass auch dort keine Familienangehörigen als ebenfalls preussische bzw. deutsche Staatsangehörige eingetragen werden, wäre das doch, wie geschildert, der «Normalfall» für eine Beamten-Familie gewesen. Selbst wenn also mit dem Erhalt des Reisepasses die Staatsbürgerschaft für Barth verbunden gewesen sein sollte (die Kölner Dienststrafkammer sah dies 1934 bekanntlich anders![31]): Dieser von Barth offensichtlich so gewünschte Status seiner Familienangehörigen war im damaligen deutschen Beamtenrecht trotzdem noch eine Besonderheit.

3. Barth, die Deutschen und die Lage nach dem Ende des Ersten Weltkriegs

Gewiss ist Barths Haltung Deutschland und den Deutschen gegenüber auch in Göttingen von einer Grundsympathie geprägt, die schon von den väterlichen Kontakten und eigener Anschauung im Kindes- und Jugendalter herrührte. Die drei in Deutschland verbrachten Studienjahre und die damals geschlossenen Freundschaften befestigten diese Einstellung so, dass sie auch die Kritik an der deutschen Haltung im Ersten Weltkrieg überdauerte. Und doch: Barth kannte seine Deutschen, und er wusste zu differenzieren. Irgendwie «deutschtümelnd» klingt das, was er Thurneysen bald aus Göttingen berichtet, jedenfalls nicht, und so bleibt es. Schon am 6. November 1921 schreibt Barth über seine Antrittsbesu-

---

[28] Brief an Thurneysen vom 2.2.1921 (KBA 9270.293; Briefwechsel Thurneysen I [Anm. 4], 464f.).
[29] Die entsprechenden Dokumente sind abgedruckt in: Karl Barth – Bilder und Dokumente (Anm. 23), 103.
[30] Zum Folgenden vgl. Karl Barth – Bilder und Dokumente (Anm. 23), 104f.
[31] Im Urteil vom 20.12.1934 heisst es: «Da im vorliegenden Falle ein derartiger Vorbehalt gemacht worden ist, und der Angeschuldigte auch im übrigen nicht auf seine Schweizer Staatsangehörigkeit verzichtet hat, ist er nach wie vor ausschliesslich Schweizer geblieben» (Karl Barth – Bilder und Dokumente [Anm. 23], 105).

che bei den Kollegen Bertholet und Hirsch:[32] «Und dann gab es einen grossen ergötzlichen Krach zwischen Frau Bertholet und Hirsch, über Politik. Frau Bertholet ist nämlich Demokratin und Hirsch rabiat (*viel* rabiater, fanatisch kann man ruhig sagen, als in den Briefen zu Tage trat) deutsch-national. Es war von der ‹Ausmordung des deutschen Volkes› durch die Entente die Rede, und es zeigte sich, dass über dieses ganze Kapitel mit diesem Manne nicht zu reden ist.»[33]

Die Einsicht in die seinerzeit prekäre deutsche Lage ändert Barths Haltung kaum: «Der Winter hier in Deutschland wird nicht gut. Man schämt sich fast, hier auf einmal entschieden zu den Bessergestellten zu gehören [...]. Wie sehr der deutsche Mittelstand tatsächlich leidet, davon hat man wohl drüben keine Ahnung. Wie sich viele Studenten hier durchbringen, deutete ich schon an. Auf der andern Seite wird in einem naheliegenden Corporationshaus munter fortgesoffen, als ob nichts wäre, macht sich überhaupt allerlei Luxus breit. Und um ganz gerecht zu urteilen, müsste man wohl sehen, wie es jetzt in Nordfrankreich und Belgien eigentlich aussieht. *Wie* weite Kreise die nötige ‹Busse› auffassen, geht aus beiliegendem Artikel hervor. Ich lese dieses Blatt alle Tage und bin wirklich nicht in Gefahr, deutsch-national zu werden. Wenn nur das, was man hier *sonst* sein kann, nicht ebenso aussichtslos wäre!!»[34]

4. Neuanfänge in Göttingen

Barths Position gegenüber seinen *Kollegen in Göttingen* ist auch unabhängig von deutsch-typischen Befindlichkeiten keine leichte, und begründet ist das schon in der Sonderstellung seiner Professur. Sie gehört rein formal nicht zur Fakultät und bleibt auch inhaltlich im Konzert der übrigen, sich dezidiert lutherisch verstehenden Professuren ein Fremdkörper: Natürlich empfängt man ihn kollegial freundlich, aber erste und andauernde Auseinandersetzungen gibt es schon um die Platzierung seiner Ankündigungen – sie erscheinen schliesslich abgesetzt von den übrigen Veranstaltungen, und sein Name wird im Verzeichnis des Lehrkörpers gesondert aufgeführt unter der Überschrift: «Ausserhalb der theol[ogi-

---

[32] Der Schweizer Alfred Bertholet (1868–1951) lehrte in Göttingen seit 1914 Altes Testament, Emanuel Hirsch (1888–1972) seit 1921 Kirchengeschichte.

[33] Brief an Thurneysen vom 6.11.1921 (KBA 9270.333; Karl Barth / Eduard Thurneysen, Briefwechsel, Bd. 2: 1921–1930 [GA V.4], bearb. und hg. von Eduard Thurneysen, Zürich 1974, 5).

[34] Brief an Thurneysen vom 18.11.1921 (KBA 9270.334; Briefwechsel Thurneysen II [Anm. 33], 11). – Der Zeitungsartikel konnte nicht ermittelt werden.

schen] Fakultät». Selbst die Benennung seiner Veranstaltungen gibt Anlass zum Unmut: Besonders Emanuel Hirsch pocht darauf, dass er nicht etwa «christliche» Dogmatik lesen dürfe, sondern «nur» reformierte. Hirsch ist es auch, den Barth schon im Dezember 1921 aus dem Kollegium heraushebt: «In der Fakultät ist nur Einer, den ich als ‹Gegner› richtig ernstnehme, weil er nicht nur unheimlich viel weiss, was natürlich diese Professoren alle tun, sondern auch eine systematische Absicht und Einsicht hat: der Kirchengeschichtler Emanuel Hirsch.»[35]

Barths Wirken als *Lehrer seiner Studenten* ist zunächst beschwerlich: Er muss sich, ist er doch nach zwölf Jahren im Pfarramt reichlich unvorbereitet für das akademische Dasein, den Stoff für seine Vorlesungen erst selbst aneignen und schreibt oft bis zum letzten Augenblick an seinen Skripten: «Mehr als einmal wurde das, was ich um 7 Uhr vorbrachte, erst zwischen 3–5 Uhr fertig, und um 8 Uhr versank ich in lethargischen Schlaf bis um 1 Uhr!!»[36] Die Anfänge als akademischer Lehrer sind auch sonst bescheiden: Noch Jahrzehnte später berichtet Barth von nur vier Hörern zu Beginn der ersten Vorlesung.[37] Schon bald wechseln mehr und mehr Studenten zu ihm. Aus Furcht, deren Fragen nicht gewachsen zu sein, hält Barth in Göttingen nur Vorlesungen, keine Seminare. In seinem eigenen, lang zurückliegenden Studium hatte er selbst kaum dezidiert reformierte Theologie gelernt, und so kauft und studiert er nun in grossem Masse Quellen der reformierten Orthodoxie. Er ist sich bewusst, dass eigene umfangreiche Lektüre notwendig ist, um den um ihrer Gelehrsamkeit willen von ihm bewunderten Professorenkollegen, deren Meinung er so oft gar nicht teilt, auch in Wort und Schrift Paroli bieten zu können. Formal erfährt sein Status eine unerwartete Aufwertung durch die Münsteraner Fakultät, die ihm 1922 seine erste Ehrendoktorwürde verleiht. Beginnend noch in Göttingen trägt Barth von 1924 bis 1926 erstmals eine eigene Dogmatik vor. Er liest sie unter dem Titel *Unterricht in der christlichen Religion*.[38]

Auch in die neue *kirchliche Umgebung* muss Barth sich erst eingewöhnen. Er ist nun zuständig für den theologischen Nachwuchs der norddeutschen Reformierten, und so ist es ihm ein Anliegen, aber auch eine Verpflichtung, diese Kir-

---

35 Brief an Willy und Elisabeth Spoendlin vom 21.12.1921 (KBA 9221.81).
36 Brief vom 8.6.1922 (KBA 9270.352; Briefwechsel Thurneysen II [Anm. 33], 81).
37 Vgl. Eberhard Busch, Meine Zeit mit Karl Barth. Tagebuch 1965–1968, Göttingen 2011, 364.
38 Karl Barth, «Unterricht in der christlichen Religion», Bd. 1: Prolegomena. 1924 (GA II.17), hg. von Hannelotte Reiffen; Bd. 2: Die Lehre von Gott / Die Lehre vom Menschen. 1924/1925 (GA II.20), hg. von Hinrich Stoevesandt; Bd. 3: Die Lehre von der Versöhnung / Die Lehre von der Erlösung. 1925/1926 (GA II.38), hg. von Hinrich Stoevesandt, Zürich 1985; 1990; 2003.

che erst einmal kennenzulernen – und von dort aus das kirchliche Leben in ganz Deutschland und bald auch den Niederlanden. Schnell entwickelt Barth von Göttingen aus eine rege Reise- und Vortragstätigkeit, zunächst insbesondere in den reformierten Gebieten in Nordwestdeutschland, aber bald auch darüber hinaus. An Thurneysen schreibt er: «Ich könnte jetzt an jedem Finger einen Vortrag haben, irgendwo in diesen unendlichen Ebenen, [...], wo es nur so surrt [...] von Ja und Nein, Dialektik, Auferstehung, Gott ist Gott und wie das Zeug alles heisst, das [...] ich bald nicht mehr hören mag.» Und: «Eduard, Eduard, oh! ‹Die ich rief, die Geister›...»[39] In einem dieser Vorträge bringt Barth 1922 in einer berühmten Formulierung zum Ausdruck, was die neue Theologie charakterisiert: «*Wir sollen als Theologen von Gott reden. Wir sind aber Menschen und können als solche nicht von Gott reden. Wir sollen Beides,* unser Sollen und unser Nicht-Können, *wissen und eben damit Gott die Ehre geben.*»[40] Eine bleibende Verbindung ergibt sich aus den mehrfachen Besuchen im ostfriesischen Emden: Von dort erreicht ihn 1934/35, als er seine Professur in Bonn verliert, das einzige konkrete Angebot einer dauerhaften Arbeitsstelle in Deutschland. Barth hätte nur zusagen brauchen und wäre dann Pfarrer in Emden gewesen.[41]

So wächst in den Göttinger Jahren die Bekanntheit Barths und seiner Theologie, und es entstehen neue Freundschaften. Gemeinsam mit einem Freund aus Studientagen, Wilhelm Loew (1887–1977), und der in Bremen ansässigen Familie des Arztes Karl Stoevesandt (1882–1977) verbringen die Barths 1925 einen Urlaub auf Baltrum. Die Verbindung mit den Stoevesandts dauert lebenslang an; der jüngste Sohn der Familie, Hinrich (1931–2018), wird 50 Jahre später Leiter des im letzten Wohnhaus Barths entstehenden Karl Barth-Archivs.

Die Ferienzeiten verbringt die Familie sonst regelmässig in der Schweiz, und immer reist Barth – oft mit Nelly und den Kindern – auch aufs Bergli, das sich zu einem Theologentreffpunkt entwickelt. Er pflegt hier alte Kontakte und knüpft oder intensiviert neue, und hier entsteht der Plan einer eigenen Zeitschrift, die der neuen theologischen Richtung noch mehr Gehör verschaffen soll. *Zwischen den Zeiten* erscheint von 1923 bis 1933 in elf Jahrgängen und erreicht bald eine Druckauflage von 2500 Exemplaren, was einem Vielfachen der Auflage vergleichbarer Zeitschriften entspricht.

---

[39] Brief vom 7.7.1922 (KBA 9270.356; Briefwechsel Thurneysen II [Anm. 33], 92).

[40] Karl Barth, Das Wort Gottes als Aufgabe der Theologie [1922], in: ders., Vorträge und kleinere Arbeiten 1922–1925 (GA III.19), hg. von Holger Finze, Zürich 1990, 144–175 (151).

[41] Vgl. Karl Barth, Vorträge und kleinere Arbeiten 1934–1935 (GA III.52), hg. von Michael Beintker et al., Zürich 2017, 679, Anm. 21.

III. Blieb der «linke politische Barth» in der Schweiz?

1. Barth und die deutsche Politik in den Jahren der Weimarer Republik

Barth traf in Göttingen auf eine schwierige Situation. Schon 1919, nach der Rückkehr von einem Vortragsbesuch, sprach er vom «hohen bewegten Meer», das ihm in Deutschland begegnet sei, aber auch von dem «hoffnungsvollen Eindruck von der Bewegung, von der Unsicherheit, von der Erschütterung, in der sich der heutige Mensch befindet».[42] Diese Lage hatte sich 1921 kaum verändert, und sie sollte sich noch verschärfen. Die Unterzeichnung des Versailler Vertrags und die anhaltenden vergifteten Diskussionen um die darin festgeschriebene Kriegsschuldfrage, die dekretierten Gebietsabtretungen und die hohen Reparationsleistungen, das Wirken der radikalisierten Freikorps in den Grenzgebieten und – mit Billigung ausgerechnet von SPD-geführten Regierungen! – in Auseinandersetzungen mit der politischen Linken, der Kapp-Putsch von rechts und der Generalstreik dagegen, die Besetzung des Ruhrgebiets, 1923 schliesslich die Hyper-Inflation und der versuchte Putsch der NSDAP in München: Alles Ereignisse, zu denen politisch «irgendwie» Stellung zu nehmen, vielleicht nahegelegen hätte – zu denen öffentlich *fundiert* etwas zu sagen, aber ein gründliches Einarbeiten in die politischen Verhältnisse Deutschlands vorausgesetzt hätte.

Angesichts des eben übernommenen Professorenamtes, der damit verbundenen besonderen Schwierigkeiten und seiner weiteren neuen Verpflichtungen dürfte es wohlmeinende, aber auch nur «neutrale» Beobachter eigentlich nicht verwundern, dass Barth in dieser Lage nicht sofort auch in der deutschen Politik und Kirchenpolitik Furore machte. Man muss nicht, wie jüngst Paul S. Peterson,[43] eine Metamorphose vom sozialistischen Safenwiler Barth zu einem mit deutschnationalen Ideen und dann dem nationalsozialistischen Staat sympathisierenden «deutschen» Barth konstruieren, um erklären zu können, warum Barth der deutschen Politik gegenüber öffentlich zunächst zurückhaltend blieb. Ein wirkliches Historisieren, das auch das Ernstnehmen biografischer Faktoren einschliesst, wäre bereits ein erster Schritt:

Barths Mentalität war von der deutschen deutlich unterschieden. Sie war nicht etwa die des deutschen «Frontkämpfers», und nur weil er etwa im selben Alter war, sollte man den Unterschied nicht marginalisieren: Barth hat den Ers-

---

[42] Karl Barth, Vom Rechthaben und Unrechthaben [1919], in: ders., Vorträge und kleinere Arbeiten 1914–1921 (Anm. 8), 599–621 (614).

[43] Paul S. Peterson, The Early Karl Barth. Historical Contexts and Intellectual Formation 1905–1935 (BHTh 184), Tübingen 2018.

ten Weltkrieg von Anfang an abgelehnt und ihn in keiner Weise als notwendig oder als irgendwie befreiendes Erlebnis empfunden. Er machte sein «Krisenerlebnis» am *Ausbruch* des Krieges fest – und nicht im «Erleben» desselben in den Schützengräben![44]

Barth wurde in der als selbstverständlich demokratisch empfundenen Schweiz politisch sozialisiert, also im Rahmen einer viel kleinteiligeren Partizipation, die nicht immer bei der grossen Politik begann, die eher nicht von oben nach unten, sondern umgekehrt dachte und motiviert war, in der ein Engagement im Rahmen der eigenen, besonderen Verantwortlichkeit jedoch viel selbstverständlicher war als anderswo. «Die Demokratie» als solche war für den Schweizer Sozialdemokraten Barth kein eigenes politisches Thema, und wenn am Rande doch einmal, dann hat er keinen Zweifel daran gelassen, dass er sie zwar nicht idealisiert, aber doch anderen politischen Systemen vorzieht – auch einer Diktatur des Proletariats![45]

Unter Beachtung solcher hier nur angedeuteter Gesichtspunkte lässt sich fragen, ob denn überhaupt ein wirklicher Widerspruch zwischen dem politischen Verhalten Barths in Safenwil und in Göttingen besteht, ob das unterschiedliche Ausleben der politischen Haltung nicht vielmehr mit einer veränderten Aufgabenstellung zu tun hatte. Die Aufgabe, Lehrer seiner Studenten und wissenschaftlich arbeitender Theologe zu sein, war ja nicht einfach dieselbe wie die des Pfarrers in Safenwil. Dort verspürte er von seinem Amtsverständnis her die Ver-

---

[44] Peterson, Early Karl Barth (Anm. 43) schliesst eindimensional von Barths Geburtsjahrgang auf dessen Zugehörigkeit zur «Front Generation» (65). Zwar bemerkt er, dass die Schweizer unter den Dialektischen Theologen «a different relationship to the experiences of WWI» hatten, jedoch: «they were intertwined with the intellectual framework of German Protestantism in the modern German Empire, the dominant central- and northern-European cultural and political force for all German speaking Protestants» (65). – Dieser Kunstgriff, mit dem man, ist die geografische, zeitliche und mentale Entfernung des Deutenden nur gross genug, Schweizer einfach zu «Intellekt-Deutschen» machen kann, überzeugt weder generell noch im konkreten Beispiel. Dass Peterson mit diesem Trick Barth der deutschen «Frontkämpfergeneration» zugesellen möchte, die eine wichtige Trägergruppe nationalsozialistischen Gedankenguts war, ist im Duktus seines Buches ebenso durchsichtig wie insgesamt absurd: Es müsste ja, aus welcher Entfernung auch immer, auffallen, dass Barth das fehlt, was dieser Generation Anlass zu Traumatisierung, Mystifizierung und Radikalisierung zugleich ist: das «Fronterlebnis».

[45] Vgl. etwa Karl Barth, Demokratie oder Diktatur? [1919], in: ders., Vorträge und kleinere Arbeiten 1914–1921 (Anm. 8), 501f.; zu früheren Stellungnahmen vgl. Peter Zocher, Karl Barth und die Schweiz, in: Michael Beintker et al. (Hg.), Karl Barth als Lehrer der Versöhnung (1950–1968). Vertiefung – Öffnung – Hoffnung. Beiträge zum Internationalen Symposion vom 1. bis 4. Mai 2014 in der Johannes a Lasco Bibliothek Emden, Zürich 2016, 211–237 (bes. 213f.).

pflichtung, sich auch um die äusseren und die Bildungsbedürfnisse der ihm anvertrauten Gemeinde zu kümmern, weil dies kaum jemand anderes tat – und
weil es nötig war. Dort engagierte er sich bei der Bildung einer Gewerkschaft
und übernahm zeitweise deren Vorsitz, weil es niemand anderes tat – und weil
es nötig war. Dort engagierte er sich politisch in der Partei, die den auch in der
ihm anvertrauten Gemeinde herrschenden Ungerechtigkeiten am ehesten Ein-
halt zu bieten versprach, weil es aus seiner Position heraus wirksam zu sein versprach – und weil es nötig war.

Man sollte in diesem Zusammenhang an das denken, was Barth 1921 an Martin
Rade schrieb, als er ihn um Rat bat: «Pfr. Heilmann spricht den Wunsch aus [...],
ich möchte mich [...] der ‹Agitation für meine politische Überzeugung› enthalten. Das würde mir nicht schwer fallen, da ich auch hier nie agitiert habe.»[46]
Barth selbst machte hier einen Unterschied zwischen seinem politischen Engagement in seiner Gemeinde, das er Rade gegenüber ja kaum verleugnen konnte
und sicher auch nicht wollte, und der «Agitation» für eine politische Überzeugung, und es gibt keinen Grund, diese Aussage nicht ernst zu nehmen. Dann aber
wären die zwischen Safenwil und Göttingen wahrnehmbaren Unterschiede in
der politischen Aktivität vielleicht einfach darauf zurückzuführen, dass der
Schweizer Barth «seinen» Ort für ein *konkretes* politisches Engagement in
Deutschland zunächst nicht gefunden hat.

Seine politischen Ansichten hat Barth auch in den 1920er und frühen 1930er
Jahren nicht verleugnet, und wenn nach seinem Empfinden sein Einsatz gefordert war, ist er nicht davor zurückgeschreckt. Es gab bei ihm ein gewisses Verständnis für deutsche Befindlichkeiten, aber kein eigenes Einschwenken auf
deutschnationale Positionen. Ganz im Gegenteil: Darüber, dass solche Positionen
zunehmend auch von Kirchenführern und Kirchentagen aufgenommen und verbreitet wurden, hat er sich mehrfach kritisch geäussert.[47] Auch die oft beissende
Ironie in seinen Schilderungen über den deutschen Militarismus und Nationalis-
mus, die sich schon sehr früh und durchgehend bei ihm findet, spricht hier eine
beredte Sprache – wenn man sie denn erkennt! Spätestens mit seiner Stellung-

---

[46] Brief an Rade vom 31.1.1921 (Anm. 26 [Briefwechsel Rade, 154]).
[47] Vgl. etwa Karl Barth, Randbemerkungen zur Erklärung des Nürnberger Kirchen-
tages zur Kirchenfrage [1930], in: ders., Vorträge und kleinere Arbeiten 1930–1933
(GA III.49), hg. von Michael Beintker et al., Zürich 2013, 52–63; ders., Die Not der evangelischen Kirche, in: a. a. O., 64–122 (bes. 110–113).

nahme im «Fall Dehn»[48] und seinem Eintritt in die SPD 1931[49] wurde seine politische Haltung dann auch öffentlich und unmissverständlich deutlich. In beiden Fällen ist unverkennbar, dass Barth politisch nach wie vor auf Seiten der demokratisch orientierten Linken stand.

2. Barth und die deutsche Politik in der nationalsozialistischen Diktatur

Man braucht Barths Unterscheidung zwischen seinem politischen Engagement in Safenwil und politischer «Agitation» nicht für überzeugend halten. Man darf fragen, ob Barth recht daran tat, seine politischen Überzeugungen der grösseren deutschen Öffentlichkeit gegenüber erst einmal für sich zu behalten, ob er nicht früher hätte erkennen müssen, dass die Dinge in Deutschland anders liegen und er für das politische Engagement einen Ort auch oberhalb einer sehr konkreten «Zuständigkeit» ins Auge hätte fassen müssen. Man muss sich schliesslich mit der berechtigten Nachfrage etwa eines Friedrich Wilhelm Graf auseinandersetzen, ob dieses Versäumnis Barths nicht dem Eindruck Vorschub geleistet haben mag, er stünde an der Seite derer, die den Untergang der ersten deutschen Demokratie herbeiführten.[50] Seine eigene spätere Aussage, er habe den Nationalsozialismus und die damit verbundene Gefahr für die Demokratie zu lange unterschätzt,[51] zeigt, dass man Barth mit solchen Fragen keineswegs zu nahe tritt.

Deutlich darüber hinaus geht die 2018 im Druck erschienene Tübinger Habilitationsschrift Paul S. Petersons, der aus diesem Verhalten Barths eine Sympathie mit deutschnationalen Positionen herausliest, die 1933 nahtlos übergegangen sei in eine Haltung der Anpassung und Kritiklosigkeit gegenüber den neuen Machthabern. Peterson behauptet, Barth habe erst Mitte 1935, «in the safety of Switzer-

---

[48]   Karl Barth, Warum führt man den Kampf nicht auf der ganzen Linie? Der Fall Dehn und die «dialektische» Theologie, in: ders., Offene Briefe 1909–1935 (GA V.35), hg. von Diether Koch, Zürich 2001, 170–183.

[49]   Barth trat am 01.05.1931 in die SPD ein, blieb im Frühjahr 1933 Mitglied und bekannte sich auch dazu; seine Beitragszahlungen endeten erst mit dem SPD-Verbot im Juni 1933 (Faksimile-Abdruck des Mitgliedsbuches: Karl Barth – Bilder und Dokumente [Anm. 23], 123).

[50]   Grundlegend: Friedrich Wilhelm Graf, «Der Götze wackelt»? Erste Überlegungen zu Karl Barths Liberalismuskritik, in: EvTh 46, 1986, 422–441.

[51]   «Gründlich geirrt habe ich mich damals, in dem bereits aufsteigenden Nationalsozialismus, der mir in seinen Ideen und Methoden, in seinen führenden Gestalten von Anfang an nur eben absurd vorkam, keine Gefahr zu erblicken. Ich hielt das deutsche Volk nun doch einfach für zu gescheit, um auf diese Möglichkeit hereinzufallen» (Karl Barth, Zwischenzeit, in: Magnum. Die Zeitschrift für das moderne Leben, April 1961, Heft 35: «Die tollen zwanziger Jahre», 38).

land», öffentlich zu verstehen gegeben, dass er den Nationalsozialismus ablehnt.[52] War der «linke politische Barth» also vielleicht doch in der Schweiz geblieben? An Petersons Umgang mit drei Quellen unterschiedlicher Art soll nun noch gezeigt werden, welcher Methodik es bedarf, um zu solchen Thesen kommen zu können.[53]

a) Wer solches behauptet, sollte plausibel erklären können, warum etwa Emanuel Hirsch und Wilhelm Stapel,[54] warum Nationalsozialisten aller Ebenen so fest davon überzeugt waren, dass Barth als Schweizer, Demokrat und «Westler», der eben nicht «von der Wurzel bis zum Wipfel» ein Deutscher sei, für den National-sozialismus kein Verständnis aufbringen könne, sondern zu seinen Gegnern zu rechnen sei.[55] Der blosse Hinweis auf einen Zeitungsartikel aus dem Jahr 1933, demgemäss es Pläne gegeben haben soll, Barth an eine geplante ‹Vorzeige-fakultät› nach Berlin zu holen, reicht als seriöses Argument für eine Nähe des Nationalsozialismus zu Karl Barth[56] nicht. Schon für sich nicht, stehen dagegen doch viele Verunglimpfungen, Anzeigen, Verbote und sonstige Bedrängnisse, de-

---

[52]   Peterson, Early Karl Barth (Anm. 43), 7 und 22.

[53]   Die Rücksicht auf mögliche Sprachprobleme veranlasst diese Beschränkung auf das Methodische. Es wäre auch viel zu den offensichtlichen Problemen Petersons zu sa-gen, sich in die zeitgenössische Situation hineinzuversetzen und Barths Schriften vor die-sem Hintergrund richtig zu verstehen. Es nützt wenig, sich durch immer noch mehr Texte hindurchzuarbeiten, wenn einem dabei Barths Praxis, gegnerische Positionen ironisierend aufzuspiessen und dazu oft absichtlich das gegnerische Vokabular zu verwenden, durch-gehend fremd bleibt und nicht verstanden wird. Immer noch weitere Belege helfen nicht, wenn Barths Wendung gegen das politische Verhalten und Denken von Kirchenführern, mit der er übermässige kirchenpolitische Geschäftigkeit und Verquickung mit staatlichen Stellen kritisiert, konsequent und grotesk missverstanden wird als Wendung gegen ein politisches Engagement der Christen als solches. – Ganz absehen dürfte man bei einer Qualifikationsschrift aber auch von Übersetzungsfehlern nicht, die das Zitierte ins Gegen-teil verkehren. Vgl. etwa Peterson, Early Karl Barth (Anm. 43), 361, Text/Anm. 48: Aus der Beschreibung, dass an den politischen Themen gewidmeten Abenden Barths gegen «konservativ-traditionelle Reste» und an den Offenen Abenden über die neuere Theolo-giegeschichte gegen den «unausrottbaren Liberalismus» gestritten wurde, wird im Text: «Wolfgang Trillhaas [...] claimed that the open evenings were ‹conservative traditional remains› and that in them ‹the ineradicable liberalism› was argued about».

[54]   Wilhelm Stapel (1882–1954), nationalistisch orientierter politischer Publizist.

[55]   Vgl. bes. Emanuel Hirsch, Das kirchliche Wollen der Deutschen Christen. Zur Be-urteilung des Angriffs von Karl Barth (Theologische Existenz heute, München 1933), in: ders., Das kirchliche Wollen der Deutschen Christen, Berlin-Charlottenburg ²1933, 5–17 (7). Zum späteren Zusammenwirken von Hirsch und Stapel gegen Barth vgl. Heinrich Assel, «Barth ist entlassen ...» Emanuel Hirschs Rolle im Fall Barth und seine Briefe an Wilhelm Stapel, in: ZThK 91, 1994, 445–475.

[56]   Vgl. Peterson, Early Karl Barth (Anm. 43), 5: «Barth fit into the Third Reich in the early stage so well that some National Socialist groups even wanted him to become a professor in Berlin»; ausführlicher: 263.

nen Barth und seine Schriften schon seit Frühsommer 1933 ausgesetzt waren. Auch war die *Kreuz-Zeitung*, in der dies am 27. April 1933 zu lesen war,[57] kein autorisiertes nationalsozialistisches Blatt. Erst recht wird dieses Vorgehen fraglich, wenn man – was Peterson wohl nicht tat oder verschweigt – vom Abdruck der Quelle aus ein wenig weiterliest und bemerkt, dass es drei Wochen später seitens der *Deutschen Christen* des Rheinlands und Saarlands ein im Vergleich offizielleres Dementi gegeben hat, in dem sie mitteilten, «dass der Wunsch, den Bonner Theologieprofessor Karl Barth nach Berlin zu berufen, innerhalb der NSDAP nirgendwo besteht».[58] Es ist hier nicht möglich, das überaus komplizierte Gefüge der NS-Kirchenpolitik und das In-, Mit- und Gegeneinander ihrer verschiedenen Akteure zu beschreiben, durch das schon damals kaum jemand durchblickte. In diesem Dickicht konnte ein solches Gerücht zahlreiche Urheber und völlig gegensätzliche Motive haben. Ein um diese Komplexität wissender Historiker würde sich hüten, solch ein Gerücht ungeprüft für wahr zu halten und als Argument zu verwenden. Eindeutig unterschritten aber wird das Niveau einer wissenschaftlich-historisch sauberen Argumentation, wenn man diese angeblich von «some National Socialist groups» vertretene Absicht, für die sich einzig ein vager und nur indirekter Beleg findet, anführt, das klare und eindeutig zuzuordnende Dementi aber verschweigt, obwohl es wenige Zeilen später in derselben Quellensammlung abgedruckt ist.

b) Natürlich gibt es die vorsichtigen, fast schmeichelnden Worte, die Barth in *Theologische Existenz heute!* dem Regime gegenüber findet. Nach dem reinen Wortlaut könnte man sie, wie Peterson, für Anbiederung halten, mit dem Ziel, die geliebte deutsche Professur[59] behalten zu dürfen.[60] Allein: Sollte man von einer historisierenden Betrachtung nicht mehr erwarten dürfen?

---

[57] Ein Abdruck, den auch Peterson, Early Karl Barth (Anm. 43), 263, Anm. 36, als Quelle nennt, findet sich, in: Hans Prolingheuer, Der Fall Karl Barth 1934–1935. Chronographie einer Vertreibung, Neukirchen-Vluyn 1977, 3.

[58] Leserbrief vom 19.5.1933 (Prolingheuer, Fall Karl Barth [Anm. 57], 3f.).

[59] Vgl. Peterson, Early Karl Barth (Anm. 43), 7: «As is clear from the correspondences from the early 1930s, however, Barth actually wanted to stay in Germany; he never wanted to leave.» Mögliche inhaltliche Gründe dafür thematisiert Peterson nicht; es reicht ihm festzustellen: «His professorial status was very prestigious» (ebd.), und an anderer Stelle zu bemerken: «Barth acquired a dignified position in the German theological establishment which he enjoyed. It offered him significant freedoms that he would not have been permitted as a pastor» (21). Wieder ist nicht interessant, wozu Barth diese Freiheiten inhaltlich-sachlich gebrauchte, dafür wird später ohne Beleg, aber mit umso mehr Interesse und Inbrunst spekuliert: Der Versuch, in Bonn zu bleiben, habe es ermöglichen sollen, «to live peacefully with the younger ‹Lollo› in Bonn» (261).

[60] Vgl. Peterson, Early Karl Barth (Anm. 43), 289.

Man sollte erwarten dürfen, dass mit einem genauen historischen Blick gelesen wird: Barth schreibt etwa, dass man «abgesehen von vereinzelten Übergriffen und Missgriffen» dem Staat bzw. «der Führung des Staates *in dieser Sache* [= der von den Bischöfen wie den *Deutschen Christen* behaupteten erzwungenen «Gleichschaltung» der Kirche mit dem Staat] bis jetzt auch sonst nichts vorzuwerfen» habe.[61] Natürlich bezieht sich diese Bemerkung nur auf die staatliche Kirchenpolitik, nicht auf die NS-Politik allgemein. *Theologische Existenz heute!* war keine Gesamtabrechnung mit dem NS-Staat, das ist klar. Wenn Peterson diesen in sich schlüssigen Argumentationsgang mit dem Hinweis kritisiert, dass Barth hier «all the injustice up to this point» ignoriere, und daraus folgert: «Here Barth essentially suggests that Christians can affirm the new political order»,[62] dann ist das erstens vom Textbefund nicht gedeckt und heisst zweitens nichts anderes, als dass jede damalige kirchenpolitische Äusserung mit einer politischen Generalabrechnung hätte beginnen müssen, um nicht dem Verdikt «Anpassung» zu verfallen. Eine in Bezug auf das Leben und Schreiben in einer Diktatur wenig realistische Betrachtungsweise.

Man sollte erwarten dürfen, dass bei einem Urteil auch das ansonsten in derselben Broschüre Geschriebene (das ja dargestellt wird!63) beachtet wird. Die klare Absage Barths an die vom Regime und Hitler persönlich unterstützten *Deutschen Christen* und die eindeutige Kritik am Unternehmen des «totalen Staates»[64] in Relation zur Situation der bereits weitgehend etablierten Diktatur: Mit *dieser* Art von «Kontextualisierung» oder «Historisierung» würden auch andere Deutungsmöglichkeiten jener inkriminierten Sätze plausibel.

c) Peterson bietet einen weiteren Beleg für die vermeintlich anbiedernde Haltung Barths: «Showing his goodwill at the end of 1933,» so meint er zu wissen, «Barth even donated money to a National Socialist folk-welfare organization.»[65] Auch hier ist zwar der Sachverhalt korrekt, er wird aber verkürzt und darum entstellt wiedergegeben – und nur in dieser Entstellung kann er so interpretiert werden, wie Peterson es tut. Quelle ist ein Brief Barths an die Bonner Nationalsozialistische Volkswohlfahrt. Barth reagiert damit auf diese Aufforderung, der Organisation beizutreten: «Sie haben sich s. Zt. dem Rufe des Führers verschlossen, der N.S. Volkswohlfahrt beizutreten. [...] Wer sich ausserhalb dieses Werkes

---

61 Karl Barth, Theologische Existenz heute! [1933], in: ders., Vorträge und kleinere Arbeiten 1930–1933 (Anm. 47), 271–363 (297).
62 Peterson, Early Karl Barth (Anm. 43), 278.
63 Vgl. Peterson, Early Karl Barth (Anm. 43), 273–289.
64 Vgl. Barth, Theologische Existenz heute! (Anm. 61), 320–330.361f.
65 Peterson, Early Karl Barth (Anm. 43), 7.

stellt, schliesst sich damit selbst für später aus der Volksgemeinschaft aus und läuft Gefahr, später so beurteilt zu werden, wie er sich jetzt [...] zu diesem Werk eingestellt hat.»[66] Barths Antwort vom 20. Oktober 1933 sei komplett zitiert: «Auf Ihren eben erhaltenen undatierten Mahnbrief in Sachen des von mir verlangten Beitritts zu der N.S. Volkswohlfahrt erlaube ich mir Folgendes zu erwidern: Ein ‹Beitritt› zu der N.S. Volkswohlfahrt kann für mich nicht in Frage kommen, da diese sich eindeutig als Veranstaltung einer politischen Partei gibt, der ich nicht angehöre. Die am Ende des zweiten Absatzes Ihres Schreibens ausgesprochene Drohung verbitte ich mir. Da ich aber bereit bin, auch dem von der N.S. Volkswohlfahrt zu erreichenden Teil des deutschen Volkes zu helfen, habe ich M 50.- (fünfzig Mark) Ihrem Konto überwiesen.»[67] Wer die im Jahr 1933 einige Courage erfordernde klare Absage an die verlangte Mitgliedschaft verschweigt, die einmalige Spende aber als Beleg für Barths «goodwill» dem Nationalsozialismus gegenüber anführt, den darf man wohl voreingenommen nennen. Die schiere Masse des von Barth Geschriebenen mag dazu verführen, sich auf das Zitieren solcher Textbruchstücke zu beschränken, die als Beleg für eigene Thesen geeignet erscheinen. Mit einem historisch-wissenschaftlichen Anspruch sollte man das aber dann nicht verbinden.

Der Zeitgenosse Thomas Mann, dem man ein gewisses Gefühl für seine Muttersprache kaum absprechen kann, las die oben erwähnten Worte Barths aus der *Theologischen Existenz heute!* ganz anders als Peterson: «Was für ein unerschrockener, braver und frommer Mann! Und wie symbolisch, wie nicht-nur-theologisch ist alles, was er sagt! Seine ironische Höflichkeit gegen die deutschen Führer ist geradezu amüsant.»[68] Ich bin geneigt, nach wie vor eher der Lesart Thomas Manns zu folgen.

KBA 9333.785; Abdruck in Auszügen: Karl Barth, Briefe des Jahres 1933, hg. von Eberhard Busch unter Mitarbeit von Bartolt Haase und Barbara Schenck, Zürich 2004, 461.

[67]   Barth, Briefe des Jahres 1933 (Anm. 66), 460f.

[68]   Thomas Mann, Tagebücher 1933–1934, hg. von Peter de Mendelssohn, Frankfurt a. M. 1977, 163 (Eintrag vom 29.8.1933).

Andrea Anker

«Ob der liebe Gott dieses Geschreibe eigentlich will? Es ist ja doch nur wieder eine neue Theologie.»

Freundschaft als Experimentierraum für Unerhörtes

I. Einführung

«Komm doch bald wieder herüber mit gutem Zuspruch. Ich lebe kärglich aus der Hand in den Mund, und niemand ruft hier Amen!», schreibt Karl Barth zerknirscht am 18. Mai 1918 seinem Freund Eduard Thurneysen.[1] In diesem kurzen Satz wird deutlich, wie existenziell wichtig die Freundschaft mit Thurneysen für Barth war. Er brauchte ihn als *Gegenüber*, als wohlwollend-kritische Instanz, um seine Gedanken zu entwickeln. Auch auf die *Bestätigung*, die Thurneysen ihm gab, die gegenseitige Anerkennung und praktische Unterstützung in der Bewältigung des pfarramtlichen Alltags war Barth angewiesen.

Als Pfarrer im aargauischen Safenwil fühlte sich Barth oft «von einer lastenden Stille umgeben» (176), und er hatte das Gefühl, er und die Safenwiler betrachteten sich immer nur wie durch Glasscheiben;[2] es fehlte ihm der lebendige Austausch, er fühlte sich oft alleine. Ja, die «Theologie der Krise», wie Barths frühe Theologie gerne genannt wird, hat ihren Ursprung auch in den spezifischen Herausforderungen des Pfarrberufs, als einem «grundsätzlich verfehlte[n] Beruf» (90), wie Thurneysen einmal bemerkte, und in der «apriorischen Unmöglichkeit des Predigens» (247), von Barth «Predigtnot» genannt.

Ich nehme an, deshalb haben mich die Organisatorin und der Organisator dieser Ringvorlesung ursprünglich angefragt, über die «Not im Pfarramt», wie sie Karl Barth in den Kriegsjahren in verschiedenen Zusammenhängen erlebte, zu referieren: und also das Thema «Karl Barth und die Krise der Kirche» anhand der Probleme und Fragen, mit denen er im *Gemeindepfarramt* konfrontiert war, zu konkretisieren. Die ergiebigste Quellen-Sammlung zu diesem Thema bildet

---

[1] Karl Barth – Eduard Thurneysen. Briefwechsel, Bd. 1: 1913–1921 (GA V.3), bearb. und hg. von Eduard Thurneysen, Zürich 1973. Die Seitenzahlen im Text beziehen sich auf diesen Band.

[2] Vgl. Barth – Thurneysen, Briefwechsel (Anm. 1), 268.

zweifelsohne der erste Band des Briefwechsels zwischen Barth und Thurneysen aus den Jahren 1913–1921.

Als ich aber anfing, diese Briefe zu lesen, rückte die «Not im Pfarramt» mehr und mehr in den Hintergrund und die Freundschaft zwischen Barth und Thurneysen, von ihnen «Kampf- und Arbeitsgemeinschaft» genannt, drängte sich als spannenderes und auch erfreulicheres Thema auf. Es ist schwer, bei der Lektüre ihrer Briefe nicht gepackt zu werden von der Leidenschaft des Gesprächs, von der manchmal bissigen Ironie, der analytischen Kraft, überhaupt dem Reichtum an Emotionen in diesen Texten. Man muss aufpassen, dabei nicht eifersüchtig zu werden angesichts soviel inspirierenden Austauschs unter Kollegen.

Und so möchte ich heute vor allem den Eindruck, den diese leidenschaftliche Arbeitsgemeinschaft bei mir hinterlassen hat, mit Ihnen teilen. Aber natürlich nicht ohne vorher darauf einzugehen, inwiefern die «Theologie der Krise» ihre Wurzeln auch im Gemeindepfarramt hat und welche Nöte Barth dabei vor Augen standen.

II. Die «Not im Pfarramt»

1. «Not» – ein Lieblingsbegriff Karl Barths

Wenn heute im kirchlichen Kontext von «Not» die Rede ist, geht es meistens um Menschen, die einer schlimmen Unwetter-Katastrophe zum Opfer gefallen oder vom Bürgerkrieg in ihrer Heimat drangsaliert und zur Flucht gezwungen wurden. Kaum jemand hat schon einmal von der spezifischen «Not des Verkündigens» oder einer «Predigtnot» gehört, und den meisten dürfte der Begriff der Not in diesem Zusammenhang auch masslos übertrieben erscheinen.

Doch für Karl Barth, der gerne mit dem Wort «Not» operierte – so nannte er z. B. auch seine Ménage à trois eine «Notgemeinschaft» –, ist damit treffend umschrieben, in welch bedrängter Situation sich der Pfarrer resp. die Pfarrerin befindet.

Im bekannten Vortrag von 1922 mit dem Titel *Not und Verheissung der christlichen Verkündigung* rekurriert Barth auf das «spezifische *Pfarrer*problem der *Predigt*» und erzählt dabei von seiner eigenen, noch nicht lange zurückliegenden Erfahrung: «Zu den *Menschen,* in den unerhörten Widerspruch ihres Lebens hinein sollte ich ja als Pfarrer reden», schreibt Barth, «aber reden von der nicht minder unerhörten Botschaft der *Bibel,* die diesem Widerspruch des Lebens als ein neues Rätsel gegenübersteht.»[3] Er sei sich vorgekommen wie zwischen Skylla und Charybdis – und während andere diese ausweglose Lage schweigsam ertrügen, habe er geredet in der voluminösen Form eines ganzen Römerbrief-kommentars. Und zwar nicht etwa, weil er einen Ausweg gefunden hätte, das gerade nicht, sondern weil ihm «eben diese kritische Situation selbst zur Erläuterung des Wesens aller Theologie» geworden sei. «Was kann Theologie anderes sein als der Ausdruck dieser ausweglosen Lage und Frage des Pfarrers, die möglichst wahrhaftige Beschreibung des Gedränges, in das der Mensch kommt, wenn er an diese Aufgabe sich heranwagt, ein Ruf also aus grosser Not und grosser Hoffnung auf Errettung?»[4]

Ähnlich tönt es im noch berühmteren Vortrag *Das Wort Gottes als Aufgabe der Theologie* aus demselben Jahr 1922: «Unsere Not [als Theologen, als Pfarrer] kommt [...] nicht von der Kirche, von dem rückständigen Geist ihrer Leitung, von ihrer Bureaukratie, von ihrem Bekenntniszwang. Ich komme aus dem paradiesischen Lande, wo die Theologen vom Universitätsprofessor bis zum einfachen Dorfpfarrer ungefähr in jeder Beziehung machen können, was sie wollen, [...] und wo die mildeste und dehnbarste Vermittlungstheologie ungefähr in allen Kirchenregimentern das Szepter führt, und kann nur warnen vor der Illusion, als ob dadurch die Last, die auf die Theologen gelegt ist, auch nur im Geringsten erleichtert wäre. Im Gegenteil: Wenn einmal alle Kämpfe gegen eine alte und für eine neue Kirche äusserlich so gegenstandslos werden, wie sie es innerlich vielleicht ohnehin sind, wenn all der darauf verwendete Ernst frei wird für ernsthaftere Gegenstände, rückt einem die wesentliche Not der Theologie nur um so grimmiger zu Leibe. Sie liegt in der Sache, in der uns gestellten Aufgabe [...]: *Wir sollen als Theologen von Gott reden. Wir sind aber Menschen und können als solche nicht von Gott reden. Wir sollen Beides, unser Sollen und unser Nicht-Können, wissen und eben damit Gott die Ehre geben.* Das ist unsere Bedrängnis. Alles Andre ist daneben Kinderspiel.»[5]

Diese spezifische Not des «Sollens aber nicht Könnens» ist für Barth (und mir leuchtet das ein) eine zu allen Zeiten gleiche Not, die immer wieder je und je neu nur durch Gott selbst überwunden werden kann, durch das Wirken des heiligen Geistes.

---

[3]   Karl Barth, Not und Verheissung der christlichen Verkündigung (1922), in: ders., Vorträge und kleinere Arbeiten 1922–1925, hg. von Holger Finze (GA III.19), Zürich 1990, 65–97 (70).
[4]   Barth, Not und Verheissung (Anm. 3), 71.
[5]   Karl Barth, Das Wort Gottes als Aufgabe der Theologie (1922), in: ders., Vorträge 1922–1925 (Anm. 3), 144–175 (150f.).

Von dieser Not zu unterscheiden sind allerlei *zeitbedingte* Nöte und Bedrängnisse, die sich *auch* im Briefwechsel zwischen Barth und Thurneysen spiegeln und die *auch* wesentlich sind für das Verständnis der sogenannten Theologie der Krise in den 1910er und 20er Jahren.

Mindestens vier verschiedene Typen von solch zeitbedingten Nöten in Barths Safenwiler Zeit lassen sich unterscheiden: 1. die soziale Not in der Arbeitergemeinde Safenwil, 2. die Greuel des Ersten Weltkriegs und die Enttäuschung über die Unterstützung der Kriegspropaganda Kaiser Wilhelms II. durch viele führende deutsche Intellektuelle, und 3. die Mühen des Pfarramts, d. h. das Schweigen der Gemeinde, die Schwierigkeiten, die ihm das Eingehen auf die Leute bereitete; 4. die ganz praktische Predigtnot, die auch zu tun hat mit dem Scheitern der liberalen Theologie auf der Kanzel.

Ich möchte nun auf die verschiedenen Nöte noch etwas genauer eingehen und beginne mit der sozialen Not in der Arbeiter- und Bauerngemeinde Safenwil.

2. Die soziale Not in der Arbeiter- und Bauerngemeinde Safenwil

Als Karl Barth im Juli 1911 seine Stelle in Safenwil antrat, dauerte es nicht lange, bis er sich mit der bedrängten Arbeiterschaft am Ort solidarisierte. Den Fabrikarbeitern und -arbeiterinnen, die bis zu zwölf Stunden pro Tag arbeiteten und kaum ausreichend verdienten, versuchte er mit theoretischer Belehrung und praktischer Unterstützung zu helfen. Deshalb habe sich, schreibt Barth rückblickend, seine Beschäftigung mit Theologie in den ersten Jahren des Pfarramts auf die sorgfältige Vorbereitung von Predigt und Unterricht reduziert, während sein eigentliches Studium sich auf Fabrikgesetzgebung, Versicherungswesen, Gewerkschaftskunde und dergleichen gerichtet habe.[6]

Der Vortrag vom Dezember 1911 *Jesus Christus und die soziale Bewegung,* in dem er eine «innere Verbindung zwischen Jesus und dem Sozialismus» postulierte,[7] brachte den Beginn von allerlei Unruhen, durch die er weiterhin als der «rote Pfarrer von Safenwil» verpönt wurde, während die Arbeiter ihn hinfort als «Genosse Pfarrer» titulierten. Als solcher wurde er 1915 sozialdemokratisches

──

[6] Karl Barth, Autobiographische Skizze Münster, in: ders. – Rudolf Bultmann, Briefwechsel 1911–1966 (GA V.1), hg. von Bernd Jaspert, Zürich ²1994, 290–300 (296); vgl. ähnlich Karl Barth, Nachwort, in: Schleiermacher-Auswahl, hg. von Heinz Bolli, Gütersloh ²1980, 290–312 (292).

[7] Karl Barth, Jesus Christus und die soziale Bewegung, in: ders., Vorträge und kleinere Arbeiten 1909–1914 (GA III.22), hg. von Herbert Helms et al., Zürich 1993, 380–409 (390).

Parteimitglied und half 1917 mit bei Streiks und bei der Organisation von Gewerkschaften. Am weitesten hinaus lehnte sich Barth zu Beginn seiner Amtszeit im Konflikt mit Walter Hüssy, einem 32-jährigen Sprössling aus einer der beiden Fabrikantenfamilien des Ortes, der Barth vorwarf, anstatt vermittelnd zu wirken, die Bevölkerung aufzuwiegeln, da er gefordert hatte, das Privateigentum an Produktionsmitteln müsse fallen.[8] Es kam zu einem heftigen auch medialen Schlagabtausch, der dazu führte, dass der Vater von Walter Hüssy aus der Kirchenpflege zurücktrat.[9]

In den Briefen an Thurneysen spiegelt sich die soziale Problematik in Safenwil nur bedingt wider, da ihr intensiver Briefwechsel erst im Herbst 1914 einsetzt. Barth berichtet aber auch später zwischendurch immer wieder einmal z. B. von «Gemeinderatswahlen mit sozialistischem Sieg», auf den prompt der «Rekurs gegen die Gemeinderatswahl» folgte, zudem von «Repressalien von Schulpflege und Fabrikant gegen meine Unterrichtshoheit» und «verschnupfte Gesichter» (242), später (Ende 1917) sogar von einer «Kirchenaustrittsbewegung» (248) und einer Unterschriftensammlung gegen ihn.

Um Thurneysens Rat fragt Barth in diesen Dingen kaum, wohl aber bittet er ihn um seinen Trost und Zuspruch. Deutlich mehr Stoff für gegenseitiges Beratschlagen und Diskutieren bietet die Frage, in welchem Verhältnis die soziale Bewegung zum Kommen des Reiches Gottes resp. zur Reich-Gottes-Verkündigung stehe; also auch die Frage, wie die Ansätze von Leonhard Ragaz und Hermann Kutter zu beurteilen seien und wem von beiden der Vorzug zu geben sei. Darauf komme ich später nochmals zurück.

3. Die Greuel des Ersten Weltkriegs und das Ende einer Epoche

Als grösste Bedrängnis und Erschütterung in seiner Zeit als Pfarrer in Safenwil empfand Barth ohne Zweifel die Katastrophe des Ersten Weltkriegs. Am 26. August 1914 hatte ihm Thurneysen geschrieben, dass sie das «Soziale Kränzli» nicht «verplampen» lassen sollten: «Man ist doch innerlich vorzu am Krieg.» (6) Und Barth antwortete drei Tage später, nachdem er gehört hatte, dass ein deutscher Studienfreund sich habe nottrauen lassen und dass er sich als Freiwilliger gemeldet habe: «Man könnte allen diesen Heroismus, den sie jetzt drüben entfalten, bewundern, wenn die Sache nicht so über die Massen jammervoll wäre. Wozu

---

[8]   Christiane Tietz, Karl Barth. Ein Leben im Widerspruch, München 2018, 82.
[9]   Tietz, Barth (Anm. 8), 84.

alles dieses gute Blut?» (7) Die beiden Freunde waren sich einig, dass insbesondere auch «die religiöse[.] Presse» (7f.) kläglich versagte. Und wie es «jetzt im Durchschnitt von den deutschen Kanzeln tönen» (12) möge, sei ganz unabsehbar. «Wie wird es werden, wenn sie einmal erwachen werden aus diesem ganzen fürchterlichen Irrtum?» fragte Barth. «Woher soll die notwendige neue Orientierung kommen? Wenn irgend einmal, so möchte man jetzt Gott bitten, Propheten aufstehen zu lassen. *Wir* sind es jedenfalls nicht mit unseren paar Sprüchen, wenn wir jetzt auch ein klein wenig weiter sehen als die draußen. Auch Kutter und Ragaz nicht. Ich habe beide besucht und war eigentlich von beiden etwas enttäuscht.»[10]

Rückblickend hat Barth die «entscheidende sachliche Wendung» seines theologischen Wegs mehrfach mit dem Schock und der Enttäuschung in Verbindung gebracht, die er empfand angesichts des «schrecklichen Manifests» der 93 deutschen Intellektuellen, «die sich vor aller Welt mit der Kriegspolitik Kaiser Wilhelms II. und seines Kanzlers Bethmann-Hollweg identifizierten. Unter denen, die es unterschrieben hatten, musste ich mit Entsetzen auch die Namen ungefähr aller meiner deutschen Lehrer (mit ehrenvoller Ausnahme Martin Rades!) entdecken. Eine ganze Welt von theologischer Exegese, Ethik, Dogmatik und Predigt, die ich bis dahin für grundsätzlich glaubwürdig gehalten hatte, kam damit und mit dem, was man damals von den deutschen Theologen sonst zu lesen bekam, bis auf die Grundlagen ins Schwanken.»[11]

Vor allem störte er sich daran – das wird im Briefwechsel mit Martin Rade deutlich –, «wie jetzt in ganz Deutschland Vaterlandsliebe, Kriegslust und christliches Glauben in ein hoffnungsloses Durcheinander geraten».[12] Barth empörte sich, dass Gott in die Sache hineingezogen werde, «als ob die Deutschen mitsamt ihren grossen Kanonen sich jetzt als Mandatare fühlen dürften, als ob sie in diesem Augenblick mit gutem Gewissen schiessen und brennen dürften».[13] Nicht das gute Gewissen, das schlechte Gewissen sei die einzige christliche Option.

---

[10] Barth – Thurneysen, Briefwechsel (Anm. 1), 12. Ohne Zweifel hat Barth bei vielen Zeitgenossen den Eindruck eines «prophetischen Selbstbewusstseins» hinterlassen. Vgl. Barths Brief an Thurneysen, Barth – Thurneysen, Briefwechsel (Anm. 1), 204, wo er erzählt, wie Martin Rade bei ihm zu Besuch war: «Auch er beklagte sich über unser ‹prophetisches Selbstbewusstsein›, das uns veranlasse, so aufzutreten, als ob wir der Christenheit Gott erst zu bringen hätten.»

[11] Barth, Nachwort (Anm. 6), 293.

[12] Karl Barth, Briefwechsel mit Martin Rade 1914, in: ders., Offene Briefe 1909–1935 (GA V.35), hg. von Diether Koch, Zürich 2001, 18–42 (27).

[13] Barth, Offene Briefe 1909–1935 (Anm. 12), 28.

An Thurneysen schreibt er Anfang September 1914: «Die absoluten Gedanken des Evangeliums werden einfach bis auf weiteres suspendiert, und unterdessen wird eine germanische Kampfreligion in Kraft gesetzt, christlich verbrämt durch viel Reden von ‹Opfer› usw. Beweis genug, dass die ersteren schon vorher bei diesem Christlichen-Welt-Christentum mehr Firnis als innerlicher Besitz waren. Traurig ist's doch! Marburg und die deutsche Kultur verliert in meinen Augen etwas, und zwar für immer, durch diesen Zusammenbruch.» (10)

4. «Safenwil hat mir eher zu schlucken gegeben» – oder: die Mühen des Pfarramts und die praktische Predigtnot

Als Gemeindepfarrerin würde ich gerne hervorheben, Barths *Römerbrief* sei nicht ohne seine Gemeinde entstanden, so wie man das heute gerne betont mit Blick auf die Entstehung der Evangelien. Aber das Gegenteil ist der Fall: Den *Römerbrief* hat Barth nicht wegen des Pfarramts, sondern trotz des Pfarramts geschrieben. Im Vorwort zur zweiten Auflage resp. zweiten Fassung des *Römerbriefs* schreibt er: «Meine Gemeindegenossen haben in den letzten Jahren ihren Pfarrer oft nur in seiner Studierstube gehabt und auch sonst allerlei Beunruhigendes mit ihm erlebt, was mit seiner Römerbriefforschung eng zusammenhing. Die wenigstens teilweise recht verständnisvolle Duldung, mit der sie diesen Zustand ertragen haben, verdient es, dass ich auch ihrer hier dankbar gedenke. Keiner von den Freunden dieses Buches, der selber Pfarrer ist, soll leicht daran tragen, dass er es nicht nur sich selbst, sondern auch seiner Gemeinde nicht – leicht machen kann.»[14] Barth musste sich die Zeit zum Schreiben zusammenstehlen und sass ohne Zweifel oft in der Studierstube auf Kosten von Besuchen zum Beispiel. Die Bedürfnisse der Gemeinde kamen sicher in den letzten Jahren seines Pfarramts zu kurz.

Auf der anderen Seite empfing er offensichtlich auch wenig Inspiration aus der Gemeinde. Was ihm Thurneysen bot, ein Gegenüber, das ihn auch immer wieder mit anregenden Texten, Ideen und Berichten fütterte, gab ihm die Gemeinde gerade nicht. Einmal, am 21. Februar 1917, berichtet er Thurneysen von einer «vermutlich hysterischen Frau», auf die seine Sonntagspredigt und die Abdankung in der Woche zuvor katastrophal gewirkt habe; sie habe ihm vorgeworfen, dass er sie nicht getröstet, nur geärgert habe. Und dann fügt Barth an: «Aber

---

[14] Karl Barth, Der Römerbrief (Zweite Fassung) 1922 (GA II.47), hg. von Cornelis van der Kooi und Katja Tolstaja, Zürich 2010, 24.

sonst bin ich fast immer von einer lastenden Stille umgeben, trotzdem ich jetzt auch viel fleißiger in der Gemeinde herumlaufe.» (176) Und einen guten Monat später schreibt er: «Safenwil im allgemeinen hat mir in diesen Tagen wieder eher zu schlucken gegeben, sodass ich deinen Trost und Zuspruch wohl brauchen kann.» (188)

Im Vergleich mit Thurneysen, das kommt an vielen Stellen zum Ausdruck,[15] empfand Barth eine gewisse Unfähigkeit, auf Leute einzugehen, und gerade an Krankenbetten war er «oft eher in Verlegenheit» und mochte gerne «noch deutlicher merken» (47), wie er, Thurneysen, es mache. Besonders selbstkritisch äussert er sich in Bezug auf den Konfirmandenunterricht und die Kinderlehre. Da lesen wir in einem Brief vom 25. Juni 1917: «Mein arges Kreuz bleibt doch der Kinderunterricht. [...] das gelingt mir einfach nicht; und in jener Kirche der Zukunft, wo Ruedi Pestalozzi Kirchenpflegepräsident ist, werde ich dir das Feld gänzlich überlassen. Ebenso die Seelsorge: Alle Heiratsgeschichten, in die ich mich gemischt habe, laufen darauf hinaus, dass sie sich gegen meinen klugen Rat doch nehmen werden.» (208) Alles in allem, so bemerkte Barth 1925 gegenüber Thurneysen, als ihm die Nachfolge Hermann Kutters in der Neumünster-Gemeinde in Zürich angeboten wurde, habe er als Pfarrer von Safenwil schliesslich doch *versagt*. Die Vorstellung, wieder Kinderlehre halten und in allerlei praktische Fragen eingreifen zu müssen, sei ihm furchtbar; er könne das nicht leisten.[16]

Gerne möchte ich nun nochmals zurückkommen auf das Stichwort «Predigtnot»: Karl Barth betonte – notabene: nachdem er *nicht mehr* im Gemeindepfarramt tätig war – bei verschiedenen Gelegenheiten, dass die theologische Wende eng zusammenhing mit dem, was er «Predigtnot» nannte. Und so liest man auch in der Literatur oder jetzt im Zusammenhang mit Veranstaltungen im Barth-Jubiläums-Jahr immer wieder, an der Wiege von Karl Barths Theologie stehe die «Predigtnot», sie habe ihn als jungen Pfarrer im Austausch mit seinem Freund Eduard Thurneysen zu einem theologischen Neuaufbruch geführt.[17]

Oft wird als Beleg dafür aus dem Vorwort des zweiten *Römerbriefs* zitiert. Da schreibt Barth: «Ich weiss, was es heisst, jahraus jahrein den Gang auf die Kanzel gehen zu müssen, verstehen und erklären sollend und wollend und doch nicht können, weil man uns auf der Universität ungefähr nichts als die berühmte

---

[15] Vgl. Barth – Thurneysen, Briefwechsel (Anm. 1), u. a. 269f.

[16] Karl Barth – Eduard Thurneysen, Briefwechsel, Bd. II: 1921–1930 (GA V.4), bearb. und hg. von Eduard Thurneysen, Zürich 1974, 341.

[17] So auch auf der Einladung zum Berner Auftakt des Karl-Barth-Jahres 2019: www.theol.unibe.ch/unibe/portal/fak_theologie/content/e17260/e17261/e311552/pane715944/e715948/2018_11_12_flyer_studientag_karl_barth_ger.pdf (07.05.2022).

‹Ehrfurcht vor der Geschichte› beigebracht hatte, (die trotz des schönen Ausdrucks einfach den Verzicht auf jedes ernsthafte ehrfürchtige Verstehen und Erklären bedeutet? [...] Ja wohl, aus der Not meiner Aufgabe als Pfarrer bin ich dazu gekommen, es mit dem Verstehen- und Erklärenwollen der Bibel schärfer zu nehmen [...].»[18]

Spannend ist nun aber, was Thomas Schlegel in seiner Dissertation von 2004 herausgearbeitet hat,[19] nämlich dass man bei Barth während seiner Zeit als Gemeindepfarrer in Safenwil nicht viele Anzeichen dieser grundsätzlichen Predigtnot findet. Eher stellt man fest, dass er mit recht grossem Optimismus davon redet, wie er in den Predigten dies oder jenes behandelt habe.[20] Selbstverständlich übermittelt er Thurneysen seine Predigten zur Lektüre.[21] Selbstsicher meint er, die «Sache»[22] vertreten und von der Kanzel predigen zu müssen. Prinzipiell schien ihm möglich: «Vorläufig können wir nichts tun als eben von Sonntag zu Sonntag ‹unentwegt› das *Andere* sagen und vor allem selbst ein bisschen fester werden in diesem Andern.»[23]

Hingegen findet man sehr wohl Seufzer, wie sie alle Pfarrerinnen und Pfarrer kennen, wenn die Zeit für die Predigtvorbereitung fehlt, man in letzter Minute am Samstagnachmittag noch etwas zusammenschreiben muss. So klagt Barth zum Beispiel am 11. Februar 1918 seinem Freund Thurneysen: «Mein Predigen ist noch immer ein Wandern im dunkeln Tal [vgl. Ps 23,4], am Samstag kam einfach *nichts* zu Stande, erst gestern Morgen eine kleine ungenügende Skizze über Hiob 17,3. Es ist, wie wenn es nicht sein sollte.» (265) Und am 1. April 1917 schreibt er: «Die heutige Predigt kam als entsetzliche Notgeburt zustande.»[24] Die Schwierigkeiten sind aber selten grundsätzlicher Art und haben oft einfach mit fehlender Zeit und dem Gefühl, nicht den richtigen Ton zu finden, zu tun.

Diese These wird auch gestützt von der Tatsache, dass sich in sehr vielen Briefen freundschaftliches Lob über die Predigten des je anderen finden: Barth z. B. findet eine Predigt von Thurneysen «prächtig» (246); ein andermal schreibt

[18]   Barth, Römerbrief 1922 (Anm. 14), 15f.
[19]   Thomas Schlegel, Theologie als unmögliche Möglichkeit. Der Theologiebegriff Karl Barths in seiner Genese (1914–1932), Neukirchen-Vluyn 2007.
[20]   Vgl. Barth – Thurneysen, Briefwechsel (Anm. 1), 10.24.75.83.154.225.
[21]   Vgl. Barth – Thurneysen, Briefwechsel (Anm. 1), 81.98f.
[22]   Die Rede von der «Sache» – verbunden mit einer Art «Sendungsbewusstsein» – lässt sich ab dem Frühjahr/Sommer 1915 bei Thurneysen und Barth beobachten (vgl. Barth – Thurneysen, Briefwechsel [Anm. 1], 49.69.71.74.83 u. ö.).
[23]   Barth – Thurneysen, Briefwechsel (Anm. 1), 74, vgl. auch 139. Siehe auch 83: «Wir postulieren doch immer noch mächtig [...]».
[24]   Barth –Thurneysen. Briefwechsel (Anm. 1),187–189 (188).

er, die Predigt über das Gebet, die Thurneysen ihm im Wald (!) vorgelesen habe, hätte dieser unbedingt in den *Neuen Wegen* publizieren sollen,[25] und einmal erwähnt er, seine Frau Nelly habe seine Bettagspredigt «beflügelt» (154). Thurneysen seinerseits ist in der Regel sehr angetan von Barths Predigten, schreibt ihm z. B. am 28. Oktober 1917: «Deine Predigt habe ich eben gelesen und wüsste nicht, was mir daran nicht gefallen hätte» (239), und das gemeinsam herausgegebene Predigtbändchen *Suchet Gott, so werdet Ihr leben* macht ihn «tief froh». «Mit aller Freude» habe er in Barths Beiträgen gelesen, und auch äusserlich sei das Büchlein «glustig» (254f.) geraten.

Diese Beobachtungen belegen, dass es beiden Männern sehr wohl möglich schien, eine gute, ja prächtige Predigt zu halten, dass ihnen dies oft aber auch nicht gelang.[26]

Es ist offensichtlich, dass Barth auf einer persönlichen Ebene in der Freundschaft mit Thurneysen viele Kräfte zugewachsen sind, um den hier skizzierten Nöten zu begegnen. Es gab aber auch auf der theologisch-sachlichen Ebene zwischen ihnen «Bewältigungsstrategien» und Versuche, den Nöten und Bedrängnissen zu entkommen. Auf beide Ebenen möchte ich im Folgenden näher eingehen.

III. Freundschaft als Experimentierraum für Unerhörtes

Karl Barth und Eduard Thurneysen hatten sich bereits im Studium kennengelernt, freundschaftlich verbunden wurden sie einander aber erst durch die örtliche Nähe: Barth trat seine erste Pfarrstelle im aargauischen Safenwil am 9. Juli 1911 an, und Thurneysen wurde zwei Jahre später am 1. Juni 1913 in Leutwil, unweit des Hallwilersees, ins Amt eingesetzt. Barth war für die Amtseinsetzung fast vier Stunden nach Leutwil gewandert; und seither ergab sich ein reges Hin und Her von Besuchen und Briefen. Allein aus der Zeit zwischen 1913 und 1921 sind über 400 Briefe erhalten. Ausserdem traf man sich an kantonalen Konventen, an «Pfarrkränzli» und sozialen Kränzchen, man tauschte Predigten und oft auch die Kanzel untereinander aus. Es kam sogar zu einem «Kreuzzug» genannten gemeinsamen Geländespiel mit Konfirmanden. Aber am meisten beeindruckt mich, dass die beiden oft mehrmals im Monat Zeit fanden, sich Predigten und später ganze Kapitel aus dem Römerbrief-Kommentar *vorzulesen*. Manchmal prä-

---

[25] Vgl. Barth – Thurneysen, Briefwechsel (Anm. 1), 116.
[26] Vgl. Barth – Thurneysen, Briefwechsel (Anm. 1), 80f.

sentierten sie sich auch Unterrichtsvorbereitungen und natürlich Vorträge, die zu halten sie oft angefragt wurden.

Es stimmt mich nachdenklich, ja traurig, um das nebenbei zu bemerken, dass wir zu solchen zeitintensiven, theologisch-sachlichen Formen des Austauschs heute im Pfarramt kaum noch kommen. Ich empfinde es als eine bittere Ironie, dass heute, wo dank der Digitalisierung die Verbreitung und Vervielfachung von Texten so viel einfacher und schneller geworden ist und wo man die Strecke zwischen Safenwil und Leutwil in 25 Minuten mit dem Auto zurücklegen kann, trotzdem *weniger* Zeit für die persönliche Begegnung und einen freien, kreativen Diskurs bleibt, der nicht abgewürgt wird durch Traktandenlisten, die mit organisatorischen und strukturellen Problemen vollgestopft sind.

Rudolf Bohren schreibt in seinem Buch *Prophetie und Seelsorge:* «Theologie als Teamwork ist die unerledigte Hinterlassenschaft der beiden Freunde [Barth und Thurneysen], wichtig vor allem deshalb, weil hier zusammengeht, was an Universitäten immer noch getrennt ist, Erkenntnis und Liebe.»[27]

Das Stichwort «Teamwork» leuchtet natürlich ein, aber kann man mit Recht auch von «Liebe» sprechen? Gewiss: Barth und Thurneysen haben sich gemocht und viele nette Komplimente ausgetauscht, aber es war wesentlich eine gemeinsame *Sache,* die sie verband, und eine *Arbeits- und Kampfgemeinschaft,* die sie dafür gegründet hatten.

Bei aller Betonung der Gegenseitigkeit und der schönen Metapher vom «Ineinandergreifen» gab es doch auch grosse *Ungleichheiten,* um nicht zu sagen ein *Gefälle* in der Beziehung der beiden. Interessanterweise wurde dies schon 1914 zum Thema, und zwar hatte Thurneysen in Zürich seinen Lehrer Paul Wernle, Neutestamentler und Kirchengeschichtler, getroffen, und dieser hatte ihm vorgeworfen, er sei einfach in Barths «Schlepptau» und erlaube sich diesem gegenüber keine eigene Meinung zu haben.[28] Darauf entgegnet Barth: «Tatsächlich bist du mir, seit wir uns kennen, selbständig gegenüber gestanden, und ganz besonders seit du in Zürich warst, habe ich wahrscheinlich mehr von dir gelernt als du von mir. Du hast mir eigentlich Kutter zugänglich gemacht. Und im Übrigen ists wie du sagst, wir denken und arbeiten ziemlich verschieden, verstehen uns aber in den Hauptsachen und können darum mit Freude zusammen verkehren.» (16)

Vielleicht ist die Rede von einem «Gefälle» in der Beziehung unpassend? Jedenfalls war Barth der vorwärts-drängendere, polemischere, auch schneller

---

[27] Rudolf Bohren, Prophetie und Seelsorge. Eduard Thurneysen, Neukirchen-Vluyn 1982, 85.

[28] Vgl. Barth – Thurneysen, Briefwechsel (Anm. 1), 15.

und produktiver arbeitende, ehrgeizigere Geist; Thurneysen der ausgeglichenere, irenischere, mehr vermittelnde und einfühlsamere, vielleicht auch bescheidenere von beiden;[29] derjenige auch, der Barth gegenüber gut spiegeln konnte, wie wohl dieser oder jener Text ankommen würde.

Und man darf – wie Suzanne Selinger[30] – mit guten Gründen vermuten, dass Charlotte von Kirschbaum später dieses Gegenüber im Gespräch ersetzt hat, ohne das Karl Barth niemals so unermüdlich und fokussiert hätte arbeiten können. Einen Menschen neben sich zu wissen, der «Ja» und «Amen» sagt und zwischendurch auch «Nein» – in Analogie zum göttlichen «Partner» –, war für Barth existenziell wichtig. Bevor Charlotte von Kirschbaum diese Rolle übernahm, diente Thurneysen ihm als emotionaler Stabilisator – gerade angesichts wiederkehrender Zweifel und Anfechtungen, von denen die Briefe ein beredtes Zeugnis ablegen. Ist, was wir hier treiben – in diesem Sinne fragt Barth oft – wirklich Gottes Sache?[31] – Für mein Empfinden liegen diese Selbstzweifel auf der Linie der theologischen Grundüberzeugung Barths: dass Gott für uns handelt, gehandelt hat, dass wir alles von ihm erwarten dürfen. Theologie wäre dann eigentlich nur ein Nach-Sprechen und Nach-Denken, auf keinen Fall darf sie zu einem System oder einer Ideologie verkommen. Auf keinen Fall darf sie zu selbstsicher vertreten werden: Gott selbst macht sie wahr oder auch nicht. Der Selbstzweifel gehört deshalb notwendig dazu, sonst wäre der ganze Ansatz unglaubwürdig.

Barth war oft unsicher, was die Wirkung seiner unter Zeitdruck eiligst niedergeschriebenen Texte anbelangte. Er brauchte – ich würde behaupten: mehr als andere – das, was wir heute «Feedback» nennen, eine differenzierte Rückmeldung, die ihm half, da und dort Dinge diplomatischer zu formulieren. Aber vor allem auch ging es ihm um ein bestätigendes Echo, um ein Einverständnis. Vielsagend ist, was Barth an Thurneysen schreibt, nachdem er mit Ach und Krach den später so berühmten Tambacher Vortrag *Der Christ in der Gesellschaft* fertig geschrieben hatte: «Lieber Eduard! Hier sende ich dir, was ich [...] in ununterbrochener Tag- und Nachtschicht (vorläufig) für Tambach geschrieben habe. Hast Du Zeit, es schnell durchzusehen, deine Bemerkungen und Ergänzungen dazu zu machen und es mir dann eiligst wieder eingeschrieben zurückzusen-

---

[29] Barth – Thurneysen, Briefwechsel (Anm. 1), 251: «... was mich aufs Neue darin bestärkt, dass das Departement des Äusseren besser in deinen Händen ruht als in den meinigen.»

[30] Suzanne Selinger, Charlotte von Kirschbaum und Karl Barth. Eine biografisch-theologiegeschichtliche Studie, aus dem Amerikanischen übersetzt von Reinhard Brenneke, Zürich 2004, 55–64.

[31] Vgl. Barth – Thurneysen, Briefwechsel (Anm. 1), 265.

den? Ich wäre so froh, bevor ich die Sache endgültig festlege, dein Einverständnis zu haben. [...] Sieh alles gut nach, ob alles gut ineinander greift.» (343f.) In einem früheren Brief schreibt Barth: «Du hast mich ja schon ein paarmal besser verstanden als ich mich selbst.» (237) – Die Sehnsucht, zu verstehen und verstanden zu werden, im Sinne eines tiefen Einverständnisses, ist eine auffallende Triebfeder hinter Barths ganzem Werdegang, hinter seiner Theologie und hinter dem, was man üblicherweise Privatleben nennt.

Mit der räumlichen Distanz – nachdem Barth einen Ruf nach Göttingen erhalten und Thurneysen eine Pfarrstelle in St. Gallen angetreten hatte – veränderte sich auch der Charakter der Freundschaft. Das Moment der Kampfgemeinschaft blieb bestehen, auch die seelsorgerliche Fürsorge, aber die Arbeitsgemeinschaft nahm – natürlicherweise – ab. Während Barth ob der Nachricht, dass Thurneysen nach St. Gallen wechsle, schrieb, er sei eigentlich nur betrübt und könne es gar nicht glauben wie bei einer Beerdigung, wo man denkt, es könne gar nicht sein,[32] ertrug er, als er Mitte der 30er Jahre nach Basel zurückkehrte, die Predigten des Freundes nicht mehr.[33] Und gut 30 Jahre später suchte er sogar Gründe, um an Thurneysens 80. Geburtstag nicht teilzunehmen.[34]

IV. Die Bewältigung der «Not» auf der theologischen Ebene

So wie die Freundschaft zu Thurneysen eine Antwort, ja eine Bewältigungsstrategie auf der *persönlichen* Ebene war, für den Umgang mit alldem, was Barth als «Not und Bedrängnis» empfand, so lässt sich auch auf der *sachlichen, theologischen* Ebene eine solche «Antwort» ausmachen. Im Grunde genommen zeigen sich *alle Elemente* dieser Antwort im *Römerbrief,* der wiederum ohne Thurneysen wohl nie entstanden wäre.

Zu den wichtigsten Elementen dieser Antwort zählen:

1. Die *Wiederentdeckung der Bibel,* ja, ein *Leben* mit der Bibel

Es ist wirklich erstaunlich, wie oft und wie intensiv sich die beiden Freunde über konkrete Bibelstellen und deren Auslegung austauschten. Es gibt kaum einen

---

[32] Vgl. Barth – Thurneysen, Briefwechsel (Anm. 1), 346.
[33] Eberhard Busch, Meine Zeit mit Karl Barth. Tagebuch 1965–1968, Göttingen 2011, 161.249.685.
[34] Busch, Zeit (Anm. 33), 596f.

Brief, auch nicht aus der Zeit vor dem Römerbrief-Projekt, in dem nicht von Freuden oder Mühen beim Lesen von Bibelstellen erzählt wird oder in dem auf gemeinsame Bibel-Lese-Stunden, oft auch mit anderen Pfarrern oder den «Frauen als Laien», wie es heisst, rekurriert wird.[35] Besonders aufschlussreich für Barths Bibelverständnis ist in diesem Zusammenhang sein Vortrag über *Die neue Welt in der Bibel* von 1917. Darin geht er davon aus, dass «[d]en Inhalt der Bibel [...] eben gar nicht die rechten Menschengedanken über Gott, sondern die rechten Gottesgedanken über den Menschen bilden».[36] «Damit wird nicht in Abrede gestellt, dass wir in der Bibel durchgängig auf menschliche Gedanken treffen. Aber es kommt nun entscheidend darauf an, woraufhin wir dieses menschliche Gotteszeugnis lesen. Solange wir es so lesen, dass wir uns möglichst selbst darin wiedererkennen wollen, werden wir dort auch vor allem uns selbst begegnen. [...] Nur wenn wir die Bibel mit der Erwartung lesen, in ihr mehr finden zu können, als wir uns selbst zu sagen vermögen, werden wir der Intention ihrer Verfasser gerecht, indem wir uns auf die neue Welt Gottes stossen lassen.»[37]

2. Die Entdeckung Gottes als des ganz Anderen

Die Selbstverständlichkeit, mit der man sich bei Ausbruch des Ersten Weltkriegs allseits auf Gott berief und ihn vereinnahmte für das, was man für erstrebenswert hielt, seien es Opfer auf dem Schlachtfeld oder irgendeine höhere Moral, diese Selbstverständlichkeit war für Barth ein deutlicher Beleg dafür, dass man gar nicht mehr mit Gott als Gott, mit Gott dem ganz Anderen rechnete, sondern nur einfach «in etwas erhöhtem Ton vom Menschen redete».[38] Gott der ganz Andere lässt sich aber weder aus unseren Erfahrungen ableiten, noch diesen Erfahrungen einfach zuordnen. Nicht wir können Gott unseren Erkenntnisregeln unterwerfen, sondern Gotteserkenntnis kann nur aus der Selbst-Offenbarung Gottes kommen.

3. Barths Neuausrichtung – die *Hoffnung auf das Reich Gottes*

Was Thurneysen und Barth an den Religiös-Sozialen, an Kutter und Ragaz, schätzten und was sie mit ihnen verband, war die Überzeugung, dass das Reich Gottes, das Jesus als Hoffnung für die Welt verkündet hatte, eben dieser Welt

---

[35] Barth – Thurneysen, Briefwechsel (Anm. 1), 79.82 u. a.
[36] Karl Barth, Die neue Welt in der Bibel (1917), in: ders., Vorträge und kleinere Arbeiten 1914–1921 (GA III.48), hg. von Hans-Anton Drewes, Zürich 2012, 317–343 (335).
[37] Vgl. Michael Weinrich, Karl Barth. Leben – Werk – Wirkung, Göttingen 2019, 20.
[38] Barth, Wort Gottes (Anm. 5), 158.; vgl. Weinrich, Barth (Anm. 37), 18.

galt und eben diese Welt umgestalten, neu machen würde. Doch Barth trifft schon früh die wegweisende Grundentscheidung, die politische Perspektive der religiös-sozialen Reich-Gottes-Theologie vollständig der Unservater-Bitte unterzuordnen: «Dein Reich komme».[39] Für Barth war klar: «Das Reich Gottes kommt durch Gott selber, der alle Dinge neu macht. Und es kommt vielleicht nicht so sehr darauf an, ob wir Evangelium verkündigen oder soziale Arbeit treiben, aber darauf, dass wir dieses Gebet begreifen und im Herzen haben: *Dein* Reich komme! *Dein* Wille geschehe!»[40]

Nicht Menschen regieren, sondern Gott regiert die Welt. Gegen den religiösen Sozialismus betonte Barth, dass die eigentliche Revolution Gott vorbehalten sei. So wie sich die religiös-soziale Bewegung gebärde, stehe sie noch «tief im Schatten der pietistischen Lebensversuche». In all den Plänen und Projekten, die entworfen wurden, sah Barth mehr und mehr nichts anderes «als Liebeswerke» (249) in neuer Gestalt.

Wie schon angedeutet, verhalf Thurneysen auch auf dieser theologisch-sachlichen Ebene Barth zum Befreiungsschlag, den der Römerbrief für ihn bedeutete. Nicht nur brachte er ihn überhaupt erst auf die Idee, den Römerbrief zu lesen, als hätte er ihn noch nie gelesen,[41] er hat sich auch «durch Einschaltung zahlreicher, erläuternder und verschärfender Zugaben in selbstloser Weise ein verborgenes Denkmal gesetzt»; man könne nicht sagen, wo die Gedanken des einen anfingen, die des anderen aufhörten.[42]

Als der Umzug nach Göttingen bevorstand, bedankte sich Barth noch einmal nachdrücklich bei seinem Freund: «[...] ich möchte dir vorher ganz herzlich danken für die viele Mühe und Zeit, die du jetzt und während elf Monaten daran gewendet hast, das Ding zu strählen, ganz abgesehen davon, dass ich ohne dich wahrscheinlich heute noch missmutig bei Schleiermacher oder auch im Sozialismus drin steckte und weder den 1. noch den 2. Römerbrief geschrieben hätte und sicher nicht in die seltsame Lage gekommen wäre, nun auch noch den Professor zu machen.» (520)

Wichtig in diesem Zusammenhang ist auch, dass es Thurneysens CVJM-Bekanntschaft mit dem Unternehmer Ruedi Pestalozzi zu verdanken ist, dass Barth

---

[39] Frank Mathwig, Zeitung und Bibel. Karl Barths Theologie als kritische Zeitgenossenschaft, in: ders. / Matthias Zeindler, Gott trifft Mensch. Themen der Theologie Karl Barths, Bern 2019, 17–20 (18).

[40] Karl Barth, Der Christ als Zeuge (Theologische Existenz heute 12), München 1934, 50.

[41] Barth, Nachwort (Anm. 6), 294f.

[42] Barth, Römerbrief 1922 (Anm. 14), 24.

seinen Römerbrief-Kommentar überhaupt drucken konnte. Drei Schweizer Verlage lehnten 1917 den Druck ab; erst nach einer Defizitgarantie von Ruedi Pestalozzi sagte der Bäschlin-Verlag Bern zu.[43]

V. Epilog: Die Krise der Krisen, oder was Barths sogenannte Krisentheologie für die gesellschaftlichen und kirchlichen Krisen der Gegenwart bedeutet

Zu Beginn des Karl-Barth-Jubiläums konnte man verschiedentlich lesen, dass eine «krisenerprobte Theologie» wie jene Barths für Menschen, die selber eine Krise durchmachen, hilfreich sei; oder auch, dass eine Theologie, die die Krise in den Mittelpunkt theologischer Reflexionen rücke, auch in den gegenwärtigen gesellschaftlichen und kirchlichen Krisen sprach- und handlungsfähig mache.[44]

Solange man im Vagen lässt, was mit «Krise» genau gemeint ist, klingt das gut. Wenn man aber auszuformulieren versucht, *welche* Krise Barth beschäftigt hat: nämlich der kritische Blick Gottes auf uns, sein Gericht, seine Gnade, wird die Sache mit dem Anknüpfungspunkt und der Aktualität schwieriger. Mein Eindruck geht in die Richtung, dass Barths Krisentheologie zu dem, was sonst als «Krise der Kirche» thematisiert wird, nicht in einem konstruktiven, sondern in einem eher kritisch-destruktiven Verhältnis steht. Dabei denke ich z. B. an die Dauer-Krise, die mit dem Verlust der Kirchen an Mitgliedern, Mitteln und Macht zusammenhängt, also mit der standardisierten Klage, «wir werden ärmer, älter und kleiner»; ich denke aber auch an die durch sexuelle Übergriffe, Machtmissbrauch und Doppelmoral ausgelöste Krise der römisch-katholischen Kirche, die auch die reformierte Kirche in Mitleidenschaft zieht; und schliesslich redet man auch mit Blick auf den Pfarrmangel oder mit Blick auf Strukturen, die nicht mehr zeitgemäss seien, oft von einer «Krise».

Auf der Linie Barths müsste man doch all jenen, die diese Probleme zu den *Haupt*problemen erklären, zurufen: Das ist doch gar nicht die *Krise* der Kirche, das sind nur Dekadenzerscheinungen einer Kirche, die ganz und gar Teil der Welt geworden ist, einer Kirche, die mit Gott *dem ganz Anderen* gar nicht mehr rechnet, sondern darunter Werte, Leistungen und Moral versteht. Ihr lenkt euch damit nur ab von der einzig echten fundamentalen Krise, nämlich Gott selbst: «Der wahre Gott ist [...] der aller Gegenständlichkeit entbehrende Ursprung der

---

[43] Tietz, Barth (Anm. 8), 101.

[44] Vgl. z. B. das Interview mit Achim Detmers, «Radikal neu über Gott gedacht», in: zeitzeichen 10, 2018, 52.

Krisis aller Gegenständlichkeit, der Richter, das Nicht-Sein der Welt.»[45] «Im Christus [...] redet Gott, wie er ist, und straft den Nicht-Gott dieser Welt Lügen. [...] Er bekennt sich zu uns, indem er die Distanzen zwischen uns und ihm schafft und wahrt. Er begnadigt uns, indem er unsre Krisis einleitet, indem er uns ins Gericht bringt».[46]

Von Barth lernen kann man, denke ich, den Blick frei zu bekommen von den vielen Nöten und den vielen Krisen hin zur *einen* Krise, hin zur einen Not, hin zum Einen, was Not tut: hin zu Gott, dessen Urteil und Gericht auch einen verheissungsvollen Neuanfang und Befreiung aus der selbstgerechten Ich-Bezogenheit bedeutet.

Von Barth lernen kann man auch, nicht ins Jammern zu verfallen, sondern gepackt von der Sache leidenschaftlich vorwärts zu stürmen, kämpferisch, aber doch auf Verständnis aus, im stetigen Gespräch mit anderen. Und dabei *einerseits* alles zu geben, vollen Einsatz an Zeit und Kraft und Emotionen – und *andererseits* sich auf das Erreichte nicht zuviel einzubilden, sondern selbstkritisch zu bleiben, so wie Barth im Februar 1918, als er an Thurneysen schrieb: «Mein Römerbrief kommt mir oft vor wie ein rechter *Turm zu Babel*. Vielleicht wäre es besser, ihn zum Schluss feierlich zu verbrennen, als drucken zu lassen. Ob der liebe Gott dieses Geschreibe eigentlich will? Es ist ja doch nur wieder eine neue Theologie.» (265)

Ich mag dazu nicht «Amen» rufen, aber vielleicht der eine oder die andere von Ihnen?

---

[45] Barth, Römerbrief 1922 (Anm. 14), 118.
[46] Barth, Römerbrief 1922 (Anm. 14), 65.

Stephan Schaede

Keine Angst vor Nullpunkten

Wie Karl Barth mit der gesellschaftlichen Energie der Bibel punktet

I. Theologie und Nullpunkt, ein dreifacher Anlauf ...

Nullpunkte und Theologie! Und das im März im schönen Bern, wo sich der Schnee ins Oberland auf Jungfrau, Mönch und Eiger zurückgezogen hat. Nullpunkt und Theologie, doch recht eigentlich ein Winterthema, so scheint es. Ich frage Sie: Absoluter Nullpunkt -273,15 °C ... kann Theologie denn so kalt sein? – Theologie ist von ihrem Ursprung her heiss. Während meiner theologischen Ausbildung wurden meine Lehrerinnen und Lehrer nicht müde vom «Feuer der Leidenschaft» und vom «Glutkern der theologischen Existenz» zu reden. Um gleich auf die Bibel zu sprechen zu kommen, von der heute die Rede sein muss: Im Alten Testament hört die Kombination Gott und Mose nicht auf Permafrost, sondern auf den brennenden Dornbusch, auf ein Feuer, das nie vergeht und nichts verzehrt. Im Neuen Testament heisst es von Jesus und jenen, die sich für seine Lebensambition interessierten: «Und sie sprachen zueinander: Brannte nicht unser Herz in uns, als er auf dem Wege zu uns redete?» (Lk 24,33). – «Das Eis der Seele spalten. Theologie und Literatur in sprachloser Zeit»,[1] titelte Dorothee Sölle und begriff in ihrem Buch Theologie als Eisbrecher des Lebens. Freilich hat Thomas Mann den im Davos weilenden Hans Castorp einen Schneetraum träumen lassen, in dem es die Eiseskälte war, die zu theologischen Halluzinationen der besonderen Art geführt hat. Nun gut, Davos das ist Graubünden. Was interessiert uns die Ostschweiz. Was denken Sie hier in Bern? Halluzinieren all jene, die mit Gott, der Bibel gar, in unseren Gesellschaften etwas ausrichten wollen? Wie nehmen Sie die Theologie wahr in ihrer kirchlichen, in ihrer öffentlichen Wirkung? Das ist für mich, aus Deutschland kommend, eine ernsthafte Frage, die mich sehr interessiert. Wie ist das hier? Ist die Theologie öffentlich erkaltet, so kalt, dass sich nichts mehr rührt, in ihr und durch sie: eine -273,15 °C-Theologie, zeitgenössisch in der Gegenwart angekommen und kaltgestellt. Am Ende

---

[1]   Vgl. Dorothee Sölle, Das Eis der Seele spalten. Theologie und Literatur in sprachloser Zeit, Mainz 1996.

hat sie auch nicht mehr viel zu sagen – energetisch am Tiefpunkt angelangt. Ist das so?

Um einen zweiten Anlauf zu nehmen: Bern und die Theologie und der Null-punkt, was soll das nur geben? Vielleicht ja dies: Der Nullpunkt der schweizeri-schen Landesvermessung war, wie ich mir sagen liess, einst die *Alte Sternwarte* in Bern. Sie wissen das besser als ich, die Alte Sternwarte lag auf der Grossen Schanze hinter dem Bahnhof. Und was steht dort heute? Ein 70er-Jahrebau, der das «Institut für exakte Wissenschaften» beherbergt. Theologie am Nullpunkt; wäre das also eine Theologie in einem fantasielosen Gebäude am Ort eines Instituts für exakte Wissenschaften? Die Schweiz kann so viel schöner bauen. Theologie am Nullpunkt ihrer Energien, die verkommen ist, fantasielos, eingeschlafen, verpennt, reglos, antriebslos, nicht mehr zu unterbieten, gottvergessen, gegen-wartsbeflissen; eine Theologie, die abnickt, was *up to date* erscheint, eine Theo-logie mit abgeschmirgelten Ecken, die segnet und begrüsst, was der *mainstream* auch findet? Um von Deutschland zu reden. Bei uns ist in meinen Augen «begrüssen» das Hauptverb einer Theologie am Nullpunkt, eine protokollarische Theologie, die ihrer Zeit den roten Teppich ausrollt und begrüsst, was sie lebt, beschliesst und fördert? Mit Interesse, um wieder auf die Schweiz zurückzu-kommen, öffnete ich das Portal der Reformierten ref.ch. vor zwei Tagen, am Samstag. Als Aufmacher unterlegt mit einem Foto, auf dem zwei Hauptdarsteller zu sehen sind: «Filmtipp: ‹Tel Aviv on Fire›. In der brillanten israelischen Komödie ‹Tel Aviv on Fire› verwischen Wirklichkeit und Fiktion.» Dann folgen etliche gesellschaftspolitisch zweifellos wichtige Themen: «Kaum Fortschritt bei Gleichstellung», «Kandidierende für Zürcher Synode zeigen Profil», welches Profil, bleibt allerdings ganz unerwähnt, «Sieber-Werke gegen Verschärfung von Zürcher Sozialhilfegesetz», «Fastenaktion in St. Gallen: Verzichtet wird auf Süssigkeiten, die sozialen Medien oder das Lesen von Gruselromanen», ach, der Schweiz muss es, wo ich das lese, recht gut gehen, denke ich mir. Sodann leicht bedrohlich: «Wenn der Wirtschaftsprofi die Kirche durchleuchtet»; wiederum sozialdiakonisch triftig: «Rechtsberatung für Asylsuchende». Daneben zeigen sich die «Berner Kirchen vom Einsatz Jugendlicher für Klimaschutz beein-druckt» und laut wird schliesslich «die Forderung von vier Wochen Vater-schaftsurlaub» … Das sind heisse Themen, keine Frage. Und das Engagement, was dahintersteht, flammt auf! Aber ein Tor, der nach dem Wort Gott, nach einem Bibelwort auf dieser Homepage sucht. Was will eine Kirche, die mit einer solchen Homepage auftritt? Wofür brennt sie? Wen will sie für was einnehmen? Welche theologische Betriebstemperatur fährt sie?

Um einen dritten und letzten Anlauf zu nehmen: Die deutschsprachige Literaturwissenschaft assoziiert das Nullpunktmotiv gern mit der sogenannten «Trümmerlyrik», die an das Lagerleben anschliesst. Günter Eichs Gedichte *Camp 16* oder *Erwachendes Lager* gehören dazu. In ihr werde, so die Literaturwissenschaft, die «starke Empfindung einer individuellen, vielleicht auch historischen Zäsur spürbar». Und das geht so:

> «Durch den Stacheldraht schau ich
> grad auf das Fliessen des Rheins [...]
> im Fliessen des Rheins wird kein Wort, sein
> das mir süss einschläfert das Lid
> Nichts wird sein als der Regen –
> mich schützt kein Dach und kein Damm, –
> zertreten wird auf den Wegen das Grün des Frühlings zu Schlamm.»[2]

Zertretenes Grün, Stacheldraht, die Sprachlosigkeit des Flusses ... Nullpunktlyrik will Schicksalswenden markieren.[3] Sie beschwört, ganz von vorne, ganz ganz weit von vorn anzufangen. Es geht ihr um neue Sprache, neue Substanz, neue Konzeption und Aufbruchstimmung inmitten von Resignation: «Wenn erst erwärmend die Sonne auf den Hönninger Höhen sich hebt, ist es Auferstehungswonne, die schauernd die Schläfer belebt.»[4] *(Erwachendes Lager).*

Der französische Philosoph Roland Barthes verfasste im Jahr 1953 einen Text *Am Nullpunkt der Literatur*[5] – eine Kampfansage gegen einen kohärenten Logozentrismus in der Literatur und deren konsistenzversessene Interpretation. Barthes zerschreddert die Sucht nach grossen Zusammenhängen und empfiehlt, einzelne Elemente und Fragmente ins Zentrum zur rücken. Ganz entsprechend formt er einen späteren Buchtitel: «Fragmente einer Sprache der Liebe».[6] Null-

---

2 Günter Eich, Gesammelte Werke. Revidierte Ausgabe. Band I: Gedichte. Der Maulwurf, hg. von Axel Vieregg, Frankfurt a. M. 1991, 33.

3 Vgl. Erhard Schütz et al., Einführung in die deutsche Literatur des 20. Jahrhunderts, Opladen 1980, 47. Dazu durchaus kritisch Walter Hinderer (Hg.), Geschichte der deutschen Lyrik vom Mittelalter bis zur Gegenwart, Würzburg [2]2001, 577: «Die sehr reale Kehrseite der Nullpunkt-Phase war also die schlechte Kontinuität des restaurativen Denkens und Schreibens von etwa 1930 bis 1960, für die das Jahr 1945 *keine* entscheidende Zäsur darstellt; Lyrik, die zwar verbal von dem gutgemeinten Vorsatz geleitet war, ‹in Sprache, Substanz und Konzeption von vorn an[zu]fangen, ganz von vorn›, in der Praxis aber weiterhin die um 1930 begonnene Linie der ‹vernebelnden Entrückungsliteratur› der ‹Inszenierung von Kultur› [...] restaurativ fortsetzte.»

4 Eich, Gedichte (Anm. 2), 29.

5 Vgl. Roland Barthes, Am Nullpunkt der Literatur, Frankfurt a. M. 1953.

6 Vgl. Roland Barthes, Fragmente einer Sprache der Liebe. Aus dem Französischen von Hans-Horst Henschen, Frankfurt a. M. 2015.

punktlyrik, Trümmerlyrik und Fragmentarisches verknüpft mit einem Neuigkeitsgestus: Kann diese Kombination einer christlichen Identitätspolitik unserer Zeit Orientierung geben in Konfrontation mit einer Theologie im Angesicht von Nullpunkten? Als Überlegungen zu einer christlichen Identitätspolitik will ich meinen Vortrag heute verstehen.

II. Theologie am Nullpunkt – Karl Barth und Eduard Thurneysen auf dem Weg zu einer Vortragsreihe in Leutwil

Neue Sprache, neue Substanz, neue Konzeption, Mut zum Risiko ... Es war durchaus die Energie einer Theologie, die vom reformatorischen Ehrgeiz, weit von vorn anzufangen, gepackt war, mit der Karl Barth in der Frühphase des 20. Jahrhunderts aus seinem Safenwiler Pfarramt heraus schrieb und redete und vortrug. Er schrieb mit erheblicher theologischer Energie, mit einer Polemik und einem Rigorismus, der über das Ziel bisweilen deutlich hinausschoss. Aber immer war da eine Verve am Werk, die einem die Angst vor -273,15 °C-Theologien nehmen kann, auch heute im Jubiläumsjahr, 50 Jahre nach Barths Tod. Der Text, der heute Abend das Nachdenken über Karl Barth anleitet, ist über 100 Jahre alt und trägt den Titel «Die neue Welt der Bibel». Es ist ein Vortrag. Karl Barth hat ihn am 6. Februar 1917 in der Kirchgemeinde Leutwil gehalten. Damit war er der Einladung seines Freundes Eduard Thurneysen gefolgt, der als Leutwiler Ortspfarrer eine von Karl Barth, Eduard Thurneysen und Emil Brunner bestrittene Vortragsreihe ausgerichtet hatte. Worum sollte es gehen? «Gottes Wort in der Bibel, das darauf angewiesen ist, verstanden zu werden». Das war die Vorgabe von Eduard Thurneysen.[7]

Diese Vorgabe klingt wie ein harmloser Satz, der es aber aufgrund entscheidender Implikationen in sich hat. Erstens geht Thurneysen programmatisch davon aus, dass sich Gottes Wort in der Bibel findet – und das mag bereits ein erster wertvoller Hinweis für kirchliche Websites in der Schweiz und nicht weniger in Deutschland sein. Thurneysen geht zweitens ausdrücklich von einem starken Abhängigkeitsverhältnis des Wortes Gottes aus. Das mag ein zweiter wertvoller Hinweis für alles protestantische Freiheitspathos unserer Tage sein, wie es sich auch während des Reformationsjahres in Deutschland ausgetobt hat. Gottes

---

[7]   Vgl. Karl Barth, Die neue Welt in der Bibel, 1917, in: ders., Vorträge und kleinere Arbeiten 1914–1921 (GA III.48). In Verbindung mit Friedrich-Wilhelm Marquardt (†) hg. von Hans-Anton Drewes, Zürich 2012, 317–343 (317). Die Seitenzahlen im Text beziehen sich auf diese Ausgabe.

Wort, wenn es denn frei sein sollte, ist laut Thurneysen ein angewiesenes Wort. Drittens präzisiert Thurneysen, dass dieses Abhängigkeitsverhältnis im Verstehen derer liegt, die es zur Kenntnis nehmen. – Dies mag ein dritter Hinweis für alle sein, die die anspruchsvollen Verstehensbemühungen etwa der alt- und neutestamentlichen Wissenschaft um die Texte in den Wind schlagen, das Lernen der alten Sprachen und also das souveräne Handwerkszeug des Textverstehens in der Fachtheologie für rückwärtsgewandt halten.

Die Vorgabe von Thurneysen darf nun nicht auf der Linie jenes viel späteren durchaus beliebten Kirchenlieds des katholischen Liederdichters Alois Albrecht «Du hast keine Hände Herr, nimm die meinen, nimm die meinen» missverstanden werden, zumal diese Liedstrophe, die Ps 31,16 (meine Zeiten stehen in Deiner Hand) Lügen straft, die intrikate Frage aufreisst, mit welchen Organen denn der handlose Gott um Himmels willen die unsrigen Hände *nehmen* soll. Nein, Thurneysen ging nicht davon aus, dass das Wort Gottes in seiner puren Passivität durch menschliche Hand therapiert und aktiviert werden müsste. Vielmehr schrieb er kurz vor dem Vortrag an Karl Barth, dass der nun «zum Angriff angesetzt [sei] am 6.II. über ‹Die neue Welt der Bibel›.»[8] Angriff! Diese martialische Rhetorik lag in diesen Jahren in der theologischen Luft. Und es ist nicht ausgeschlossen, dass allen, die so formulierten, Nietzsches Diktum aus «Also sprach Zarathustra» vor Augen stand. Nietzsche schrieb: «In jedem Angriffe ist klingendes Spiel».[9] Eine Wendung, auf die Paul Tillich später im 1925 verfassten Vorwort zu seiner Marburger Dogmatik zurückkommen sollte. Tillich kündigte dort an, Dogmatik sei «wieder Angriff [...] mit klingendem Spiel». Die Pointe dieser Ankündigung ist entscheidend auch für das, was sich an jenem Abend 1917 in Leutwil abspielen sollte. Tillich wollte die der Theologie durch die «Aufklärung» aufgezwungene «Verteidigung» der Theologie «durch Preisgabe» eine klare Absage erteilen. Verteidigung der Theologie durch Preisgabe, das meint die Preisgabe ihrer spezifischen Substanz, die Preisgabe ihrer eigenen Überzeugungen und Einsichten. Es gelte, so Tillich, mit der Theologie im Gepäck zum Angriff «auf die Welt und alle Wirklichkeiten» überzugehen. Es gelte den «Unbedingtheitsanspruch» der Theologie stark zu machen. Nur mit einer solch selbstbewussten Angriffslustigkeit könne die Theologie wieder «symbolkräftig» werden.[10]

---

8   Vgl. Karl Barth – Eduard Thurneysen. Briefwechsel, Bd. 1: 1913–1921 (GA V.3), bearb. und hg. von Eduard Thurneysen, Zürich 1973, 173 (Brief von Karl Barth an Eduard Thurneysen vom 26.1.1917).

9   Friedrich Nietzsche, Also sprach Zarathustra. Ein Buch für Alle und Keinen (KSA 4), München 1980, 199,1f. (III. Teil. 1–2 Vom Gesicht und Räthsel).

10   Vgl. Paul Tillich, Dogmatik. Marburger Vorlesung von 1925, hg., eingeleitet und

Das sahen einige Jahre zuvor 1917 die in Leutwil vortragenden Thurneysen, Brunner und Barth nicht anders. Einem Relevanzverlust von Theologie und Kirche ist nicht durch «Preisgabe» ihres Inhalts- und Geltungsanspruchs beizukommen. Beide müssen sich auf die Kunst einer in ihren Symbolen starken Weltkritik verstehen. Darin liegt ihre Zukunft. Das war die identitätspolitische Pointe, mit der auch Thurneysen antrat: Angriff auf den Zeitgeist im Impetus einer der biblischen Texte verpflichteten Verständnisbemühung um das Wort Gottes. Was hat nun Barth aus der dreifachen Vorgabe für seinen Angriff in Leutwil gemacht?

III. «Was steht in der Bibel?» Die Pointe der Leitfrage Barths in seinem Vortrag *Die neue Welt der Bibel*

In keinem Fall folgt Barth der Vorgabe Brunners, dass die Bibel darauf angewiesen sei, verstanden werden zu müssen. Das signalisiert schon der Titel seines Vortrages. Die Stossrichtung ist inhaltlich markant produktiv: *Die neue Welt der Bibel*. Dieser Titel ist viel weniger hausbacken, als er vielmehr bizarr ist. «Neue Welt», da mag man um 1917 an Amerika gedacht haben, der Musikkundige entsprechend an Antonín Dvořák Symphonie Nr. 9 *Aus der neuen Welt*. Die Bibel jedoch ist ein bemerkenswertes Buch aus der Alten Welt, ein antikes Religionsbuch. Welche neue Welt soll sich da auftun?

Und wie exponiert Karl Barth seinen Vortrag? Er denkt überhaupt nicht daran, akademischen Gepflogenheiten folgend über die Pointe seines Vortragstitels aufzuklären und aus der Spannung von neuer Welt und uraltem Bibelbuch Funken zu schlagen und ein Programm christlicher Identitätspolitik in der Figur einer neuen Welt Gottes zu umreissen. Anders als von einem Dogmatiker zu erwarten wäre, rückt er die mit dem Titel verknüpfte Irritation von angeblich neuer Welt in einer uralten antiken Welt zur Seite und steigt einfach mit folgender Frage ein: «Was steht in der Bibel?» (318)

Geht es noch schulmässiger? Die Dozenten des Religionspädagogischen Instituts Loccum, die mich auf meine Religonsunterrichtstätigkeit vorbereitet haben, hätten mir für eine solche Einstiegsfrage die Ohren langgezogen. «Was steht in der Bibel?» Das ist nicht nur eine W-Frage. Diese Frage ignoriert eine andere schon Anfang des 20. Jahrhunderts und jetzt im 21. Jahrhundert nicht weniger

---

mit Anmerkungen und Registern versehen von Werner Schüssler, Düsseldorf 1986, 25.28f.
mit Nietzsche, Also sprach Zarathustra (Anm. 9), 199,1f. und Tom Kleffmann, Nietzsches Begriff des Lebens und die evangelische Theologie, Tübingen 2003, 423.

akute Vorfrage: Warum soll man sich überhaupt für die Frage interessieren, was in der Bibel steht? Was spricht dafür, aus diesem in ihr versammelten Textkonvolut theologisch oder religiös Honig saugen zu können? Was steht in der Bibel? So einzusteigen, das tönt nach der bibelkundlichen Versessenheit einer Württembergischen evangelisch-theologischen Fakultät. Barth schliesst jedoch sogleich zwei Folgefragen an. Erstens: «Was ist das für ein Haus, zu dem die Bibel die Türe ist?» und zweitens: «Was tut sich da für ein Land auf, wenn sich uns die Bibel auftut»? (318) Haus und Tür und Land, das sind zugegebenermassen keine metaphorischen Kracher. Diese eher hausbackenen Bilder schlüsseln jedoch auf, dass die Bibel Zugänge eröffnet, die über sie selbst hinaus verweisen. Sie ist nicht das Haus, sondern nur die Tür. Sie eröffnet den Zugang zu einem Land, ist aber nicht selbst die Landschaft, in der sich der christliche Glaube erschöpft. Schon 1917 tappt Karl Barth also nicht in die sogenannte «Gutenbergfalle», in der dem einst in Zürich lehrenden Theologen Ingolf U. Dalferth die evangelische Theologie zu tappen droht. Der christliche Glaube erschöpft sich niemals in der Textlichkeit des Textes, ist nicht einfach Bücherglaube für religiöse Bücherwürmer. Christliche Identitätspolitik kann sich mithin nicht in hochintelligenter geistlicher Bücherverwaltung erschöpfen.

IV. Reportagetechnik – erste narrative Erschliessung

Was würden Sie, wenn Sie gefragt würden, antworten auf die Frage: Was steht in der Bibel? Würden Sie Essenzen aufzählen, Leitsätze, oder nacherzählen, ein Buch nach dem anderen nachstottern? Barth scheint Letzteres zu tun. Über vier lange Vortragsseiten hinweg ruft er eine biblische Erzählung nach der anderen auf. Allerdings verweigert diese biblische Narration, bibelkundlich Auskunft darüber zu geben, was da steht.

Vielmehr bietet Barth eine Art Reportage, eine Art poetologisch-theologisches Auslandsjournal, Landschaftserkundungen von Abraham in Haran über Mose in der Wüste, Gideon unter der Eiche von Ophra, Samuel in der Stiftshütte zu Silo, den Propheten Elia, Jesaja und Jeremia bis zu Jesus, der, wie Barth betont, «kein Prophet war, kein Dichter, kein Held, kein Denker und doch das alles zugleich und mehr als das!» (321) Barths Vorgehen unterscheidet sich elementar vom Handwerk eines evangelikalen Wanderpredigers, dass er zwar seine Zuhörer durchaus nicht zimperlich mit einer deutlichen Tendenz zur Vereinnahmung zu Beginn massiv in die Erzählsituation hineinzuzwingen versucht, indem er mit der Formel einsetzt: «Wir sind mit Abraham in Haran und hören einen gebieterischen Ruf [...] Wir sind bei Mose in der Wüste [...]» (318f.) Das ist aber nur das eine. Das andere ist, dass er diese biblischen Narrationen nicht für intuitiv selbst-erklärend hält, so nach dem Motto: «Nimm und lies, höre und schon ist alles klar!» Wer so denkt, verwechselt im Bild Barths ja schon die Tür mit dem Haus. Barth geht es vielmehr darum, zeitkritisch festzustellen, dass es anspruchsvoll ist, die Tür eben nicht für ein Haus zu halten, entweder in der Absicht, mit einer harmlosen Theologie einfältige Punkte zu machen, oder aber die Bibel zur Seite zu legen, weil das religiöse Gebäude, was sie darstellt, dem säkularen und religions-aggressiven Gegenwind des 20. und jetzt auch 21. Jahrhunderts schlichtweg nicht standzuhalten vermag.

Aber Tür ist eben nicht Haus. Um das klar zu machen, stellt Barth Fragen des Typs: «Was hat das alles zu bedeuten?» [...] «Was ist dahinter? möchten wir erfahren.» (318f.) Und er inszeniert stark suggestiv, damit auch bei seinen Zuhö-rern sich dieses Gefühl aufdrängen muss, dass die Bibel nur eine Tür sei, indem er behauptet: «Wir spüren beim Hören von diesen Worten und Ereignissen, dass da etwas dahinter steckt. Aber was?» (318) Barth beschwört das Exzeptionelle und behauptet: «Worte, Ereignisse, die uns zunächst wie lauter Rätsel anschauen. Dergleichen lesen wir weder in der Zeitung noch in andern Büchern.» (319) Er beschwört, dass die biblischen Erzählzusammenhänge und etwa auch die Beru-fung des Samuel aufwühlen: «Es ist uns, wir spürten etwas wie Erdbeben, wie Meereswellen, die unablässig donnernd gegen ihre Dämme schlagen, aber was ist's eigentlich, das da anklopft und offenbar herein will.» (320) Tiefgründig über-steigend, einzigartig, aufwühlend. Diese Prädikate attestiert Barth den biblischen Erzählungen. So geht es ihm, keine Frage. Aber geht es so auch Ihnen? Offen gestanden, mir persönlich ist es bei der Lektüre des Samuelbuches nicht so ge-gangen, geschweige denn meinen Konfirmand:innen oder Schüler:innen, die ich zu unterrichten hatte. Ich habe nicht erlebt, dass mich ein Konfirmand mit gros-sen Augen angeschaut hat und gemeint hat: So etwas habe ich ja noch nie gehört, das erschüttert mich.

Barth geht es aber offenbar darum, in seinem Vortrag mit zunehmender In-tensität einen theologischen Irritationsgestus zu etablieren. «Warum reden diese Menschen so? Aus was heraus brennt all der Zorn, all das Erbarmen, all die Freu-digkeit, all die Hoffnung [...], die wir noch heute auf allen Seiten der Propheten-bücher und der Psalmen lodern sehen wie Feuer?» (320f.) – Da wird Hitze gegen jene -273,15 °C-Nullpunkttheologie entfacht. Und ich frage mich: Wer ist dieses «Wir»? Wer nimmt diesen lodernden Emotionshaushalt der Propheten wahr? Wer transportiert ihn unserer Tage mit vergleichbarer Intensität?

V. Jesus jenseits aller Suggestion im Angesicht von Relevanz- und Resonanzverlust

In dem Moment aber, wo Barth in seiner einführenden Narration auf Christus zu sprechen kommt, ist Schluss mit dem suggestiven «wir». Das ist auffällig. Seiner Suggestionsstrategie folgend, hätte man vermuten können, dass er nun noch massiver womöglich die Zuhörerschaft unter das Kreuz stellt. «Wir stehen auf Golgatha, vernehmen das Weinen der Maria, sehen, wie sie zusammenbricht» ... oder so ähnlich. Dem ist aber nicht so. Vielmehr urteilt er, das Josuabuch zitierend, dass sich mit Jesus die «unfassbaren, unvergleichlichen» Tage verknüpfen, «wo die Zeit, die Geschichte alle bisherige Erfahrung stillzustehen scheinen wie die Sonne zu Gibea» (321).[11] Barth attestiert Jesus, mit «zwingender Macht» seinen Mitmenschen zuzurufen, «unwiderstehliche[.]» Eindrücke zu hinterlassen. Aber dann markiert er eine harte Paradoxie: Jesus habe, «je weniger er bei der Welt um ihn her wirklich ‹Glauben›» fand, «um so stärker durch sein ganzes Dasein hindurch *ein*[en] triumphierende[n] Ton» angeschlagen: «Ich bin die Auferstehung und das Leben.» (321) Gibt diese christologische Tonlage eine Richtung an? Wäre dem so, dann wäre Barths Vorschlag für eine christliche Identitätspolitik: Schlagt in der Nachfolge Jesu Christi triumphale Töne angesichts von Relevanz- und Resonanzverlust an.

Barth ist jedoch so klug, seine christologische Beobachtung nicht unmittelbar zeitkritisch für die Lage von Theologie und Kirche im Jahr 1917 umzumünzen. Vielmehr führt er als Reaktion auf diese Paradoxie von Relevanzverlust und triumphalen Anspruch das Motiv des Echos ein.

VI. Echo – auf dem Weg zur Kritik an identitätspolitischen Echokammern

Am Ende von Barths narratologischer Einführung steht das Echo, das «Echo der ersten mutigen Sendboten», «das Echo des Paulus», «das Echo des Johannes» (322). Barth zitiert im Zusammenhang dieser innerbiblischen Echolalien die neutestamentliche Briefliteratur.

> Aus der Perspektive der neutestamentlichen Wissenschaft ist das schon zu seiner Zeit eine bibelwissenschaftlich strapaziöse Operation. Dass die Briefe des Paulus zu den frühesten Texten des Neuen Testamentes zählen, war 1917 nahezu unbestritten. Und

---

[11] Mit Verweis auf Jos 10,12f.

so könnte man auch behaupten, dass die Emphase des johanneischen Jesus, die Auferstehung und das Leben zu sein, ein Echo auf die paulinische Behauptung darstellt: «Nun ist die Gerechtigkeit offenbart!» (Röm 3,21). Auf der literarisch-poetologischen Ebene kann Barth durchaus so urteilen.

Das gesamte Neue Testament ist im Grunde ein Echo auf «jene[n] Tone vom Ostermorgen» (322). Und es dürfte seine Wirkung nicht verfehlt haben, dass Barth mit zwei harten Sätzen schliesst: «Dann wird auch dieses Echo still. Die Bibel ist aus.» (322)

Für eine Leserin, einen Leser des 21. Jahrhunderts weckt das starke Assoziationen an die gegenwärtige Rede vom Echoraum oder der Echokammer. Ihr folgend könnte man formulieren: Die neutestamentliche Literatur ist weniger eine Tür zu einem Haus als vielmehr eine erste Echokammer, der dann in der Christentumsgeschichte eine erhebliche Folge von Kammern und Räumen gefolgt sind. Sollte das so sein, ist das eine ebenso aufschlussreiche wie beschwerliche Nachricht. Denn mit der Rede von der Echokammer charakterisiert die neuere Kommunikationswissenschaft durch die Kommunikationstechnik initiierte Phänomene in sozialen Netzwerken. Eine Echokammer ist eine Art fiktionaler Stammtisch. An diesem Stammtisch teilen Freundeskreise Inhalte. Es gibt in diesen Echokammern auch regelmässig das Verb «diskutieren». Aber diskutiert wird eigentlich nicht. Denn eine ergebnisoffene Diskussion ist nicht beabsichtigt. Inhalte, die diesem Konsens widersprechen, werden herausgefiltert, weil sie eben herausgefiltert werden können. In solchen Echokammern bestärken sich Gleichgesinnte. Da wird geteilt und gelikt, was das Zeug hält. Die Echokammer wächst und mit ihr verstärkt sich der Eindruck, dass man selbst keine Minderheit, sondern eine relevante Mehrheit sei. Widerspruch meldet sich gar nicht erst. So spinnt man sich in einen bequemen immer grösser werdenden Informationskokon ein.

Was sich hier handgreiflich abzeichnet, behaupte ich, ist auch im kirchlichen Kommunikationskontext immer schon eine Tendenz gewesen. Kirchen bilden da keine Ausnahme. Sie bilden Echokammern und Echoräume aus, in denen Bestätigungsregeln gelten. Die Echoräume von Synodalgruppen, die aber immer noch und immer wieder miteinander streiten und diskutieren – also nur mit leisem Echo, den Echoraum eines Kirchenamtes. Es soll auch schon leitende Geistliche gegeben haben, die gleichsam mit sich selbst hervorragend funktionierende Echoräume gebildet haben und eine frohe Botschaft ohne Rückbindung an andere in ihrem Kirchentum in die Öffentlichkeit hinausgetragen haben. Insofern lief die Kirche selbst immer schon Gefahr, einen komplexen Echokokon zu spinnen, und war darin, so fürchte ich, nicht unbedingt immer ein Abbild des Himmelreiches, in dem es dem Johannesevangelium zufolge viele Wohnungen gibt.

Karl Barth hat zwar selbst das Motiv des Echos explizit terminologisch 1917 nur auf das innerneutestamentliche Verhältnis von unmittelbarer literarischer Bezeugung von Jesus und seiner Verkündigung und deren Bezeugungen bezogen. Oder anders: Er hätte wohl die von der Bultmannschule gestellte Frage, wie der Verkündiger zum Verkündigten wurde, auf die Echokonstellation bringen können; aber alle menschlichen Reaktionen, die jenseits der Tür der Bibel folgen, hat er explizit nicht mehr als Echo gelesen. Die altkirchlichen Väter, Johannes Calvin, Martin Luther, Schleiermacher und wer es auch sein mag, alles, was sie sagen und schreiben, zählt für Karl Barth nicht mehr zum Echo. Eben: Das Echo wird still, wenn die Bibel aus ist.

Ich möchte aber vorschlagen, mit Barth über Barth hinaus seinen Vortrag als eine kritische Auseinandersetzung mit kirchlichen, theologischen oder religiösen Echokammern zu lesen. Dem Echo, das still geworden ist, sind nämlich in den Augen Barths gleichsam unproduktive Echophänomene gefolgt, mit denen er sich nun systematisch auseinandersetzt: explizit die Echokammer der Selbstreferentialität, die Echokammer der Geschichtsbetrachtung, die Echokammer der Ethik und die Echokammer der Religion. Mit ihnen verbinden sich entsprechende Identitätspolitiken, nämlich die spezifische Daseinsberechtigung und Identität des Christentums über einen besonderen Modus der authentischen Selbstbezüglichkeit, über den Modus der Geschichtsdeutung, über den Modus der besseren Moral oder aber den Modus der kultivierten Religiosität zu designen.

Die Energie, aus dieser Echokammer auszubrechen, gewinnt er aus einer Frage, die ebenso schlicht wirkt wie die Einstiegsfrage seines Vortrages: «Was ist da dahinter und was will da zum Vorschein kommen?» (322) Dieser Frage traut er zu, aus einem unproduktiven Echokammersystem auszubrechen. Ich nenne sie im Folgenden Barths hermeneutische Leitfrage.

VII. Die Echokammer der Selbstreferenz

1. Erste Klärung der Leistung der hermeneutischen Leitfrage: Was ist da dahinter ...

Bevor Barth in die Kritik an fehlgehenden identitätspolitischen Versuchen einsteigt, muss er seine hermeneutische Leitfrage ins Laufen bringen. Barth macht deutlich: Die hermeneutische Leitfrage funktioniert nicht automatisch wie ein Schlüssel zum theologischen Glück, das Tür und Tor öffnet. Im Bild gesprochen: Die Tür klemmt in der Regel erheblich. Normal ist eine Art hermeneutischer Nullpunktsituation. Es tut sich nichts wirklich Erhellendes. In der Regel, erläutert Barth, antwortet «die Bibel [...] auf diese Frage jedem Menschen und auch jeder Zeit, so wie sie es verdienen. Wir werden in ihr immer gerade so viel finden, als wir suchen: Grosses und Göttliches, wenn wir Grosses und Göttliches suchen, Nichtiges und ‹Historisches›, wenn wir Nichtiges und ‹Historisches› suchen, überhaupt nicht, wenn wir überhaupt nichts suchen.» (323) Kurz: mit jedweder Antwort auf die Frage «Was steht in der Bibel?» erfährt man reichlich über die Person dessen, der die Antwort gibt, über das aber, «was die Bibel sagen will», wenig bis gar nichts. Da sei, so Barth, reichlich Raum für «sehr beschämende Entdeckungen» (323) über uns selbst. Insofern wird die Bibel oftmals, wenn man die hermeneutische Leitfrage stellt, zu einem Verstärker einer selbstreferentiellen Echokammer, die den jeweils Suchenden in seiner Ambition bestärkt. Das ist eine starke These: Der Atheist wird, wann immer er die Bibel in atheistischer Ambition liest, sich in seinem Atheismus bestärkt fühlen. Ebenso geht es dem Glaubenden in seiner glaubenden Ambition. Auf dieser hermeneutischen Ebene bestätigt die Bibel den eigenen Lebenszustand, klärt bestenfalls beschämend auf über das, was ich will und bin. Damit kann die Bibel zu einem psychologisch hochinstruktiven Aufklärungsbuch über jene werden, die sie zur Kenntnis nehmen. Aber nach Barth ist das nicht das Entscheidende.

1.1 Überschreitungsfiguren des Selbstreferentiellen

Die Frage ist dann allerdings. Wie soll man aus einer solchen Echokammer herausfinden? Barth gibt darauf, wenn ich recht sehe, zwei Antworten:

Die erste Antwort unterstellt nun doch, dass die Bibel intrinsische hermeneutische Energien besitzt und freisetzt, die einen zwangsläufig von der selbstreferentiellen psychologischen Couch hinunterreissen. Denn Barth behauptet, bei «aufrichtig(er)» Lektüre lasse die Bibel keine Ruhe. Und er behauptet wieder in inkludierendem Wir: «Wir merken dann bald: das ist etwas, aber das ist nicht alles – das konnte mir für ein paar Jahre genügen, aber dabei kann ich nun eben nicht bleiben.» (324) Barth behauptet also, dass die Bibel selbst die Selbstbespiegelung als defizitär überführe und ein Punkt erreicht werde, an dem sie zu verstehen gebe: «So, das bist *du,* aber nicht *ich!*» (324)

Die zweite Antwort, die Barth zu geben scheint, liegt in einer Aufforderung zur klugen Selbstüberschreitung.[12] Da stellt sich sofort die Folgefrage: Wie macht man das? Barths Antwort auf diese Folgefrage greift in das Register der Kierkegaard'schen Theologie, man müsse «gleich kühn nach einer Antwort [...]

---

[12] Vgl. Barth, Die neue Welt in der Bibel (Anm. 6), 323f.

greifen» (323). Es gelte das «Wagnis [...] de[s] Glaube[ns]» (325) einzugehen. Dieses Wagnis erlaube «weit über sich selbst» (324) hinauszugreifen.

Kurz: aufrichtige zähe Lektüre und Wagnis. Und schon steht die die Selbstreferentialität überwindende Antwortfrucht im Raum, eine Frucht, von der klar ist, dass ich die nicht selbst gepflanzt habe. Diese Frucht lautet: «In der Bibel steht *eine neue Welt*, die Welt Gottes.» (323)

1.2 Die Bibel als vitales Subjekt – Geist und Kraft

Wagnis und aufrichtige Lektüre. Es mag nun aber doch jede Menge mutiger und leseerfahrener Mitmenschen schon in unserer eigenen Umgebung geben, die bei noch so grosser Bemühung keineswegs die von Barth angebotene Lesefrucht ergreifen. Stellen Sie sich nur kurz vor: Wenn Sie zu solch einem Zeitgenossen, solch einer Zeitgenossin gehen und sagen: «In der Bibel steht die neue Welt Gottes.», dann wird der oder die höchstwahrscheinlich nicht reagieren und sagen: «Ej, Mensch, toll, ja, da wäre ich jetzt nicht drauf gekommen. Die neue Welt Gottes!»

Nun hatte Barth bereits die Bibel selbst personifiziert. Sie reagiert und sagt Du und Ich. Sie sagt: «Sieh, nun hast du dich spiegeln wollen ...» Sie wird dabei zu einem handelnden Subjekt. Barth legitimiert diese personifizierende Rede durch die Behauptung, dass da «ein Geist in der Bibel sei», der die Erkenntnisdynamik von Menschen begleite, und sie auf «die Hauptsache hin» führe. In dieser Perspektive wird «jene Einladung: wag's nur und greif' nach dem Höchsten», zur *«Gnade»* (325). Es ist dies der Ort, an dem Barth ausdrücklich eine zentrale Figur reformatorischer Exegese aufgreift. Barth prägt ein: «Die heilige Schrift legt sich selbst aus, aller unserer menschlichen Beschränktheit zum Trotz.» (325) Dieser Hinweis ist für den inneren Zusammenhang von vitalem Geist und Bibel elementar.

1.3 Sacra scriptura sui ipsius interpres

Barth macht hier also im Unterschied zum einladenden Eduard Thurneysen geltend, dass das Wort Gottes nicht darauf angewiesen ist, von Menschen verstanden zu werden, sondern vielmehr die eigenen Verstehensbedingungen gleich selbst mitliefert.

Ich darf hier die jüngst vorgelegte Deutung der lutherischen Figur von der Selbstauslegungskraft der heiligen Schrift aus der Feder von Ingolf U. Dalferth referieren. Mir scheinen Dalferths Ausführungen hilfreich zu sein, um besser zu verstehen, weshalb Karl Barth mit Recht mit dem Verweis auf das Prinzip der sich selbstauslegenden Schrift in eine personifizierende Rede von der Schrift wechselt.

Dalferth hat herausgearbeitet, dass «das *Prinzip sui ipsius interpres* mehr als einen Sinn» habe. Zunächst sei festzuhalten: Texte hätten zwar «einen Eigensinn». Zu sprechen begönnen «sie aber erst, wenn mit ihnen umgegangen» werde, wenn also «Sinnmöglichkeiten ihres Eigensinns, die» Texte ihren Verfassern verdanken, «aktualisiert» würden.[13] Ein Text muss immer auf einen bestimmten Kontext hin ausgelegt werden. Wie schon Karl Barth unterstrichen hat, ist stark kontextabhängig, ob ein Text als «Schlüssel zum Verständnis von Gottes Wort verstanden» wird.[14] Einen solchen Schlüssel gebe nun eben die Formel des *sui ipsius interpres* an die Hand, und zwar auf drei Ebenen.

Erstens gelte es auf einer *texthermeneutischen* Ebene unklare Stellen im biblischen Text durch klare Stellen der biblischen Texte zu deuten, nicht durch den Import von Einsichten, die ganz jenseits der Bibel gewonnen würden. Die biblischen Texte erhellen sich selbst. Und dieser erhellende Klärungsprozess ist elementar. Kurz: Ein solches textliches Verstehen ist Mindestbedingung des Glaubens, jedoch nicht hinreichende Bedingung. Christlicher Glaube entsteht also nicht allein durch eine Hermeneutik biblischer Texte, wenngleich zugleich klar sein muss: Ohne eine solche Hermeneutik geht gar nichts.

Zweitens gelte es auf einer *sachhermeneutischen* Ebene zu realisieren, dass alle biblischen Texte «im Kontext und im Licht des Themas ausgelegt werden müssen, zu dessen Erhellung sie gebraucht werden.»[15] Das Thema sei aber eindeutig das aus der Verkündigung wohlbekannte Evangelium von Jesus Christus. Auf dieser Deutungsebene werden nach Dalferth biblische Texte emphatisch zur (heiligen) Schrift.[16] Diese Deutungsebene ist eine explizit christliche. Die kann jeder verstehen, also verstehen, worum es gegebenenfalls der christlichen Theologie und Kirche geht. Auf dieser Ebene muss jedoch niemand glauben, was christlicherseits vertreten wird. Kurz: Es gibt zwar kein Glauben ohne Verstehen. Aber es kann durchaus ein Verstehen ohne Glauben geben. Die christliche Theologie ist also keineswegs so hermetisch, dass Dritten nicht klar würde, worum es in ihr geht. Die Hermeneutik des christlichen Schriftgebrauchs ist nachvollziehbar. Deshalb spricht Luther in diesem Zusammenhang auch von einer *claritas externa* der Schrift.

---

[13] Vgl. Ingolf U. Dalferth, Wirkendes Wort. Bibel, Schrift und Evangelium im Leben der Kirche und im Denken der Theologie, Berlin 2018, 351.

[14] Vgl. Dalferth, Wirkendes Wort (Anm. 13), 352.

[15] Vgl. ebd.

[16] Vgl. Dalferth, Wirkendes Wort (Anm. 13), 349 u. ö.

Diese Einsicht ist für gegenwärtige öffentliche theologische Explikationen elementar. Sollte nämlich stimmen, dass eine *claritas externa* prinzipiell möglich ist, kann sich der öffentliche theologische Diskurs nicht aus der Verantwortung schleichen, die gesamte materiale Topologie des Christentums allgemeinverständlich zu kommunizieren, mit dem Verweis, dass das, was das Christentum von Gott und Welt behaupte, den säkular gestimmten Zeitgenossen gar nicht mehr verständlich zu machen sei.

Zurück zu Dalferths Interpretation des *sui ipsius interpres*. Drittens und entscheidend wird nach Dalferth das Prinzip *sui ipsius interpres* zu einem theologischen Selbstauslegungsprinzip, durch das Gottes Wort «keiner Fremdauslegung bedarf, weil es sich durch Gottes Geist selbst eindeutig verständlich macht, wenn man es nur zum Zuge kommen lässt.» In diesem Zusammenhang spricht Luther von einer *claritas interna* der Schrift.

Das führt zu der Pointe: Das *sui ipsius interpres* ist nicht in den biblischen Texten selbst beherbergt. Es gilt von «Gottes Wort selbst, dass es sich durch den Geist in, mit und unter dem evangeliumsbezogenen Schriftgebrauch selbst auslegt und verständlich macht.»[17] Das *sui ipsius interpres* beschreibt also einen Akt der «Selbstauslegung Gottes in seinem Wort». Wo es zu dieser Konstellation kommt, macht sich Gott höchstpersönlich verständlich durch sein Wort. Und zwar macht er sich so verständlich, dass Menschen ihm vertrauen und «auf seine Gegenwart in ihrem Leben setzen.»[18] Es kommt also zu einer Art, wie Dalferth es nennt, «trinitarischen Hermeneutik der Selbstauslegung Gottes in seinem Wort durch seinen Geist».[19] Dass dieser Verstehensgroschen fällt, hängt entscheidend davon ab, dass sich Gott bzw. sein Wort «den Kontext zu seinem Verständnis schafft».[20]

Dalferth plädiert nun dafür, dass die Bibel als Buch niemals in der Lage sei, sich selbst im theologisch entscheidenden Sinne auszulegen. Dazu komme es vielmehr im aktuellen Kommunikationsaustausch während des «Verkündigungsgebrauches der Schrift» vor allem im «Gottesdienst der christlichen Gemeinde».[21] Auch wenn Dalferth einräumt, dass der Gottesdienst nicht der einzige Kontext

---

17 Vgl. Dalferth, Wirkendes Wort (Anm. 13), 353.
18 Vgl. ebd.
19 Vgl. Dalferth, Wirkendes Wort (Anm. 13), 354.
20 Vgl. Dalferth, Wirkendes Wort (Anm. 13), 355. – Ob die Formulierung Dalferths glücklich ist, dass Gottes Wort auf der dritten hermeneutischen Ebene einen solchen Verstehenskontext schafft, «dass nicht nur verstanden, sondern geglaubt wird» (355), wäre an anderer Stelle zu diskutieren. Der von Martin Luther mit der *claritas interna* assoziierte Glaube ist doch selbst eine spezifische Form existenziellen Verstehens.
21 Vgl. Dalferth, Wirkendes Wort (Anm. 13), 355.

sei, in dem «die Schrift so gebraucht wird, dass sie der Schlüssel zum Verstehen von Gottes Wort und Gegenwart werden» könne. Der «typische» Ort ist der liturgische Gottesdienst für ihn schon. Das ist eine starke Ansage gegen alle aktuellen Tendenzen, im christlichen Gemeindeleben von den schlecht bis miserabel besuchten Gottesdiensten Abstand zu nehmen.

Im Blick auf Barth ist bezeichnend, dass Dalferth ohne jegliches Wagnispathos auskommt. Mit Barth verbindet ihn die zentrale Stellung des Geistes Gottes. Gott selbst, so könnte man elementar sagen, verschafft nach Karl Barth mit seinem Geist als hermeneutischem Meister der Aufschlüsselung seines in der Bibel sedimentierten Wortes Einblicke in seine neue Welt. Gott ist das entscheidende Subjekt christlicher Identitätspolitik.

Wie konturiert Barth nun die elementaren Züge dieser neuen Welt? Er konturiert sie konsequent durch ein indirektes Verfahren, in dem er eben weitere Echokammern im Umgang mit biblischen Texten skizziert und erläutert, weshalb diese defizitär bleiben: ein geschichtlicher, ein moralischer, ein religiöser Zugang.

VIII. Die Echokammer des geschichtlichen Zugangs

Gerade vor dem Hintergrund eines Martin Kähler, der zwischen einem historiografischen und theologisch geschichtlich ambitionierten Zugang zur Theologie und der Deutung biblischer Texte unterschieden hat, mag man Barths Invektive gegen den Versuch einer geschichtlichen Erschliessung der Bibel merkwürdig finden. Wird durch intelligente geschichtliche Aufschlüsselung denn gar kein Land gewonnen? Was steht in der Bibel, wenn nicht Geschichte?

Barth bestreitet das nicht. Die Bibel sei «voll Geschichte: Religionsgeschichte, Literaturgeschichte, Kulturgeschichte, Weltgeschichte, dazu Menschengeschichten aller Art.» (326) Aber wie schon bei der Kritik an einem selbstreferentiellen Zugang unterstellt er für diese Zugangsform einen Effekt, der zwangsläufig über sie hinaustreibe. Dieses Mal ist es nicht die Beschämung über sich selbst. Dieses Mal ist es die Unzufriedenheit über die mediokre Auskunftsfreudigkeit biblischer Texte. All jene Fragen, die geschichtlich interessieren, nämlich wesentlich Warumfragen, würden nicht beantwortet. Warum das eine auf das andere folge? Warum haben Menschen so und nicht anders gehandelt? Die Triftigkeit seiner Argumentation unterläuft Barth mindestens partiell dadurch, dass er behauptet: Die Negation der Warumfrage teile die Bibel mit «allen wirklich grossen entscheidenden Menschen und Ereignissen der Geschichte. Je grösser eine Wendung, um so weniger Antwort bekommen wir auf unser neugieriges: Warum?» (326) Man darf fragen: Wenn das je zutreffen sollte, was wäre das also für eine mediokre Geschichtsschreibung, die sich auf Barths Ursachenlogik einliesse?

Barth diagnostiziert, dass ein geschichtlicher Zugang in eine stummma-chende «Warum? Darum!!»-Echolalie verfällt. In seinem Vortrag verdichten sich «Warum? Darum!!»-Figuren, die deutlich machen: entweder gebe es eben keine wahren geschichtlichen Gründe und Ursachen zu identifizieren oder es würden externe sachfremde Gründe an die Bibel herangetragen (vgl. 327). Sonores Echo wird also jenseits der Bibel gesucht. Aus geschichtlicher Perspektive scheint so die Theologie zu einer Nullpunkttheologie zu mutieren, die ihre Identität in frem-den geschichtlichen Zusammenhängen sucht. Ist das klar, kann Barth aufdecken: Die Bibel sei keine «Warum? Darum!!»-Sphinx. Vielmehr führe sie Gott selbst als die «entscheidende Ursache» (328) und Antwort auf alle Warumfragen ein.

Vor diesem Hintergrund gibt er der «neuen Welt» erste Konturen: In ihr bilde sich «eine Geschichte mit ganz eigentümlichen Gründen, Möglichkeiten und Voraussetzungen» (328). Sollte das stimmen, geht es also nicht um Geschichte und Nichtgeschichte. Und es steht zu vermuten, dass Barth seinen Ärger über gedankenlose Religionsschulbuchliteratur seiner Tage, die Wendungen wie «Gott schuf / Gott sprach» vermieden hat, polemisch über das geschichtssystematische Ziel hat hinausschiessen lassen. Eigentlich müsste es um eine diverse Geschichts-betrachtung gehen, die «weit über das hinausgeführt werden» muss, «was wir sonst ‹Geschichte› heissen: in eine *neue* Welt», die «da in unsere gewöhnliche alte hinein[ragt]» (328).

Es geht also darum, die Erklärungsechokammern einer profangeschichtli-chen Aufschlüsselung der Bibel mit einem genuin theologisch ambitionierten Geschichtsverständnis, das die profanen Erklärungszusammenhänge unterbricht, zu irritieren. Und Gott ist der Autor dieser Geschichte.

IX. Die moralische Echokammer

Die Überführung der moralischen Echokammer als unproduktives Verfahren christlicher Identitätspolitik verfährt nach demselben argumentativen Muster wie die Überführung der soeben geschilderten Geschichtsversessenheit.

In einem ersten Schritt räumt Barth scheinbar ein, dass die Bibel «eine Samm-lung von Beispielen und Lehren der Tugend der menschlichen Grösse» (328) sei. Insofern scheint die Bibel die Welt der Moral aufzuschlüsseln. In einem zweiten Schritt führt er aber vor Augen, in wie grosse Schwierigkeiten «ein Simson, ein David, ein Amos, ein Petrus» den «lieben, tüchtigen, arbeitsamen und sogar noch

staatsbürgerlich unterrichteten schweizerischen Normalmenschen» (329) bringen, wenn er sich an ihnen ein Vorbild nehme. All die Schauergeschichten von
der Schlachtung der «Baalspfaffen», der Umstand, «wie ungeniert in der Bibel
beständig Krieg geführt» werde, kurz: das nahezu völlige friedenspolitische Versagen führten doch vor Augen, dass die Bibel eben nicht die Welt eines «guten
rechten Leben[s]» (330f.) erschliesse. Das impliziert: Eine friedenspolitisch be-
lastbare ethische Auskunft muss aus den biblischen Resonanzen ausscheren und
sich in einer innerweltlichen Friedensethik eine plausible Echokammer suchen.
Das Argument Barths ist freilich nur triftig, wenn man seine abschlägige Auskunft über die friedensethischen Leistungen biblischer Texte teilt, also die prophetischen Ansagen von Schwertern, die zu Pflugscharen umgeschmiedet werden, oder die doch sehr deutliche Friedensforderung des Jesus von Nazareth nicht
nur im Kontext der Bergpredigt verschweigt. Aus systematischen Gründen ist
hier Karl Barth ethisch bibelkritisch unterwegs, um seine Pointe plausibel machen zu können.

Und die lautet: Die Bibel ist kein ethisches Lehrbuch, das das Tun des Menschen orientiert. Vielmehr informiert sie über das Tun Gottes. Die Bibel sei also
keine Orientierungshilfe in der Frage, «wie wir in unsrer alten gewohnten Welt
und unter ihren Ordnungen fleissig, ehrlich und hilfreich sein» könnten. Vielmehr exponiere sie «die Kräfte», durch die «eine neue Welt gegründet ist und
wächst: die Welt, in der Gott herrscht und *seine* Moral» (331). Barth provoziert:
«Im Lichte dieser kommenden Welt ist ein David ein grosser Mann trotz seinem
Ehebruch [...] und seinem bluttriefenden Schwert» (331).

Und in dieser Provokation implementiert Barth ein Kierkegaard'sches Entweder-Oder: Es müsse zur «Entscheidung kommen [...]: Annahme oder Verwerfung der Königsherrschaft Gottes. [...] Da kann man nur glauben: hinstehen, wohin man geführt worden ist. Oder eben nicht glauben: Aber kein drittes.» (332)

Identitätspolitisch gewendet: Barth macht sich für eine Theologie der Moral-
einbrüche im Zeichen eines durch Gott initiierten Umbruches stark, den man nur
«mitleben, mitwachsen» (332) könne.

X. Die Echokammer der wahren Religion

Es überrascht nun nicht weiter, dass Barth ein weiteres Mal seine Zuhörenden
in seine grundlegende identitätspolitische Argumentationsfigur einübt:

Die verheissungsvolle Perspektive, die Bibel als «Urkunde der Frömmigkeit»
zu lesen, zerschreddert Barth mit dem Verweis auf die vollkommen zerklüftete

Landschaft diverser konfessioneller Echokammern «schrecklich viele[r] Arten von Christentum». Und alle behaupteten, «*wir* haben die rechte Frömmigkeit» (333). In dieser Perspektive ist es konsequent, wenn Barth über das «allgemeine[.] Toleranzsüpplein» herzieht, «das insbesondere unsrer Landeskirche nachgerade als höchstes Gut ausgerufen wird!» (334) Erkennen Sie Ihre Landes- bzw. Kantonskirche im Jahr 2019 wieder? Wie dem auch sei: Barth behauptet, dass sich der «Geist der Bibel stumm» (334) von dieser Toleranzfigur abwende, ganz einfach deshalb, weil die Toleranz nur die Pluralität diverser mit sich selbst beschäftigter Frömmigkeitsstile moderiert, die aus einer im Grunde innerweltlichen religiösen Selbstbeschäftigung von religiösen Gruppen mit sich selbst nicht hinausführe. Wenn ich Barth richtig verstanden habe, meint er: Von einer Toleranz moderierte klammheimliche abgründige «grosse menschliche Rechthaberei» (335) ist die elementare Triebkraft einer religionsmotivierten Echokammer.

Wieder ist es der gleiche strukturelle Deutungs- und Zugangsfehler, der eine Erschliessung der neuen Welt Gottes verhindert: Das eigentliche Thema sei nicht die Frage, «wie wir den Weg zu Gott finden, sondern wie er den Weg zu uns gesucht und gefunden» (335) habe. Die Bibel ist für Barth so gesehen die Tür zum Haus der «Frömmigkeit Gottes» (337).

Hier fällt ein systematischer Satz: Es gelte «in den Kräften Gottes und des Heilandes mitzuwachsen und mitzureifen in dem grossen Lebensprozess, der den Inhalt der Bibel bildet» (336). Damit ist klar: Für Barth können die Theologie vom Nullpunkt nur die aktivierenden Kräfte Gottes wegreissen. Damit grenzt er sich vom Vortragsprogramm Thurneysens behutsam ab. Die Kräfte Gottes liefern ihre Verstehensbedingungen für das Wort Gottes gleich mit. Wären sie auf menschliche Antriebskräfte angewiesen, das Wort Gottes zu erschliessen, wäre das Wort Gottes verraten und verkauft. Das Wort Gottes formuliert nicht nur. Es positioniert in der Welt des Verstehens den «Standpunkt Gottes» (336).

Theologie ist im gelingenden Fall die Implementierung des Standpunktes Gottes im menschlichen Verstehen durch Gott selbst. Religion hingegen versucht fromme menschliche Standpunktbestimmungen zu kultivieren. Barths Kritik an diesem Versuch geht mit einer massiven Kritik an der sogenannten Persönlichkeitskultur einher, einer Kritik, die Barth von den sogenannten religiösen Sozialen seiner Zeit adaptierte.

Exkurs: Kritik an der Persönlichkeitskultur

In diesem Zusammenhang kritisiert Barth die sogenannte Persönlichkeitskultur seiner Zeit und knüpft dabei an eine im sogenannten religiösen Sozialismus entwickelte
Kritik an der Persönlichkeitskultur unmittelbar an. Diese Kritik wurde zunächst aus
dem Lager der sogenannten protestantischen «Aktivisten» heraus formuliert. Diese
Aktivisten, die sich später vollkommen divers in nationalistische und sozialistische
Strömungen untergliedern sollten, nannten sich in ihrer Frühphase (1900–1925) «Religiös-Sozial» und machten sich über die «fromme Beschaulichkeit der religiösen Erbauung» her. Sie betonten. Auf ein «Christentum der Aktivität» komme es an. Der
Sozialismus habe sich der «kapitalistischen Kulturepoche» entgegenzuwerfen. Die
«moderne liberale Frömmigkeit» sei «nichts als reine Persönlichkeitskultur [...] sei
individualistisch und trage damit das Gepräge der kapitalistischen Zeit». Ein und dieselbe Persönlichkeitskultur entfalte sich «soziologisch und religiös» als Individualismus, politisch als «bürgerlicher Liberalismus» und wirtschaftlich als «Kapitalismus».
Diese Einschätzung führt zu einer erbarmungslosen Kritik an der Kirche. In «ihrer
indivdualistische[n] Frömmigkeit befangen» sei die Kirche «mit Schuld am Elend des
Proletariers», was die Abwendung der Arbeiter von der Kirche mehr als begreiflich
mache. Die Kirche hätte eigentlich als «Sachwalterin» der «christlichen Lebensan-
schauung» fungieren müssen. Sie habe aber den «bestehenden Staat in echt paulini-
scher Abstraktheit als gottgewollt segnend, in Bausch und Bogen bejaht, obwohl die
evangelische Ethik in schneidendem Gegensatz dazu stand».[22] Die Kirche predigte
Gottes Hilfe, aber Gott half nicht. «So drängte die Lebenserfahrung den Proletarier
zur Gottlosigkeit».[23] Als «Hüterin der Menschenwürde» habe die Kirche es nicht verstanden, «das Wesen des christlichen Ethos mit den Wegen des modernen Geistes-
und Wirtschaftslebens in schöpferische Beziehung zu setzen». Diese massive Kritik
an den politischen Folgen einer Persönlichkeitskultur geht bei dem Sozialpädagogen
und religiösen Sozialisten Carl Mennicke mit einem harten Urteil über den Relevanzverlust der Kirchen einher: «Die Kirche ist im modernen Gesellschaftschaos kaum
noch der Schatten einer gesellschaftsbildenden Macht. Sie hat mit aller Initiative auch
alle Führung verloren».[24] Verwiesen wird dabei regelmässig auf die Predigttätigkeit
von Karl Barths Lehrer Hermann Kutter: «So erklingt es von Schweizer Kanzeln ‹Wir
alle sind mit schuld an den Zuständen, die uns umgeben, [...] Die Hauptsache bleibt
das eigene Durchkommen.› So leben wir alle dahin, ängstlich bedacht, alle aufregen-
den und einseitigen Gedanken, die unser schönes Gleichgewicht stören könnten, von
uns fernzuhalten, glücklich, wenn die Tage möglichst gleichmässig vorüberwallen».[25]

---

[22] Vgl. Kurt Kesseler, Die religiöse Bewegung der Gegenwart, Wiesbaden 1922, 91f.
[23] Vgl. Kesseler, Die religiöse Bewegung (Anm. 22), 92.
[24] Vgl. ebd.
[25] Vgl. Kesseler, Die religiöse Bewegung (Anm. 22), 93.

Georg Pfleiderer diagnostiziert der «Metaphorik der ‹neuen Welt der Bibel›, die der ‹alten Welt› der Gegenwart dynamisch gegenüber steht [...] freilich noch gegenständliche Assoziationselemente, die in Spannung zu Barths eigentlichem theologischen Anliegen» stünden. Deshalb habe er ab 1917 in «mehreren Arbeiten» einen «neue[n] Begriff, ein neues Begriffsfeld in die Leitsemantik» eingeschoben, nämlich die Leitsemantik des Lebens und der Kraft sowie damit assoziierbare organologisch-dynamische Begriffe.[26] Karl Barth wird selbst bereits im Sommer 1917 von der «allgemeine[n] Kraftlosigkeit» des modernen Christentums sprechen, das doch vor hundert Jahren eine Zeit erlebt habe, wo das «Himmelreich mit seinen Kräften wieder nahe war»[27] und dies im Zusammenhang eines Vortrages auf einem Ferienlager für Jugendliche, das der CVJM in Basel-Land auf den Weg gebracht hatte.

Man kann diese Kritik an der Persönlichkeitskultur, wie es der Basler Theologe und Barthinterpret Georg Pfleiderer tut, als eine «kirchen- und kulturpolitische Kampfansage des neuen theozentrischen religiösen Sozialismus» lesen.[28] Dafür spricht, dass Barth im Sommer 1917 die Jugendlichen eines CVJM-Zeltlagers davor warnen wird, «die Bibel als Werkzeug unsrer albernen Persönlichkeitskultur, unsrer Weltanschauungsspielereien, unsres religiösen Beschäftigungstriebs zu missbrauchen.» Es gelte, «aufmerksam gemacht durch die göttlichen Kräfte, die im Sozialismus[,] abseits von Bibel u. Religion, sich regen», hinzugehen und «nun auch einmal nach einer grösseren tieferen weitergehenden Erlösung als der[,] an die wir bisher geglaubt haben, [zu] seufzen u. [zu] schreien.»[29]

Abseits von Bibel und Religion regten sich für Karl Barth im Sozialismus göttliche Kräfte. Man mag sich über die prophetische Kraft, die Karl Barth beansprucht, ebenso wundern wie über diesen Spontananfall einer natürlichen Theologie, die in areligiösen abiblischen Phänomenen den lieben Gott am Werke zu sehen in der Lage ist.

Interessant ist jedoch, dass Karl Barths Kritik im Februar 2017 ohne einen expliziten Verweis auf den Sozialismus auskommt, und eben nicht in die Falle tappt, «die Sonntagskraft grosser Ideen» mit den «Kräften Gottes» zu verwechseln, weil solche Sonntagskräfte in «immer neuen Feierstunden» nur camouflie-

---

[26] Vgl. Georg Pfleiderer, Progressive Dialektik. Zur Entwicklung von Karl Barths theologischem Denken im Zeitraum des Ersten Weltkriegs, in: ders. / Harald Matern (Hg.), Theologie im Umbruch der Moderne: Karl Barths frühe Dialektische Theologie (Christentum und Kultur 15), Zürich 2014, 81–103 (96).

[27] Vgl. Karl Barth, Die Zukunft des Christentums und der Sozialismus, 1917, in: ders., Vorträge und kleinere Arbeiten 1914–1921 (Anm. 7), 390–407 (396).

[28] Pfleiderer, Progressive Dialektik (Anm. 26), 97.

[29] Barth, Die Zukunft des Christentums (Anm. 27), 403.

ren, dass es ihnen an der «Alltagskraft» des Lebens fehlt.[30] Dieses starke Bild von der Alltagskraft und ihrem schwachen Geschwister Sonntagskraft mag helfen, die im Aufsatz skizzierte Religionskritik präziser zu fassen. Identitätspolitisch ist Barths religionskritische Invektive gegen die Persönlichkeitskultur eben kein sozialistisches Programm. Es lebt vielmehr von einer ganz grundlegenden Kritik an individualiäts- oder singularitätsversessener religiöser Selbstzelebrierung.

Erlauben Sie mir den Sprung: Gesellschaft der Singularitäten. Die skizzierte Affinität zur Situation und Atmosphäre hat es immer schon gegeben. Aber jetzt kommt ein forcierendes Element hinzu, die Singularität, die ästhetische Einzigartigkeit. Der Soziologe Andreas Reckwitz hat die These aufgestellt, dass wir in einer Gesellschaft der Singularitäten leben. Es fange schon früh in der Erziehung an. Kinder würden bereits auf Singuläres trainiert. Auf Einzigartigkeit. Nicht mal die Einschulung darf normal verlaufen. Bei Schreibwaren-Schuhmacher in Loccum lag zentral die Postkarte: Gratulation zum Schulanfang: Heute bist Du der Star! – Unter Star machen wir es nicht. Stars müssen schön sein, und das müssen auch alle mitbekommen, jedenfalls müssen sie irgendwie ästhetisch auffallen. Jeder ein Star – und im Social Web kommt es darauf an, dass die Individuen an ihrer singulären Attraktivität arbeiten. In der Singularitätsgesellschaft musst Du medial gesehen werden oder Du verschwindest, sagt Reckwitz; Stunden gehen in die Arbeit an einmaligen Prädikaten und Eigenschaften. Peter Sloterdijk hat deshalb von den neuen «Selbstfindlingen»[31] gesprochen. Dazu sich zu verhalten in unserer Gemeindearbeit, ist dran und lohnt sich unbedingt. – Aufschlussreich sind hier die Beobachtungen der Wiener Philosophin Isolde Charim, die verschiedene Stufen des gesellschaftlichen Individualismus unterscheidet und vor Augen führt, dass sich ein an «authentischen Lebens- und Ausdrucksformen»[32] orientierter Individualismus, in dem das Leben zum «persönlichen Projekt»[33] entwickelt wird, nicht mehr durchhalten lässt. Die Zeiten, in denen man in den öffentlichen Raum trat, um sich selbst als different zu anderen zu bestimmen und unverändert bei sich selbst zu sein und sich so zu entfalten, sind, wenn nicht vorüber, so doch irritiert. Denn es hat sich ein Individualismus pluralisiert. Die Bevölkerung und die Mitglieder der Gesellschaft müssen realisieren: Diese «Pluralisierung der Gesellschaft ist keine Addition».[34] Es kommen nicht einfach andere hinzu. Vielmehr verändern die vielen anderen einen selbst. Das führt nicht etwa zu hybriden fluiden Identitäten, wie sie in

─────

[30] Karl Barth, «Alltagskraft», 1917, in: ders., Vorträge und kleinere Arbeiten 1914– 1921 (Anm. 7), 384–389 (384).

[31] Peter Sloterdijk, Weltfremdheit, Frankfurt a. M. 1993, 14–24.

[32] Vgl. Charles Taylor, Ein säkulares Zeitalter, Frankfurt a. M. 2009, 788.

[33] Vgl. Michael Walzer, Vernunft, Politik und Leidenschaft. Defizite liberaler Politik, Frankfurt a. M. 1999, 31.

[34] Vgl. Isolde Charim, Ich und die Anderen. Wie die neue Pluralisierung uns alle verändert, Wien 2018, 29.

den Migrationstheorien immer wieder stark gemacht wurden. Vielmehr wird die eigene Identität durch den neuen Bevölkerungsplural infrage gestellt. «Pluralisierung bedeutet [...] Vielfalt, die sich in jeden von uns einschreibt. Und übersetzt für den Einzelnen bedeutet Pluralisierung: Weniger Identität! Wir sind heute weniger Ich, weil wir eingeschränkt, weil wir nicht selbstverständlich, weil wir in Frage gestellt sind.»[35] Sich selbst nicht zu verändern (1. Individualismus), scheint vor diesem Hintergrund prekär zu sein. In einer stark pluralisierten Bevölkerung bricht die Hoffnung, durch die Nation transformiert zu werden, weg. Insofern kann die neue Singularitätsmanie als eine Nötigung gelesen werden, *sich selbst zu transformieren* und durch Einmaligkeit in der eigenen Identität neu zu stabilisieren. Das Durchschnittliche ist reizlos. Aufmerksamkeit zu gewinnen ist anspruchsvoll, wer nicht erscheint, verschwindet. Aber der Singularitätsdrang kollabiert. Das scheint mir die aktuelle Variante einer in der Krise befindlichen Persönlichkeitskultur zu sein.

Die Frage ist, ob das, was Karl Barth in seinen Überlegungen 1917 gegenüber der Persönlichkeitskultur vortrug, auch zur aktuellen Singularitätspersönlichkeitskultur ein Widerlager bilden kann.

XI. Was aber zeichnet die neue Welt Gottes aus?

Das hatte Barth ja bislang eher formal eruiert: diese Welt, der die Bibel bei redlicher Lektüre Tor und Tür öffne, zeichne die Irritation unserer Frömmigkeit durch Gottes Frömmigkeit, die Irritation unserer Moral durch Gottes Moral, Gottes Geschichtsverstörung durch seine eigene Geschichte, Gottes Irritation menschlicher Selbstreferentialität aus. Wie sich in der späteren theologischen Entwicklung Barths zeigen wird, muss jede theologische Existenz diese Irritationsdialektik durchlaufen. Niemand kann einfach identitätspolitisch in die positive Entwicklung dessen, was das Wort Gottes bedeuten mag, hineinspringen. Allerdings ist die neue Welt eben auch noch nicht durch diese Irritationsdialektik erschlossen. Entsprechend unterstreicht Barth: Es sei unklar, was mit diesen Irritationen erreicht sei, solange nicht klar ist, «[w]er [...] denn Gott» und was denn genau «das Neue» (337) sei.

Barth warnt vor «raschen, fix und fertigen Antworten» im Geist einer bündigen Katechese, so nach dem Motto: «Gott ist der Herr und Erlöser, der Heiland und Tröster all der Seelen, die sich zu ihm kehren, und die neue Welt ist das Reich seiner Seligkeit» (338). Solche Antworten springen eben positiv in die Bibel und den Heidelberger Katechismus und was es sonst noch sein mag, hinein. Sie

---

[35] Vgl. Charim, Ich und die Anderen (Anm. 34), 48.

summieren und lassen die «gewaltigen Mittel, die in der Bibel zur Entfaltung kommen» (339), auf wenige Sätze katechetischer Essenz zusammenschrumpfen, Sätze, die zu keiner Zeit elektrisiert haben. Es sind eben nicht nur dürre Sätze. Es sind vom menschlichen Begriffsmass gesteuerte Sätze.[36]

Barth schlägt deshalb vor, die Frage «Wer ist Gott?» zu überwinden. Wie soll das gehen? Andächtiges stilles Staunen? Theologisch die Klappe halten? Dann wären wir in etwa auf dem Niveau von ref.ch und den Einstiegsseiten vieler Landeskirchen angelangt.

Barths Antwort ist die: Es gelte eine Art Theologie der von Gott höchstpersönlich Geführten zu formulieren. Es gelte nicht mehr zu fragen, sondern zu sehen und zu hören und auf «zu kleine[.], zu kurze[.], zu enge[.] Antworten» zu verzichten. Wer solche Antworten gebe, sei «stecken geblieben [...] auf dem Weg durch die offene Pforte in die neue Welt hinein» (339). Es gelte «sich treiben [zu] lassen [...] bis zu der höchsten Antwort» (340), die Gott selber sei. Gott gibt die Antwort auf die Frage, wer Gott ist.

Man kann sich fragen, weshalb Barth an dieser Stelle seinen Vortrag nicht schliesst. Stattdessen unternimmt er nun doch selbst einen Versuch, etwas zu «stottern», «an[zu]deuten» und also doch als evangelischer Theologe selbst eine Antwort zu geben. Auf zwei Seiten liest man da eine trinitarisch strukturierte Versöhnungs- und Erlösungslehre in nuce, ganze Sätze, oftmals mit Ausrufezeichen abgeschlossen. Was ist daran gestottert und angedeutet? Worin besteht die entscheidende Differenz zu dem, was Barth zu kritisieren unternahm? Da ist von einem heiligen Geist die Rede, der einen «neuen Himmel, [...] neue Menschen, neue Familien, neue Verhältnisse, eine neue Politik, der keinen Respekt hat vor alten Gewohnheiten [...] vor alten Feierlichkeiten» (342). Man möchte Barth rückfragen: Ist der Heilige Geist nicht viel mehr als eine kritisch-vitale Kraft am Establishment welcher Art auch immer beteiligt? Ist er mehr als einer, der auch in Gott selbst an den Grundfesten des göttlichen Establishments rüttelt?

Was haben wir uns heute also klar machen können? Die programmatische Energie, die vor allem in Barths Kritik an theologischen und kirchlichen Echokammern im Umgang mit der Bibel vor Augen steht, führt sein Vortrag plastisch vor Augen. Keine Frage: Sie bietet eine Fülle von Anregungen, um keine Angst vor gesellschaftlichen, kirchlichen oder theologischen Nullpunkten haben zu müssen. Christliche Identitätspolitik kann nach Karl Barth jede Menge Zukunft haben, wenn sie Gott selbst das Subjekt seines Wortes bleiben lässt. Nur Gott

---

[36] Vgl. 339: «Haben wir nicht auch bei diesen Antworten [...] Gott gemessen mit unserem Mass, Gott begriffen mit unseren Begriffen, uns einen Gott gewünscht nach unseren Wünschen?»

selbst ist derjenige, der für eine eigene Gewissheit Sorge trägt. Sein Geist ist die Kraft, die die Bibel als heilige Schrift zu entziffern hilft. Die Bibel ist dabei Tür. Und die Kunst der Theologie besteht darin, nicht einfach durch diese Tür hindurch zu rauschen, sondern, wie es im Vortrag in Leutwil kurz aufblitzt, «auf der Schwelle» dieser Tür zu vernehmen. Dieses Moment einer theologischen Schwellenexistenz wird Karl Barth sehr viel deutlicher in seinem Römerbrief-kommentar entwickeln.

Die Leute in Leutwil aber forderte Barth abschliessend auf, das Gleichnis vom grossen Abendmahl zu hören: «Es war ein Mann, der machte ein grosses Abend-mahl und lud viele dazu und sandte seinen Knecht aus zur Stunde des Gastmahls, zu sagen den Geladenen: ‹Kommt, denn es ist alles bereit!›» (343) – und bricht an dieser Stelle vielsagend ab.

Ich schlage vor, es an dieser Stelle, statt mit einem halben Gleichnis, mit Georg Trakl (1887–1914) zu halten:

«Wenn der Schnee ans Fenster fällt,
lang die Abendglocke läutet,
vielen ist der Tisch bereitet
und das Haus ist wohlbestellt.

Mancher auf der Wanderschaft
Kommt ans Tor auf dunklen Pfaden,
Golden blüht der Baum der Gnaden
aus der Erde kühlem Saft.

Wanderer tritt still herein;
Schmerz versteinerte die Schwelle.
Da erglänzt in reiner Helle
Auf dem Tische Brot und Wein.»[37]

---

[37] Georg Trakl, Ein Winterabend, in: ders., Gedichte 1913 – https://gedichte.xbib.de/ Trakl_gedicht_Ein+Winterabend.htm (26.01.2022).

Christian Link

«*Wir* stehen tiefer im Nein als im Ja»

Der theologiegeschichtliche Ort und die bleibende Aktualität des Tambacher Vortrags

Der Vortrag *Der Christ in der Gesellschaft,*[1] den der 33-jährige Karl Barth am 25. September 1919 in Tambach hielt, gehört nach dem Urteil Klaus Scholders neben der Luther-Rede Karl Holls von 1917 und dem Entmythologisierungsvortrag Rudolf Bultmanns von 1941 «zu den wichtigsten Zeugnissen evangelischer Theologie im 20. Jahrhundert».[2] Der Text traf die theologische Zunft in Deutschland und in der Schweiz völlig unvorbereitet. Er schlug ein wie ein Meteor. Schärfer ist seit der Reformation das Kulturbewusstsein einer ganzen Epoche nicht herausgefordert und infrage gestellt worden. Hier kam eine Theologie zu Wort, die mit einer beispiellosen Konsequenz mit nahezu allen Voraussetzungen ihrer damaligen Repräsentanten – Albrecht Ritschl, Wilhelm Herrmann oder Adolf von Harnack – brach und die bisherigen Identifikationspunkte theologischer Wissenschaft und Frömmigkeit – die Leitbegriffe: Religion, Kultur und Erlebnis – über Nacht obsolet machte. Der Begriff der *Religion,* der seit Schleiermacher das historisch gewachsene Christentum in den Kreis eines menschheitlich-universalen Wissens von Gott (und zwar als dessen höchste Aufgipfelung) einbezog, wurde als Versuch, ein eigensinnig und eigenmächtig entworfenes Gottesbild zu etablieren, zum Inbegriff des gegen Gott sich behauptenden Unglaubens und ausser Kurs gesetzt. Die *Kultur,* in deren Pflege das Christentum des 19. Jahrhunderts seinen geschichtlichen Auftrag meinte unter Beweis stellen zu können, erwies sich – jedermann durch die Barbarei des Weltkriegs unübersehbar vor Augen – als die *Verleugnung* aller genuin christlicher Tugenden und «Werte», der nur mit einem radikalen Nein zu begegnen sei. Und das *Erlebnis* der Frömmigkeit, das Gott in Schönheit, Güte und Frieden – allzu bald dann auch im Erlebnis des Krieges – suchte und den sittlichen Willen des Menschen zum Resonanzboden

---

[1] Karl Barth, Der Christ in der Gesellschaft, 1919, in: ders., Vorträge und kleinere Arbeiten 1914–1921 (GA III.48). In Verbindung mit Friedrich-Wilhelm Marquardt (†) hg. von Hans-Anton Drewes, Zürich 2012, 546–598. Die Seitenzahlen im Text beziehen sich auf diese Ausgabe.

[2] Klaus Scholder, Die Kirchen und das Dritte Reich, Bd. 1, München 1977, 50.

des Evangeliums machte, wurde als fromme Illusion des sich selbst rechtfertigenden Sünders entlarvt. Was sich geändert hatte, war nicht die immer bewegliche Trennungslinie, die Wesentliches von Beiläufigem, Zentrales von Peripherem scheidet, sondern war der Ansatz, die theologische Wahrheitsfrage als solche neu zu stellen.

I. Der zeitgeschichtliche Ort

Der theologische Umbruch des 20. Jahrhunderts manifestiert sich in einem beispiellosen Orientierungsverlust der bisher tragenden Grundbegriffe. Barth spricht im Rückblick auf diese Anfänge von einer «Theologie der *Krise*». Krisen sind Anzeichen einer beginnenden Wandlung. In der Krise, so weiss es die Medizin, pflegt eine Krankheit sich zu «erklären», und das Eingeständnis der Krise ist der Beginn der Heilung. Sofern man den Tambacher Vortrag als den gross angelegten Versuch einer Zeitdiagnose versteht, hat er einen genau bestimmbaren zeit- und theologiegeschichtlichen Ort und zwar am Ausgang des Ersten Weltkriegs. Er erhebt den Anspruch, die Klammer, die das Christentum bisher mit dem Weg der Gesellschaft und ihrer Kultur verband, als «Verrat an Christus», wie Barth sagen wird, aufzusprengen. Der alarmierend neue Ton dieses, wie man nicht zu Unrecht gesagt hat, «antimodernistischen» Aufbruchs wurde denn auch nicht nur von den dezidierten Kritikern der etablierten Kirche sofort verstanden. Auch heutigen Leserinnen und Lesern nötigt sich der Eindruck auf: Hier war der Theologie der Durchbruch in die eigene Gegenwart gelungen. Hier hatte sie auf die europäische Krise des Ersten Weltkriegs nicht nur eine glaubwürdige Antwort gegeben, sondern sich selbst als Antwort auf diese Krise neuformiert. Sie hatte ihre Zeit eingeholt, statt ihr nur atemlos nachzulaufen. Schon deshalb wird man diesen Vortrag einen Schlüsseltext der Theologie Karl Barths nennen dürfen.

Spannt man den Horizont etwas weiter, dann wird man diesen Aufbruch jedoch nur als den *kirchen*geschichtlich greifbaren Teil einer umfassenden Neuorientierung ansehen, die in ähnlicher Weise seit der Jahrhundertwende nahezu alle Wissenschaften beschäftigt und sie zu einer radikalen Revision ihrer Grundbegriffe genötigt hat. Die Grundlagen der klassischen *Physik* sind durch Max Plancks Entdeckung des elementaren Wirkungsquantums erschüttert worden und haben zu der oft beschriebenen Revolution des wissenschaftlichen Weltbilds geführt. Die *Biologie* sucht jenseits von Mechanismus und Vitalismus nach einer neuen Bestimmung von Organismus und Leben. Die *Philosophie* wird durch das unübersehbar gewordene Faktum des Todes und der Lebensangst auf die Zeitlichkeit des menschlichen Daseins gestossen, das sich selbst – so Heidegger – als «Sein zum Tode» entwirft. «Das Niveau einer Wissenschaft», so bringt der Philosoph die neuen Erfahrungen auf den Begriff, «bestimmt sich daraus, wie weit sie einer Krisis ihrer Grundbegriffe *fähig* ist».[3] In diesen grösseren Zusammenhang gehört zuletzt auch der theologische Umbruch hinein. Ihre Krisenfähigkeit macht die damals von vielen begriffene und dankbar begrüsste Modernität der Theologie Barths aus. Sie verzichtet auf jedes Arrangement mit den Humanwissenschaften und stellt in einer seit der Reformation nicht mehr gekannten Radikalität den Menschen vor die Frage nach Gott. Barth hat wie wenige vor ihm begriffen, dass damit auch ein Massstab für die *Rezeption* früherer (und späterer) theologischer Entwürfe gesetzt ist. «Es versteht niemand die Theologie [...] irgendeines Jahrhunderts», erklärt er 1946 in seiner Einleitung zur «Protestantischen Theologie im 19. Jahrhundert», «als wer selber die Last theologischer Arbeit auf sich hat. Nicht die Zugehörigkeit zum Stand, wohl aber die tätige Anteilnahme am *Problem* des Theologen ist damit gemeint. Es soll von dieser Anteilnahme auch die Haltung der Kritik, der Negation, der Skepsis [...] nicht ausgeschlossen sein, wenn [...] nur auch da die Bereitschaft zu eigener verantwortlicher Stellungnahme die Voraussetzung bleibt.»[4] Diese Mahnung ist angesichts der Frage berechtigt, die in den aufgeregten 1970er Jahren namentlich die deutsche Debatte auf dem liberalen Flügel (Trutz Rendtorff, Falk Wagner) beschäftigt hat: War der Aufbruch der 1920er Jahre, waren vollends die neuen Weichenstellungen Barths und dann auch Bonhoeffers, nur ein Intermezzo der Theologiegeschichte, erzwungen durch einen Krisenzusammenhang, auf den wir längst als historische Vergangenheit zurückblicken? Zeigt nicht gerade der radikale Kontinuitätsbruch, dass hier ein Problemzusammenhang gewaltsam durchtrennt wird, der sich, wie unsere Ratlosigkeit angesichts der modernen Gesellschaft beweist, auf diese Weise offenbar nicht beenden lässt, weshalb wir uns heute erneut etwas hilflos im Windschatten ganz anderer gesellschaftlicher Entwicklungen wiederfinden? Angesichts der grossen Resonanz, auf die Barths Theologie bei den Zeitgenossen gestossen ist, vor allem aber angesichts der politischen Wirkungen, die sie entbunden hat, scheint das von vornherein wenig wahrscheinlich zu sein. Der Zusammenhang mit der neuzeitlichen Welt, so habe ich die Gegenthese formuliert,[5] ist unbestreitbar da, aber er wird, das ist das epo-

---

[3]   Martin Heidegger, Sein und Zeit, 1927 (GA 2), hg. von Friedrich-Wilhelm von Herrmann, Frankfurt a. M. [2]2018, 13.

[4]   Karl Barth, Die Protestantische Theologie im 19. Jahrhundert. Ihre Vorgeschichte und ihre Geschichte, Zürich 1946, 2.

[5]   Christian Link, Theologie auf der Höhe der Zeit? Zur Kontroverse zwischen Trutz

chal Neue, jetzt *negativ*-kritisch bestimmt. Darin unterscheiden sich in der Tat das 19. und das 20. Jahrhundert, und der Streit der Theologiegeschichte ist ein Streit um das Recht dieses Unterschieds.

Der Kontinuitätsbruch ist im Übrigen älter als die Theologie Karl Barths. Es ist die *religiös-soziale Bewegung* der Schweiz, die sich hier meldet und die zu den wirksamsten Kräften gehört, welche – jedenfalls indirekt – diese neue Theologie mit vorbereitet haben. Von einer *Bewegung* kann man seit 1906 sprechen. Sie wurde durch zwei Schriften ausgelöst, in denen sich ein ganz neues Verständnis der Bibel ankündigt: Hermann Kutter, Sie müssen! (1903) und Leonhard Ragaz, Das Evangelium und der soziale Kampf der Gegenwart (1906). Beide Bücher haben ihre Wurzeln in spezifisch schweizerischen Traditionen (Zwingli, Calvin und Pestalozzi) und sind durch die beiden Württemberger Pfarrer Johann Christoph und Johann Blumhardt (Bad Boll) mannigfach beeinflusst worden. Der Grundgedanke, das «Bekenntnis» dieser Bewegung, ist denkbar einfach, weil von dem idealistischen Kulturwillen der Epoche denkbar weit entfernt. Es lässt sich in zwei Worte zusammenfassen: Der lebendige *Gott* und sein Reich für die *Erde*. Das meint: Gott tritt in der Geschichte als eine Realität hervor und zwar gerade dort, wo der religiöse Mensch es am wenigsten erwartet, in der «atheistischen» Bewegung der modernen *Sozialdemokratie*. Er ist gerade dort zu erkennen, wo – gemessen an den religiösen Vorstellungen der Zeit – am wenigsten von ihm zu sehen und zu erfahren ist, dort, wo man ihn als ideologischen Überbau einer bankrott gegangenen Gesellschaft buchstäblich verabschiedet hat. Das ist der epochal neue Schritt, der in dieser Bewegung mit erstaunlicher theologischer Konsequenz getan wird: Mit dem Auftreten Jesu ist die Offenbarung nicht etwa abgeschlossen. Nicht nur die Reformation, auch der Sozialismus wird als ein Hervortreten Gottes, als ein Sieg seines Reiches in Anspruch genommen, das sich, so muss man sagen, in einer geschichtlichen Entwicklung befindet. Bei Leonhard Ragaz wird der so verstandene Sozialismus mehr im Sinne einer *Verheissung* für die Neuordnung der Welt, als «Erneuerung der Sache Christi in der Christenheit», verstanden, welche die Schranken zwischen christlichem Glauben und proletarischem Protest niederlegen soll, bei Hermann Kutter mehr im Sinne eines *Gerichts* über die kapitalistische Gesellschaft. In seinem Buch «Sie müssen!» geht es von Anfang bis Ende um die These, dass die Sozialdemokraten Werkzeuge des lebendigen Gottes, Träger und Künder der göttlichen Wahrheit in unserer Zeit sind. «Die Sozialdemokratie», formuliert er, «ist eine revolutionäre Partei» – tatsächlich aber, argumentiert er, verkündet auch das Neue Testament auf jeder

──

Rendtorff und Karl Barth, in: ZDTh 11, 1995, 229–245.

Seite die grosse Revolution der Welt, und es ist die Kirche in ihrer konservativen Ängstlichkeit, die von Gott abgefallen ist.

Es sind auf der ganzen Linie neue, bisher ungehörte Töne: Mag Kutter die Sozialdemokratie ohne Vorbehalte und Differenzierungen für Gottes Wirken in der Welt in Anspruch nehmen – er hat auf den Spuren der beiden Blumhardts etwas entdeckt, was die Theologie des 20. Jahrhunderts bis hin zu Bonhoeffers Entwurf eines religionslosen Christentums als ein beunruhigender *cantus firmus* begleitet: die *Welt*dimension des göttlichen Handelns, also die Realität eines Gottes, der sich in kein von der Gesellschaft entworfenes Bild fügt und sich deshalb in ihre Zwecke und Ziele nicht einspannen, durch sie nicht «domestizieren» lässt. Hier stehen wir sozusagen am Eingangstor des Tambacher Vortrags. Auch Barth hat versucht, «die grosse Beunruhigung des Menschen durch Gott und darum die grosse Erschütterung der Grundlagen der Welt» im damaligen «Revolutionszeitalter» zu begreifen. Oder hat er es am Ende doch anders gemeint, wenn er rückblickend sagen konnte, er habe dieser von Kutter und Ragaz inspirierten Bewegung «gründlich das Konzept verdorben»?

II. Der Angriffspunkt: das Verhältnis von Religion und Gesellschaft

Das vom Reformierten Bund ausgerufene Karl Barth-Jahr will an das Erscheinungsjahr des Römerbrief-Kommentars (1919) erinnern, der die theologische Landschaft sozusagen über Nacht einschneidend verändert hat, und an den 50. Todestag seines Autors. Denn Barth gehört zu den seltenen Theologen, die mit einem hellwachen, an der alttestamentlichen Prophetie geschärften Sensorium die Gefahrenzonen des wechselnden Zeitgeistes wahrgenommen und ihnen mit der Nüchternheit einer historischen Analyse und der Leidenschaft einer biblischen Einsicht entgegengetreten sind. Zur Legende geworden ist am Vorabend des I. Weltkrieges sein Protest gegen das schreckliche Manifest der 93 Intellektuellen, die sich mit der Kriegspolitik Kaiser Wilhelms II. und seines Kanzlers Bethmann-Hollweg identifizierten, unter ihnen die meisten seiner theologischen Lehrer, «so dass eine ganze Welt von Exegese, Dogmatik, Ethik und Predigt, die ich bis dahin für grundsätzlich glaubwürdig gehalten hatte, [...] bis auf die Grundlagen ins Schwanken kam».[6] Zu diesen als falsch erkannten Grundlagen

---

[6]   Karl Barth, Nachwort zur Schleiermacher-Auswahl, hg. von Heinz Bolli, Hamburg/München 1968, 290–312 (293).

rechnete er in seinem bald Aufsehen erregenden Briefwechsel mit Adolf von Harnack (1923) die *Axiome* der damals die Szene beherrschenden Theologie, ihr Arrangement mit Kultur und Wissenschaft, ihre «Höchstschätzung der Moral», den «Pantheismus Goethes» oder die Bedeutung des «Gotteserlebnisses» im Krieg. So wurde er zum kritischen Begleiter seines Zeitalters. Hier vollzog sich die Absage an die unkritische «ideologische» Identifizierung Gottes mit den gesellschaftlichen Ordnungen und der Moral der bürgerlichen Ära, die die Zeitgenossen aufhorchen liess, die Abwehr aller «Bindestriche» zwischen menschlicher Theorie und Praxis mit Gottes Wahrheit, die sich bereits hier mit dem *Krisismotiv* seiner Dialektik verbindet: «*Wir* stehen tiefer im Nein als im Ja» (587).

Mit einer kühnen, die Wendung seiner ganzen Theologie vorwegnehmenden Interpretation gibt Barth bereits dem ihm gestellten Thema «Der Christ in der Gesellschaft» einen unerwartet neuen Akzent:

> «*Der Christ* – wir sind wohl einig darin, dass damit *nicht die Christen* gemeint sein können: weder die Masse der Getauften, noch etwa das erwählte Häuflein der Religiös-Sozialen, noch auch die feinste Auslese der edelsten, frömmsten Christen, an die wir sonst denken mögen. Der Christ ist *der Christus*. Der Christ ist das in uns, was nicht wir sind, sondern Christus in uns» (557).

Damit ist die Wendung von den Christen zu Christus vollzogen, die Wendung der Theologie weg vom Menschen und hin zu Gott, wie er der Welt in der unabgeschwächten Fremdheit und Schroffheit des Kreuzes Christi gegenübersteht, die Wendung weg von der Kultur, ihren Höchstleistungen und Katastrophen, und hin zum Buchstaben der Schrift als dem allein legitimen Fundament theologischer Aussagen. Dies ernst genommen, fallen die beiden Grössen «der Christ» und «die Gesellschaft» nun allerdings hoffnungslos auseinander, und damit ist die Problemstellung des Vortrags eröffnet: Es geht um unsere *Notlage.* Es scheint der Sinn der sogenannten Religion in ihrer *Beziehung* auf das Leben der Gesellschaft zu liegen, nicht in ihrer Absonderung. Aber kann das schon bedeuten, nun die Schleusen zu öffnen und die Wasser der Religion auf das gesellschaftliche Ödland strömen zu lassen? Dann wären die Schweizer Kombinationen christlich-sozial, evangelisch-sozial, religiös-sozial legitim, doch wer sagt uns, dass diese «Bindestriche, die wir da mit rationaler Kühnheit ziehen, nicht gefährliche Kurzschlüsse sind»? (539) Und hat der neue Aufbruch nicht gerade zu der unhintergehbaren Einsicht geführt, dass «das Göttliche tatsächlich etwas Ganzes, in sich Geschlossenes [ist], etwas der Art nach Neues, Verschiedenes gegenüber der Welt» (560)? Dann könnten die Bindestriche doch nur die Hand dazu reichen, «Christus zum soundsovielten Mal zu *säkularisieren,* heute zum Beispiel der Sozialdemokratie, dem Pazifismus, dem Wandervogel zu Liebe wie ehemals den Vaterländern, dem Schweizertum und Deutschtum [...] zu Liebe, *das*» – so Barth – «möchte uns allenfalls gelingen. Aber nicht wahr, da graut uns doch davor, wir möchten doch eben Christus nicht ein neues Mal verraten» (560). Und wie sieht es auf der anderen Seite aus?

Auch die Gesellschaft ist «ebenfalls ein wenn auch innerlich brüchiges, so doch nach aussen in sich geschlossenes Ganzes für sich – ohne Fenster gegen das Himmelreich» (560), und das provoziert die nun unvermeidlichen Fragen:

> «Wo ist der Sinn in all dem Unsinn, der Ursprung in der Entartung, der Weizen unter all dem Unkraut? [...] Wo ist Gott in dem Menschlichen, allzu Menschlichen? Du bist Erde und sollst wieder zu Erde werden! [...] Ist das nicht das Urteil über die Menschheit und ihr eigenes Glaubensbekenntnis!? Wir leiden heute auch unter *dieser* Abgeschlossenheit, weil wir ihrer bitteren Folgen gewahr geworden sind [...]. So gerne, ach so gerne würden wir heute die Gesellschaft in Christus begreifen, in Christus erneuern, ‹die Gesinnungsprinzipien Jesu als Axiome einer jeden öffentlichen, völkischen, weltlichen Gesellschaftsgestaltung anwenden› [...] Hätten wir doch zu solcher Anwendung den verklärenden Optimismus eines Richard Rothe! Dahin führt nun für uns kein Weg mehr zurück. Aber wird uns der Weg vorwärts nicht zu Friedrich Naumann führen, der ja auch einmal von uns ausgegangen ist?» (561)

Statt Kultur, Staat und Wirtschaftsleben erneut mit «religiöse[m] Glanz» (562) zu umgeben, sieht Barth nur einen verheissungsvollen Weg, auf dem das erschreckende «Gegeneinander zweier artfremder Grössen» sich lösen liesse: «ein Licht von oben, das auf unsere Lage fällt» (563). Damit beginnt die positive theologische Erörterung.

III. Die Bewegung «senkrecht von oben»

Sie beginnt mit dem Versuch, «den *Standort* fest[zu]stellen, den wir dieser Lage gegenüber tatsächlich einnehmen» (564), und nun folgt die berühmt gewordene und ebenso oft missverstandene Erläuterung: «‹Standort› ist schon nicht das richtige Wort», es geht vielmehr um den «Moment einer *Bewegung,* dem Augenblicksbild eines Vogels im Fluge vergleichbar [...]. Damit meine ich nun freilich weder die sozialistische, noch die religiös-soziale Bewegung, noch die allgemeine, etwas fragwürdige Bewegung des sogenannten Christentums, sondern *die* Bewegung, die sozusagen senkrecht von oben her durch all diese Bewegungen hindurchgeht als ihr verborgener transzendenter Sinn und Motor [...], ich meine die Bewegung der Gottesgeschichte, oder anders ausgedrückt: die Bewegung der Gotteserkenntnis» (564). Bleiben wir zunächst beim Bild des «Vogels

im Fluge», das den unerschütterlichen «Standort» ersetzt. Um einen Schmetterling zu erkennen, muss ich ihm über Stock und Stein folgen, also den festen Be-
obachtungsposten verlassen, und so erst recht, wenn es um einen Vogel geht.
Biolog:innen sprechen von der Bedingung der Kohärenz. An Stelle der klassischen Subjekt-Objekt-*Trennung* muss es nahezu zu einer Verschmelzung von
Subjekt und Objekt kommen. Es geht um eine *methodische* Korrektur, die einer
Wendung um 180 Grad entspricht. Denn nun bin ja nicht ich es, der die Bewe-
gungsrichtung bestimmt, sondern der Schmetterling oder der Vogel oder eben,
wenn es um die Erkenntnis Gottes geht, Gott selber, Gott in seiner *Geschichte,*
der sich (ob ich's weiss oder nicht) als Antriebskraft, als Motor meiner Bewegung
erweist, also, wie Barth es sagt, der «durch alle diese Bewegungen hindurchgeht
als ihr verborgener transzendenter Sinn und Motor» (564), insbesondere also
durch die «Notlage» der Zeit nach dem I. Weltkrieg. Hier ereignet sich der
«Durchbruch des Göttlichen ins Menschliche» (569), der den Gegensatz aufreisst: «Um *Gott* handelt es sich, um die Bewegung *von Gott her,* um unser Be-
wegtsein durch *ihn,* nicht um Religion» (566). Die grosse Unruhe der Zeit, die
Suchbewegungen der Menschen und der Theologen unter ihnen – sie sind
gleichsam Reflexe der ihnen vorausgehenden Bewegung Gottes. Sie machen uns
aufmerksam auf «das ganz Andere an Gott, das sich gegen alle Säkularisierun-
gen, gegen alle blossen Anwendungen und Bindestriche sträubt», das uns vielmehr ausschauen lässt «nach einem wurzelhaften, prinzipiellen, ursprünglichen
Zusammenhang unseres Lebens mit jenem ganz anderen Leben» (569). «Gott
wird nur durch Gott erkannt»,[7] wird es dann in der Kirchlichen Dogmatik heissen. Und an dieser *methodisch* fundamental wichtigen Stelle steht deshalb: «Eben
darum ist Gottes*erkenntnis* wesentlich Gottes*geschichte,* kein blosser Bewusst-
seinsvorgang» (568). Was wir von Gott erkennen, entscheidet sich an dem Mass
unserer Teilnahme, unserer aktiven Beteiligung an dieser Geschichte. «Du bist
hier nicht im Zuschauerraum, sondern mitten auf der Bühne»,[8] schärft Barth
seinen Leserinnen und Lesern im letzten Band seiner Dogmatik ein, und hier
ermahnt er sie. «Wir müssen die grosse *Sachlichkeit* wiedergewinnen, in der sich
Paulus mit den Propheten, mit Plato begegnet» (567).

---

[7] Karl Barth, Die Kirchliche Dogmatik II/1, Zollikon 1940, 200.
[8] Karl Barth, Die Kirchliche Dogmatik II/2, Zollikon-Zürich 1942, 356.

IV. Gotteserkenntnis – kein Bewusstseinsvorgang[9]

Da wir mit diesem Ruf zur *Sachlichkeit* an dem heute offenbar noch immer um-
strittenen Scheideweg der Barthschen Theologie stehen, erlaube ich mir, hier
noch etwas auszuholen. Der spätere Freund (in gewissem Sinne auch Antipode)
Barths, Heinrich Scholz, ein Wissenschaftstheoretiker, der sich mit derlei Forde-
rungen auskannte, hat unumwunden erklärt, er sei noch auf kein Kriterium
gestossen, mit dessen Hilfe sich «auch nur in einem einzigen, ernstlich kontroversen Fall» entscheiden lasse, ob ein vorgegebenes Denken in diesem Falle sach-
haltig [sei] oder nicht»,[10] – was man von einer mit Hypothesen arbeitenden
Wissenschaft in der Tat auch nicht erwarten kann. Nur, was folgt daraus? Barth
hat die naheliegende Konsequenz gezogen, sich ein solches Kriterium dann eben
auch *nicht* von der Wissenschaft geben oder vorschreiben zu lassen, die sich –
jedenfalls auf dem Feld der historisch-kritischen Forschung und ihrer Hermeneutik – ohnehin in den Krisenzusammenhang der 1920er Jahre hineingerissen
sah. Eine kritikfähig bleiben wollende Theologie habe von dieser Art Wissenschaft «methodisch nichts [...] zu lernen».[11] Mit der Maxime «kein blosser Be-
wusstseinsvorgang» (568) zieht er den Trennungsstrich insbesondere gegenüber
dem *Historismus,* der mit der Geschichte verfährt wie die Physik seit Galilei mit
der Natur verfahren ist. Wie der Prüfer im Examen verhört er geschichtliche
Dokumente, indem er nur gelten lässt, was er (gemäss dem Analogie-Prinzip
Troeltschs) zuvor in ihnen finden zu können überzeugt war. Dadurch aber wird
die Überlieferung von vornherein um ihren Anspruch gebracht, sich mit einer
eigenen Aussage kritisch gegenüber den Vormeinungen des Historikers zu Wort
zu melden. Denn nichts ist schon deshalb wahr, weil es Jeremias oder Paulus
gesagt hat. Was Barth bestreitet – darin war er methodisch seiner Zeit ein gutes
Stück weit voraus – ist der naive Cartesianismus der neuzeitlichen Exegese, die
es unterlassen hat, über den eigenen Standort auch nur nachzudenken. In dem
Briefwechsel mit Adolf von Harnack (1923) heisst es programmatisch einige
Jahre später: Die «Wissenschaftlichkeit» der Theologie ist «ihre Gebundenheit
an die Erinnerung, dass ihr *Objekt zuvor Subjekt* gewesen ist und immer wieder

---

[9]   Vgl. zum Folgenden Christian Link, Bleibende Einsichten von Tambach, in: Michael
Beintker et al. (Hg.), Karl Barth in Deutschland. Aufbruch – Klärung – Widerstand (Inter-
nationales Symposion Emden 2003), Zürich 2005, 333–346.
[10]   Heinrich Scholz, Wie ist eine evangelische Theologie als Wissenschaft möglich?
(1931), in: Gerhard Sauter (Hg.), Theologie als Wissenschaft (ThB 43), München 1971, 221–
264 (262f.).
[11]   Vgl. hierzu Karl Barth, Die Kirchliche Dogmatik I/1, Zollikon-Zürich (1932) [4]1944, 6.

werden muss».[12] Gott als *Subjekt,* als bewegende Kraft einer Geschichte, die, unsere Erwartungen, Vormeinungen und Massstäbe durchkreuzend, beim Menschen ankommt («Gottesgeschichte» [564]): Das ist die Entdeckung, die *methodische* Wende von Tambach. Barth hat die Frage nach Gott so gewendet, dass sie nur in der Situation des «Dabeiseins» eine mögliche und sinnvolle Frage ist.

Das muss inhaltlich noch etwas verdeutlicht werden. Was die «Gottes*geschichte*» von aller menschlichen Geschichte unterscheidet, ist in ihrer Spitze die «Auferstehung Jesu Christi» in ihrer «Bedeutung und Kraft» (568). Denn sie unterwirft das Pantheon selbstständiger Gottheiten und mit ihm alle «Gültigkeiten des Lebens» einer «prinzipiellen Verneinung». Sie schaltet es aus. Erst damit gewinnen wir unsere «Unmittelbarkeit zu Gott [zurück], d. h. aber [als] eine[.] verloren gegangene[.] und wieder zu gewinnende[.] Unmittelbarkeit aller Dinge, Verhältnisse und Ordnungen». Will sagen: Wir erinnern uns unseres *Ursprungs* in Gott und «setz[en ...] eben dahin auch den Ursprung der *Gesellschaft*» (570). Dieser Akt ist gewissermassen das Schwungrad, das die weiteren Thesen dieses Vortrags ermöglicht und trägt, vorweggenommen in der damals, nach dem I. Weltkrieg, kaum einsichtig zu machenden Behauptung: «Das Leben hat sich gegen den Tod im Leben aufgemacht» (571), eine Behauptung, die es in ihrer scheinbaren Widersprüchlichkeit zu «begreifen» gilt. Denn damit müsste ja die eingangs beklagte Trennung von «Christ» und «Gesellschaft» überwunden oder jedenfalls überwindbar sein. Barth formuliert denn auch vorsichtig, gewissermassen als Anlauf auf das Problem: «Begreifen heisst: in der Furcht Gottes die ganze Lage auf sich nehmen [...], [d]en Sinn unserer Zeit in Gott *begreifen,* also hineintreten in die Beunruhigung durch Gott und in den kritischen Gegensatz zum Leben» (573f.). Durch diesen Gegensatz muss in der Tat alles ernsthafte Erkennen hindurchgehen. Theologische Aufklärung, um die es hier geht, bedeutet, «den Dingen gegenüber zurückgehen auf ihren Ursprung in Gott», der ja zugleich der Ursprung jener «Bewegung [ist], in der *wir* stehen», d. h. die bewegende Kraft unserer gegenwärtigen «Lage» (574). So kommt nun alles darauf an zu verstehen, was jener Ursprung *ist* und woraufhin er uns in Bewegung setzt. Barth spricht von der *Hoffnung* als dem der Not gegenüber «entscheidende[n], [...] überlegene[n] Moment (575), von der vordringenden «Herrschaft Gottes», die allem uns Gegebenen vorhergeht, und erklärt daraufhin: «Wir stehen in der Wende der Zeiten, in der Umkehrung von der Ungerechtigkeit der Menschen zur Gerechtigkeit Gottes, vom Tode zum Leben, von der alten zur neuen Kreatur»

---

[12] Karl Barth, An Prof. Dr. Adolf von Harnack, Berlin 1923, in: ders., Offene Briefe 1909–1935 (GA V.35), hg. von Diether Koch, Zürich 2001, 55–88 (62).

(576). Wo anders aber sollte diese Wende ihr theologisches Urbild haben als eben in der *Auferstehung Christi,* durch welche, wie Barth den drei folgenden Abschnitten voranstellt, «[d]ie Lage zwischen Gott und Welt [...] in so grundsätzlicher umfassender Weise [bereits] bewegt» ist? (576) *Sie* ist der Ursprung, von dem in diesem Vortrag an prominenter Stelle geredet wird.

V. Der Dreischritt der Dialektik

Es wird im Folgenden allerdings nicht nur theologisch, sondern auch – in diesem Fall sogar modellhaft – philosophisch geredet. Es ist die Rede von einer *Thesis,* einer auf sie folgenden *Antithesis* und schliesslich von einer beide zusammenschliessenden, ja sie aus sich heraus-setzenden *Synthesis.* Damit werden drei Schritte bezeichnet, die (etwas vereinfacht gesagt) der Hegelschen Dialektik zugrunde liegen. Der hier gemeinte Ursprung ist also nicht (wie in der Trinitätslehre) eine genuin theologische Argumentationsfigur, sondern philosophischer Herkunft, wie Barth selber zu verstehen gibt, wenn er, wie zitiert, von der «grossen Sachlichkeit spricht, in der sich Paulus mit den Propheten, mit Plato begegnet» (567). In der Forschung ist überwiegend von dem «ursprungsphilosophischen Denken» des Neukantianismus die Rede, wonach es sich um den Subjekt wie Objekt begründenden (und begrenzenden) Ursprung des Logos handelt.[13] Ich denke jedoch, die *platonische* Dialektik genügt, um den entscheidenden Punkt herauszustellen: Nur wenn ein «von oben kommendes *Licht* auf unsere Lage fällt», hatte Barth argumentiert, lasse sich das Gegeneinander von «Christ» und «Gesellschaft» auflösen (563), und eben dieses *Licht,* metaphorisch: das Licht der Sonne, ist nach Platon imstande, Schein und Sein, wirkliche Gegenstände und Schatten so auseinandertreten zu lassen, dass sie als das erkennbar werden, was sie in Wahrheit sind. Jetzt kommt es für den *Philosophen* zur Erschütterung der Grundlagen der Welt, für den *Theologen* zur Infragestellung der Kirche. Denn nicht darum geht es, die Unruhe der Zeit zu beseitigen, sie für blossen Schein angesichts der Wirklichkeit Gottes zu halten, sondern sie zu *begreifen* (vgl. 573f.), und zwar so zu begreifen, wie der Dialektiker die Welt begreifen kann: in der Erkenntnis nämlich, dass es den Schatten nicht gäbe, wenn nicht das Licht der

---

[13] Vgl. Ingrid Spieckermann, Gotteserkenntnis. Ein Beitrag zur Grundfrage der neuen Theologie Karl Barths (BEvTh 97), München 1985, 117–120; Michael Beintker, Die Dialektik in der «dialektischen» Theologie Karl Barths (BEvTh 101), München 1987, 118f.; insbes. Johann Friedrich Lohmann, Karl Barth und der Neukantianismus (TBT 72), Berlin / New York 1995, bes. 100–117.182–316.

Sonne auf die Dinge fiele, im Umkehrschluss gesagt: dass sich deshalb noch in den Schatten die Wahrheit selbst (eben «abgeschattet») spiegelt. Es ist ein kritisches Erbe, das mit dieser Platon-Rezeption in der Theologie heimisch wird.

Barth macht die Probe aufs Exempel und durchmustert das Gegenüber von «Christ» und «Gesellschaft» in drei Bereichen, die ihm die theologische Tradition vorgibt: im *regnum naturae,* im *regnum gratiae* und im *regnum gloriae,* d. h. im Raum der *Schöpfung* (Thesis), im Horizont der *Erlösung* (Antithesis) und in der Hoffnung auf eine letzte *Vollendung* der Welt (Synthesis), und er ist auch darin Platoniker, dass er, von oben nach unten denkend, in der *Synthesis* den Ursprung und damit die Möglichkeit einer Versöhnung sieht. Es sei noch angemerkt, dass diese Trias eine Anspielung auf oder gar eine bewusste Erinnerung an das dreifache Licht (der Natur, der Gnade und der Herrlichkeit) ist, von dem Luther am Ende seiner Schrift *Vom unfreien Willen*[14] redet.

(1) *Thesis.* Wie steht es mit dem *Reich Gottes* in der Schöpfung, also im Raum der Welt, die von den Religiös-Sozialen so nachdrücklich als Raum seiner Verwirklichung in Anspruch genommen wurde? Barth hält dagegen: «Das Reich Gottes fängt nicht erst mit unsern Protestbewegungen an. Es ist eine Revolution, die *vor* allen Revolutionen ist» (577). Wohl aber kann es unsere Revolutionen in seinen Dienst stellen. Hat nicht auch Sokrates sein Wissen um die (platonischen) Ideen keineswegs in weltabgeschiedener Einsamkeit ersonnen, um es dann als das schlechthin Fremde unter die Leute zu bringen? «Nein, das Neue von oben ist ja zugleich das vergessene und verschüttete Urälteste» (579), durchaus vergleichbar dem platonischen Licht, das wir sehr wohl auch im Raum der Schöpfung suchen und finden können. Denn ist die Welt durch *Christus* und zu ihm hin geschaffen, so ist das jedenfalls eine klare Absage an alle falsche Weltverneinung. Gerade über der berechtigten «Oppositionsstellung zum Leben» dürfe das viel missbrauchte «Verdirb es nicht, es liegt ein Segen drin!» (Jes 65,8) nicht verloren gehen, soll es uns doch «die dankbare, lächelnde, verstehende Geduld [Gottes] gegenüber der Welt und uns selbst» vor Augen führen (580).

Barth präzisiert diesen Hinweis durch einen exegetisch ausgewiesenen Blick auf die synoptischen *Gleichnisse,* die regelmässig mit einem Bild aus dem Leben der Gesellschaft, das an sich gar nichts Himmlisches hat, uns nun doch das Himmelreich vor Augen stellen können. Beziehungslos, wie zwei getrennte Welten, können Reich Gottes und Gesellschaft offenbar nicht einander gegenüberstehen. Vielmehr wird das Gleichnis zum Modell, «im *Weltlichen* die *Analogie* des *Gött-*

---

[14] Martin Luther, Dass der freie Wille nichts sei. Antwort D. Martin Luthers an Erasmus von Rotterdam, in: ders., Ausgewählte Werke. Ergänzungsreihe. Bd. 1, München [3]1975, 246 (= WA 18, 785,20–38).

lichen» (582) zu sehen und anzuerkennen. So illusionslos das alles vor uns aus-
gebreitet wird, «ganz ohne eschatologische Spitze», so ist es als Manifestation
des «jenseitigen» Reiches Gottes doch «von Eschatologie voll bis zum Rand»
(581). Gleichwohl hat Barth allen Anlass, davor zu warnen, das Gleichnis (wie es
die Religiös-Sozialen versuchen) «mit der Sache [zu] verwechseln» (588), die doch
dem Eschaton angehört. Nur Hinweis, nur Abbild, nur Abschattung der Gott
selbst vorbehaltenen Wahrheit ist hier zu sehen. Nur wer diesen Vorbehalt –
noch ist es *nicht* so weit – anerkennt, sich also auf den Standpunkt der *Antithese*
(der Erkenntnis unserer Erlösungsbedürftigkeit) stellt – das ist Barths wegweisende Einsicht –, kann die These so gelten lassen. Mit dem Gleichnis ist die Sache
selbst eben noch nicht da, wohl «aber eine grosse Möglichkeit, dass das Himmelreich seinen weltlichen Hintergrund gleichsam durchschlägt und ins Bewusstsein, in die Erscheinung tritt» (583) gemäss der Anweisung Jesu: «Gehe hin und
tue desgleichen!» Auch das *regnum naturae* – das ist der Ertrag dieses ersten
Durchgangs – «die grosse Vorläufigkeit, in deren Rahmen sich alles Denken, Reden
und Handeln jetzt abspielt, kann ja immer regnum Dei sein oder werden» (585).

(2) *Antithesis.* Und doch können wir nicht einfach im Raum der Schöpfung
verweilen und uns gelassen mit unserer Lage, dem Zwiespalt zwischen der Gesellschaft und dem Reich des Christus, abfinden. Unsere Souveränität auf der einen und das Bewusstsein der Tragik unserer Existenz auf der anderen Seite sind
nicht zwei gleichstarke Momente. Eine realistische Sicht unserer Situation nötigt
uns vielmehr zu dem Eingeständnis, das Barth in dem von mir als Überschrift
gewählten Satz zum Ausdruck gebracht hat: «Die Tränen sind *uns* näher als das
Lächeln. *Wir* stehen tiefer im Nein als im Ja; tiefer in der Kritik und im Protest,
als in der Naivität, tiefer in der Sehnsucht nach dem Zukünftigen als in der Beteiligung an der Gegenwart!» (587) Sätze wie diese lassen sich natürlich nur mit
der Bibel in der Hand nachsprechen. Ein mitteleuropäischer Zeitgenosse könnte
sein Lebensgefühl kaum mit vergleichbaren Worten beschreiben, er müsste denn
davon überzeugt sein, dass sein Ja zum Leben von vornherein ein Nein in sich
trägt, das nun wie ein latenter Krankheitskeim in dieser Antithese hervorbricht.
Davon aber kann – theologisch – keine Rede sein. Es geht um etwas ganz anderes,
um das Nein einer *Erlösungs*sehnsucht, die sich nicht abfinden mag mit den irdischen Verhältnissen. Erst «im Messianischen Lichte»,[15] dem Licht, das von der
Auferstehung Christi auf die Erde fällt, wird unsere Welt mit ihren Entstellungen,
Rissen und Wunden als Gottes Schöpfung sichtbar, und so, sagt Barth, werden

---

[15] Theodor W. Adorno, Minima Moralia. Reflexionen aus dem beschädigten Leben
(GS 4), Darmstadt 1998, 283 (Aphorismus 153 «Zum Ende»).

wir vom regnum *naturae* hinüber geführt ins regnum *gratiae,* «wo in Christus das ganze Leben problematisch, bedenklich und [zugleich doch] verheissungs-voll wird» (588). Die (im Gleichnis) gerade vernommene Antwort wird hier zur neuen Frage, das Ja zum Nein. Die Gesellschaft, die sich eben noch einbetten liess in die Gewissheit, dass in ihrer Weltlichkeit ein Analogon des Göttlichen aufscheint, wird nun «zum Spiegel unserer Not und unserer Hoffnung» (588).

Und so stehen wir hier an dem grossen Umschlagspunkt, der den Tambacher Vortrag zum Signal eines längst und immer wieder geforderten Umdenkens ge-macht hat: Das Reich Gottes wendet sich «zum *Angriff* auf die Gesellschaft» (588). Barth nimmt den Protest auf, den «*Kierkegaard* gegen Ehe und Familie, den *Tolstoj* gegen Staat, Bildung und Kunst, den *Ibsen* gegen die bewährte bürgerliche Moral, den *Kutter* gegen die Kirche, den *Nietzsche* gegen das Christentum als solches, den [eben der *Sozialismus* mit zusammenfassender Wucht gegen den ganzen geistigen und materiellen Bestand der Gesellschaft richtet» (589). Der Fortgang der Gottes*geschichte,* an den er eingangs die Möglichkeit der Gottes-*erkenntnis* gebunden hatte – man denke an die alttestamentliche Prophetie oder an die Anklage, die der von ihm geliebte «*alttestamentliche Gesellschaftsphilosoph*» (590) Kohelet gegen das Leben gerichtet hat (Koh 4,1–3) – nimmt eben diesen Verlauf: von der Naivität zur Kritik und gibt uns den Schlüssel an die Hand, diese Ambivalenz unserer Situation zu verstehen: Es ist gerade das «Jenseits», das Reich Gottes, das «durch seine Abwesenheit im Diesseits und durch sein Anklopfen an die verschlossenen Türen des Diesseits zur Ursache unserer Unruhe wird» (591). Denn wenn die Eschatologie, eine der grossen Entdeckungen des Tambacher Vortrags, nicht nur nach vorwärts, sondern «auch nach rückwärts» (577) leuchtet, wenn sie dem im 19. Jahrhundert so missverstandenen Reich Gottes seinen aggres-siv fordernden Charakter gibt, so dass Barth die Sozialdemokratie damit konfron-tieren kann, ihr sei «in *unserer* Zeit nun einmal das Problem der Opposition gegen das Bestehende gestellt» (592), dann geht auch der Ruf in Ordnung, mit dem er seine Mitstreiter zur aktiven Teilnahme an der Not der Zeit ermahnt: «Wir müssen *ganz hinein* in die Erschütterung und Umkehrung, in das Gericht und die Gnade, die die Gegenwart Gottes für die jetzige und jede uns vorstellbare Welt bedeutet» (591), statt uns nur hier und da an Reformen zu versuchen, dann nämlich, wenn wirklich «eine Neuorientierung an Gott dem *Ganzen* unseres Lebens gegenüber [...] die Forderung des Tages ist» (592).

Was also ist der Ertrag dieses zweiten dialektisch fortschreitenden Durch-gangs? Barth formuliert ihn mit dem jesuanischen Logion Lk 12,49: «Ich bin ge-kommen, dass ich ein Feuer anzünde auf Erden; was wollte ich lieber, denn es brennete schon.» Das ist das *regnum gratiae.* «Das Reich Gottes ist *nahe herbei-gekommen*» (593).

(3) Der dritte Schritt, die *Synthesis,* der Sache nach die *erste,* den beiden skizzierten Durchgängen zugrunde liegende, sie tragende Erkenntnis, will dem Irrtum entgegentreten, als könnte man mit Kritisieren und Reformieren schon «dem Sinn des Gottesreiches Genüge leisten» (593), geschweige denn ihm entsprechen. Das im Vorangehenden entfaltete Ja wie das Nein sind keine letzten Gesichtspunkte. Ihre Erklärungskraft reicht genau so weit wie unser Verständnis und unser «Mitgehen» mit jener «Bewegung senkrecht von oben» (564), ohne jedoch schon an das Geheimnis ihrer bewegenden Kraft zu rühren. Die erzeugende *Macht* der Synthesis, der «Ursprung», dem Thesis und Antithesis ihr relatives Recht verdanken, bleibt uns verborgen, und das ist der Grund, weshalb Barth in dieser Periode seines Schaffens von Gott als dem «ganz *Anderen*» sprechen kann und ja tatsächlich auch spricht. In der Thesis ist die Synthesis «gemeint», in der Antithesis ist sie «gesucht», «nur in Gott ist sie für uns zu finden» (594). Doch was wir davon *verstehen,* reicht nur genau so weit, wie das erstaunliche, von Barth oft zitierte Diktum Ernst Troeltschs: «Das Jenseits ist die Kraft des Diesseits»,[16] «die Kraft der Bejahung und die grössere Kraft der Verneinung» (595). Es ist die Kraft, die in der «Auferstehung Jesu Christi von den Toten», an die wir *glauben,* manifest geworden ist, deren Möglichkeit und Wirklichkeit wir aber nicht im Bereich unserer Erfahrung und unseres Wissens aufsuchen können. Wenn wir aber im Ernst mit ihr rechnen, und das wäre ja der Test auf unseren Glauben, dann können wir mit Barth die Konsequenz ziehen und

«*darum* [auch] an einen Sinn [glauben], der den einmal gewordenen Verhältnissen innewohnt, aber auch an Evolution und Revolution, an Reform und Erneuerung der Verhältnisse, an die Möglichkeit von Genossenschaft und Bruderschaft auf der Erde und unter dem Himmel, weil wir noch ganz anderer Dinge warten, nämlich eines neuen Himmels und einer neuen Erde» (596).

Hier wird die Tradition Calvins aufgenommen, der die Aufgabe und Stellung des Christen in der Welt unter das Zeichen der *meditatio* bzw. der *spes futurae vitae* gestellt hat. Wie dieser Vorgänger ist Barth davon ausgegangen, dass das Letzte, die *Synthesis,* nicht die Fortsetzung, also eine Art nächster Stufe des Vorletzten sein kann, «sondern im Gegenteil der radikale Abbruch von allem Vorletzten (596)», dass aber im *regnum gloriae* «unser Ja wie unser Nein *in Gott ins rechte Verhältnis gesetzt*» werde (597). Denn, so der mit einem Zitat des skeptischen Predigers ge-

---

[16] Ernst Troeltsch, Die Soziallehren der christlichen Kirchen und Gruppen, Tübingen 1923, 979.

bündelte Ertrag dieses dritten dialektischen Schrittes, ««Gott tut Alles fein zu seiner Zeit und hat dem Menschen *die Ewigkeit ins Herz gegeben,* ohne welche er das, was Gott tut vom Anfang bis zum Ende – nicht finden könnte› (Pred. 3,1–11). Dass er's [aber], die Ewigkeit im Herzen, finden *kann,* das ist die Synthesis.» (598)

VI. Resümee: der Ruf zur Bereitschaft, sich von der Bewegung Gottes mitnehmen zu lassen

Was ist der epochale Schritt, der den Tambacher Vortrag zu einem Zeichen der Zeit gemacht hat? Es ist, so möchte ich sagen, der Ruf zur Bereitschaft, die «Wende der Zeiten» zu vollziehen, sich nicht neben den Lauf der Welt, sondern sich je an seinem besonderen Ort in diesen Lauf hineinzustellen und solidarisch Verantwortung für ihn zu übernehmen. Dazu ist uns das Gleichnis des Gottesreiches gegeben. Man darf die Ausführungen zu den «Gleichnissen des Himmelreichs» im letzten Band der Versöhnungslehre daher als einen späten dogmatischen Kommentar zu diesem Vortrag lesen. Die Voraussetzug ist hier wie dort dieselbe: Das Leben Gottes «spielt sich nicht in irgendeiner fernen Höhe [...] ab, sondern es ist konkretes Ereignis in eben dem Bereich, in dem auch unser eigenes Leben Ereignis ist».[17] Und auch der Vorbehalt wird nicht aufgegeben: Von einer wirklichen Kontinuität, die von «den Analogien [...] in die göttliche Wirklichkeit» hinüberführt, ist hier keine Rede. Wohl aber werden die dort angedeuteten Linien nun zu ihrer ganzen Konsequenz ausgezogen. Denn wenn die Kraft der Auferstehung, christologisch präzisiert, sich als die universale Prophetie des Auferstandenen erweist, dann wird im *Gleichnis* die Welt in die Selbstinterpretation, in das «Geschehen» des Seins Gottes, hineingenommen: Sie kann zu dem werden, was sie von sich aus nicht ist, zum Darstellungsraum der Offenbarung. Das ist in Tambach noch nicht gesagt worden und konnte dort nicht gesagt werden. Umso wichtiger ist das, was als Anlauf auf diese Erkenntnis bleibende Gültigkeit hat: Wir können das Gleichnis nur erkennen, wenn wir uns von der Bewegung der Kraft Gottes «mitnehmen» lassen, also auch *handeln.* «Gehe hin und tue desgleichen!» Wenn die Rezeption dieser Theologie den gefährdeten Boden unserer Wirklichkeit erreichen soll, die auch heute «tiefer im Nein als im Ja» (587) steht, dann wird sie sich nicht nur des Dogmatikers, sondern auch des gesellschaftskritisch einzigartig wachen Karl Barth des Tambacher Vortrags wieder deutlicher als bisher erinnern müssen.

---

[17] Karl Barth, Die Kirchliche Dogmatik IV/3,1, Zollikon-Zürich 1959, 92.

George Hunsinger

The Infinite Qualitative Difference and the Difference It Makes: A Recurring Theme in Barth's Dogmatics[*]

In the preface to the second edition of his commentary on Romans, Karl Barth famously writes,

> «If I have a system, it is limited to a recognition of what Kierkegaard called the ‹infinite qualitative distinction› between time and eternity, and to my regarding this as possessing negative as well as positive significance: ‹God is in heaven, and thou art on earth.› The relation between such a God and such a human being, and the relation between such a human being and such a God, is for me the theme of the Bible and the essence of philosophy.»[1]

I want to explore the meaning of this remark, because I believe it exercised an influence on Barth's theology for the rest of his life. The influence was formative, and it continued, in various ways, well into the final sections of the *Church Dogmatics*.[2]

A number of similar statements appear throughout the course of the second Romans commentary. Here are a few examples:

> «The Gospel is not a religious message to inform humankind of their divinity or to tell them how they may become divine. The Gospel proclaims a God *utterly distinct* from human beings. Salvation comes to them from him, because they are, as humans, *incapable of knowing him,* and because they have *no right to claim anything* from him» (28; emphasis added).

> «In this world no union with God is possible. It then becomes clear that God is a God of all human beings, the God of the Gentiles and the Jews; he is not an element in spiritual experience or in the course of history; he is rather, the ground of all elements,

---

[*]   Reprinted with permission from University of Toronto Press (https://utpjournals. press), DOI 10.3138/tjt-2020-0106, © Toronto Journal of Theology 36/2, 2020, 183–193.

[1]   Karl Barth, The Epistle to the Romans, New York 1933/1968, 10 (hereafter cited in the text). The English translation has been altered to reflect inclusive language for human beings and is sometimes otherwise lightly revised.

[2]   Karl Barth, Church Dogmatics (CD), 4 vols., Edinburgh 1956–1975 (hereafter cited in the text).

by whom they are measured and in whom they are contained. He *differs absolutely* from all our lights and properties and abilities» (113; emphasis added).

«The understanding of what is characteristic of God was lost. They [fallen human beings] had lost their knowledge of *the crevasse, the polar zone, the desert barrier,* which must be crossed if humans are really to advance from corruption to incorruption. The *distance between God and humankind* had no longer *its essential, sharp, acid, and disintegrating ultimate significance.* The difference between *the incorruption, the pre-eminence and originality of God,* and the corruption, the boundedness and the relativity of human beings had been confused. Once the eye, which can perceive this distinction, had been blinded, there arises in the midst, between here and there, between us and the ‹Wholly Other›, a mist or concoction of religion» (49; emphasis added).

«Wherever *the qualitative* distinction between human being and the final Omega is overlooked or misunderstood, that fetishism is bound to appear in which God is experienced in [mere creatures], or rather primarily, in the likeness of corruptible humankind [...] And so the ‹No-God› is set up, idols are erected, and *God,* who *dwells beyond all this and that,* is ‹given up›» (50–51; emphasis added).

«When God and the world have become confused with one another, there comes into prominence a further confusion [...] When *the frontier between God and humankind – the last and inexorable barrier and obstacle –* is not closed, the barrier between what is normal and what is perverse is opened» (52–53; emphasis added).

Following the analysis of Junius Johnson,[3] we may designate Barth's seminal assertion of «the infinite qualitative distinction between time and eternity» – or between God and the created order, or between God and the human creature, whether fallen or unfallen – as the Pure Difference Thesis. It stands in conflict, Johnson suggests, with certain versions of the Analogy Thesis, as found for example in von Balthasar, according to which God and the world are somehow metaphysically similar despite their radical differences. Important consequences follow from the Pure Difference Thesis, some of which I will pursue in detail, while others will be noted in passing.

The Pure Difference Thesis pits Barth against the Fourth Lateran Council (1215). A famous formula from that council runs as follows: «For between Creator and creature there can be noted no similarity so great that a greater dissimilarity

---

[3]   See Junius Johnson, Christ and Analogy: The Christocentric Metaphysics of Hans Urs von Balthasar, Minneapolis, MN 2013.

cannot be seen between them.»[4] The Lateran formula, if taken strictly, seems to construe the metaphysical difference between Creator and creature as somehow a matter of degree («*greater* dissimilarity»), whereas Barth adopts a more radical view. For him, the difference is absolute, not just a matter of degree, even if the degree is «infinite».

As Johnson observes, at first glance, defining God as «Wholly Other» seems to eliminate the possibility of analogical discourse in theology. This is so because the idea of analogy, if construed with the Fourth Lateran Council, apparently posits that God and the creature are metaphysically comparable. The dissimilarity between them, no matter how great, or even «infinite», is not without a measure of proportionality. For the Pure Difference Thesis, by contrast, it would seem that language about God can only be equivocal and apophatic. Nevertheless, Barth insists on pure difference while also upholding analogical discourse, and he regards the Lateran formula as problematic.

The difficulty with the idea of a greater dissimilarity is well articulated by Denys Turner:

> «There can be no good sense [...] in any [...] calculation of the greater and lesser degrees of ‹distance› which lie between Creator and creatures as contrasted with that between one creature and another; for it is not on some common scale of difference that these differences differ [...] as if to say: it is this kind or that, only infinitely so. [...] A term of comparison [...] presupposes a common scale. [...] For if God is not any kind of being, then his difference from creatures is not a difference of any kind, hence is not a difference of any size, hence is not incomparably greater, but, on the contrary, is, simply, incommensurable. ‹Greater› and ‹lesser› cannot come into it, logically speaking.»[5]

The greater dissimilarity for the Lateran Council is said to be infinite in scope. The dissimilarity between God and the world, despite their disparity, is posited according to a common scale. The Creator-creature divide is, so to speak, more nearly a matter of «infinite distance» than of «pure difference». The similarity and the dissimilarity are related by a «commonality» according to which two realities, or two proportions, are similar, despite their belonging to radically different metaphysical types. The disjunction between God and the world is not absolute. The Fourth Lateran Council stands opposed, on this reading, to the idea of pure difference.

---

[4]   Norman P. Tanner, Decrees of the Ecumenical Councils, Bd. 1, Washington, DC, 1990, 232.

[5]   Denys Turner, Faith, Reason and the Existence of God, Cambridge 2004, 213.

At the outset of the *Church Dogmatics,* Barth refers to and rejects the Lateran formula of «similarity in the midst of infinitely greater dissimilarity» (1.1.41). He also portrays it as a decisive flaw in Catholic theology: «Roman Catholic faith», he writes, «can recognize itself and God's revelation in this constantly available relationship between God and humanity, in this revealedness. It affirms an *analogia entis,* the presence of a divine likeness of the creature even in the fallen world» (1.1.41). This flaw can persist, Barth contends, even when it is asserted that God is beyond human comprehension. He believes, however, that Anselm was on the right track:

> «And he [Anselm] proves his statement [that God is beyond human comprehension] in this way, that God is he then whom no greater can be conceived. But an inconceivable is, as such, conceivable. If it were not identical with God, then it would be a greater than God. Therefore, since no greater than he can be conceived, God is himself the inconceivable (*Prosl.* 15). (We may notice continually in this construction that the inconceivability of God is imputed to his positive greatness and not deduced from a human deficiency.)

> So far as I know, [continues Barth,] it was Anselm who first used the formula – paradoxical but very important and suitable for the whole problem – that the task of theology is ‹to rationally comprehend God in his incomprehensible essence› *rationabiliter comprehendere (Deum) incomprehensibile esse (Monol.* 64). In the Fourth Lateran Council, 1215 (c. 2, Denzinger 428), ‹incomprehensibility› *(incomprehensibilitas)* is declared for the first time to be a ‹property› of God. And then we read in Thomas Aquinas: ‹To comprehend God is impossible by any created intellect› *(Comprehendere Deum impossibile est cuicumque intellectui creato)* (S. theol. I, qu. 12, art. 7)» (CD 2/1, 185 rev.).

With assertions like these in mind, Barth nevertheless argues that «divine incomprehensibility» is not always properly combined with the Pure Difference Thesis. For Barth, because God and the creature are *incommensurable,* any continuity between them – regarding not only predicates like goodness, reason, and wisdom but also «non-agential» predicates like being, beauty, and light – must be seen as miraculously given, again and again, from above. Continuity with the reality of God does not belong to the world as world, nor to the creature as creature. It does not belong to the creature as an intrinsic endowment or a fixed condition – not originally, and not even subsequently. Although Barth upholds a certain continuity, it exists only as something continually given, and only as proceeding miraculously from above. The line of continuity is real only as a miraculous event. It does not exist by nature but by grace.

As continually though miraculously given, any particular continuity is not merely «occasional» (a common misunderstanding of Barth). It is rather a function of the perpetual operation of grace as centred in the mystery of Christ from before the foundation of the world. Any continuity between God and the world is thus, for Barth, always actual and contingent while also being beyond comprehension. Again, the difference between God and the creature, whether in the commentary or in the dogmatics, is not something «infinitely greater» but absolute. For Barth, God and the creature are always logically and ontologically incommensurable. Any similarities between them are grounded not in the creatureliness of the creature, but in «the free activity of God» (CD 1/1, 9). The Pure Difference Thesis is thus ordered to what we might call the Sovereign Freedom Thesis. Pure difference is posited even as it is also overridden by the sovereignty of grace.

We have moved very quickly from the Pure Difference Thesis as found in *Romans 2* to statements that elaborate upon it in the *Church Dogmatics.* Several related themes from the commentary are also taken up and reconfigured in the dogmatics. Among them are the ideas of divine incomprehensibility as a perpetual crisis, of the need for paradoxical, or better dialectical, modes of thought, and of revelation and the miracle of grace as the only way the crisis can be overcome, namely, from above. What changes from the commentary to the dogmatics is mainly an increasing clarity for Barth that Jesus Christ is himself the defining centre of revelation, miracle, and grace. The Incarnation at once presupposes and yet also overcomes the absolute distinction between God and the creature. The Incarnation, for Barth, is necessarily a history, a perpetual miracle, an abiding mystery. Nevertheless, the problem remains: If the Pure Difference Thesis is posited, doesn't that render analogical discourse in theology impossible? Doesn't it mean that theology must end in apophatic silence?

For Barth, because God is «Wholly Other», he is free to work «either within the framework of what we call the laws of nature or outside it in the shape of miracle» (CD 2/1, 323). God is absolutely free, whether in his transcendence or his immanence. The otherness of God thus presupposes and includes his sovereign freedom. He is therefore free to use human language to refer to himself truly in a cognitive way, giving real knowledge of God, without losing himself in the process. The results can be surprising.

According to Barth, even the most naively «anthropomorphic» metaphors could be used in Scripture to refer to God truly. They are not non-informative «symbols» for expressing «religious experience». They are fraught with cognitive significance.

Properly understood, they are capable of conveying the truth about God within the limits of human finitude:

> «We must keep well in mind that Holy Scripture not only speaks of God's wrath, mercy, usw., but also – to the even greater confusion of all spiritualizers – very obviously and emphatically of his face, his eyes, his mouth, his ears, even his nose, his back, his arm, his hand, his right hand, his finger, his feet.
>
> Can it really be maintained that all that is meant ‹not theologically, but economically: according to our weak power of comprehension›?» (Polanus, qtd. in CD 2/1, 266 rev.)

Barth is well aware that God's eyes are not human eyes, nor his hands human hands. But he denies that impersonal concepts – like being itself, the unconditioned, or the transcendent – are any the less «anthropomorphic» than personal or even bodily ones. Even the latter can refer truly to God in their own way. «Not only some but all human standpoints and concepts», he argued, «are ‹anthropomorphisms›» (CD 2/1, 265). All human language about God, whether personal or impersonal, is necessarily «anthropomorphic», if not in one way then in another. Impersonal terms are not necessarily preferable to personal ones; indeed, for the most part, the reverse is true. The reason is found in God's self-revelation:

> «If we know God only in a human way, even in this limit we know him on the basis of his revelation as the One he is. He is the One who loves, surpassing all our concepts and ideas of love, but still the One who truly loves, and therefore One in a personal sense. As One, as person, he surpasses all our concepts and ideas of person, but still he reveals what one, a person, really and truly is. We are therefore allowed and commanded within the limits of what is human to speak the truth when we speak of him as the One, as personal; the truth, beyond which there is no greater, because in the mystery of his ways which we cannot unravel, God is none other than the One as whom he has made Himself manifest and comprehensible to us in his revelation» (CD 2/1, 286 rev.).

In Christian theology, the classical pattern for analogical discourse was laid down at least as early as Irenaeus. «God is light», Irenaeus writes, «and yet God is unlike any light that we know».[6] In his technical discussion of analogy, Barth in effect follows Irenaeus, only with a more explicit emphasis on the miracle of grace and a more technical discussion of the options. All human language, Barth argues, is essentially incapable of referring to God – except by grace alone. The

---

[6]   Irenaeus, Against Heresies, 2.13.4. For an extended discussion of this remark, see George Hunsinger, Evangelical, Catholic, and Reformed: Doctrinal Essays on Barth and Related Themes, Grand Rapids 2015, 56–60.

thought forms of incapacity and crisis as established in *Romans 2* come to fruition at this point in the dogmatics.

Barth distinguishes four main types of analogy for making truth claims about God: improper proportion, proper proportion, intrinsic attribution, and extrinsic attribution (CD 2/1, 224–243). He rejects all but the final option. Despite their incommensurability with God, human words, concepts, and images can still refer to God truly by the miracle of grace. An «incomprehensible similarity» *(unbegreifliche Ähnlichkeit)* is posited by «God's true revelation». The analogy of human words, concepts, and images of God is real despite its being beyond comprehension (CD 2/1, 227). God graciously overrides (while still upholding) the ontological divide between the divine and the human by his participating in human life and human language – in particular and miraculous ways (CD 2/1, 227). Therefore, Barth can write, «Our views, concepts and words, grounded on God's revelation, can be legitimately applied to God, and genuinely describe him even in this sphere of ours and within its limits. For all their unsuitability, they can still be correct and true» (CD 2/1, 227).

God is not some sort of inscrutable «being itself» whose truth is eternally concealed from us. He is not an «enigma» whose reality could never be known. He is «unknowable» only if he chooses not to reveal himself:

> «It is dangerous and ultimately fatal to faith in God if God is not the Lord of glory, if it is not guaranteed to us that in spite of the analogical nature of the language in which it all has to be expressed, God is actually and unreservedly as we encounter him in his revelation: the Almighty, the Holy, the Just, the Merciful, the Omnipresent, the Eternal, not less but infinitely more so than it is in our power to grasp, and not for us only, but in actuality therefore in himself» (CD 2/1, 325).

Revelation is the miracle of grace by which the faithful are given a share in the truth of God's own self-knowledge. «God is who he is», writes Barth, «the Father, Son and Holy Spirit, Creator, Reconciler and Redeemer, supreme, the one true Lord» (CD 2/1, 51). In the dogmatics more than in *Romans 2,* this is exactly who God knows himself to be to all eternity, and this is exactly who God reveals himself to be to humankind: «Although we are human beings and not God, we receive a share in the truth of his knowledge of himself» (CD 2/1, 51). In revealing himself, God gives us «permission to love and know him» as he truly is – to know and love him as he truly knows and loves himself (CD 2/1, 343). Despite being «completely unknowable to us», God makes himself «completely knowable to us», that he might bring us into fellowship with himself (CD 2/1, 343). Revelation thus discloses the truth of God regarding both his love and his freedom: «His love in that God as he is in himself wills also to be God for us; his freedom in that he will and can be for us no other than as he is in himself» (CD 2/1, 346). God reveals himself in Christ as the sovereign Lord who is free to give himself to us in this way, that we might know him as he truly is – Father, Son, and Holy Spirit – for the sake of love and freedom. Note that this trinitarian elaboration of divine revelation goes well beyond what is stated in *Romans 2*.

Four consequences of Barth's later proposal stand out:

1. Barth allows for no interpretive scheme that is independent of God's self-revelation in Christ. His position is, in effect, one of «reason within the limits of revelation alone». Revelation alone (as attested for us in Holy Scripture) provides the normative framework within which true words derived from elsewhere might be critically assessed and (perhaps) appropriated.[7]

2. The validity of any human concepts, images, and words about God is not a function of «religious experience» or of a supposedly universal «religious self-consciousness». The validity of such images and words about God is ultimately grounded in God, not in human experience. Barth does not move from the universal (religious self-consciousness) to the particular (expressivist symbols) but rather the reverse: from the particular (revelatory events *extra nos*) to the universal (ecumenically true beliefs imparted to faith). The particulars of revelation (mainly Christ and Israel) carry universal validity and significance in themselves. They are not (dispensable) instantiations of some logically independent scheme. Barth's earlier critique of «religion» was refined in this direction.

3. Impersonal terms are not more descriptively adequate for God than personal ones. Quite the reverse. God really is the One who loves in freedom. God is this reality first in his own triune life and then on that basis also for us. «The definition of a person – that is, a knowing, willing, acting I – can have the meaning only of a confession of the person of God declared in his revelation, of the One who loves and who as such (loving in his own way) is *the* person» (CD 2/1, 284). The personal, triune God is not essentially different for us than he is eternally in himself. He is not an impersonal absolute (CD 2/1, 295).

4. The cognitive relation of true beliefs to divine reality is not equivocal, nor is it univocal. It is analogical. It is a matter of similarity, even if that similarity

---

7   See George Hunsinger, Secular Parables of the Truth: How to Read Karl Barth: The Shape of his Theology, New York 1991, 234–280.

is «incomprehensible» (CD 2/1, 227). There is no way from human language to God, but there is a way from God to human language. The truth of theological language is grounded in the «free activity of God» (CD 1/1, 9) as revealed by grace to faith. The incapacity of human language for God, whether personal or impersonal, is overridden by the free miracle of grace.

For Barth, the question of theological language is finally a question about the miracle of grace. Words that cannot in themselves refer to God are made to do so by a power not their own. God is free to reveal himself in human words without ceasing to be God, and without the words ceasing to be human. The Pure Difference Thesis remains in force even as it is also overridden by a higher thesis about the sovereignty of grace. An apophatic moment in analogical language about God is retained even as the Sovereign Freedom Thesis allows theological language to convey cognitive and referential truth. The pure difference between God and the world is upheld, even as it is miraculously overridden, inconceivably, by the sovereign freedom of divine grace.

The conceptual challenges posed by the Pure Difference Thesis are not always dealt with so successfully. In particular, the thesis arguably creates difficulties for Barth in constructing his doctrine of sanctification. It poses constraints for him that work against allowing for a degree of «growth in grace and knowledge» in the Christian life (1 Pet 3:18; cf. 2 Thess 1:3; 1 Pet 2:2). Stanley Hauerwas has argued, for example, that «Barth treats the Christian life primarily in terms of events and acts, which while repeatable, cannot contribute to a theologically significant way to the development of ourselves as [people] of character». Hauerwas sees Barth's «actualism» as the inhibiting factor that works against allowing for gradual spiritual growth. I want to suggest, by contrast, that a more basic factor is the Pure Difference Thesis.

Early in 1928, Barth fell into a heated argument with his brothers, Heinrich and Peter, about whether there can be progress in sanctification. Peter took the traditional Reformed point of view that progress is possible, while Karl vehemently denied it. He dismissed the idea of spiritual progress as foolish, regarding it as a symptom of humanism and pietism.[8] Not long afterward, when he wrote his classroom lectures on ethics, which were published only posthumously, it became clear that he had modified his position. Yes, he stated, progress in sanctification is possible. It is like progressing from the lowest point on earth, all the way up to the top of Mount Everest – as seen from the standpoint of the sun 150

---

8   Karl Barth, Ethics, New York 1981, 410n.

million kilometers away. In other words, spiritual progress in this life is negligible, given the infinite qualitative difference between God's holiness and any that may be attained in human spiritual existence this side of death.

«When we think of the judgment under which we stand», Barth states in his lectures, «and of our being put to death by the Word of God, relative distinctions in degrees of sanctification become irrelevant».[9]

For the Barth of *Church Dogmatics,* sanctification is thought to occur not so much in human existence as in Christ – or, better, in human existence only as it is brought to participate in Christ by the miracle of grace. He is our sanctification in himself, just as he is our justification. Our sanctification is hidden, like our life, with Christ in God (Col 3:3). It is not a matter of degree but something whole and entire in him. And in him, it encounters us and set us free for discipleship again and again, though not necessarily more and more.

Sanctification, for Barth, is our freedom for conversion. It involves us as whole persons in relation both to God and the neighbour. It is a matter of the heart, the hand, and the mind. Nor is it something purely private, for it requires taking public responsibility. As such, it means halting at those points where we go wrong, and advancing toward those points where we are summoned. It means turning again and again from our old humanity to the new, the old that has died with Christ, and the new that is risen in him. As in the case of our justification, we are both of these simultaneously, the old humanity and the new – *simul peccator et sanctus* (CD 4/2, 575) – with the accent on the reality and the promise of the new. We are thus both not partially but totally, though the old is past (yet still present) even as the new is already ours (though still future). Therefore, we do not find this new humanity, and our true conversion, in ourselves. We find them only in Christ. «It is in his conversion that we are engaged», because in his life history, he has made us his own (CD 4/2, 583).

Nor is conversion or sanctification confined to only one period in a person's life. At the same time, however, a matter of degree is also said to be involved. Sanctification, Barth remarks at one point in passing, is a lifelong process in which a holy life is acquired «with growing sincerity, depth and precision» (CD 4/2, 566). Nevertheless, it seems that Hauerwas is not wrong that the idea of gradual spiritual growth remains remarkably underdeveloped in Barth. He can give strong weight to the verse in Hebrews that states, «We *have been sanctified* through the offering of the body of Jesus Christ once for all» (Heb 10:10; empha-

---

[9]   Barth, Ethics (note 9), 414.

sis added) (CD 4/1, 224, 276, 663; CD 4/3, 113). Here, the emphasis falls on our having been sanctified as a finished and perfect work *extra nos*. But Barth is not as well equipped to deal with what is suggested immediately afterwards in Hebrews: that sanctification also takes place *in nobis* as a process in «those who *are being sanctified*» (Heb. 10:14; emphasis added) – a passage that is notably neglected in Barth's discussion (cf. CD 4/1, 277, 314).

In the *Church Dogmatics*, Barth's emphasis on sanctification as something more, nearly «absolute» than «relative», as something whose reality is found more in Christ than in us, arguably reflects his profound sense of the pure difference that obtains between the divine and the human. Although he no longer flatly denies the possibility of progress in sanctification, and although he no longer writes it off as negligible, he nevertheless does not find relative progress to be a matter of interest or of careful attention. Barth never discovers a thematic way to correlate the miracle of grace with the idea of spiritual progress. Unlike Calvin, for example, he places no accent on the gradual process of sanctification in nobis. The Pure Difference Thesis seems to work against it.

A final example of how the Pure Difference Thesis influenced Barth's dogmatics can be seen in his adoption of apocalyptic modes of thought. Although he rarely uses the term «apocalyptic», he often displays what might be called an apocalyptic mindset. From his early theology on down to his mature dogmatics, the idea of resurrection plays a major role in his thought. He seems to have sensed intuitively in the 1920s, if not before, that resurrection is very largely a Jewish apocalyptic idea. In his hands, «resurrection» comes to be associated not only with the theme of «revelation» breaking into the world «vertically from above» *(senkrecht von oben)* but also with the idea of *Aufhebung* – or the dialectical process of «negation» followed by the «negation of the negation» – a drastic form of transition from the old to the new. Resurrection for Barth is associated with occurrences that do not fit within the existing world order. They are revolutionary in force, disclosing the new world of God's kingdom by bringing it into being only out of the ashes of the old. They are what happens when the God of Pure Difference collides with a world determined by sin and death in order that all things might finally be made new. The God of Pure Difference, the God of Revelation *(senkrecht von oben)*, and the God of the Promised Future *(novum ultimum)* are one.

Here are a few examples of «apocalyptic» discourse from *Romans 2*:

«The judgment of God is *the end of history*, not the beginning of a new, second epoch. By it history is not prolonged but done away with. *The difference* between that with lies beyond the judgment and that which lies on this side of it *is not relative but absolute; the two are separated absolutely»* (77; emphasis added).

«And so it follows that every impress of revelation in history, however little cause there may be in it for boasting of human righteousness, however little peace and security it affords, is *not extinguished and destroyed* as it passes through the judgment, *but* is thereby *authorized,* and spiritual achievements of human beings, in the all-embracing «relativization» of all human distinctions and human dignities, their *true and eternal meaning is made known»* (78; emphasis added).

«Judgment is not annihilation; by it all things are established» (79).

«But the creation is *a new creation;* it is *not a mere new eruption, or extension, or unfolding,* of that old ‹creative evolution› of which we form a part, and shall remain a part till our lives end [...] It *neither emerges from what we know, nor is it a development of it ... [It] is an act of God, and not a human action [...] a radical and qualitative change, a transformation; [...] Resurrection of the Dead, [...] a miracle – vertical from above»* (102; emphasis added).

«By dissolving us, he establishes us; by killing us, he gives us life» (61).

«*The world and human history* [...] are moving in a secular and relative context, which is in itself ultimately meaningless; but it involves the apprehension that they have meaning as *a parable of a wholly other world;* that they bear witness to *a wholly other history;* that they are reminiscent of a *wholly other humankind;* that they are, in fact, a parable, a witness, and a reminiscence, of *[the wholly other] God»* (107; emphasis added).

«Grace and sin [...] are *incommensurable [inkommensurable Größen].* They *cannot be correlated* as two stations on a railway, or two links in a chain of causality, or two focii of an ellipse, or two steps in an argument. *Mathematically speaking, they are not merely points on different planes, but different points in different spaces, of which the second excludes the first* [...] Sin is related to grace as possibility to impossibility. Grace to which sin is a contemporary is not grace [...] *Between the two is set the dissolution [Aufhebung] of the old and the emergence of the new human being»* (191; emphasis added).

«Such is the relation between God and humankind [...] Who now dares to speak of partners or of links in a chain of causality? [...] No bridge, no continuity, links the potter and the clay, the master and his work. They are incommensurable *[inkommensurabel].* The distinction between them is infinite and qualitative; the link which connects them is altogether [miraculous,] indirect and unobservable» (356).

A great deal of the details would change as Barth entered into the phase of *Church Dogmatics,* but the «apocalyptic» mindset reflected in such statements as these would remain much the same. One small example will be offered to make this point.

Barth's discourse is never more apocalyptic in tone than when discussing the divine judgment in volume 4, part 1. The old sinful human being is and must be judged, condemned, and indeed totally destroyed. That is the drastic «apocalyptic» note. But as in *Romans 2*, the event of total destruction is at the same time the event of total salvation or of total reconstitution on a higher plane. The «negation» entails in itself the «negation of the negation». The cross is followed by the resurrection.

Unlike *Romans 2*, however, the *Church Dogmatics* sees this transition as occurring through a kind of mutual objective participation of Christ in us and us in Christ. Not only does Christ enter totally into our plight of sin and death by taking it into his body, into his very self, but we at the same time are mysteriously included in him by grace – that is, in his vicarious death and resurrection. In Christ, our sin is totally destroyed, even as in Christ we are totally made new. More clearly and decisively than in his earlier theology, the Incarnation is now made central to this apocalyptic transition:

> «What we human beings must suffer – if it is to be suffered in accordance with the righteousness of God – can be suffered for us only by God himself as a human being: if, that is to say, it is to take place validly and effectively for us all; if it is to be *the one and total destruction* of wrong *and* all wrongdoers; if it is to be the *erasure of that blot* from the world of God's creation; if *at the same time* it is to be the keeping of his faith, *the carrying out of his covenant with* us as human creatures, *not to our destruction but to our salvation*, to the justification of the unjust. And Jesus Christ was ready and gave himself up to suffer and perish and die in that way – in accordance with the perfect righteousness of God» (CD 4/1, 553 rev.; emphasis added).

The older themes of «negation» and «negation of the negation» are still present, but they are now carried out in a radically Christ-centred way. The incommensurability of God and the world is still present, but it is now at once contained, embodied, and overridden – for us and for our salvation – in Jesus Christ. Revelation (noetically) and the New Creation (ontically) are also present, but they are now totally determined by the person and work of Christ, who is truly God and truly human, crucified and risen from the dead. Christ no longer tends to be a religious symbol of some occurrence other than himself, as he perhaps still does in *Romans 2*. The wholly other God is now the God Who Has Become Incarnate so that all wrong and all wrongdoers might be totally destroyed, and yet also totally made new, in him. The Pure Difference Thesis as well as the Dialectical Process of *Aufhebung* arrive at their full fruition in Barth's Doctrine of Apocalyptic Atonement.

Hans Peter Lichtenberger

Der *Römerbrief*: «ein Absud aus Nietzsche, Kierkegaard und Cohen»?

Karl Barth liest Nietzsche, Kierkegaard und Dostojewski

I. Einleitung

1. Zum Titel

Vier Jahre nach Erscheinen der zweiten Fassung seines *Römerbriefs* stellt Karl Barth sich im Vorwort zur 5. Auflage (1926) selbstkritisch und auch ironisch die Frage, ob er sich und die Leserschaft getäuscht habe, ob er, statt Paulus reden zu lassen, doch nur einen «Absud aus Nietzsche, Kierkegaard und Cohen»[1] geboten habe. Er spielt damit auf eine gewisse, jedoch nicht namentlich benannte Rezeption an, die er, wiewohl erschrocken, doch nicht als völlig abseitig verwerfen kann. «Warum sollte das nicht die Wahrheit sein?», eine Wahrheit freilich, die er als «Gericht» (35) anerkennen müsse.

Die Irritation lässt sich noch steigern, wenn wir uns ganz vorläufig und schlagworthaft vor Augen führen, welche unverträglichen Ingredienzien hier zusammengekocht werden: der Atheist Friedrich Nietzsche (1844–1900), der im öffentlichen Bewusstsein vor allem mit der Diagnose vom Tode Gottes verbunden ist, der verzweifelte Christ Sören Kierkegaard (1813–1855), der das Heil im Innern der Existenz suchte, und Hermann Cohen (1842–1918), das magistrale jüdische[2] Schulhaupt des Marburger Neukantianismus, der eine streng wissenschaftliche Philosophie vertrat, und für den die beiden anderen, wenn er sie überhaupt zur Kenntnis genommen hätte, nur irrationale Windbeutel, jedenfalls keine Philosophen gewesen wären. Kierkegaard und Nietzsche konnten ihre Einsichten nur als Systemkritik exponieren,[3] indes Cohen sich als Architekt eines mehr-

---

[1]   Karl Barth, Der Römerbrief (Zweite Fassung) 1922 (GA II.47), hg. von Cornelis van der Kooi und Katja Tolstaja, Zürich 2010, 35. Die Seitenzahlen im Text beziehen sich auf diese Ausgabe.
[2]   Das Judentum Hermann Cohens und seine jüdischen Schriften spielen für Karl Barth keine Rolle.
[3]   Siehe Nietzsches bekannte Parole: «Ich misstraue allen Systematikern und gehe ihnen aus dem Weg. Der Wille zum System ist ein Mangel an Rechtschaffenheit.» (Friedrich

gliedrigen Systems der Philosophie auf Kantischem Grundriss hervortat. Lassen sich derart einander widersprechende Positionen überhaupt zusammenfügen? Im Vorwort zur 2. Auflage von 1922 findet sich die bekannte Auflistung von vier Faktoren, die massgeblich zur Neufassung des Werkes beigetragen haben:

> «*Erstens* und vor allem: die fortgesetzte Beschäftigung mit Paulus [...]. *Zweitens:* Overbeck [...]. *Drittens:* die bessere Belehrung über die eigentliche Orientierung der Gedanken Platos und Kants, die ich den Schriften meines Bruders Heinrich Barth zu verdanken habe, und das vermehrte Aufmerken auf das, was aus Kierkegaard und Dostojewski für das Verständnis des neuen Testamentes zu gewinnen sind, wobei mir besonders die Winke von Eduard Thurneysen erleuchtend gewesen sind. *Viertens:* die genaue Verfolgung der Aufnahme, die meine erste Auflage gefunden hat» (6f.).[4]

Unschwer lässt sich hier die Einflussreihe mit der vorher genannten Trias zusammenführen, wenn wir zu Franz Overbeck dessen Freund und Mitstreiter Friedrich Nietzsche assoziieren[5] und hinter Platon und Kant die Gestalt Hermann Cohens auftreten sehen, den gemeinsamen philosophischen Lehrer von Karl und Heinrich Barth in der Marburger Studienzeit. Die zusätzliche Nennung von Fjodor Dostojewski verdankt sich vor allem der Zusammenarbeit mit Eduard Thurneysen; dazu später.

2. Die «Krisenautoren»

Sehen wir zunächst einmal von der kantisch-neukantianischen Grundierung des *Römerbriefs* ab und richten den Blick auf die Präsenz von Kierkegaard, Nietzsche und Dostojewski im Text, so ist zuerst zu beachten, dass Karl Barth bei der Abfassung sich nicht als Akademiker sah und auch kein akademisches Werk schreiben wollte. Dementsprechend ist der Umgang mit diesen Autoren sehr frei. Es findet keine explizite Auseinandersetzung statt, er verweist nicht auf einzelne

---

Nietzsche, Götzen-Dämmerung, in: Sämtliche Werke, Kritische Studienausgabe in 15 Bänden [=KSA], hg. von Giorgio Colli / Mazzino Montinari, München u. a. 1980, Bd. 6, 63). Zu Kierkegaard beispielsweise: Der Begriff Angst, übersetzt von Emanuel Hirsch, Düsseldorf 1952, 82f. Die Krankheit zum Tode, übersetzt von Emanuel Hirsch, Düsseldorf 1954, 41. Abschliessende Unwissenschaftliche Nachschrift zu den Philosophischen Brocken. Erster Teil, übersetzt von Emanuel Hirsch, Düsseldorf 1957, 111–117.

[4] Man beachte in diesem Zitat das inhaltliche Gefälle zwischen «Belehrung» und «Aufmerken».

[5] Zur Zusammenarbeit beider siehe Andreas Urs Sommer, Der Geist der Historie und das Ende des Christentums. Zur «Waffengenossenschaft» von Friedrich Nietzsche und Franz Overbeck, Berlin 1997.

Bücher, direkte Zitate sind selten.[6] Welche Werke er überhaupt gelesen hat, ist nur ansatzweise aus anderen Quellen, wie etwa dem Briefwechsel, zu erheben. Zumeist tauchen die Namen, in Klammern gesetzt, innerhalb des genuin Barthschen Textes auf und haben offensichtlich Verweisungsfunktion: sie sollen Assoziationen auslösen zu einem Vorwissen, beziehungsweise zu einem Verständnis der Positionen, das bei der Leserschaft bereits vorausgesetzt ist. Daneben gibt es eine implizite Präsenz ohne ausdrückliche Namensnennung, die sich in einer Terminologie oder Thematik spiegelt, die den jeweiligen Autoren im öffentlichen Bewusstsein zugerechnet werden kann.[7]

Solche Assoziationsöffner, die ohne Namensnennung oder Anführungszeichen auftauchen, können zu Schlagworten geronnene Buchtitel sein, wie z. B. *Entweder-Oder, Furcht und Zittern, Krankheit zum Tode, oder Menschliches-Allzumenschliches, Jenseits von Gut und Böse, Morgenröte.* Daneben treten Leittermini ohne Urhebernennung, wie etwa Paradox, Ärgernis, Krise, Sprung, Augenblick, oder Umwertung der Werte, Überwindung des Menschen, von denen ein durchaus freier Gebrauch gemacht werden kann.

Es wäre daher vorschnell, allein aus solchen terminologischen Anleihen in jedem Fall einen konstitutiven Bezug auf entsprechende Autoren herzuleiten. Das wäre jeweils kontextabhängig zu prüfen. Es handelt sich um ein weitverbreitetes Krisenvokabular, das in den zwanziger Jahren und zum Teil auch davor gang und gäbe war. Zudem war Karl Barth zeit seines Lebens sehr grosszügig im Umgang mit «geflügelten Worten».

Um den Umgang Karl Barths mit Kierkegaard und Nietzsche genauer einschätzen zu können, muss man daran erinnern, dass beide zu jener Zeit noch nicht auf das Podest philosophischer Klassiker erhoben waren. Sie galten als das, was auch ihr explizites Selbstverständnis war, als philosophiekritische Schriftsteller, und sie waren aktuelle zentrale Figuren im Meinungsstreit, damals «Weltanschauungskampf», jener krisengeschüttelten Gegenwart.[8] Eine akademisch-wissenschaftliche Analyse und Erforschung ihres Werkes lag noch nicht vor; ein Grossteil der gleichwohl zahlreichen Literatur zu ihnen bestand aus Pamphleten und Traktaten.[9]

---

[6]   Ausnahme bei Dostojewski.

[7]   Die Herausgeber des *Römerbriefs* in der Gesamtausgabe haben in ihrem Vorwort eine sehr differenzierte und hilfreiche Schematik der Zitate und Anspielungen angeboten; siehe Barth, Römerbrief 1922 (Anm. 1), XXIII–XXXIII.

[8]   Als Beispiel einer zeitgenössischen kreativen Zusammenschau von Nietzsche und Kierkegaard sei verwiesen auf Karl Jaspers, Psychologie der Weltanschauungen, Berlin 1919.

[9]   Zu Nietzsche siehe dazu die gigantische Materialsammlung von Richard Frank

Schlagworte Nietzsches waren bereits vor dem Krieg umgangssprachlich geworden und konnten ein Eigenleben führen.[10] Ein Nietzsche-Kult, der ohne Scheu die Grenzen des religiösen Kitsches überschreiten konnte, feierte ihn als Totengräber einer verknöcherten bürgerlichen Kultur und als Künder eines neuen ekstatischen Lebens. Auch Kierkegaard war kein akademischer Autor. Seine «Gesammelten Werke» waren von 1909–1922 auf Deutsch im Eugen Diederichs Verlag erschienen, einem Verlag, dem es vor allem um religiöse Neuorientierung in einer alt und kraftlos gewordenen Kultur ging.[11] Sein Krisenthema, welche Existenzmöglichkeiten dem Einzelnen verbleiben, wenn alle äusseren Sicherungen weggebrochen sind, traf den Nerv der Zeit.[12] In kirchlichen Kreisen war sein Angriff auf die verfasste Christenheit, die den Ernst der Nachfolge den Bequemlichkeiten bürgerlichen Wohllebens geopfert habe, schon im ausgehenden 19. Jahrhundert virulent.[13] Auch Dostojewskis Werke sind in Gesamtausgabe auf Deutsch von 1906 bis 1919 in 22 Bänden erschienen. In Themen wie Verbrechen, Schuld, Animalität, Religion und Nihilismus konnte sich offenbar das Lebensgefühl einer ganzen Generation wiederfinden.[14]

Eine bezeichnende Zusammenfassung der Bedeutung der drei für die damals junge Generation gibt Hans-Georg Gadamer in einem autobiografischen Bericht

---

Krummel, Nietzsche und der deutsche Geist. Ausbreitung und Wirkung des Nietzscheschen Werkes im deutschen Sprachraum bis zum Ende des Zweiten Weltkrieges. Ein Schrifttumsverzeichnis der Jahre 1867–1945. 4 Bde., Berlin / New York 1974–2006. Ein gutes Bild der damaligen Kierkegaard-Rezeption gibt Walter Ruttenbeck, Sören Kierkegaard. Der christliche Denker und sein Werk, Berlin 1929.

[10]   Vgl. dazu Steven E. Aschheim, Nietzsche und die Deutschen. Karriere eines Kults. Aus dem Englischen von Klaus Laermann, Stuttgart u. a. 1996, 30f. Zur weiteren Illustration der Rezeptionsweisen jener Jahre siehe auch Andreas Urs Sommer, Nietzsche und die Folgen. Stuttgart 2017; Ulrich Sieg, Die Macht des Willens. Elisabeth Förster-Nietzsche und ihre Welt, München 2019.

[11]   Vgl. Gangolf Hübinger, Kulturkritik und Kulturpolitik des Eugen-Diederichs-Verlags im Wilhelminismus. Auswege aus der Krise der Moderne?, in: Horst Renz / Friedrich Wilhelm Graf (Hg.), Umstrittene Moderne. Die Zukunft der Neuzeit im Urteil der Epoche Ernst Troeltschs, Gütersloh 1987 (Troeltsch-Studien Bd. 4), 92–114.

[12]   Zur gleichzeitigen Rezeption in der Literatur (z. B. Kafka, Rilke u. a.) vgl. Steffen Steffensen, Die Einwirkung Kierkegaards auf die deutschsprachige Literatur des 20. Jahrhunderts, in: Heinrich Anz (Hg.), Die Rezeption Sören Kierkegaards in der deutschen und dänischen Philosophie und Theologie, Kopenhagen u. a. 1983, 211–224.

[13]   Vgl. dazu Ruttenbeck, Kierkegaard (Anm. 9).

[14]   Zur Rezeptionsgeschichte siehe Horst-Jürgen Gerigk, Dostojewskij, der «vertrackte Russe». Die Geschichte seiner Wirkung im deutschen Sprachraum vom Fin de siècle bis heute, Tübingen 2000.

von seinen Marburger Studienjahren ab 1919. Der Neu-Aufbruch tastete nach einem Wahrheitsanspruch, der über den der Wissenschaft hinausgehen konnte.

«Unter dem Einfluss einer neuen Kierkegaard-Rezeption nannte sich das damals in Deutschland ‹existentiell›. Es ging um Wahrheit, die nicht so sehr in allgemeinen Aussagen oder Erkenntnissen als in der Unmittelbarkeit des eigenen Erlebens und in der Unvertretbarkeit der eigenen Existenz ihren Ausweis haben sollte. Dostojewskij vor allem schien uns davon zu wissen. Die roten Piper-Bände der Dostojewskijschen Romane flammten auf jedem Schreibtisch. Die Briefe van Goghs, Kierkegaards ‹Entweder-Oder›, das er Hegel entgegenhielt, zogen uns an, und hinter all den Kühnheiten und Gewagtheiten unseres existenziellen Engagements stand [...] die Riesengestalt Friedrich Nietzsches mit seiner ekstatischen Kritik an allen, aber auch an allen Illusionen des Selbstbewusstseins.»[15]

Karl Barth hat also mit der Referenz auf gerade diese Autoren sehr präzise das aufgegriffen, was damals «sozusagen in der Luft lag» (35). Das waren aber – wie auch aus dem Bericht von Hans-Georg Gadamer ersichtlich – eher Stimmungen als klare Positionierungen. Entsprechend frei gestaltet sich die Bezugnahme; sie kann nicht an, zumal heutigen, wissenschaftlichen Standards gemessen werden. Ebenso ist es problematisch, von einer Rezeption dieser Autoren zu sprechen, wenn *Rezeption* heissen soll, dass das eigene Denken durch die Aufnahme eines anderen entscheidende Anstösse erhält und signifikant verändert wird.[16] Deshalb erübrigt sich auch die Frage nach Abhängigkeiten, wenn man in Betracht zieht, dass Karl Barth in der 1. Auflage des *Römerbriefs*, in der er seinen Ansatz schon wesentlich gewonnen hat, ohne diese Autoren auskommt.[17] Sinnvoller er-

---

[15] Hans-Georg Gadamer, Hermeneutik II. Wahrheit und Methode, Ergänzungen, Register (GW Bd. 2), Tübingen 1993, 482. Im selben Band 391 würdigt Gadamer Karl Barths hermeneutische Bedeutsamkeit: «Den ersten revolutionären Einbruch stellte Karl Barths Erklärung des Römerbriefs dar, eine ‹Kritik› der liberalen Theologie, die nicht so sehr die kritische Historie als solche meinte, als vielmehr die theologische Genügsamkeit, die deren Ergebnisse für ein Verstehen der Heiligen Schrift hielt. Insofern ist Karl Barths Römerbrief bei aller Abneigung gegen methodologische Reflexion eine Art hermeneutischen Manifestes.»

[16] In diesem strikten Sinne kann man vermutlich nur von einer Rezeption von Franz Overbeck sprechen; vgl. Karl Barth, Unerledigte Anfragen an die heutige Theologie, in: Karl Barth, Vorträge und kleinere Arbeiten 1914 – 1921 (GA III.48), in Verbindung mit Friedrich-Wilhelm Marquardt (†) hg. von Hans-Anton Drewes, Zürich 2012, 622–661. Dazu Dieter Schellong, Noch einmal: Franz Overbeck – Unerledigte Anfragen an die Theologie, in: Rudolf Brändle / Ekkehard W. Stegemann (Hg.), Franz Overbecks unerledigte Anfragen an das Christentum, München 1988, 139–166.

[17] Lediglich Nietzsche schimmert gelegentlich schwach durch.

scheint mir die Annahme, dass Karl Barth mithilfe dieser Autoren seinen Ansatz konturenreicher und vor allem aktueller ausarbeiten und vermitteln kann.

Wie bereits gesagt, sind Kierkegaard, Nietzsche und Dostojewski in den zwanziger Jahren als Krisenintellektuelle wahrgenommen und diskutiert worden, weil in ihrem Werk der Bruch mit den Synthesen des europäischen Rationalismus und des bürgerlichen Lebensgefühls bereits vollzogen ist, der nunmehr unmittelbar erfahren wird. Der Resonanzraum, in dem dann auch der *Römerbrief* aufgenommen wurde, war natürlich die politische, ökonomische, soziale, kulturelle und geistige Krise, in der mit der Katastrophe des Krieges alle Selbstverständlichkeiten des Lebens und die bisher geltenden Werte und Ideologien der Humanität, der Rationalität und des Fortschritts weggespült worden waren.[18] Eine Deutung jedoch, die den *Römerbrief* ausschliesslich als einen Reflex auf die reale Krisensituation verstehen wollte – was er zweifellos auch ist –, würde Karl Barths eigentliche Pointe verfehlen, denn *Krisis* ist für Karl Barth eine zentrale theologische Kategorie: Gott selbst ist die Krisis der Welt. «Die radikalste Erledigung der Geschichte, das Nein, unter das alles Fleisch kommt, die absolute Krisis, die Gott für die Welt des Menschen, der Zeit und der Dinge bedeutet, ist auch der rote Faden, der sich durch ihr Da-Sein und So-Sein hindurchzieht» (112). Diese Krise ist aber keine bloss historische.[19]

Die historische Krise hat ebenso wenig wie der geschichtliche Fortschritt aus sich heraus eine theologische Qualität, und Karl Barth hat im Unterschied zu manchen Zeitgenossen darauf verzichtet, die politische Krisensituation als die Lage zu bestimmen, in der Gottes Gericht sichtbar werde.[20] Die Geschichte als solche ist nicht der Ort der Offenbarung Gottes. Die «radikalste Erledigung der Geschichte» trifft ein Bündel von Geschichtsauffassungen: den Fortschrittsglauben des Kulturprotestantismus, der im Weltkrieg zerbrechen musste, den Historismus des 19. Jahrhunderts, den die Entdeckung pluraler Lebens- und Kultur-

---

[18]   Gut charakterisiert ist diese Krise bei Werner M. Ruschke, Entstehung und Ausführung der Diastasentheologie in Karl Barths zweitem «Römerbrief». Neukirchen-Vluyn 1987, 148–204. Siehe ebenso Bruce L. McCormack, Theologische Dialektik und kritischer Realismus. Entstehung und Entwicklung von Karl Barths Theologie 1909–1936, Zürich 2006, 191–196.

[19]   Zur theologischen Bestimmtheit dieses Begriffs siehe vor allem Michael Beintker, Krisis und Gnade. Zur theologischen Deutung der Dialektik beim frühen Barth, in: ders., Krisis und Gnade. Gesammelte Studien zu Karl Barth, hg. von Stefan Holtmann und Peter Zocher, Tübingen 2013, 22–39.

[20]   Zu den diesbezüglichen Differenzen zwischen Karl Barth und Friedrich Gogarten siehe Christof Gestrich, Neuzeitliches Denken und die Spaltung der Dialektischen Theologie. Zur Frage der natürlichen Theologie, Tübingen 1977, 80–109.

welten zu einem allgemeinen Relativismus geführt hatte, ebenso auch den religiösen Sozialismus Ragazscher Prägung, der in der Arbeiterbewegung doch wenigstens schrittweise Annäherungen an das Reich Gottes wahrnehmen wollte.

Mit dieser Absage nimmt Karl Barth teil an einer breiten Strömung der zwanziger Jahre, die nachträglich als *antihistorische Revolution* gekennzeichnet wurde.[21] Die geschichtliche Krise hat eine allgemeine Orientierungslosigkeit zur Folge, die wiederum das Verlangen nach Sinninstanzen jenseits des geschichtlichen Zusammenhangs befeuerte. Der Wunsch nach einer absoluten Unmittelbarkeit, die das Kontinuum und die Immanenz unsrer katastrophalen Relativitäten aufsprengt und die lineare Zeit aufhebt, äussert sich in vielerlei Varianten und Programmen, die um Schlagworte wie dionysisches Leben, heroischer Einzelner, Entscheidung, Sprung, reine Gegenwart, Offenbarung und andere mehr kreisen können. Karl Barth hat bald befremdet feststellen müssen, dass manche Zeitgenossen ihn einer Gesellschaft zurechnen konnten, der er überhaupt nicht angehören wollte. Aber jene Tendenzen sind weitgehend aus Kierkegaard und Nietzsche gespeist.

Im Rahmen dieses Vortrags kann der Umgang Karl Barths mit Kierkegaard, Nietzsche und Dostojewski nur in Streiflichtern paradigmatisch angerissen werden. Die Barth-Forschung hat zu allen drei Autoren eine reichhaltige Literatur hervorgebracht, aber keineswegs Einigkeit erzielt. Hier ist bereits durch den Umfang Selektivität vorgegeben.

II. Der *Römerbrief*

1. Das Grundthema

Die zentrale und vielfach wiederholte Voraussetzung und Aussage des Buches «Gott ist Gott»[22] hat im Kontext einen primär polemischen Charakter. Betrachtet man sie rein formal, dann erscheint sie tautologisch und inhaltsleer. Dies wird noch zugespitzt in der weiteren Attribution, wonach Gott der «ganz Andere»

---

[21] Zur Signatur dieser Bewegung siehe Klaus Nowak, Die «antihistorische Revolution». Symptome und Folgen der Krise historischer Weltanschauung nach dem Ersten Weltkrieg in Deutschland, in: Renz/Graf (Hg.), Umstrittene Moderne (Anm. 11), 133–171; Friedrich Wilhelm Graf, Die «antihistorische Revolution» in der protestantischen Theologie der zwanziger Jahre, in: ders., Der heilige Zeitgeist. Studien zur Ideengeschichte der protestantischen Theologie in der Weimarer Republik, Tübingen 2011, 111–137.

[22] Vgl. das Register in Barth, Römerbrief 1922 (Anm. 1).

sei.[23] Totale Andersheit ist ein negativer Grenzbegriff; sie lässt sich weder denken noch vorstellen, denn alles Denken ist Vermittlung, braucht Bezugspunkte. Der theologische Spitzensatz enthüllt sich bei näherer Betrachtung als eine Gestalt des Wissens des Nichtwissens. Darin ist impliziert, dass, sofern es doch ein Wissen von Gott gibt, sich dieses nicht menschlicher Erkenntnistätigkeit, sondern einzig Gottes Selbstkundgabe verdanken kann. Die Beziehungslosigkeit der totalen Andersheit kann nur durch Gott selbst in eine Beziehung übersetzt werden.

Facettenreich wird diese Problemlage in einem bekannten Zitat aus der Vorrede zur zweiten Auflage gebündelt:

> «Wenn ich ein ‹System› habe, so besteht es darin, dass ich das, was Kierkegaard den ‹unendlichen qualitativen Unterschied› von Zeit und Ewigkeit genannt hat, in seiner negativen und positiven Bedeutung möglichst beharrlich im Auge behalte. ‹Gott ist im Himmel und du auf Erden› [vgl. Pred. 5,1]. Die Beziehung *dieses* Gottes zu *diesem* Menschen, die Beziehung *dieses* Menschen zu *diesem* Gott ist für mich das Thema der Bibel und die Summe der Philosophie in Einem. Die Philosophen nennen diese Krisis des menschlichen Erkennens den Ursprung. Die Bibel sieht an diesem Kreuzweg Jesus Christus» (16f.).

Die Intonation ist hier unverkennbar ironisch, denn ein System zu haben, hiesse ja gerade, Gott und Mensch in einen Vermittlungszusammenhang zu integrieren. Die Ironie steigert sich durch die Evokation Kierkegaards, dessen grundlegende Einsicht für die Unmöglichkeit eines Systems steht.[24] Doch wird Kierkegaard aber nur als Terminologiegeber in Anspruch genommen für einen Sachverhalt, der bereits biblisch bekannt ist.

Die grundlegende Spannung aber ist die von unendlichem qualitativem Unterschied und Beziehung. Merkwürdigerweise koinzidieren im Thema der Beziehung die christologische Offenbarung der Bibel und die «Philosophie». Von welcher Philosophie ist hier die Rede?

2. Neukantianismus

Schon als Student hatte Karl Barth die Philosophie Immanuel Kants in sich aufgenommen. Insbesondere die Kantische Erkenntniskritik gehört so sehr zu den

---

[23]   Dieser Ausdruck war zeitgenössisch durch Rudolf Ottos 1917 erstmals erschienenes Buch «Das Heilige» vertraut: Rudolf Otto, Das Heilige. Über das Irrationale in der Idee des Göttlichen und sein Verhältnis zum Rationalen, München 1963, 28–37. Siehe auch Barth, Römerbrief 1922 (Anm. 1), 47, Anm. 4.

[24]   Vgl. Anm. 3.

impliziten Axiomen seines Denkens, dass sie – gerade im *Römerbrief* – weit über die ausdrückliche Nennung Kants präsent ist.[25]

In der Entstehungsphase des *Römerbriefs* kommt es unter dem Einfluss des Bruders Heinrich Barth, der wie Karl Barth in Marburg studiert hatte und sich als Philosoph dem dortigen Neukantianismus verpflichtet fühlte, zu einer erneuten Zuwendung zur Philosophie Hermann Cohens.[26] Darauf verweist hier der Begriff «Ursprung», in dem Karl Barth eine Denkform vorfindet, die es ermöglicht, Gottes Andersheit nicht nur tautologisch zu behaupten, sondern sie zugleich in Bezug zur Welt zu setzen. Als Denkfigur ist «Ursprung» eine zentrale Kategorie in dem theoretischen Hauptwerk Cohens, der *Logik der reinen Erkenntnis*.[27] Der Begriff bezeichnet – verkürzt gesagt – das unhintergehbare Prinzip des Denkens und aller wissenschaftlichen Erkenntnistätigkeit. In freier Anknüpfung an die platonische Dialektik meint «Ursprung» jene Funktion des Denkens, alles Gegebene infrage stellen zu können, zu negieren, um damit neue, wiederum negierbare Räume des Denkens zu erschliessen.[28] Im Cohenschen Sinne sind daher aus diesem formalen Begriff alle Assoziationen an anfängliche Einheit, Ursache oder Schöpfungsgrund zu eliminieren.[29] Der «Ursprung» als das methodische Prinzip der Negation[30] erweist sich in der Folge als anschlussfähig an den

---

[25] Dazu: Bruce Lindley McCormack, Der theologiegeschichtliche Ort Karl Barths, in: Michael Beintker et al. (Hg.), Karl Barth in Deutschland (1921–1935). Aufbruch – Klärung – Widerstand, Zürich 2005, 15–40; Michael Beintker, Grenzbewusstsein. Eine Erinnerung an Karl Barths Kant-Deutung, in: Beintker, Krisis (Anm. 19), 122–135.

[26] Inwieweit diese auf vertiefter Lektüre beruht, sei dahingestellt. Zur Thematik umfassend: Johann Friedrich Lohmann, Karl Barth und der Neukantianismus. Die Rezeption des Neukantianismus im »Römerbrief« und ihre Bedeutung für die weitere Ausarbeitung der Theologie Karl Barths, Berlin u. a. 1995. Knapp pointiert: McCormack, Theologische Dialektik (Anm. 18), 6–64. Dietrich Korsch, Dialektische Theologie nach Karl Barth, Tübingen 1996, 66–73. Ferner: Hartwig Wiedebach, Karl Barth über Kants *Religion innerhalb der Grenzen der blossen Vernunft*: «Biblische Theologie» unter dem Einfluss von Hermann Cohen, in: FZPhTh 66, 2019, 147–162.

[27] Hermann Cohen, Logik der reinen Erkenntnis, 2. verb. Auflage, Berlin 1914 (Nachdruck: Hermann Cohen Werke Bd. 6, Hildesheim 1977).

[28] Zur näheren Entfaltung dieses Konzepts: Pierfrancesco Fiorato, Geschichtliche Ewigkeit. Ursprung und Zeitlichkeit in der Philosophie Hermann Cohens, Würzburg 1993; Jürgen Stolzenberg, Ursprung und System. Probleme der Begründung systematischer Philosophie im Werk Hermann Cohens, Paul Natorps und beim frühen Martin Heidegger, Göttingen 1995; Helmut Holzhey, Heidegger und Cohen. Negativität im Denken des Ursprungs, in: Claudius Stube (Hg.), Heidegger und der Neukantianismus, Würzburg 2009, 35–49.

[29] Karl Barth ist in seiner Aufnahme des Begriffs oftmals vieldeutiger.

[30] Siehe beispielsweise Cohen, Logik (Anm. 27), 84f.; ähnlich 91f.: «Das Nichts bildet überall den wahren Übergang; denn es ist die Abwehr des Etwas, als eines Gegebenen [...] Diese Abwehr allein führt zum Ursprung hindurch.»

Gedanken der Krisis als der Infragestellung alles Vorhandenen. Des Weiteren ist in diesem Konzept aber mitgedacht die Idee einer Wahrheit, die zwar nie erreicht werden kann, ohne die das Negieren aber sinnlos wäre.

Diese formale Erkenntnisfigur Hermann Cohens kann dann den philosophischen Hintergrund abgeben für Karl Barths häufige und pointierte Rede vom «Nein» und «Ja» Gottes. So ist Gott «der ewige, der reine Ursprung alles dessen, was ist, als das Nicht-Sein aller Dinge ihr wahres Sein» (112). Oder noch bezeichnender: «Der wahre Gott ist aber der aller Gegenständlichkeit entbehrende Ursprung der Krisis aller Gegenständlichkeit, der Richter, das Nicht-Sein der Welt» (118).

Karl Barths Übertragung des Ursprungsbegriffs auf Gott ist durch das Denken Hermann Cohens nicht gedeckt. Sie geht auf den Einfluss Heinrich Barths zurück, der wiederum auf ein von Cohen abweichendes Verständnis des Ursprungs als «Anhypoteton» bei Paul Natorp rekurriert.[31] Heinrich Barths Weiterentwicklung besteht in einer philosophisch höchst problematischen Verwandlung eines funktionalen Denkprinzips in eine transzendente Wirklichkeit, ein Überstieg vom Noetischen ins Ontologische. Damit wird für ihn die Ursprungsidee anschlussfähig für den Gottesgedanken.

Von Heinrich Barth sind zwei Arbeiten für den *Römerbrief* einflussreich geworden: der Vortrag «Gotteserkenntnis» auf der Aarauer Studentenkonferenz von 1919[32] und sein Basler Habilitationsvortrag von 1920 *Das Problem des Ursprungs in der platonischen Philosophie*.[33] Bei beiden Anlässen war auch Karl Barth zugegen.[34]

---

[31] Die diesbezüglichen systematischen Differenzen zwischen Hermann Cohen und Paul Natorp sind sehr präzise diskutiert bei Stolzenberg, Ursprung (Anm. 28), 51–67. Zur Philosophie Heinrich Barths siehe die empathische Monografie von Christian Graf, Ursprung und Krisis. Heinrich Barths existential-gnoseologischer Grundansatz in seiner Herausbildung und im Kontext neuerer Debatten, Basel 2008.

[32] Heinrich Barth, Gotteserkenntnis, in: Jürgen Moltmann (Hg.), Anfänge der dialektischen Theologie. Teil 1: Karl Barth – Heinrich Barth – Emil Brunner (ThB 17), München 1974, 221–255.

[33] München 1921.

[34] Über die damalige Kooperation berichtet ausführlich Lohmann, Neukantianismus (Anm. 26), 247–316. Früher schon: Friedrich-Wilhelm Marquardt, Theologie und Sozialismus. Das Beispiel Karl Barths, München 1972, 207–219; Michael Beintker, Die Dialektik in der «dialektischen Theologie» Karl Barths. Studien zur Entwicklung der Barthschen Theologie und zur Vorgeschichte der «Kirchlichen Dogmatik», München 1987, 222–230. Zu systematischen Inkonsistenzen zwischen der Aufnahme Heinrich Barthscher und Kierkegaardscher Elemente im *Römerbrief* siehe Dirk-Martin Grube, Unbegründbarkeit Gottes? Tillichs und Barths Erkenntnistheorien im Horizont der gegenwärtigen Philosophie, Marburg 1998, 98–122. Zum theologischen Überschuss bei Karl Barth gegenüber der philosophischen Vorlage seines Bruders vgl. Georg Pfleiderer, Karl Barths praktische

In Heinrich Barths Identifizierung des Ursprungs mit der Gottesidee erweitert sich auch das kritische Potenzial des Ursprungsgedankens: nicht nur Kritik des Erkennens, sondern jetzt auch Kritik aller menschlichen Verhältnisse. «Orientierung am Ursprung heisst immerwährendes Brechen mit dem Gewordenen»,[35] und «eine prinzipielle Negation muss stattfinden, wenn das Göttliche in seiner Reinheit erkennbar werden soll.»[36] Der Ursprung als Idee befinde sich «gleichsam in einem überhimmlischen Raum, in einer grundsätzlich der Welt entrückten Sphäre».[37] Diese radikale Fassung der Transzendenz hat Karl Barth tief beeindruckt. So schreibt er an den Freund Eduard Thurneysen: «Heiners Vortrag ist mir zum Antrieb geworden, das *totaliter aliter* des Gottesreiches noch viel kräftiger ins Auge zu fassen.»[38] Bezogen auf die Arbeit am eigenen Tambacher Vortrag *Der Christ in der Gesellschaft* heisst es: «Heiners Vortrag hat mit Wind und Gegenwind mächtig auf meine Fahrt eingewirkt.»[39]

In seiner Antrittsvorlesung *Das Problem des Ursprungs in der platonischen Philosophie* hat Heinrich Barth die Transzendenz des Ursprungs als die platonische Idee des Guten gedeutet, deren Ort noch «jenseits des Seins»[40] anzusetzen sei. Dies ist ein Gedanke, der sich begrifflich nicht mehr explizieren lässt und auf den Platon nur im Gleichnis von der Sonne hindeuten kann. Die Voraussetzung von Sein und Erkennen muss selbst als ein Jenseits dieser Unterscheidung gedacht werden. Wir erkennen zwar im Licht der Sonne, doch in die Sonne können wir nicht direkt blicken. Aber auch die Schattenbilder der Welt gäbe es nicht ohne diese Lichtquelle.

Was hier unter «Jenseits» gedacht wird, bedarf einer besonderen Akzentuierung. Wir haben uns im Zuge der platonistischen Grundströmung der europäischen Tradition daran gewöhnt, in der Dichotomie Diesseits – Jenseits, Immanenz – Transzendenz zu denken, wobei bis ins 19. Jahrhundert die Transzendenz die Auszeichnung des eigentlichen wahren Seins hatte. Ist die oberste Idee, der Ursprung aber «jenseits des Seins», dann ist sie auch ein Jenseits dieser Unterscheidung. Karl Barth macht von dieser hyperbolischen Denkfigur im *Römerbrief* mehrfach Gebrauch, denn die herkömmliche Unterscheidung von

---

Theologie. Zu Genese und Kontext eines paradigmatischen Entwurfs systematischer Theologie im 20. Jahrhundert, Tübingen 2000, 315–331.

[35] Barth, Gotteserkenntnis (Anm. 32), 240.

[36] Barth, Gotteserkenntnis (Anm. 32), 234.

[37] Ebd.

[38] Karl Barth – Eduard Thurneysen, Briefwechsel. Bd. 1: 1913–1921 (GA V.3), bearbeitet und hg. von Eduard Thurneysen, Zürich 1973, 325 (13.4.1919).

[39] Barth – Thurneysen, Briefwechsel Bd. 1 (Anm. 38), 344 (11.9.1919).

[40] Platon, Politeia 509b.

Diesseits und Jenseits ist nicht hinreichend, den Gedanken von Gottes Andersheit auszudrücken; das Jenseits ist schliesslich immer noch das Jenseits des Diesseits. So heisst es z. B.: «Gott ist [...] die reine Negation und darum das *Jenseits*
des ‹Diesseits› *und* des ‹Jenseits›, die Negation *der* Negation, die das Jenseits für
das Diesseits und das Diesseits für das Jenseits bedeutet» (194). Etwas einfacher
formuliert: «Seine Güte ist *über* Gut und Böse. Sein Ja ist *über* Ja und Nein. Sein
Jenseits ist *über* Jenseits und Diesseits» (395).

Karl Barth konnte mit diesem philosophischen Instrumentarium einen wesentlichen Baustein seines theologischen Ansatzes formulieren: Gott als der ganz
Andere, der Unbekannte, Ungegenständliche, Unanschauliche, dessen Transzendenz noch jenseits unseres Verständnisses von Transzendenz steht. Er musste
dafür nicht, wie manche Traditionen der negativen Theologie und manche durch
Kant belehrte Theologen, die Endlichkeit der menschlichen Erkenntnis in An-
schlag bringen; das wäre ja ein anthropologischer Ausgangspunkt. Was über die
reine Leere jenes Gedankens hinausführt und eine kategoriale Beziehung zur
Welt herstellt, ist das im Ursprung enthaltene Moment der Krise, das Motiv der
fortwährenden Negation alles Sicheren. So weit kann diese Philosophie reichen.
Aber Karl Barth hat den Ursprungsgedanken nicht als philosophisches Prinzip
theologisch in Anspruch genommen, sondern ihn als Explikationsmedium für
die Freiheit und Souveränität des lebendigen Gottes eingesetzt, von der wir nur
indirekt Kenntnis haben können. «Die Bibel sieht an diesem Kreuzweg Jesus
Christus.» Erst mit dem Gedanken der indirekten Offenbarung in Jesus Christus
erhält ein anderer Referenzautor seinen systematischen Ort: Sören Kierkegaard.

3. Sören Kierkegaard[41]

«Ernstlich und in grösserer Breite ist er erst um 1919, in der kritischen Wende
zwischen der ersten und der zweiten Auflage meines ‹Römerbriefs› in mein Den-

---

[41]   Aus der umfänglichen Literatur zu Karl Barth und Sören Kierkegaard seien genannt: Egon Brinkschmidt, Sören Kierkegaard und Karl Barth. Neukirchen-Vluyn 1971.
Die luzideste Analyse der Differenzen und Umformungen findet sich bei Cora Bartels,
Kierkegaard receptus I. Die theologiegeschichtliche Bedeutung der Kierkegaard-Rezeption
Rudolf Bultmanns, Göttingen 2008, 141–171. Zuvor schon hatte Beintker, Dialektik (Anm. 34),
230–238, die Meinung eines konstitutiven Einflusses Sören Kierkegaards auf Karl Barth mit
triftigen Gründen infrage gestellt. Prägnant McCormack, Theologische Dialektik (Anm. 18),
210–214. Eine ausführliche Bibliografie findet sich bei Eberhard Harbsmeier, Karl Barth
und Søren Kierkegaard. Kierkegaard im Streit der dialektischen Theologie, in: Martin
Leiner / Michael Trowitzsch (Hg.), Karl Barths Theologie als europäisches Ereignis, Göttin-

ken eingetreten», schreibt Karl Barth rückblickend 1963.[42] Ob und in welchem Ausmass er damals die Werke der frühen und mittleren Periode Kierkegaards gelesen hat, lässt sich nicht feststellen. Es sollen hier nur wenige Themen des *Römerbriefs,* die eine Entsprechung in Kierkegaard haben, kurz angedeutet werden.

3.1 Das Inkognito der Offenbarung

«Dass der Deus absconditus *als solcher* in Jesus Christus Deus revelatus ist, das ist der Inhalt des Römerbriefs» (568). Gott wird nur als der verborgene offenbar, seine Offenbarung ist zugleich seine Verhüllung. «Die Offenbarung in Jesus ist [...] zugleich die denkbar stärkste Verhüllung und Unkenntlichmachung Gottes» (138). Gegen die populärtheologische wie auch hegelianisierende Auffassung, dass Gott in Jesus Christus anschaulich werde, schärft Karl Barth den «Respekt vor dem göttlichen Inkognito» (62f.) ein.

Damit berührt er sich mit dem zentralen Motiv des Christus-Verständnisses Sören Kierkegaards. Gerade weil Christus nicht die direkt anschauliche Mitteilung Gottes ist, sondern seine Verhüllung im Inkognito, verlangt er nicht Einsicht, sondern Glaube. «Die direkte Kenntlichkeit ist gerade für die Götzen charakteristisch (Kierkegaard)» (62). Der unendliche qualitative Unterschied ist nicht allein eine Erkenntnis kritischer Philosophie, sondern er wird in Jesus Christus selbst manifest. Die christologische Zuspitzung des unendlichen qualitativen Unterschiedes ist zentral für Kierkegaards Glaubensverständnis und bewegt sich in der Tradition von Martin Luther: «Und nun der Gott-Mensch! Er ist Gott, wählt es jedoch, der einzelne Mensch zu sein. Das ist, wie gesagt, das tiefste Inkognito oder die undurchdringlichste Unkenntlichkeit, die möglich sind; denn der Widerspruch zwischen Gott Sein und ein einzelner Mensch Sein ist der grösstmögliche, der unendlich qualitative.»[43] Karl Barth schliesst sich hier terminologisch an Kierkegaard an wie auch im Gedanken der Unmöglichkeit einer «direkten Mitteilung». Die Offenbarung in der Verhüllung ist für den Verstand ein Ärgernis; sie kann nicht demonstriert, sondern nur im Glauben aufgenommen werden. Für Karl Barth wie für Kierkegaard hat darum der historische Jesus als solcher keine Offenbarungsqualität.[44]

---

gen 2008, 317–330.

[42] Karl Barth, Dank und Reverenz, in: EvTh 23, 1963, 337–342 (339). In diesem Text nennt er auch summarisch die Gründe für seine spätere Distanzierung von Kierkegaard.

[43] Sören Kierkegaard, Einübung ins Christentum, übersetzt von Emanuel Hirsch, Düsseldorf o. J., 134.

[44] Vgl. Barth, Römerbrief 1922 (Anm. 1), 52. Kierkegaard hat allerdings in der *Einübung* ein Bild von Jesu Leben als Inbegriff der Liebe gezeichnet.

Dann aber trennen sich die Wege. Schematisch gesagt, ist Kierkegaard gänzlich fokussiert auf die Deszendenz, die anstössige Menschwerdung Gottes in der Inkarnation, indes für Karl Barth die Auferstehung das allein entscheidende Ereignis ist. «Die Auferstehung ist die *Offenbarung*, die Entdeckung Jesu als des Christus, die Erscheinung Gottes und die Erkenntnis Gottes in ihm» (51). Ob die Alternative Inkarnation versus Auferstehung theologisch sachgemäss ist, kann hier nicht diskutiert werden, ebensowenig die Frage, ob die unterschiedliche Akzentuierung sich den jeweiligen Prägungen durch die lutherische beziehungsweise reformierte Tradition verdankt. Das leitende Motiv scheint mir im eschatologischen Denken Karl Barths zu liegen: Jesus Christus bedeutet nicht die Annahme der Welt, sondern die Wende der Welt. Dies ist eine Aussage, die im Krisenbewusstsein jener Jahre besondere Resonanz finden konnte.

Die Einsetzung als Sohn Gottes durch die Auferstehung ist kein historisches Datum,[45] sie ist jenseits historischer Erkenntnis und darin der Relativität allen historischen Wissens entzogen. «In der Auferstehung berührt die neue Welt des Heiligen Geistes die alte Welt des Fleisches. Aber sie berührt sie wie die Tangente einen Kreis, ohne sie zu berühren» (51). Das Bild legt eine Evidenz nahe, die sich doch bald als brüchig erweisen muss. Denn wie ist ein Berührungspunkt in der Geschichte zu denken, der doch selber kein geschichtlicher ist?[46] Es mutet gewalttätig an, wie Karl Barth hier das komplexe Lessingsche Problem des «garstigen Grabens», das Kierkegaard zu sehr differenzierten Erwägungen über das Gleichzeitwerden mit Christus geführt hatte,[47] im Handstreich wegzufegen scheint. Wer sich darüber hinaus nähere Belehrung über die «Auferstehung» erwartet, muss leer ausgehen. Sie ist das unanschauliche eschatologische Ereignis, sie scheint im Text als eine Chiffre für das Ja Gottes im Nein der Krise zu fungieren.

Könnte die Inkarnationschristologie Kierkegaards den Eindruck einer Vermittlung des Göttlichen mit dem Menschlichen nahelegen – das Eingehen des Göttlichen ins Menschliche –, so wäre in der Auferstehung die totale Diastase manifest.

---

[45] Vgl. Barth, Römerbrief 1922 (Anm. 1), 50.

[46] Zum unhistorischen Charakter der Auferstehung siehe auch Cornelis van der Kooi, Anfängliche Theologie. Der Denkweg des jungen Karl Barth (1909–1927), München 1987, 147–150; McCormack, Theologische Dialektik (Anm. 18), 222–225.

[47] Vgl. z. B. seine *Philosophische Brocken.*

3.2 Das Paradox

«Offenbarung als Verhüllung» ist schon als sprachlicher Ausdruck, um wieviel mehr als intendierter Sachverhalt paradox. Der Begriff des Paradoxes gewinnt seine zentrale Stellung bei Sören Kierkegaard im Rahmen seiner Hegelkritik. Er ist der polemische Gegenbegriff zum Konzept der dialektischen Vermittlung, alle Gegensätze in ein systematisches Geflecht von Beziehungen zu integrieren. Demgegenüber konstatiert das Paradox die unmittelbare Einheit total verschiedener Dimensionen in einem Punkt: das Zeitliche und das Ewige, das Immanente und das Transzendente. Paradox in diesem Sinne ist der menschgewordene Gott wie auch die christliche Existenz. Der Verstand stösst auf das Paradox, kann es aber nicht erfassen. «Das ist denn des Denkens höchstes Paradox: etwas entdecken wollen, das es selbst nicht denken kann.»[48]

Karl Barth hat vom Paradox-Begriff im *Römerbrief* ausufernden Gebrauch gemacht. Man kann den Eindruck haben, dass er eher der rhetorischen Zuspitzung und Wirkung als der logischen Klarheit dient. Paradox sind etwa Gottes Offenbarung und Gerechtigkeit, Kreuz und Auferstehung, Glaube und Versöhnung.[49] Offensichtlich dient der Gebrauch der Paradox-Kategorie vor allem dazu, das scheinbar Vertraute und Bekannte des christlichen Glaubens zu verfremden und das Publikum mit der Anstössigkeit zu konfrontieren.

Der inflationären Ausweitung des Paradox-Verständnisses liegt eine Verschiebung zugrunde, die Karl Barth nahezu unmerklich gegenüber Kierkegaard vorgenommen hat. Lokalisierte Kierkegaard das Paradox in der Beziehung von Zeit und Ewigkeit, weil er einzig von der Zeitlichkeit der menschlichen Existenz ausgehen konnte, so überträgt Karl Barth diesen Begriff unmittelbar auf den unendlichen Unterschied zwischen Gott und Mensch mit allen Folgebestimmungen. Aber der radikale Unterschied ist noch kein Paradox, sondern einfach Beziehungslosigkeit. Ein Paradox tritt erst dort ein, wo in Bezug auf ein und denselben Sachverhalt widersprüchliche Bestimmungen gegeben werden müssen. Solange die Dimensionen getrennt bleiben, kann vom Paradox nicht die Rede sein.

Karl Barths Indienstnahme des Paradox-Begriffes kann sich nur in eingeschränktem Sinne auf Kierkegaard beziehen. Bei Kierkegaard meint dieser, dass Gott Mensch wird, ohne seine Göttlichkeit zu verlieren, dass die Ewigkeit in die Zeit eingeht, ohne den Charakter der Ewigkeit zu verlieren. Das Paradox bezeichnet ihre Einheit, die für den Verstand widersprüchlich bleibt. Hingegen arti-

---

[48] Sören Kierkegaard, Philosophische Brocken, übersetzt von Emanuel Hirsch, Düsseldorf 1952, 35.
[49] Bei Beintker, Dialektik (Anm. 34) 85f. findet sich eine beeindruckende Aufstellung zum mannigfachen Gebrauch dieses Begriffs im *Römerbrief.*

kuliert das Paradox bei Karl Barth die unaufhebbare Differenz der Sphären. Wenngleich beide davon sprechen, dass das Paradox nur im Glauben erkannt werden kann, so resultiert aus dem unterschiedlichen Akzent auch ein anderes Verständnis des Glaubens. Wohl ist dieser bei beiden Gabe Gottes, doch während er bei Karl Barth nur als «Hohlraum» (124.216) gesehen wird, ist er bei Kierkegaard die Ermöglichung der tätigen Aneignung in der Existenz.

3.3 Der Augenblick

Folgerichtig wird dann Karl Barth in der Dialektik von Zeit und Ewigkeit Kierkegaard gerade nicht folgen. Denn während Kierkegaards Denken um das Zeitlichwerden des Ewigen kreist, geht es Karl Barth gerade darum, die Vermischung beider Sphären abzuwehren und als menschliche Anmassung zu brandmarken. «Wir verwechseln die Ewigkeit mit der Zeit. Das ist das Ehrfurchtslose unsres Gottesverhältnisses [...]. Wir verwechseln die Zeit mit der Ewigkeit. Das ist unsere Unbotmässigkeit. Und das ist unser Gottesverhältnis ausser und ohne Christus, diesseits der Auferstehung» (69f.). Wenn aber die Auferstehung ein Ereignis ist, das nicht in der historischen Zeit stattfindet, dann ist in ihr auch keine Beziehung von Zeit und Ewigkeit gegeben, sondern nur ein «Berührungspunkt».

Dieser ist der Augenblick der Offenbarung. Bei Kierkegaard meint er den Eintritt des Ewigen in die Zeit, die «Fülle der Zeit», christologisch die Menschwerdung, anthropologisch die Entscheidung der Aneignung dieses Ereignisses in der glaubenden Existenz. Der Augenblick, der selbst kein ausgedehntes Zeitmoment ist, tritt in die Zeit ein, indem er sie nach Vorher und Nachher teilt und neu qualifiziert. Der Augenblick wird zum Auslöser und Ausgangspunkt eines im zeitlichen Verlauf zu realisierenden neuen Lebens im Gottesverhältnis. Der Mensch kann in seiner Zeitlichkeit, wenn Gott ihm die Bedingung dazu gibt, im immer erneuten Ergreifen der Gottesbeziehung ewiges Leben in seiner begrenzten Zeitlichkeit haben. Insofern zielt Ewigkeit nicht auf das abgehobene Andere der Zeit, sondern auf die Qualität des Gottesverhältnisses.

Ganz anders konzipiert Karl Barth den Augenblick. Dieser ist ein Einschlag in die Zeit, ohne Vorher und Nachher.[50] Er ist momentan, geht aber nicht in die Zeit ein und qualifiziert sie nicht als unsere irdische Zeit. Häufige Ausdrücke für diesen Querstand sind «ewiger Augenblick» oder «nunc aeternum». Er ist im Gegensatz zum Kontinuum der Verlaufszeit, aber eben deshalb kann jeder zeitliche Augenblick zum «Gleichnis» (664) des ewigen Augenblicks werden. Doch

---

[50] Vgl. Barth, Römerbrief 1922 (Anm. 1), 151f.155.

auch dieser Ausdruck wird sofort zurückgenommen: «Unvergleichlich steht der *ewige* Augenblick *allen* Augenblicken gegenüber, gerade weil er aller Augenblicke transzendentaler Sinn ist» (665). Wo Kierkegaards Analyse des Augenblicks die paradoxe Einheit suchte, betont Karl Barth wiederum die Diastase.

Deshalb können ihn auch Kierkegaards skrupulöse Untersuchungen der Dialektik der christlichen Existenz wenig interessieren. Für eine Rezeption von Kierkegaards Subjektivitäts- und Glaubensverständnis hat sein Ansatz systematisch keinen Raum, schliesst also die zentrale Thematik Kierkegaards aus. Wo Kierkegaard das Paradox denkend zu umkreisen sucht, wählt Karl Barth nicht ohne nachvollziehbare Gründe den Ausweg in die «Unanschaulichkeit».[51] Damit ist die generelle These der Andersheit umschrieben und darin eine Leerstelle des demonstrativen Aufweisens angezeigt. Es scheint aber, dass diese bei Karl Barth zugleich auch eine Leerstelle der indirekten Mitteilung ist. Ein Beispiel ist das Verhältnis des sündigen alten Menschen zu dem in Jesus Christus gerechtfertigten neuen. Der neue Mensch ist unanschaulich, seine Identität mit dem alten, also die spannungsvolle Kontinuität meines Lebens im «simul», kann im Gegensatz zu Kierkegaard nicht entfaltet werden. Die Unanschaulichkeit des neuen Menschen entschärft das Paradox. Gegenstand des Glaubens ist bei Karl Barth nicht die widersprüchliche Einheit beider Dimensionen, sondern die Erkenntnis ihrer völligen Andersartigkeit.

Ob Karl Barth bei der Abfassung des *Römerbriefs* sich seiner Differenzen zu Kierkegaard bewusst war, ist schwer zu entscheiden, da eine explizite Auseinandersetzung fehlt. Eher liegt der Eindruck nahe, dass er vor allem bei ihm auf eine Terminologie zurückgreifen konnte, die er mit oftmals veränderten Bedeutungen für seine Ausdruckszwecke dienlich fand.

4. Friedrich Nietzsche[52]

Karl Barths Anknüpfungen an Nietzsche sind vielschichtig und voller prismatischer Brechungen. Auch hier findet keine direkte Auseinandersetzung statt. Die

---

[51]   Zu diesem Ausdruck siehe Beintker, Dialektik (Anm. 34), 89–104.

[52]   Niklaus Peter, Karl Barth als Leser und Interpret Nietzsches, in: ZNThG 1, 1994, 251–264. Daniel Mourkojannis, Ethik der Lebenskunst. Zur Nietzsche-Rezeption in der evangelischen Theologie, Münster u. a. 2000, 119–141; Daniel Mourkojannis, Christus oder Dionysos. Zu Karl Barths Nietzsche-Rezeption, in: ders. / Rüdiger Schmidt-Grépály (Hg.), Nietzsche im Christentum. Theologische Perspektiven nach Nietzsches Proklamation des Todes Gottes, Basel 2004, 83–98; Tom Kleffmann, Nietzsches Begriff des Lebens

Bezüge reichen von der Paraphrase über den impliziten Gebrauch Nietzscheanischer Gedankenfiguren bis zum umdeutenden und verfremdenden Einsatz von Stichwörtern in neuen theologischen Kontexten. – Auch lässt sich durchaus im expressiv verkündenden Sprachgestus eine literarische Verwandtschaft zwischen dem *Römerbrief* und Nietzsches *Zarathustra* feststellen.[53]

Karl Barths Kenntnis von Nietzsche geht wohl schon auf seine Schüler- und Studentenzeit zurück. Der Vater Fritz Barth war mit Nietzsche persönlich bekannt gewesen,[54] und beim Berliner Lehrer Adolf von Harnack war Nietzsche deutlich präsent.[55] Zu einer intensiveren Lektüre der Texte kommt es allerdings wohl erst wieder in der Entstehungszeit des *Römerbriefs,* vermutlich parallel zur Rezeption Franz Overbecks. Diese erneute Nietzsche-Aneignung geschieht also bereits auf der Basis einer eigenen theologischen Konzeption. So schreibt er am 4. Juli 1920 an Eduard Thurneysen. «Ich bin sehr froh, dass ich all diese Leute [Dostojewski, Nietzsche und Ibsen, H. L.] erst jetzt richtig lese und nicht, wie so viele, schon als Gymnasiast oder Student vermeintlich hinter mich gebracht habe».[56] Schon kurz zuvor hatte er dem Freund berichtet: «Gottlob konnte ich heute die ungute Lektüre von Heilers Gebet vollenden. Prrr! Man sehnt sich nach irgendeinem kräftigen Atheismus, wenn man von diesem Buch kommt. Ich begann denn auch sofort, mich in Nietzsche hineinzulesen».[57] Und wenig später nach einigen Vorbehalten: «Aber ein guter Kämpfer, den wir gelegentlich zu Ehren ziehen müssen, war er doch.»[58] Hier können nur zwei Motivstränge angedeutet werden.

---

und die evangelische Theologie. Eine Interpretation Nietzsches und Untersuchungen zu seiner Rezeption bei Schweitzer, Tillich und Barth, Tübingen 2003, 500–559; Martin Böger, Dionysos gegen den Gekreuzigten. Karl Barths Nietzsche-Rezeption in der Auseinandersetzung um das Sein und die Bestimmung des Menschen, Göttingen 2019. J. Christine Janowski hat mir Einsicht gegeben in ein Manuskript, das inzwischen publiziert ist: dies., Karl Barth trifft Friedrich Nietzsche. Zu Barths Umgang mit Nietzsches Christentumskritik, in: Markus Höfner / Benedikt Friedrich (Hg.), Gottes Gegenwarten – God's Presences. Festschrift für Günter Thomas, Leipzig 2020, 69–106. Ich danke ihr für Hinweise und Kritik.

[53] Pfleiderer, Praktische Theologie (Anm. 34),14. Siehe auch Martin Walser, Über Rechtfertigung, eine Versuchung, Hamburg 2012, bes. 58–80.

[54] Eberhard Busch, Karl Barths Lebenslauf. Nach seinen Briefen und autobiographischen Texten, München 1975, 14.

[55] Vgl. Peter Köster, Kontroversen um Nietzsche. Untersuchungen zur theologischen Rezeption, Zürich 2003, 205–210.

[56] Barth – Thurneysen, Briefwechsel. Bd. 1 (Anm. 38), 404.

[57] Barth – Thurneysen, Briefwechsel. Bd. 1 (Anm. 38), 395 (7.6.1920).

[58] Barth – Thurneysen, Briefwechsel. Bd. 1 (Anm. 38), 398 (14.6.1920).

4.1 Historismuskritik

Karl Barths schroffe Absage an die Geschichte als eines Mediums der Glaubens-begründung ist eng verknüpft mit dem hermeneutischen Programm der «Gleich-zeitigkeit» (192) zu den ursprünglichen Offenbarungszeugen. Es ist das Problem, das schon Kierkegaard aufgeworfen hatte: wie werden wir gleichzeitig mit Jesus Christus, mit der Sache des Paulus, mit dem Glauben Abrahams? Ersichtlich kann die Geschichtswissenschaft diese Distanz nicht überwinden, sondern nur zementieren.

In dieser Einschätzung der Historik trifft sich Karl Barth mit massgeblichen Einsichten Nietzsches, die dieser freilich aus der Frage nach einem nicht verstellten Leben gewonnen hatte. Die Auslegung des Abschnitts, der dem Glauben Abrahams gewidmet ist (Röm 3,17b–25), trägt die Überschrift *Vom Nutzen der Historie* (191). Nicht nur dieser Titel ist eine direkte Reprise von Nietzsches früher Abhandlung *Vom Nutzen und Nachtheil der Historie für das Leben,* sondern der Text selbst ist stellenweise eine paraphrasierende Kompilation von Zitaten aus jener Schrift.

Nietzsche hatte in diesem Text die archivierende und katalogisierende Ge-schichtswissenschaft einer beissenden Kritik unterzogen. «Die antiquarische Historie entartet selbst in dem Augenblicke, in dem das frische Leben der Ge-genwart sie nicht mehr beseelt und begeistert. [...] Dann erblickt man wohl das widrige Schauspiel einer blinden Sammelwut, eines rastlosen Zusammenschar-rens alles einmal Dagewesenen.»[59] Karl Barth konnte darin eine Verwandtschaft, ja eine Legitimation seiner eigenen historismuskritischen Hermeneutik erbli-cken, die eine Synchronizität zwischen Text und Interpret inszeniert. «Die deut-lichsten Zeugnisse können nichts sagen, und die schärfste historische Aufmerk-samkeit kann nicht hören, wo das Selbstgespräch des Gleichzeitigen nicht in Fluss kommt» (200). Ansonsten bleibt die Geschichte nur «photographiertes und analysiertes Chaos» (200).

Für Nietzsche ist die Intensität des unmittelbaren präsentischen Lebens jener «unhistorische» Gesichtspunkt, an dem historische Ereignisse zu orientieren sind, «einer umhüllenden Atmosphäre ähnlich».[60] Nur in der Schaffung dieser Atmosphäre kann Vergangenes lebendig werden. Für Karl Barth hingegen ist es das jenseits der Geschichte scheinende «Oberlicht» der Offenbarung, das die his-torischen Zeugnisse gleichzeitig macht mit der Gegenwart der zum Hören Be-reiten. «Abraham abgesehen vom Oberlicht des Unhistorischen geht uns nichts

---

[59] Friedrich Nietzsche, Vom Nutzen und Nachtheil der Historie für das Leben (KSA Bd. 1), 268.
[60] Nietzsche, Nutzen (Anm. 59), 252.

an, er sagt uns nichts, und wir hören ihn nicht» (200). Die Geschichte selbst sieht Karl Barth mit Nietzsche als die Dimension des Relativen, Sinnlosen, ganz realistisch als «Kampf ums Dasein» (111). Allerdings kann diese Immanenz immer wieder von oben her durchbrochen werden: «Die ganze Widergöttlichkeit des Geschichtslaufs ändert nichts daran, dass es *in* diesem Geschichtsverlauf immer und überall jene Besonderheiten, jene Offenbarungseindrücke [...] gibt» (114). Diese Deutung des «Unhistorischen» hatte Nietzsche sich wohl nicht vorgestellt.

Erst der Verzicht auf Sinndeutungen der Geschichte, mit Nietzsche die Destruktion solcher Sinndeutungen, macht nach Karl Barth den Blick frei auf dasjenige unhistorische eschatologische Ereignis, das überhaupt Sinn im «Un-Sinn» (111.133) erkennen lässt: der unanschauliche neue Mensch, dem Gottes Gerechtigkeit zugesprochen worden ist. Damit ist ein weiteres Motiv Nietzsches aufgerufen, das Karl Barth theologisch umformt.

4.2 Der neue Mensch

«Adam, der *erste,* d. h. der psychische, der irdische, der geschichtliche *Mensch* ist das, was überwunden werden muss» (237). Die Anspielung auf Nietzsches berüchtigte Rede vom Übermenschen, die gerade wegen ihrer Rätselhaftigkeit und Vieldeutigkeit in jenen Jahren zum populären Topos geworden war, ist offensichtlich. «Ich lehre euch den Übermenschen. Der Mensch ist Etwas, das überwunden werden soll.»[61]

Die Deutung dieser Botschaft ist in der Geschichte der Nietzsche-Rezeption vielfältig und strittig. Kurz gesagt, meint der Übermensch bei Nietzsche den noch nicht daseienden Menschen, der ohne den Trost und Halt von Religion, Metaphysik und Moral den Nihilismus des Daseins ertragen und in Lebensbejahung verwandeln kann. Ob dieser Mensch eine künftige reale Möglichkeit des Menschseins bezeichnet, sei dahingestellt.

Karl Barth kann sich zustimmend auf Nietzsches Sicht des Menschen, der überwunden werden soll, beziehen. Dies ist der Mensch, der die Sinnlosigkeit und Gottlosigkeit des Daseins nicht erträgt, der Mensch, der den unendlichen qualitativen Unterschied nicht aushalten kann, und der sich daher in die Illusionen von Religion und Kultur als vermeintlich sicheren Refugien seines endlichen zweideutigen Lebens retten will. «Gott als höchste Bejahung des Da-Seins und So-Seins der Welt und des Menschen, das ist das Unerträgliche, das ist Nicht-

---

[61] Friedrich Nietzsche, Also sprach Zarathustra (KSA Bd. 4), 14. Man beachte die Differenz von «muss» und «soll» in den Zitaten von Barth und Nietzsche.

Gott [...]. Der Schrei des Empörers gegen diesen Gott kommt der Wahrheit näher
als die Künste derer, die ihn rechtfertigen wollen» (65).

Nietzsche als Wahrheitszeuge? Als Zeuge des Nein gewiss, und damit dem
Heer der religiösen Gottesversteher überlegen. In Nietzsches Diagnose des Nihilismus kann Karl Barth seine eigene Theologie der Krisis spiegeln. Weder
schliesst er sich einer gängigen Anti-Polemik an, noch sucht er Nietzsche als
heimlichen Gottsucher zu vereinnahmen. Jedoch unternimmt er es, ihn bei aller
Akzeptanz theologisch zu überbieten, indem er auf das hinter dem Nein stehende
Ja verweist.[62]

Zarathustras Rede von der Überwindung des Menschen wird transformiert
in die aus dem eschatologischen Offenbarungsereignis folgende soteriologische
These: «wir sind durch den Glauben, was *wir nicht* sind» (204).[63] Doch diese Bewegung festzuhalten gleiche dem aussichtslosen Versuch der Fixierung eines
«Vogels im Fluge» (255).[64] Die Identität des neuen Menschen ist unanschaulich,
nicht anthropologisch vermittelbar, hat ihren Grund einzig in Gottes Urteil.

Der «neue Mensch» teilt mit Nietzsches Übermenschen die Erfahrung des
Nihilismus aller menschlichen Dinge; er begreift diesen Nihilismus aber als die
Krise, in der im Glauben das Ja Gottes unanschaulich ergriffen wird. Karl Barth
thematisiert dies in der Dialektik von Gericht und Gnade, von Verwerfung und
Erwählung. Zugespitzt kommt das in seiner Fassung der anstössigen Lehre von
der doppelten Prädestination zum Ausdruck. Die doppelte Prädestination meint
nicht die quantitative Unterscheidung von Gruppen, sondern die doppelte Perspektive, in der der Mensch vor Gott steht: gerichtet und begnadigt, die Einheit
des Nein und des Ja. Der Akzent liegt in diesem theologischen Satz weniger auf
dem Schicksal des Menschen, als vielmehr auf der sich in Freiheit bindenden
Souveränität Gottes.[65] «Das sind Dinge, die Nietzsche in seiner wilden Auflehnung gegen Gott besser gewusst zu haben scheint als die unbedachte direkte
Gläubigkeit derer, die es wagen, ihn deshalb zu verdammen» (476).

Karl Barth hat Nietzsches Religionskritik als Kritik eines verbürgerlichten
Christentums auf einer vordergründigen Ebene gerne angenommen und aufgegriffen, den entscheidenden Punkt aber von Nietzsches Christentumskritik systematisch ignoriert: die Geburt des Christentums aus dem Geiste des Ressenti-

---

[62] Dieses Vorgehen erinnert etwas an den bekannteren Umgang Karl Barths mit
Ludwig Feuerbach.

[63] Siehe auch z. B. 205.209.218.224.227 u. ö. Zu dieser Formel auch Beintker, Dialektik (Anm. 34), 46–49.

[64] Siehe auch 274.

[65] Vgl. Barth, Römerbrief 1922 (Anm. 1), 474.

ments, wie sie in Nietzsches *Zur Genealogie der Moral* umrissen und in *Der Antichrist* entwickelt wird. Demnach ist das Ressentiment die dem Schwachen mögliche Form des Willens zur Macht, worin der eigene Zustand moralisch kontrafaktisch in eine imaginierte Position der Stärke umgedeutet wird. Mit dem Christentum ist diese lebensverneinende Gestalt der Sklavenmoral zur Herrschaft gelangt. Der Propagandist und Theoretiker dieser Haltung, damit der erste christliche Theologe, ist Paulus. Ihm widmet Nietzsche die heftigsten Invektiven: ein «Genie im Hass»,[66] der «Dysangelist»,[67] der «Apostel der Rache».[68] Warum hat Karl Barth in einem immer wieder auf Nietzsche verweisenden Paulus-Buch diese Fundamentalkritik völlig ignoriert? Kannte er die Texte nicht oder konnte er aufgrund seines Zugangs die Brisanz dieser Thematik nicht wahrnehmen?[69]

5. Dostojewski[70]

«Hinter die grundsätzliche Gebrochenheit der Lebenserkenntnis Dostojewskis wollen wir nicht wieder zurück, weder zu den Griechen noch zu Goethe», stellt Karl Barth in seinem Tambacher Vortrag *Der Christ in der Gesellschaft* 1919 fest.[71] Das markiert eine Zäsur, denn im ersten *Römerbrief* taucht Dostojewski überhaupt nicht auf, Goethe hingegen überreichlich. In der Neufassung ist Dostojewski der nach Luther meistberufene nichtbiblische Autor, indes Goethe nur noch marginal vorkommt.

---

[66] Friedrich Nietzsche, Der Antichrist (KSA Bd. 6), 215.

[67] Nietzsche, Antichrist (Anm. 66), 216.

[68] Nietzsche, Antichrist (Anm. 66), 223. Zu Nietzsches Paulusbild siehe ausführlich Daniel Havemann, Der «Apostel der Rache». Nietzsches Paulusdeutung, Berlin / New York 2002.

[69] Es ist auffällig, dass bei der Erörterung der Starken und Schwachen im Glauben (Röm 14), wo sich Nietzsches Ressentimentanalyse direkt angeboten hätte, jeder Bezug entfällt.

[70] Zur Dostojewski-Rezeption Barths siehe Erich Bryner, Die Bedeutung Dostojewskis für die Anfänge der dialektischen Theologie, in: ThZ 38, 1982, 147–167; Thomas Kucharz, Theologen und ihre Dichter. Literatur, Kultur und Kunst bei Karl Barth, Rudolf Bultmann und Paul Tillich, Mainz 1995, 46–95; Maike Schult, Im Banne des Poeten. Die theologische Dostoevskij-Rezeption und ihr Literaturverständnis, Göttingen 2012, 116–148; umfassend: Hong Liang, Leben vor den letzten Dingen. Die Dostojewski-Rezeption im frühen Werk von Karl Barth und Eduard Thurneysen (1915–1923), Neukirchen-Vluyn 2016.

[71] Karl Barth, Der Christ in der Gesellschaft, 1919, in: ders., Vorträge und kleinere Arbeiten 1914–1921 (Anm. 16), 546–598 (586).

Es ist die illusionslose Schilderung des wirklichen Menschen nach dem Zusammenbruch bürgerlicher Kultur, Konvention und Humanitätsideologie, die Karl Barth theologisch aufgreifen kann: «der nackte Mensch im letzten Stadium» (100).

5.1 Zusammenarbeit mit Eduard Thurneysen

Karl Barths Dostojewski-Lektüre ist wesentlich angeleitet durch den Austausch mit Eduard Thurneysen, der sich seit 1919 über diesen Autor intensiviert.

1921 hält Eduard Thurneysen auf der Aarauer Studentenkonferenz über diesen aktuellen Schriftsteller einen Vortrag, der ziemliches Aufsehen erregt und zügig zu einem kleinen Buch erweitert wird, das noch 1921 im Christian Kaiser Verlag in München erscheint.[72] Er folgt darin einer schon 1919 von Stefan Zweig[73] vertretenen Deutung, wonach in der Zerrissenheit des Menschen Dostojewski und der Gestalten seiner Bücher sich der beständige Kampf mit der Gottesfrage ausdrücke.

Bekanntlich hat Karl Barth selbst auf die Bedeutung des Freundes für die Ausarbeitung der zweiten Auflage hingewiesen.[74] Die Publikation von Eduard Thurneysens *Dostojewski* und Karl Barths Neufassung des *Römerbriefs* war eine von beiden geplante und strategisch angelegte Parallelaktion. Auf Vorhaltungen Karl Barths wegen Verzögerungen antwortet Eduard Thurneysen: «In vielem wird die Arbeit wie eine Illustration zu deiner Römerbriefexegese wirken.»[75] Karl Barth wiederum respondiert zur Schrift des Freundes: «Ich [...] bin sehr, sehr froh, dass neben meinem ungefügen Lastautomobil nun dieses flinke und doch so überaus leistungsfähige Motorrad in voller Fahrt ist. Es wird sicher *vorher* ankommen bei Vielen.»[76]

Das ergibt eine diffizile Deutungslage. Beide Freunde haben in Thurneysens *Dostojewski* ein Manifest des in den Jahren zuvor gemeinsam entwickelten neuen theologischen Denkens gesehen. Aus dieser Perspektive erfolgt Eduard Thurneysens Deutung des dichterischen Werkes, die Karl Barth wiederum aufgreift, um ebendiesen Ansatz schärfer zu profilieren. Daher ein paar kurze Proben aus dem *Dostojewski:*

---

[72] Eduard Thurneysen, Dostojewski, München 1921.

[73] Stefan Zweig, Drei Meister. Balzac Dickens Dostojewski, Frankfurt a. M. 1981.

[74] Vgl. Barth, Römerbrief 1922 (Anm. 1), 24. Wie weit die Kooperation ging, ist jetzt ersichtlich aus Katja Tolstaja (Hg.), «Das Römerbriefmanuskript habe ich gelesen». Eduard Thurneysens gesammelte Briefe und Kommentare aus der Entstehungszeit von Karl Barths *Römerbrief* II (1920–1921), Zürich 2015.

[75] Barth – Thurneysen, Briefwechsel. Bd. 1 (Anm. 38), 498f. (24.6.1921).

[76] Barth – Thurneysen, Briefwechsel. Bd. 1 (Anm. 38), 508 (3.8.1921).

«Nichts Menschliches ist ihm fremd geblieben. Er hat Zarathustra-Nietzsches Entdeckung und Botschaft vom Untergang des Menschen, aber auch seinen titanischen Griff nach dem Übermenschen vorgeahnt und vorgebildet; er hat Ibsens Angriff auf die Gesellschaft zehnfach stärker geführt; er hat, ohne Kierkegaard und Overbeck zu kennen, das tiefste Misstrauen gegen das zur Kirche gewordene Christentum in sich getragen.»[77]

«Was ist der Mensch? [...]. Das Ende des Menschen ist das Ende der Wege, die Dostojewski mit ihm beschreitet [...]. Nicht Untergang, nicht das Hohngelächter über den vom Teufel genarrten Menschen, sondern das unbegreifliche Siegeswort Auferstehung ist das letzte Wort seiner Romane.»[78]

«Gott ist Gott: das ist die eine, die zentrale Erkenntnis Dostojewskis.»[79]

Die ins Auge springenden Übereinstimmungen mit dem *Römerbrief* liessen sich fortführen. Und so hatte schon während der Abfassung Eduard Thurneysen frohgemut bestätigt: «[...] unsere Einsichten zeitigen auch bei Dostojewski eine neue, noch von keiner Seite vertretene Exegese und merkwürdige Ausblicke auf die Lage überhaupt.»[80] Damit ist das hermeneutische Vorgehen deutlich: Dostojewski dient als Illustration für bereits gewonnene Erkenntnisse.

5.2 Das Menschenbild

Die Figuren Dostojewskis zeigen den in sich verstrickten, zerrissenen Menschen in seiner Hybris wie Verfallenheit brutal und realistisch. Zumeist ist es ein unbürgerliches Milieu: Kriminelle, Glücksspieler, Säufer und Huren, jenseits moralischer und religiöser Illusionen. In ihnen wird die Wahrheit des menschlichen Lebens offenbar; das sind wir selbst! Es ist die Situation des Menschen ohne Verdienst und Würdigkeit, der in allem Elend doch von dem Ja Gottes begleitet wird: «[...] das, was Dostojewskis fragwürdigste Gestalten in der Tiefe ihres Sumpfes des Herrn gedenken lässt, der einmal auch zu ihnen, den Säufern, den Willensschwachen, den Schamlosen sagen wird: ‹Schweine seid ihr, Ebenbilder des Viehs, aber kommt auch ihr zu mir!›» (401).

Die Figuren sind Fragezeichen, die auf eine Antwort verweisen, die sie sich selbst nicht geben können. Nicht selten kann man den Eindruck haben, dass Karl Barth in seiner Sicht der Menschen Dostojewskis den «Anknüpfungspunkt» keineswegs so kategorisch verwirft wie später.

---

[77] Thurneysen, Dostojewski (Anm. 72), 6.
[78] Thurneysen, Dostojewski (Anm. 73), 8f.
[79] Thurneysen, Dostojewski (Anm. 73), 37.
[80] Barth – Thurneysen, Briefwechsel. Bd. 1 (Anm. 38), 480 (29.3.1921).

5.3 Der Grossinquisitor

Eine Schlüsselstellung nimmt bei Karl Barth wie bei Eduard Thurneysen die Legende vom Grossinquisitor ein.[81] Diese gilt als der Prototyp des wohlbedachten menschlichen und kirchlichen Verrates an der Freiheit und Souveränität Gottes.

Zur Erinnerung: Im Spanien des 16. Jahrhunderts kehrt Jesus auf die Erde zurück. Er wird von der Menge erkannt, tut Wunder. Der Grossinquisitor lässt ihn verhaften. In der Nacht besucht er den Gefangenen und begründet in langer Rede, weshalb die Kirche den Menschen zuliebe von ihm abfallen musste. Er habe den Menschen die Freiheit verkündet, aber sie zögen Glück und Sicherheit vor, die ihnen die Kirche bieten könne. Deshalb störe er.

In der Figur des Grossinquisitors verdichtet sich Karl Barths theologische Kirchenkritik. «Kirche ist der mehr oder weniger umfassende und energische Versuch, das Göttliche zu vermenschlichen, zu verzeitlichen, zu verdinglichen, zu verweltlichen, zu einem praktischen Etwas zu machen, und das Alles zum Wohl der Menschen, die nicht ohne Gott, aber auch nicht mit dem lebendigen Gott leben können (siehe ‹Grossinquisitor›)» (455).

Die Umdeutung ist eklatant: hatte Dostojewski davon gesprochen, dass die Kirche die Freiheit der Kinder Gottes verraten habe, so betont Karl Barth im Sinne seines Ansatzes, dass sie die Jenseitigkeit Gottes aufgegeben habe. Und das tun wir immer: «auch ich bin der Grossinquisitor, der Verräter, der Widerstrebende und Ungehorsame» (529). Potenziert ist dieser Ungehorsam noch dort, wo die Kirche weltliche Macht beansprucht oder weltliche Ordnungen legitimiert.[82] Es bleibt der Kirche nur die Hoffnung auf die Vergebung Gottes, so wie in der Legende am Schluss Christus wortlos die blutleeren Lippen des Grossinquisitors küsst.

III. Schlussbemerkungen

Die gesammelten Eindrücke seien thetisch zusammengefasst:

1. Karl Barths Umgang mit den Autoren ist der eines Selbstdenkers, der vor Gewaltsamkeiten nicht zurückschreckt. Seine Wahrnehmung ist durchweg selektiv vereinnahmend, modifizierend und gelegentlich bis ins Gegenteil umdeutend. Oft werden die Autoren für theologische Aussagen in Anspruch genommen, für die sie gerade *nicht* stehen. Der Gebrauch der Autoren bricht spätestens dort ab, wo ihre Gedankenentwicklung eine andere Richtung nimmt als die Karl Barths.

---

[81] Fjodor Dostojewski, Die Brüder Karamasoff, 5. Buch, Kap. V.
[82] Vgl. Barth, Römerbrief 1922 (Anm. 1), 643.

Darüber hinaus findet eine einschlägige Auseinandersetzung mit dem Eigengewicht jener Positionen nicht statt. Die hermeneutische Reflexion über die Vorgehensweise wird geradezu abgewiesen: «Die zahlreichen Anspielungen auf gegenwärtige Erscheinungen und Probleme haben *nur* die Bedeutung von Erläuterungen» (18). Das aber ist eine bewusste und programmatische Haltung, denn eine irgendwie geartete Apologetik hätte die ausschliessliche Intention des «Hörens auf Paulus» beeinträchtigt und jenen Autoren zu viel Ehre erwiesen.

2. Die Referenzen auf Kierkegaard, Nietzsche und Dostojewski sind Illustrationen, die der gegenwärtigen Aktualität dieser Autoren geschuldet sind. Daher treten sie in der weiteren Entwicklung der Theologie Karl Barths wieder weitgehend zurück, indes die Kantische Grundorientierung bewahrt bleibt. Für die Theologie des *Römerbriefs* haben sie keine konstitutive Relevanz und sollten daher in ihrem Einfluss nicht überschätzt werden. Rudolf Bultmann hat dies in seiner Besprechung der zweiten Auflage deutlich gesehen, wenn er darauf hinweist, «dass manche Formulierungen offenbar durch augenblickliche Lektüre bestimmt sind (und in einer neuen Auflage vermutlich das Geschick entsprechender Wendungen der ersten Auflage teilen werden, nämlich zu verschwinden)».[83] Karl Barth scheint sich diese Kritik zu eigen gemacht zu haben, wenn er im Vorwort zur sechsten Auflage 1928 eingesteht: «Viel Beiwerk, das durch meine eigene und die allgemeine damalige Lage bedingt war, wäre wegzuschneiden» (40).

Insofern zeigt sich sein Umgang mit philosophischen und literarischen Autoren als eine Variante der Auslegungsmaxime «Bibel und Zeitung»: «Lektüre von allerhand ausgesprochen weltlicher Literatur, der Zeitung vor allem, ist zum Verständnis des Römerbriefs dringend zu empfehlen» (572).[84]

3. Gleichwohl scheint Karl Barth im *Römerbrief* über eine implizite Hermeneutik zu verfügen, die es ihm mit einiger Unbefangenheit erlaubt, in den Illustrationen zugleich Offenbarungszeugnisse zu sehen. «Jesus wäre nicht der Christus, wenn Gestalten wie Abraham, Jeremia, Sokrates, Grünewald, Luther, Kierkegaard, Dostojewski ihm gegenüber endgültig in historischer Ferne verharrten und nicht vielmehr in ihm in ihrer wesentlichen Einheit, Gleichzeitigkeit und Zusammengehörigkeit verstanden würden, wenn in der in ihm sich ankündigenden Negation ihre Positionen nur aufgehoben und nicht gleichzeitig begründet würden» (164). Kenner werden hier eine Vorgestalt der späteren «Lichterlehre» erblicken. Im *Römerbrief* ist dies noch ein von Ambivalenzen und Schwankungen überschattetes Projekt.

---

[83] Rudolf Bultmann, Karl Barths «Römerbrief» in zweiter Auflage (1922), in: Moltmann (Hg.), Anfänge der dialektischen Theologie (Anm. 32), 119–142 (141).

[84] Vgl. auch Barth, Römerbrief 1922 (Anm. 1), 591.

Luca Di Blasi

Krisenverschärfungen

Anmerkungen zur stillen Aus-einander-setzung zwischen Karl Barth und Martin Heidegger

I. Einleitung

Überblickt man auch nur oberflächlich die Biografien Karl Barths und Martin Heideggers, stechen deutliche Parallelen ins Auge. Beide sind Ende der 1880er Jahre geboren und waren «typische Alemannen»,[1] beide stammen aus betont christlich geprägten Familien, wobei sie sich in konfessioneller und sozialer Hinsicht deutlich unterschieden: Unter Karl Barths Vorfahren waren viele reformierte Theologen, sein Vater war Theologieprofessor. Die Eltern von Heidegger waren tiefgläubige Katholiken, sein Vater versah das Amt des Mesners. Barth wie Heidegger hatten eine theologische Ausbildung und strebten einen geistlichen bzw. theologischen Werdegang an. Barth wurde bekanntlich Pfarrer und Theologe, Heidegger war Ministrant, kurzzeitig Novize im Jesuitenorden, dann Priesterseminarist und Student der Theologie.

Bedeutsam ist auch der gemeinsame philosophische Hintergrund: Für beide spielte der damals die deutschsprachigen Universitäten dominierende Neukantianismus eine zentrale Rolle. Nicht nur war Karl Barth von Kants praktischer Philosophie tief beeinflusst; er hatte auch beim führenden Vertreter der neukantianischen *Marburger Schule*, Hermann Cohen, studiert. Zudem war sein Bruder Heinrich direkter Schüler von Cohen und dessen wichtigstem Schüler Paul Natorp. Schon daraus ergibt sich ein relevanter Einfluss des Neukantianismus auf Karl Barth.[2] Heidegger wiederum habilitierte beim Freiburger Grossordinarius Heinrich Rickert, dem zentralen Vertreter der *Südwestdeutschen Schule* des Neukantianismus.

---

[1]   So schrieb der Arabist Hans Gottschalk. Heidegger habe ihn «in seiner Art zu reden» wie «auch in seiner Erscheinung» an Karl Barth erinnert. Hans L. Gottschalk, Heideggers Rektoratszeit, in: Günther Neske / Emil Kettering (Hg.), Antwort. Martin Heidegger im Gespräch, Tübingen 1988, 184–189 (186).

[2]   Das Standardwerk dazu: Johann Friedrich Lohmann, Karl Barth und der Neukantianismus: die Rezeption des Neukantianismus im «Römerbrief» und ihre Bedeutung für die weitere Ausarbeitung der Theologie Karl Barths, Berlin u. a. 1995.

Obwohl die Parallelen und Gemeinsamkeiten bereits vor dem Ersten Weltkrieg deutlich hervortraten, näherten sich beide in der unmittelbaren Nachkriegszeit besonders an. Das zeigt sich in ähnlichen geistigen Interessen, z. B. darin, dass sich beide zu dieser Zeit intensiv mit Kierkegaard, Overbeck, Dostojewski und nicht zuletzt: mit Paulus beschäftigten. Barth veröffentlichte Ende 1918 und Ende 1921 die beiden Auflagen seines vielleicht bekanntesten und meistgelesenen Werks, des Römerbrief-Kommentars, während Heidegger 1920/21 bedeutende Teile seines Seminars zur «Phänomenologie des religiösen Lebens» Paulus widmete.[3]

Diese Zeit scheint bei beiden von einer besonders intensiven Nähe zwischen Philosophie und Christentum charakterisiert zu sein. Bei Karl Barth übte 1919 sein Bruder Heinrich Barth den vielleicht grössten (nachweisbaren) Einfluss auf sein Denken aus. Heinrich Barths Vortrag «Gotteserkenntnis» aus dem Jahr 1919[4] trug nicht unwesentlich zur Umschreibung der ersten Auflage des Römerbriefkommentars bei. Heidegger, im Gegenzug, hatte sich bereits Anfang 1917 vom Katholizismus ab- und dem Protestantismus zugewandt. 1919 dann teilte er einem Freund den Bruch mit dem «System des Katholizismus»[5] mit. In diesen Jahren, kurz vor und nach dem Ende des Ersten Weltkriegs, beschäftigte sich Heidegger mit christlicher Mystik, mit Luther, Paulus und Augustinus, aber auch mit zeitgenössischen Theologen und Religionsphilosophen (Wilhelm Dilthey, Ernst Troeltsch, Adolf von Harnack, Rudolf Otto usw.). Noch 1921 sah er sich als christlicher Theologe.[6]

Dieser Moment grösster Nähe ist aber zugleich die Zeit eines schwer wahrnehmbaren Bruchs: Wie im zweiten Kapitel zu zeigen sein wird, geht nämlich im Falle Barths der Einfluss seines Bruders gerade nicht mit einer höheren Stellung der Philosophie einher, wie man meinen könnte, im Gegenteil. Die auch wegen des Einflusses Heinrich Barths erfolgten Änderungen in der zweiten Auflage des

---

[3]   Martin Heidegger, Phänomenologie des religiösen Lebens (GA 60), hg. von Matthias Jung et al., Frankfurt a. M. 1995, besonders 67–125.

[4]   Heinrich Barth, Gotteserkenntnis, in: Jürgen Moltmann (Hg.), Anfänge der dialektischen Theologie. Teil 1, Gütersloh 1995, 221–255.

[5]   Vgl. Matthias Jung / Holger Zaborowski, Phänomenologie der Religion. Das frühe Christentum als Schlüssel zum faktischen Leben, in: Dieter Thomä (Hg.), Heidegger-Handbuch, Stuttgart 2013, 8–13 (8). Schon Ende 1916 war Heideggers Hoffnung auf den zwei Jahre lang vakanten Lehrstuhl der katholischen Philosophie in Freiburg enttäuscht worden, was zu seiner Entfremdung vom Katholizismus beigetragen haben dürfte. Vgl. «Mein liebes Seelchen!». Briefe Martin Heideggers an seine Frau Elfride 1915–1970, hg. und kommentiert von Gertrud Heidegger, München 2005, 51.

[6]   Jung/Zaborowski, Phänomenologie der Religion (Anm. 5), 8.

Römerbriefs bedeuten tatsächlich den Übergang zu einer *radikalen Abwertung der Philosophie* und der Möglichkeit einer «natürlichen Gotteserkenntnis». Etwas Analoges lässt sich, wie im dritten Kapitel erläutert wird, auch von Martin Heidegger sagen. 1921/22 sprach er sich für einen «prinzipiellen Atheismus» der Philosophie aus[7] und wandte sich von der Theologie ab. Damit begann eine fruchtbare Phase der «Komplementarität»[8] zweier Existenzweisen, die aufgrund einer eigentümlichen Verbindung aus Divergenz und wechselseitiger Überbietung unaufhaltsam in ein Gegeneinander kippen sollte (viertes Kapitel).

II. Barths Römerbriefkommentare und die Stellung der Philosophie

Bereits im Vorwort zur zweiten Auflage des *Römerbriefes* spricht Barth das Verhältnis von Theologie und Philosophie an.

> «Denn Gottes ‹Unanschaulichkeit kann geschaut werden›. Wir haben das vergessen, wir müssen es uns wieder sagen lassen. Es ist nicht der notwendige Stand der Dinge zwischen Gott und uns, dass uns unsre Unbescheidenheit, Unbedenklichkeit und Unerschrockenheit ihm gegenüber so natürlich ist. Platonische Weisheit hat als Ursprung alles Gegebenen längst das Nicht-Gegebene erkannt.»[9]

Die Rede vom «Nicht-Gegebenen» als «Ursprung alles Gegebenen» zeugt vom Fortwirken des Neukantianismus und besonders Hermann Cohens und verweist zurück auf die *Marburger Schule*. Der Siegeszug der Naturwissenschaft hatte im Laufe des 19. Jahrhunderts auf epistemischer Ebene einen unkritischen, naiven Realismus und die Verabsolutierung der Naturwissenschaften hatte eine vollständige Selbstnaturalisierung des Menschen befördert. Der Mensch wurde hier zu einem durchgehend kausal bestimmten Objekt neben anderen Objekten, er ‹verdinglichte› sich selbst. Der frühe Neukantianismus hatte zunächst noch die Übereinstimmung mit der Physiologie gesucht und versucht, anhand der sinnli-

---

[7] Martin Heidegger, Phänomenologische Interpretationen zu Aristoteles. Einführung in die phänomenologische Forschung (GA 61), hg. von Günther Neumann, Frankfurt a. M. 1994, 196.

[8] Die Rede der Komplementarität ist verbreitet. Safranski etwa sprach davon, dass Heidegger mit seinem philosophischen Atheismus eine Position «komplementär zur dialektischen Theologie» eingenommen habe. Rüdiger Safranski, Ein Meister aus Deutschland. Heidegger und seine Zeit, Frankfurt a. M. 1997, 129f.

[9] Karl Barth, Der Römerbrief (Zweite Fassung) 1922 (GA II.47), hg. von Cornelis van der Kooi und Katja Tolstaja, Zürich 2010, 72.

chen Wahrnehmung zu zeigen, wie die ‹Realität› physiologisch konstruiert sei. Mit dieser «Naturalisierung des Apriorischen»[10] war das Problem eines naiven Realismus beantwortet, aber nicht das des Naturalismus und der Naturalisierung des Menschen. Die *Südwestdeutsche Schule* des Neukantianismus knüpfte an Kants Begrenzung der Geltungsansprüche der theoretischen Vernunft durch eine praktische Vernunft an und wandelte dieses Verhältnis zu einem zwischen *Naturwissenschaften,* denen es um Erkenntnis der *Wirklichkeit* geht, um das *Sein,* und *Geisteswissenschaften,* denen es um *Werte* geht, um das *Sollen.* Die *Marburger Schule* dagegen antwortete auf das Problem der vollständigen Naturalisierung des Menschen mit einer Negation der Voraussetzung eines naiven Empirismus und Positivismus: Dass positiv gegebene Tatsachen einfach «gegeben» seien. Die für die Marburger Schule charakteristische Grundeinsicht lautet: «Nichts darf dem reinen Denken als gegeben gelten; auch das Gegebene muss es sich selbst erzeugen.»[11] Und schon zuvor, in seiner Kritik des reinen Erkennens, hatte Cohen geschrieben: «Wir fangen mit dem Denken an. Das Denken darf keinen Ursprung haben ausserhalb seiner selbst, wenn anders seine Reinheit uneingeschränkt und ungetrübt sein muss.»[12]

Jene von Barth sogenannte «Weisheit», die «als Ursprung alles Gegebenen längst das Nicht-Gegebene erkannt» habe, entstammt also offensichtlich dem Neukantianismus, genauer: sie entstammt Cohen. Wenn Barth hier aber nicht Cohen selbst erwähnt, sondern von einer «[p]latonische[n] Weisheit» spricht, dann hängt das wahrscheinlich damit zusammen, dass der unmittelbare Einfluss nicht von Cohen, sondern von Heinrich Barth kam. Dieser hatte, auf seine Lehrer Cohen und Natorp aufbauend, in Platons «Idee des Guten» entschieden deren Transzendenz vom Sein betont, diese Idee mit der des Ursprungs und dem Begriff Gottes verbunden, diese Deutung in seinem Vortrag «Gotteserkenntnis» von 1919 vorgelegt und damit seinen Bruder beeinflusst.[13]

Wegen des Einflusses Cohens auf Karl Barth, 1919 besonders in der Fassung Heinrich Barths, kann nun leicht der Eindruck entstehen, dass die zweite Fassung des Römerbriefkommentars Ausdruck einer besonderen Nähe von Philosophie und Theologie gewesen wäre. Darauf scheint auch eine weitere Stelle der zweiten Auflage des *Römerbriefs* hinzuweisen:

---

[10] Klaus Christian Köhnke, Entstehung und Aufstieg des Neukantianismus. Die deutsche Universitätsphilosophie zwischen Idealismus und Positivismus, Frankfurt a. M. 1986, 177.

[11] Hermann Cohen, Ethik des reinen Willens, Berlin 1904, 97.

[12] Hermann Cohen, Logik der reinen Erkenntnis, Berlin 1922, 13.

[13] Vgl. Lohmann, Karl Barth und der Neukantianismus (Anm. 2), bes. 164–316.

«‹Gott ist im Himmel und du auf Erden› [vgl. Prediger 5,1]. Die Beziehung *dieses* Gottes zu *diesem* Menschen, die Beziehung *dieses* Menschen zu *diesem* Gott ist für mich das Thema der Bibel und die Summe der Philosophie in Einem. Die Philosophen nennen diese Krisis des menschlichen Erkennens den Ursprung. Die Bibel sieht an diesem Kreuzweg Jesus Christus.»[14]

«Gott als Thema der Bibel und die Summe der Philosophie in Einem», das scheint eine Konvergenz zwischen christlicher Theologie und Philosophie anzudeuten. Aber nur auf den ersten Blick. Erstens ist nicht von Theologie die Rede, sondern von der Bibel. Es geht hier also um das Verhältnis von Bibel (oder Offenbarung) und Philosophie, nicht um das Verhältnis der christlichen Theologie und Philosophie. Und zweitens sollte die grundlegende *Asymmetrie* nicht übersehen werden, die selbst in einer Aussage, die die maximale Konzession gegenüber der Philosophie darstellt, vorliegt: Gott ist «Thema» der Bibel, aber «Summe» der Philosophie. Im Klartext: Der Inbegriff äusserster Anstrengungen, zu der die Philosophen aller Zeiten ohne Offenbarung gelangen konnten, ist durchgängiges Thema der Bibel.

Bemerkenswert ist hier noch etwas anderes: «Die Philosophen nennen diese Krisis des menschlichen Erkennens den Ursprung». *«Die»* Philosophen? Tatsächlich fällt es nicht leicht, auch nur einen *einzigen* Philosophen zu nennen, bei dem «Ursprung» und «Krisis des menschlichen Erkennens» zusammenfallen, mit der bereits genannten Ausnahme: Heinrich Barth, der in seinem Vortrag «Gotteserkenntnis» diese Begriffe zusammengerückt hatte. Heinrich Barth hatte, wie Johann Friedrich Lohmann detailliert herausgearbeitet hat, den bei Cohen und Natorp zentralen Begriff des «Ursprungs» selbstständig fortgesetzt. Während der «Ursprung» für Cohen und Natorp eine logische Denkfigur gewesen sei, mittels derer «über eine radikale Negation die Wirklichkeit im Denken der Wissenschaft neu konstituiert» worden sei, habe Heinrich Barth den Ursprung mit dem Gottesgedanken verbunden. Bezeichnend für Heinrich Barth sei zudem ein von der platonischen Idee des Guten geprägtes Verständnis des Ursprungs. Der Ursprung sei daher nicht einfach ein logisch-wissenschaftliches Prinzip gewesen, sondern ein fundamentales Lebensgesetz. Vor allem aber habe Heinrich Barth aus Platon die vollkommene Jenseitigkeit des Ursprungs abgeleitet, während «die Immanenz des ‹Ursprungs› in der durch ihn konstituierten Wirklichkeit zum blossen Ideal» verblasst sei. Diese «im Kern dualistische ‹Ursprungs›-Konzeption Heinrich Barths» habe, nachdem ihr Einfluss bereits in Karl Barths

---

[14] Barth, Der Römerbrief II (Anm. 9), 17.

«Tambacher Rede» («Der Christ in der Gesellschaft» von 1919) unübersehbar gewesen sei, auf dessen zweite Römerbrief-Auslegung voll durchgeschlagen.[15]

Was demnach Karl Barth im Auge hat, sind weniger «die» Philosophen als vielmehr die äusserste Annäherung der Philosophie seines Bruders nicht nur an einen transzendenten Gottesbegriff, sondern auch an Christus. Diese äusserste Annäherung wiederum wird von Karl Barth gleichsam als äusserste Spitzelleistung verstanden, zu der die Philosophie überhaupt fähig ist. Statt von einer «Kongruenz» führt der Einfluss dieser Gedanken auf Karl Barth, bei genauerem Hinsehen, zu einer hierarchischen *Abwertung* der Philosophie und zeugt, nebenbei gesagt, von Barths beträchtlicher Distanz zur Philosophie, denn anders ist nicht zu erklären, dass die Denkentwicklung seines eigenen, philosophisch wenig herausragenden Bruders, zum Ausdruck aller Philosophie idealisiert wird, und das auch noch zu einem Zeitpunkt, an dem die Macht des Neukantianismus in der Philosophie gerade in ähnlicher Weise gebrochen war, wie – nicht zuletzt durch die Theologie Karl Barths selbst – die Macht des liberalen Kulturprotestantismus in der Theologie.[16]

Dass sich Barth mit seiner zweiten Auflage der Philosophie genähert hat, um eine deutliche Abgrenzung von ihr zu vollziehen, davon zeugt eine weitere Stelle. Sie wird in der Barth-Rezeption viel zitiert, weil hier nicht nur eine Kernbotschaft der zweiten Auflage zum Ausdruck kommt, sondern weil hier der Unterschied zwischen erster und zweiter Auflage seines Römerbriefkommentars in drastischer Deutlichkeit aufblitzt. Hiess es in der ersten Fassung noch: »Die ‹Tiefe› Gottes ist *nicht* seine ‹Unerforschlichkeit›, denn Gott ist erforschlich und erkennbar denen, die ihn suchen»,[17] heisst es in der zweiten Auflage: »Die ‹*Tiefe des Reichtums und der Weisheit und der Erkenntnis Gottes*› ist (im Gegensatz zur 1. Aufl. dieses Buches muss es hier gesagt sein) durchaus seine *Unerforschlichkeit.* Dass der Deus absconditus *als solcher* in Jesus Christus Deus revelatus ist, das ist der Inhalt des Römerbriefs (1,16–17).»[18]

Die zweite Auflage stellt, mit anderen Worten, den entscheidenden Schritt zur *Entkopplung* von Offenbarung und Philosophie dar und, insofern die Theologie die Offenbarung zu ihrer Grundlage hat, auch der Theologie von der Phi-

---

[15] Lohmann, Karl Barth und der Neukantianismus (Anm. 2), 401.

[16] Hier zeigt sich eine deutliche Asymmetrie zwischen Barth und Heidegger, denn Heideggers Kenntnis der Theologie, einschliesslich ihrer damals aktuellen Entwicklungen, war deutlich gründlicher, als es die philosophischen Kenntnisse Barths gewesen sind.

[17] Karl Barth, Der Römerbrief (Erste Fassung) 1919 (GA II.16), hg. von Hermann Schmidt, Zürich 1985, 459.

[18] Barth, Der Römerbrief II (Anm. 9), 568.

losophie. Dem menschlichen Erkennen wird hier nur noch in seiner äussersten Spitze, in der Philosophie und hier wiederum in der extremsten Annäherung der platonischen Idee des Guten an den jenseitigen Gott zugebilligt, an die Transzendenz Gottes heranrücken zu können.

Diametral entgegengesetzt dazu hatte es in der ersten Auflage noch geheissen:

«Weil der Kosmos aus einer schöpferischen Vernunft hervorgegangen und weil diese schöpferische Vernunft uns nichts Fremdes ist, sondern in uns selber wohnt, *darum* sagen wir: ‹der Gottesgedanke ist ihnen bekannt, Gott hat ihn ihnen bekannt gemacht›».[19]

Diese frühere Bezugnahme auf den schöpferischen Logos war noch im Rahmen der Vermittlung gestanden, zwischen offenbarungsgebundener und natürlicher oder philosophischer Theologie, damit aber auch zwischen Glauben und Wissen, «Jerusalem» und «Athen», und nicht zuletzt Protestantismus und Katholizismus. Genau diese Vermittlungsmöglichkeiten kappte die zweite Auflage.

Die deutliche Abgrenzung gegenüber der Philosophie geht einher und steht in Verbindung mit einem noch fundamentaleren Wechsel, den Bruce McCormack als Wechsel von einer den *Römerbrief I* bestimmenden Prozesseschatologie («Process Eschatology») zugunsten einer konsistenten Eschatologie («Consistent Eschatology»)[20] verstanden hat. Dieser Wechsel kann als Radikalisierung der Eschatologie verstanden werden, die eine strukturelle Ähnlichkeit mit Heideggers Projekt hat (aber auch mit dem Messianismus der postassimilatorischen Renaissance des deutschen Judentums[21]), bevor Barths Wechsel zu einer stärker christologisch orientierten Theologie nach 1924 Heideggers Radikalisierungstendenz in Richtung einer Eschatologie ohne Eschaton genau entgegenläuft.

---

[19]   Barth, Der Römerbrief I (Anm. 17), 29.

[20]   «Barth abandoned the process eschatology of Romans I in favour of a radically futurist ‹consistent› eschatology according to which the Kingdom of God is understood as that which brings about ‹the dissolution of all things, the cessation of all becoming, the passing away of this world's time›. ‹Ein Denken von Gott aus› became in the phase of Romans II ‹ein Denken von Eschatologie aus›. Thus, that which is most fundamental in the shift which occurred between the two editions of Romans was the exchange of one model of eschatology for another.» Bruce L. McCormack, Karl Barth's Critically Realistic Dialectical Theology, Oxford 1995, 208.

[21]   Vgl. dazu Micha Brumlik, Theologie und Messianismus, in: Richard Klein et al. (Hg.), Adorno-Handbuch. Leben – Werk – Wirkung, Stuttgart 2011, 295–309.

III. Achristlichkeit *ad maiorem Christi gloriam*

Die Zeit um 1920 war für Heidegger, wie bereits erwähnt, von einer intensiven Beschäftigung mit Theologie und Christentum geprägt. Zum einen war er 1919 Assistent von Husserl geworden und wurde von diesem zu religionsphänomenologischen Untersuchungen ermutigt.[22] Das aber wiederum hing mit dem theologischen Hintergrund Heideggers zusammen; jedenfalls rang Heidegger zu dieser Zeit um eine Klärung des Verhältnisses von Philosophie und Theologie. Entsprechend erscheinen seine Aussagen zum Christentum zu dieser Zeit mehrdeutig und widersprüchlich: so bezeichnet er sich, wie gesagt, noch um 1921 als «christlicher Theo*loge*»[23] (aber mit Betonung des Logos und damit der Enttonung des Theos) und bekannte sich im gleichen Zeitraum zu einem «prinzipiellen Atheismus» der Philosophie.[24]

Zu diesem Klärungsprozess gehört nicht nur die Annäherung an den Protestantismus und der Bruch mit dem Katholizismus, sondern auch die deutliche Unterscheidung von Glauben und Theologie, die später und umfassender in der Unterscheidung: Christlichkeit und Christentum gefasst wird. Die Unterscheidung von Glauben und Theologie geht mit einer Abwertung der Theologie einher, die gegenüber dem Glauben in eine ähnliche Stellung rückt wie bei Harnack das Dogma (als «Hellenisierung des Christentums») gegenüber dem vorwiegend sittlich gedachten Urchristentum. So schreibt Heidegger Ende des Ersten Weltkriegs (am 07.11.1918) an Elisabeth Blochmann: «[...] was Sie suchen, finden Sie in sich selbst, vom religiösen Urerlebnis führt ein Weg zur Theologie, er muss aber nicht von der Theologie zum religiösen Bewusstsein u. seiner Lebendigkeit leiten.»[25] Und zwei Jahre später heisst es, deutlicher abgrenzend:

> «Scharf zu trennen: das Problem der Theologie und das der Religiosität. Bei der Theologie ist zu beachten ihre ständige Abhängigkeit von Philosophie und der Lage des jeweiligen theoretischen Bewusstseins überhaupt. Die Theologie hat bis jetzt keine originäre theoretische Grundhaltung der Ursprünglichkeit ihres Gegenstandes entsprechend gefunden.»[26]

Diese Begriffe «religiöses Urerlebnis» und «Ursprünglichkeit» des theologischen Gegenstandes scheinen, oberflächlich betrachtet, kompatibel zu sein mit

---

[22] Jung/Zaborowski, Phänomenologie der Religion (Anm. 5), 8.
[23] Ebd.
[24] Heidegger, Phänomenologische Interpretationen zu Aristoteles (Anm. 7), 196.
[25] Joachim W. Storck (Hg.), Martin Heidegger, Elisabeth Blochmann, Briefwechsel 1918–1969, Marbach am Neckar 1989, 10.
[26] Heidegger, Phänomenologie des religiösen Lebens (Anm. 3), 310.

dem religiös verstandenen Ursprungsbegriff Karl Barths, der von ihm ja auch gleichsam als «Urerlebnis» einer (epistemologischen) Krisis und als solche als Berührungspunkt zur Offenbarung verstanden wurde. «Die Philosophen nennen diese Krisis des menschlichen Erkennens den Ursprung. Die Bibel sieht an diesem Kreuzweg Jesus Christus.»

Tatsächlich aber entfernt sich Heidegger schon hier von einem spezifischen *Erlebnis*. Ihm geht es vielmehr um eine spezifische religiöse *Existenzweise*.[27] Urchristliche Lebenserfahrung liefert dabei, in den Worten von Matthias Jung und Holger Zaborowski, eine «phänomenale Ressource», von der aus «das ‹vollzugsmässige› Defizit der abendländischen Begriffsbildung, ihr ‹objekt-geschichtliches› und sich im metaphysischen Denken niederschlagendes Vorurteil sichtbar und kritisierbar»[28] werden soll.

Das könnte, der philosophiekritischen Stossrichtung nach, auch noch von Barth ausgesagt werden. Allerdings, und das ist entscheidend, sollen bei Heidegger die aus der religiösen, genauer: christlichen Existenzweise, erschlossenen Begriffe (z. B. «Ruinanz», eine dem Dasein eigene Verdunklungs- und Verfallstendenz, gegen die gekämpft werden muss oder die – von Augustinus inspirierte – «Sorge» als Grundbegriff zum Verständnis des Daseins) dazu beitragen, die Phänomenologie zu einer Hermeneutik des faktischen Lebens zu erweitern und zu intensivieren und mit ihr auch die Philosophie. Sie dienen, m. a. W., der Transformation und Vertiefung eines philosophischen Seinsverständnisses und nicht einer Rechtfertigung des Glaubens. Diese Übernahme oder Appropriation christlicher «Ressourcen» ging mit einer selektiven Auswahl einher: Der christliche Schlüsselbegriff der *caritas* etwa spielt bei Heidegger kaum eine Rolle, grundsätzlicher werden «alle Aspekte des augustinischen Denkens, die das curare im Sinne eines ständigen Kampfes gegen das Sich-Verlieren in der Welt» deuten, «ins Zentrum gerückt», dagegen «alle Tendenzen zur Ruhe in Gott dem verzerrenden Einfluss des Neuplatonismus zugeschlagen.»[29]

---

[27] Jahre später, in seinem Vortrag *Phänomenologie und Theologie* aus dem Jahr 1927, wird Heidegger mit der Terminologie Christlichkeit-Theologie sagen: «Was bedeutet aber Christlichkeit? Christlich nennen wir den Glauben. Dessen Wesen lässt sich formal so umgrenzen: der Glaube ist eine Existenzweise des menschlichen Daseins, die, nach dem eigenen – dieser Existenzweise wesenhaft zugehörigen – Zeugnis, nicht aus dem Dasein und nicht durch es aus freien Stücken gezeitigt wird, sondern aus dem, was in und mit dieser Existenzweise offenbar wird, aus dem Geglaubten.» Martin Heidegger, Phänomenologie und Theologie, in: ders., Wegmarken (GA 9), hg. von Friedrich-Wilhelm von Herrmann, Frankfurt a. M. 1976, 45–78 (52).

[28] Jung/Zaborowski, Phänomenologie der Religion (Anm. 5), 10.

[29] Jung / Zaborowski, Phänomenologie der Religion (Anm. 5), 13.

Aber selbst hier noch kann eine Gemeinsamkeit zu Barth und der dialektischen Theologie erkannt werden, wo es nämlich ebenfalls um die Verschärfung
des Krisenbewusstseins ging. Und selbst noch jener «prinzipielle Atheismus» der
Philosophie Heideggers steht, im Lichte des Gesagten, (noch) nicht im Gegensatz
zum Glauben und nicht einmal zu Barth, sondern rückt vielmehr in die Nähe zu
dessen Radikalisierung göttlicher Unerkennbarkeit und Ganzandersheit.

> «Philosophie muss in ihrer radikalen, sich auf sich selbst stellenden Fraglichkeit prin-
> zipiell a-theistisch sein. Sie darf sich gerade ob ihrer Grundtendenz nicht vermessen,
> Gott zu haben und zu bestimmen. Je radikaler sie ist, umso bestimmter ist sie ein weg
> von ihm, also gerade im radikalen Vollzug des ‹weg› ein eigenes schwieriges ‹bei› ihm.
> Im übrigen darf sie sich nicht darob verspekulieren, sondern hat ihr' Sach' zu tun.»[30]

Von hier ist es nur ein Schritt von einer Radikalisierung der Gottlosigkeit zur
Christuslosigkeit, zu einer «eschatology without an eschaton».[31] In seiner «Phänomenologie des religiösen Lebens» findet sich der etwas kryptische Satz: «Christuslosigkeit [?] *konstitutiv* für *das Entscheidende* im *Christlichen!*»[32] Analog zu Odo
Marquard, der die Geschichtsphilosophie als «Atheismus ad maiorem Dei
gloriam»[33] bezeichnet hat, könnte man hier von einer *Achristlichkeit ad maiorem
Christi gloriam* durch Radikalisierung der Eschatologie sprechen. Nicht nur
Dogmenbildung und Theologie («Hellenisierung des Christentums»), nicht nur
neuplantonische Verzerrung Gottes, sondern selbst Christus erscheint noch zu
beruhigend und in diesem Sinne unchristlich.

Ausgehend vom zitierten Satz Heideggers («Christuslosigkeit [?] *konstitutiv*
für *das Entscheidende* im *Christlichen!*») hat Christoph Schmidt diese Phase
Heideggers als «birth of the tragedy out of the eschatological problem» gedeutet.
Die Kritik aller metaphysischen Idole und Götzen der Absicherung habe hier, wo
das eschatologische Problem zu Ende gedacht werde, seinen theologischen Rahmen selbst erfasst. So sehr Heidegger mit Luthers Idee des Glaubens und gegen
eine jede objektivierende Konzeption Gottes auf einen unmittelbaren Lebens-

---

[30] Heidegger, Phänomenologische Interpretationen zu Aristoteles (Anm. 7), 197.
[31] Judith Wolfe, Heidegger's Eschatology. Theological Horizons in Martin Heidegger's
Early Work, Oxford 2013, 91.
[32] Heidegger, Phänomenologie des religiösen Lebens (Anm. 3), 138.
[33] «Die Geschichtsphilosophie ist die aus einer Krise der Theodizee durch Radikalisierung der Theodizee entstehende Vollendung der Theodizee durch den Freispruch Gottes wegen der erwiesensten jeder möglichen Unschuld, nämlich der Unschuld wegen
Nichtexistenz. Durch diesen Atheismus ad maiorem Dei gloriam wird der Mensch der
Erbe der Funktionen Gottes». Odo Marquard, Der angeklagte und der entlastete Mensch
in der Philosophie des 18. Jahrhunderts, in: ders. (Hg.), Abschied vom Prinzipiellen,
Stuttgart 1981, 39–66 (48).

vollzug insistiert habe, so sehr habe diese Radikalisierung der Erfahrung der Zeitlichkeit auch noch diese letzte Absicherung im Glauben gesprengt und den Horizont auf den unheimlichen Abgrund des Seins geöffnet.

> «Now the Antichrist, who according to tradition appears in divine disguise, becomes Christ himself, who wishes to redeem man from temporality and death. Christian eschatology turned against itself becomes transformed into an eschatology of radical time experience fulfilling itself as tragedy. Christian Parousia is replaced by Greek tragedy.»[34]

Diese Deutung ist interessant, auch weil sie die Frage aufbringt, inwieweit Heideggers dezidiert postchristliches Projekt und seine Radikalisierung der Eschatologie als «Rückkehr zur Tragödie» und damit, aus christlicher Perspektive zumindest, als «Rückkehr zum Heidentum» verstanden werden muss. In seinem Selbstverständnis war Heideggers Projekt ja keineswegs nur von der Suche nach einem anderen (vorchristlichen, ja vorsokratischen) Anfang qua Destruktion der Metaphysik geprägt, sondern war (was aber kein Gegensatz ist, sobald der äusserste Anfang in eine neue, andere, radikalere Anfänglichkeit durchstossen wird) zugleich *postchristlich, postprotestantisch,* bedeutete die Radikalisierung eines ins Unbekannte und Offene strebenden Aufbruchs. Etwas von der Radikalität des Aufbruchs wird 1928 deutlich, wo Heidegger das Nichts als adäquaten Begriff der Transzendenz zu fassen versucht. In seinem Text «Was ist Metaphysik?» heisst es:

> «In der hellen Nacht des Nichts der Angst ersteht erst die ursprüngliche Offenheit des Seienden als eines solchen: dass es Seiendes ist – und nicht Nichts. [...] Nur auf dem Grunde der ursprünglichen Offenbarkeit des Nichts kann das Dasein des Menschen auf Seiendes zugehen und eingehen. [...] Da-sein heisst: Hineingehaltenheit in das Nichts. Sich hineinhaltend in das Nichts ist das Dasein je schon über das Seiende im Ganzen hinaus. Dieses Hinaussein über das Seiende nennen wir die Transzendenz. Würde das Dasein im Grunde seines Wesens nicht transzendieren, d. h. jetzt, würde es sich nicht im Vorhinein in das Nichts hineinhalten, dann könnte es sich nie zu Seiendem verhalten, also auch nicht zu sich selbst. Ohne ursprüngliche Offenbarkeit des Nichts kein Selbstsein und keine Freiheit.»[35]

Hier wird sichtbar, wie in einer Gemeinsamkeit, der Entrückung Gottes von jeder menschlichen Erkennbarkeit, von Anfang an auch der Keim einer fundamen-

---

[34] Christoph Schmidt, Monotheism as a Metapolitical Problem: Heidegger's War Against Jewish Christian Monotheism, in: Mårten Björk / Jayne Svenungsson (Hg.), Heidegger's Black Notebooks and the Future of Theology, Basingstoke 2017, 131–157 (134).
[35] Martin Heidegger, Was ist Metaphysik? Frankfurt a. M. 1955, 34f.

talen Differenz der Wege Heideggers und Barth gelegt war: Während Barth nämlich, vom Glauben her, diese Unerkennbarkeit als Unerkennbarkeit *Gottes*, das
Nichts als «Nein Gottes»[36] versteht, erscheint für Heidegger, vom Denken her,
jeder Verweis auf die andere Seite der Schranke als «Trost» und Rückkehr zur
Selbsttäuschung, was dem Gläubigen als von Gott kommende Hoffnung auf die
eine Offenheit zu einer anderen Seite hin erscheint, erscheint hier gerade als ver-
tröstendes *Hindernis* auf dem Weg radikaler Selbstbesinnung, Ursprünglichkeit,
vielleicht sogar: Transzendenz. Diesen Unterschied versucht Heidegger in seinem Vortrag «Phänomenologie und Theologie» mit der für ihn fundamentalen
Unterscheidung ontisch-ontologisch zu fassen.[37]

Überhaupt kann dieser Vortrag als Abschied von Heideggers Marburger Zeit
verstanden werden und von dem diese Zeit prägenden Dialog mit der (protestantischen) Theologie auf der Grundlage einer klaren Unterscheidung der Wege.
Denn hier spricht Heidegger von einem «existenzielle[n] Gegensatz zwischen
Gläubigkeit und freier Selbstübernahme des ganzen Daseins».[38] Der Glaube, erscheint ihm nun in seinem «innersten Kern als eine «spezifische Existenzmög-
lichkeit», die «gegenüber der wesenhaft zur *Philosophie* gehörigen und faktisch
höchst veränderlichen *Existenzform* der Todfeind» bleibe.[39]

Umgekehrt hatte Barth mit seiner christologischen Wende ab 1924 eine ent-
gegengesetzte Richtung eingeschlagen, weshalb die Divergenz beider Wege von

---

[36] Dem Menschen «bleibt zu tragen die ganze Last der Sünde und der ganze Fluch
des Todes. Keine Selbsttäuschungen über den Tatbestand unsres Da-Seins und So-Seins!
Die Auferstehung, die unser Ausgang ist, ist auch unsre Schranke. Aber die Schranke ist
auch der Ausgang. Das Nein!, das uns entgegentritt, ist das Nein Gottes. Was uns fehlt,
ist auch das, was uns hilft. Was uns begrenzt, das ist neues Land. Was alle Weltwahrheit
aufhebt, das ist auch ihre Begründung. Gerade weil Gottes Nein! ganz ist, ist es auch sein
Ja!» Barth, Der Römerbrief II (Anm. 9), 61.

[37] Dazu Wolfe: «Heidegger's rejection of God as the horizon of an interpretation of
human existence, then, is more than a declaration of allegiance to one field rather than
another: It implies a revaluation of theology as at best an ontic science, one that already
takes for granted the being of its object.» Wolfe, Heidegger's Eschatology (Anm. 31), 94.

[38] Heidegger, Martin, Phänomenologie und Theologie, in: ders., Wegmarken
(Anm. 27), 45–78 (66).

[39] Heidegger, Phänomenologie und Theologie (Anm. 38), 66. An dieser Stelle fügt
Heidegger, gleichsam als Konzession an die Marburger Zeit, noch eine Fussnote an, in der
er die Drastik des Ausdrucks «Todfeind» entschärft, in dem er noch einmal die Komplementarität beider Wege, des Glaubensweges und des philosophischen Weges, betont:
«Dass es sich hier um die grundsätzliche (existenziale) Gegenüberstellung zweier Existenzmöglichkeiten handelt, die ein je faktisches, existentielles gegenseitiges Ernstnehmen
und Anerkennen nicht aus- sondern *einschliesst*, sollte nicht erst weitläufig diskutiert werden müssen.»

beiden Seiten unüberbrückbar gemacht wurde. Spätestens hier hört der Ausdruck Komplementarität auf, sinnvoll zu bleiben, obwohl noch Ende der 1920er Jahre ein intimer Kenner beider Projekte, Rudolf Bultmann, sich über den Grad von deren innerer Divergenz täuschen konnte, indem er unermüdlich versuchte, Barth und Heidegger miteinander bekannt zu machen. Tatsächlich war eine Komplementarität zweier Existenzweisen bereits in ein Gegeneinander gekippt, was sich auch in Barths Misstrauen gegenüber Bultmann und dessen (von Heidegger beeinflusstem) Anliegen zeigt, das ihm, Barth, erschien

> «wie eine grossartige Rückkehr zu den Fleischtöpfen Ägyptens. Ich meine damit: Sie sind [...] dabei, den Glauben aufs neue [...] als begründet in einer menschlichen Möglichkeit verstehen zu wollen und damit die Theologie aufs neue der Philosophie in die Hände zu liefern.»[40]

In den Folgejahren herrscht, wenn bei Heidegger und Barth überhaupt voneinander die Rede ist, Polemik. Überhaupt wendet sich Heidegger nun nicht nur gegen das «Christentum» (als einer zur Kultur geronnenen Christlichkeit) und die Theologie (einschliesslich jener Barths), sondern auch gegen Christlichkeit und Glaube. Wahrheit als Unverborgenheit *(aletheia)* steht dem als «Geborgenheit» verstandenen Glauben genauso entgegen wie jene, schon früh betonte «radikale [...] Fraglichkeit»,[41] die nun dem Glauben entgegengesetzt wird. So heisst es 1935:

> «Wer auf dem Boden solchen Glaubens steht, der kann zwar das Fragen unserer Frage in gewisser Weise nach- und mitvollziehen, aber er kann nicht eigentlich fragen, ohne sich selbst als einen Gläubigen aufzugeben mit allen Folgen dieses Schrittes. Er kann nur so tun, als ob ... [...]. Mit diesem Hinweis auf die Geborgenheit im Glauben als einer eigenen Weise, in der Wahrheit zu stehen, ist freilich nicht gesagt, dass die Anführung der Bibelworte: ‹Im Anfang schuf Gott Himmel und Erde usw.› eine Antwort auf unsere Frage darstellt. Ganz abgesehen davon, ob dieser Satz der Bibel für den Glauben wahr oder unwahr ist, er kann überhaupt keine Antwort auf unsere Frage darstellen, weil er auf diese Frage keinen Bezug hat. Er hat keinen Bezug darauf, weil er einen solchen darauf gar nicht nehmen kann. Was in unserer Frage eigentlich gefragt wird, ist für den Glauben eine Torheit. In dieser Torheit besteht die Philosophie.»[42]

In der Umkehrung des paulinischen «den Heiden eine Torheit» (1Kor 1,23) zeigt sich noch einmal, dass von einer Rückkehr zum «Heidentum» oder zu den

---

[40] Karl Barth an Rudolf Bultmann vom 5. Februar 1930, in: Karl Barth – Rudolf Bultmann, Briefwechsel 1911–1966 (GA V.1), hg. von Bernd Jaspert, Zürich 1994, 99.

[41] Heidegger, Phänomenologische Interpretationen zu Aristoteles (Anm. 7), 197.

[42] Martin Heidegger, Einführung in die Metaphysik (GA 40), hg. von Petra Jaeger, Frankfurt a. M. 1983/²2020, 9.

«Fleischtöpfen Ägyptens», zumindest im Selbstverständnis Heideggers, nicht die Rede sein kann, im Gegenteil: Aus der Überbietung der Eschatologie heraus erscheinen Heidegger die ‹Christen› als ‹Heiden›. Dafür mag auch sprechen, dass noch 1935 der Bruch mit dem Glauben nicht einfach besiegelt war. Im gleichen Jahr schrieb Heidegger, ebenfalls in Anlehnung an Paulus, an Jaspers: «[...] und sonst sind mir zwei Pfähle – die Auseinandersetzung mit dem Glauben der Herkunft und das Misslingen des Rektorats – gerade genug an solchem, was wirklich überwunden sein möchte.»[43] Die Frage ist daher nicht abwegig, inwieweit Heidegger auch hier noch auf eine gegenüber der avanciertesten Theologie seiner Zeit avanciertere Christlichkeit ohne Christus abzielte – und wäre das nicht ein Messianismus ohne Jesus Christus, also eher eine ‹Rückkehr zum Judentum› als zum ‹Heidentum›?

IV. Schlussbemerkungen

«Meine Schrift ist ja eine einzige Antwort des Unglaubens auf den Glauben Barth-Gogartenscher Observanz – wenigstens der Absicht nach».[44] Das schrieb der Philosoph Leo Strauss 1931. Lässt sich etwas Analoges auch für Heideggers Verhältnis zu Barth (und der Dialektischen Theologie) sagen? Ist Heideggers Denken der 1920er Jahre als andere Antwort auf Barths Betonung der Erkenntnisgrenze gegenüber Gott zu verstehen, genauer: als Radikalisierung jener eschatologischen Radikalisierung, die, McCormack zufolge, bestimmendes Merkmal der zweiten Fassung des *Römerbriefs* war? Wolfe ist dieser Ansicht, wenn sie darauf hinweist, dass

«[...] both internal evidence and the newly available correspondences of Rudolf Bultmann with Karl Barth, Emil Brunner, and Friedrich Gogarten suggest that Heidegger reached his conviction of the need for a strictly a-theistic method in philosophy in expressing opposition to Barth and Thurneysen's resolutely Christian reading of

---

[43]   Walter Biemel / Hans Saner (Hg.), Martin Heidegger – Karl Jaspers, Briefwechsel 1920–1963, Frankfurt a. M. 1990, 157 (Brief vom 1.7.1935 an Jaspers).

[44]   Heinrich Meier / Wiebke Meier (Hg.), Leo Strauss, Gesammelte Schriften. Bd. III: Hobbes' politische Wissenschaft und zugehörige Schriften – Briefe, Stuttgart et al. 2001, 393. Benjamin Lazier schreibt dazu: «Barth threw in his lot with revelation, and with it reduced theology to a protracted statement on human ignorance of the divine. Strauss intuited that the move with which Barth and Gogarten had secured revelation and divine transcendence could secure the possibility of philosophy as well.» Benjamin Lazier, God Interrupted. Heresy and the European Imagination Between the World Wars, Princeton et al. 2008, 106.

Kierkegaard, Dostoevsky, and Overbeck. This opposition is reflected in competing eschatologies: Barth's ‹consistent eschatology› and Heidegger's ‹eschatology without an eschaton›.»[45]

Das ist eine spannende Option: Der vielleicht grösste Philosoph des 20. Jahrhunderts entwickelte sein Projekt in Absetzung – und damit Abhängigkeit – von dem vielleicht grössten Theologen des 20. Jahrhunderts! Indes: Solange eine gründliche Auseinandersetzung Heideggers mit Barth nicht besser belegt werden kann (auch Wolfe steuert nicht mehr als vage Hinweise bei), sollte man von einer direkten Antwort auf Barth nicht reden.

Dennoch lässt sich mit Wolfe sagen, dass Heideggers Projekt der 1920er Jahre als Radikalisierung einer Eschatologie verstanden werden kann, als eine «Eschatologie ohne Eschaton», als «Christlichkeit ohne Christus», die als solche vielleicht auch eine Radikalisierung der Radikalisierung der Eschatologie des frühen Barth bedeutet und die dann in einer spannungsvollen Abhängigkeit, wenn nicht direkt zu Barth oder auch nur der Dialektischen Theologie, so jedenfalls zum Christentum verbliebe.

Etwas Analoges gilt aber auch für Barth. Die Faszination seines Römerbrief-Kommentars lebte, schon in dessen erster Fassung, *auch von der Überbietung der Philosophie.*

«Der Inhalt der messianischen Verheissung, die sich schon an Abraham zu erfüllen beginnt, ist nicht das ideale Ziel der bisherigen Geschichte, sondern der reale Anfang einer neuen Geschichte, Aufhebung des Gegebenen, an dem sich die Moral orientiert, Grundlegung in Gerechtigkeit. Die Verheissung ist in der Bibel realistisch, nicht moralisch gemeint.»[46]

Barth wirft dem idealistischen Moralismus vor, entgegen dem Anspruch der «Aufhebung des Gegebenen» letztlich mit der eigenen Moral offenzulegen, an einer «unveränderlichen Tatsächlichkeit des Gegebenen» orientiert zu sein. Auch er erwarte

«keine andre Welt und Menschheit, keine neue Natur, auch er ist voll optimistischen Zutrauens zu den Möglichkeiten innerhalb der alten Schöpfung, auch seine Fragen und Antworten setzen erst ein, nachdem die Frage des Vorhandenseins des Bösen, der menschlichen Unvollkommenheit offen oder heimlich bereits in bejahendem Sinn erledigt ist. Auch er will also nichts wissen von einer Aufrollung der kosmischen, meta-

---

45 Wolfe, Heidegger's Eschatology (Anm. 31), 91.
46 Barth, Der Römerbrief I (Anm. 17), 134.

physischen Frage, sondern stellt das Göttliche als das Geforderte, Seinsollende, Ideale innerhalb der jetzigen Welt dem Seienden und Gegebenen gegenüber.»[47]

Die Wortwahl, «Aufhebung des Gegebenen» und die von Barth dafür gewählte Beschreibung «kühnste[s] Postulat»[48] lässt sich kaum anders deuten, als dass Barth hier bewusst den Spitzengedanken der Marburger Schule und damit des zu seiner Zeit die deutschen Universitäten beherrschenden Neukantianismus im Blick hatte – um ihn (und damit: «die Philosophie» selbst), zu übertrumpfen.[49] Gerade dieser Versuch einer Überbietung der Philosophie aber ist es, durch den Barths Projekt in eine Abhängigkeit zu ihr gerät.

Ohne Zweifel bestehen also wechselseitige Bezugnahmen von Theologie auf Philosophie und von Philosophie auf Theologie. Und ohne Zweifel behalten beide Denkbewegungen in ihrem Charakter als radikalisierte Eschatologien eine Zeitlang eine Vergleichbarkeit und spannungsreiche Nähe, was den Ausdruck der Komplementarität (zumindest im anspruchsvollen Sinne von Niels Bohr) rechtfertigt.

Gerade die Konsequenz aber, mit der beide ihre Projekte vertieften, machte sie von beiden Seiten unüberbrückbar. In einer Zeit, die im Zeichen der Krise, also: *Trennung* und *Scheidung,* stand, wurden Barth und Heidegger auch deswegen zu den jeweils hervorragenden Figuren ihrer Disziplinen, weil sie die Trennung mit grösster Entschlossenheit und Konsequenz forcierten und dabei auch und gerade auf das Verhältnis von Philosophie und Theologie anwandten, und das bedeutete: Erkennen und Offenbarung, Denken und Glaube, konsistenter Eschatologie bzw. Hinwendung zum Eschatos versus Eschatologie ohne Eschaton. Beide arbeiteten also, jeweils von unterschiedlichen Seiten aus operierend und dabei ihre Wege radikalisierend, an der Überwindung einer Versöhnung und Vermittlung von Theologie und Philosophie, einer «Mixophilosophicotheologia» (Abraham Calov).

Aus Kongruenz (bis 1919/20) wurde Komplementarität, aus Komplementarität wurde ab Mitte der 1920er Jahre allmählich Streit. Sollte es wahr sein, dass sich beide Ende des Zweiten Weltkriegs, mittlerweile knapp 60-jährig, auf feindlichen Fronten diesseits und jenseits des Rheins bei Schanzarbeiten gegenübergestanden haben,[50] wäre dies ein unüberbietbares Sinnbild für eine Jahrzehnte dauernde Arbeit an der Vertiefung der Krise.

---

[47] Ebd.
[48] Barth, Der Römerbrief I (Anm. 17), 261.
[49] Vgl. dazu auch Lohmann, Karl Barth und der Neukantianismus (Anm. 2), 212.
[50] Martin Heidegger, Reden und andere Zeugnisse eines Lebensweges (GA 16), hg. von Hermann Heidegger, Frankfurt a. M. 2000, 666.

Matthias Zeindler

«... diese verblendete Unart der Religion»

Karl Barths religionskritische Theologie

«Das ewige vermeintliche Besitzen, Schmausen und Austeilen, diese verblendete Unart der Religion, muss einmal aufhören, um einem ehrlichen grimmigen Suchen, Bitten und Anklopfen Platz zu machen.»[1] Dieser Satz aus Karl Barths Vortrag *Biblische Fragen, Einsichten und Ausblicke* (1920 an der Aargauer Studenten-Konferenz gehalten) kondensiert vieles von dem, worum es ihm und seinen Freunden in jenen Jahren der Suche nach neuen Grundlagen für Verkündigung, Seelsorge und Unterricht ging. Dabei wird deutlich, gesucht werden nicht neue, vielleicht zeitgemässere theologische Ansätze – das sicher auch –, zunächst handelt es sich darum, überhaupt zu einer adäquaten Art des *Fragens* zu finden. Selbst dies, wie in der Theologie, in den Kirchen und bei den mehr oder weniger Gläubigen nach Gott gefragt wird, liegt nach Barths Auffassung im Argen, und so lange dies so ist, darf auch nicht mit tragfähigeren Antworten gerechnet werden.

Es führt nun mitten ins Zentrum von Barths Theologie, dass bei dieser Diagnose der kirchlichen Situation das Wort «Religion» auftritt, und zwar prominent auftritt. Es geht im Folgenden wesentlich darum, diesen Satz und den damit umrissenen Sachverhalt zu verstehen zu versuchen. Warum diese Prominenz der Religion? Warum ist sie als ein illegitimes Besitzen usw. zu perhorreszieren? Und warum besteht die Alternative nun offenbar nicht in einer besseren, gereinigten Gestalt von Religion, sondern in einem Suchen und Bitten – und, wie es aussieht, in nicht mehr als dem?

I. Welche Religion, welche Kritik an ihr?

Vor dem Einstieg in diesen Interpretationsversuch ein paar Worte zu Barths Verwendung des Religionsbegriffs. Denn was ist Barths Begriff der Religion nicht beklagt und getadelt worden! Man hat darin einen deutlichen Ausweis dafür ge-

---

[1]   Karl Barth, Biblische Fragen, Einsichten und Ausblicke, in: ders., Vorträge und kleinere Arbeiten 1914–1921 (GA III.48), in Verbindung mit Friedrich-Wilhelm Marquardt (†), hg. von Hans-Anton Drewes, Zürich 2012, 666–701 (694).

funden, dass in dieser Theologie der Mensch geringgeschätzt und auf Kosten eines absoluten, ganz anderen Gottes klein gehalten werde. Man hat den Begriff
als Indiz dafür gelesen, dass Barth einen autoritären Offenbarungsdiskurs pflegt,
der an eine am Subjekt orientierte Moderne schon methodisch nicht anschlussfähig ist. Und nicht zuletzt hat man in Barths späterer Kennzeichnung der Religion als «Unglauben»[2] und des christlichen Glaubens als «wahre Religion»[3] eine
masslose Arroganz zu erkennen gemeint, mit welcher der Autor alle nichtchrist-
lichen Religionen verächtlich mache und sich selbst ins Abseits eines gesprächs-
unfähigen Exklusivismus manövriere.[4]

Das Gewicht dieser Anfragen entscheidet sich daran, wie weit in ihnen das
zutreffend erfasst ist, was Barth meint, wenn er von Religion spricht. Zunächst
ist für den heutigen Gesprächskontext festzuhalten, dass Barth dabei nicht von
den verschiedenen Religionen spricht.[5] Seine Einlassungen zum Thema Religion
sind keine Beiträge zu einer Theologie der Religionen.[6] Weiter ist wichtig, dass
es sich bei Barth nicht um einen religionswissenschaftlichen Begriff von Religion
handelt, einen Begriff, der aussenperspektivisch an die Phänomene angelegt
würde. Wenn Barth von Religion spricht, dann spricht er auch hier als Theologe,
d. h. er thematisiert sie «im Lichte des Evangeliums».[7]

---

2   Karl Barth, Die Kirchliche Dogmatik. Bd. I/2 (= KD I/2), Zürich 1940, 324–356.
3   Barth, KD I/2 (Anm. 2), 356–396.
4   Michael Weinrich, Die bescheidene Kompromisslosigkeit der Theologie Karl Barths.
Bleibende Impulse zur Erneuerung der Theologie, Göttingen 2013, 235f.
5   Reinhold Bernhardt, Inter-Religio. Das Christentum in Beziehung zu anderen Religionen, Zürich 2019, 268f.
6   Zu Barths Anstössen für eine Theologie der Religionen: Reinhard Krauss, Gottes
Offenbarung und menschliche Religion. Eine Analyse des Religionsbegriffs in Karl Barths
Kirchlicher Dogmatik mit besonderer Berücksichtigung F. D. E. Schleiermachers, Lewiston
N. Y. 1992; J. A. Di Noia, O.P., Religion and the religions, in: John Webster (Hg.), The
Cambridge Companion to Karl Barth, Cambridge 2000, 243–257; Wolf Krötke, Impulse für
eine Theologie der Religionen im Denken Karl Barths, in: ZThK 104, 2007, 320–335;
Weinrich, Kompromisslosigkeit (Anm. 4), 296–315; Michael Beintker, Glaube und Reli-
gion – das Barth'sche Erbe, in: ders., Krisis und Gnade. Gesammelte Studien zu Karl Barth,
Tübingen 2013, 136–152; Matthias Gockel, Barths offenbarungstheologischer Ansatz im
heutigen Kontext pluralistischer Religionstheologie, in: Werner Thiede (Hg.), Karl Barths
Theologie der Krise heute. Transfer-Versuche zum 50. Todestag, Leipzig 2018, 69–85;
Susanne Hennecke (Hg.), Karl Barth und die Religion(en). Erkundungen in den Weltreli-
gionen und der Ökumene, Göttingen 2018, Teil I; Reinhold Bernhardt, Klassiker der Religionstheologie im 19. und 20. Jahrhundert. Historische Studien als Impulsgeber für die
heutige Reflexion, Zürich 2020, 75–126.
7   Weinrich, Kompromisslosigkeit (Anm. 4), 267.

Der Begriff der Religion, mit dem Barth arbeitet, ist derjenige, den er vorfindet. Was er vorfindet, wertet er im Unterschied zu seiner Zeit allerdings negativ. «Es ist», so Christian Link, «der neuzeitliche, speziell der *neuprotestantische* Religionsbegriff, den er mit seiner Kritik treffen will».[8] Charakteristisch an diesem Begriff ist, dass er auf die in Kant sich kristallisierende Wende zum Subjekt reagiert und – so exemplarisch Schleiermacher – nicht mehr im direkten Zugriff von Gott spricht, sondern dies lediglich noch gespiegelt in der Rede vom glaubenden Subjekt tun zu können meint. Gegenstand systematisch-theologischer Darstellung ist deshalb nicht der dreieinige Gott in seinem Werk, sondern *Der christliche Glaube*.[9] Diesen Religionsbegriff trifft Barth an, und ihn interpretiert er als den eigentlichen Gegenpol zu dem, was er theologisch für geboten hält.

Zum rechten Verständnis von Barths Religionskritik ist eine begriffliche Differenzierung nötig. Barth steht am Ende eines 19. Jahrhunderts, in welchem die neuzeitliche Religionskritik in den Entwürfen von Feuerbach und Nietzsche (philosophische Religionskritik) sowie Marx (gesellschaftliche Religionskritik) ihre klassische Ausprägung erhalten hat. Er ist Zeitgenosse von Sigmund Freud, der zu dieser einen weiteren klassischen Typus (psychologische Religionskritik) hinzufügt.[10] Diese klassische Religionskritik ist eine Religionskritik *von aussen*. Sie wertet Religion als ein überholtes Stadium der Erkenntnis und als eine den Menschen einschränkende Weltsicht, weil sie den Menschen in irrigen Vorstellungen festhält und damit auf falsche Lebensvollzüge fixiert. Religion führt dazu, so Paul Ricœur in seiner Deutung der neuzeitlichen Religionskritik, «dass der Mensch, der sich auf ein anderes Absolutes bezieht, selbst anders, von seiner Humanität entfremdet, beraubt wird».[11] Religionskritik von aussen zielt darum auf die Überwindung der Religion und versteht deren Abschaffung als Befreiungsschritt in der Geschichte.

Auch Barth versteht Religionskritik, wie sich zeigen wird, als Akt der Befreiung, dies aber nicht durch die Ablehnung jeglichen Gottesglaubens, sondern durch die Affirmation eines von Gott selbst begründeten Glaubens. Die Kriterien, die er an Glauben und Kirchlichkeit anlegt, entstammen diesem Glauben selbst

---

[8] Christian Link, Motive theologischer Religionskritik. Der neuzeitliche Gegensatz von «Religion» und «Offenbarung» bei Bonhoeffer, Barth und Tillich, in: ders., In welchem Sinne sind theologische Aussagen wahr? Zum Streit zwischen Glaube und Wissen. Theologische Studien II, Neukirchen-Vluyn 2003, 201–224 (214).

[9] Friedrich Schleiermacher, Der christliche Glaube (1830), 2 Bde., Berlin 1960.

[10] Für eine Typologie der klassischen neuzeitlichen Religionskritik s. Hans Zirker, Religionskritik (Leitfaden Theologie 5), Düsseldorf 1982, 55–202; Michael Weinrich, Religion und Religionskritik, Göttingen 22012, 95–170.

[11] Paul Ricœur, Plaidoyer pour l'utopie ecclésiale, Genève 2016, 66 (Übersetzung MZ).

und werden kritisch auf bestimmte seiner Ausprägungen angewendet. Es handelt sich also um eine Religionskritik *von innen,* und als solche um eine *theologische* Religionskritik, eine Kritik der Religion um der Reinigung und Verbesserung der Religion willen.[12] Und es ist, versteht sich, auch eine Religionskritik *nach* innen, und das heisst in erster Linie: *Kirchen*kritik.[13]

Eine letzte einleitende Bemerkung, zum Untertitel dieses Aufsatzes. In manchen der Beiträge dieses Buches wird darauf aufmerksam gemacht, wie vieles vom frühen Barth sich durch sein theologisches Werk durchzieht, wie viel mehr Kontinuität sich in seinem dogmatischen Weg findet, als dies zuweilen behauptet wurde.[14] Dies wird sich beim Thema Religionskritik ein weiteres Mal bestätigen. Der Untertitel enthält aber eine weiterreichende Behauptung, nämlich dass die Kritik der Religion nicht allein ein Thema ist, das sich bei Barth von den frühen Vorträgen bis zu den letzten Veröffentlichungen findet, sondern dass sich seine Theologie als Ganze nur unter dem Gesichtspunkt der Religionskritik angemessen verstehen lässt. Karl Barths Theologie ist eine durch und durch religionskritische Theologie, die Religionskritik deshalb ein methodischer Schlüssel zu ihrer Interpretation. Die konsequente Kritik der Religion macht ihre polemische Kraft und ihre Lebendigkeit, aber auch ihre grosse – Tröstlichkeit aus.

---

[12] Zur Unterscheidung von externer und interner Religionskritik vgl. auch Peter Antes, Typologische Aspekte von Religionskritik. Kritik von aussen und innen sowie nach aussen: Marco Hofheinz / Torsten Paprotny (Hg.), Religionskritik interdisziplinär, Leipzig 2015, 146–159; Matthias Zeindler, Theologische Religionskritik als Kirchenkritik, in: Marco Hofheinz / Raphaela J. Meyer zu Hörste-Bührer (Hg.), Theologische Religionskritik. Provokationen für Kirche und Gesellschaft, Neukirchen-Vluyn 2014, 179–205 (183–185).

[13] So auch Eberhard Busch, Mit dem Anfang anfangen. Stationen auf Karl Barths theologischem Weg, Zürich 2019, 56f., sowie Margit Ernst-Habib: «Alle theologische Religionskritik ist zuerst *Selbst*kritik, ein kontinuierlicher Prozess der *metanoia* und neuer Anfänge, mit dem Bekenntnis *unserer* Sünde als wichtigem Teil davon» (The Holiness of God as Reason for and Promise of a Theological Critique of Religion, in: David H. Jensen [Hg.], Always Being Reformed. Challenges and Prospects for the Future of Reformed Theology, Eugene, 2016, 108–132 [117]; Übersetzung MZ).

[14] Wirkungsvoll wurde Hans Urs von Balthasars Rede von einer «Wende von der Dialektik zur Analogie» in Barths Werk: Karl Barth. Darstellung und Deutung seiner Theologie, Köln 1951, 93–123. Zur Unterscheidung von Stadien in Barths Entwicklung Michael Beintker, Resümee: Periodisierung des Barthschen Denkens, in: ders. (Hg.), Barth Handbuch, Tübingen 2016, 232–237.

II. Religionskritik beim «frühen» Barth

Im Herbst 1916 hält der Safenwiler Pfarrer Barth in der Kirche Leutwil einen Vortrag unter dem Titel *Die neue Welt in der Bibel*.[15] Auf eine schlichte Frage soll darin Antwort gesucht werden: «Was steht in der Bibel?»[16] An dieser Frage hängt freilich so ziemlich alles, denn:

«Wir werden in ihr [der Bibel] immer gerade so viel finden, als wir suchen: Grosses und Göttliches, wenn wir Grosses und Göttliches suchen, Nichtiges und ‹Historisches›, wenn wir Nichtiges und ‹Historisches› suchen – überhaupt nichts, wenn wir überhaupt nichts suchen.»[17]

Und was steht in der Bibel? Geschichte, sagen die einen, Moral die andern. Beides bestreitet Barth nicht, aber in beiden Fällen muss er sagen, dass es um mehr geht, um eine *neue* Welt und damit um die Geschichte Gottes, um Gottes Moral. Ein weiteres wird genannt, nämlich dass in der Bibel die wahre Religion offenbart werde. Auch dies bestreitet der Referent nicht: «Wie sollte darüber der Bibel nicht allerlei zu entnehmen sein: über das rechte Verhältnis der Menschen zum Ewigen, zum Göttlichen?»[18] Aber auch darüber gilt es hinauszukommen, will man hören, was die Bibel wirklich zu sagen hat. Solange die Perspektive des religiösen Subjekts unser Fragen steuert, werden wir daran zielsicher vorbeigelenkt. Stattdessen gilt:

«Den Inhalt der Bibel bilden eben gar nicht die rechten Menschengedanken über Gott, sondern die rechten Gottesgedanken über den Menschen. Nicht wie wir von Gott reden sollen, steht in der Bibel, sondern was er zu uns sagt, nicht wie wir den Weg zu ihm finden, sondern wie er den Weg zu uns gesucht und gefunden hat.»[19]

Hier ist die ganze Problematik, auf die sich die Barthsche Religionskritik bezieht, bereits präsent: Dass wir es in der Religion mit einer menschlichen Einstellung zu tun bekommen, durch welche nicht bloss gewisse Dinge unzureichend gesehen werden, sondern die schon im Ansatz den Zugang zu dem verstellt, was die Bibel zu vermitteln hat, nämlich «das Wort Gottes».[20]

---

[15] Karl Barth, Die neue Welt in der Bibel, in: ders., Vorträge und kleinere Arbeiten 1914–1921 (Anm. 1), 318–343.
[16] Barth, Die neue Welt (Anm. 15), 318.
[17] Barth, Die neue Welt (Anm. 15), 323.
[18] Barth, Die neue Welt (Anm. 15), 333.
[19] Barth, Die neue Welt (Anm. 15), 335.
[20] Ebd.

Nicht dass ein Mensch ohne Religion denkbar wäre, nein. «Religion ist die notwendige seelische Reaktion auf die schöpferische Tat Gottes», lesen wir in der ersten Fassung des *Römerbriefs*, «die Kirche die unvermeidliche geschichtliche Fassung, Leitung und Kanalisierung der aufbrechenden göttlichen Quelle».[21] Religion ist das menschliche Korrelat zur Anrede durch Gott. Sie ist nicht weniger, freilich auch nicht mehr. In dieser Formulierung des Religionsbegriffs ist darüber entschieden, dass die Religion theologisch stets ein Zweites, ein Sekundäres und Abgeleitetes darstellt, den Ausdruck der vorgängigen Zuwendung Gottes zum Menschen. Und – dies die ernsthaftere Folge – dass sie gefährdet bleibt, gefährdet durch die Möglichkeit, dass der Mensch den sekundären Charakter seiner Religion, ihren Verweischarakter, vergisst. In demselben *Römerbrief* schreibt Barth einige Dutzend Seiten später, was geschieht, wenn dies eintritt:

> «Wir gingen auch in unserer Religion und Moral davon aus als von der sichersten Voraussetzung unseres Denkens, Redens und Tuns: Gott denkt *nicht,* Gott redet *nicht,* Gott tut *nichts.* Wir betätigen uns, auch in unserem höchsten religiösen und sittlichen Eifer, als ob *kein* Gott wäre, sondern immer nur der Mensch.»[22]

Die Spannung eines durch und durch asymmetrischen Verhältnisses zwischen Gott und Mensch ist hier aufgelöst, die entscheidende Voraussetzung des Verhältnisses, die lebendige Gegenwart Gottes, hat sich verflüchtigt, was bleibt, ist Religion als leere Hülle. Das ist der Normalfall der Religion, ihre traurige Wirklichkeit: der Mensch, bei dem selbst das Religiöse zum Instrument seiner Emanzipation von Gott geworden ist.

Im zweiten erreicht diese Sicht Barths ihre ganze Schärfe. In langen rhetorischen Kaskaden demontiert er, was seiner Zeit teuer ist, die «Frömmigkeit», das «religiöse Erlebnis», das «religiöse Leben». Ein paar Beispiele nur:

> «Wir selber sind heimlich die Herren in diesem Verhältnis. Es handelt sich uns nicht um Gott, sondern um unsre Bedürfnisse, nach denen sich Gott zu richten hat.»[23]
> «Indem wir Gott auf den Weltenthron setzen, meinen wir uns selbst.»[24]
> «Weil wir uns selbst sind, was Gott uns sein müsste, ist uns Gott nicht mehr, als wir uns selbst sind.»[25]

---

[21] Karl Barth, Der Römerbrief (Erste Fassung) 1919 (GA II.16), hg. von Hermann Schmidt, Zürich 1985, 121.

[22] Barth, Römerbrief 1919 (Anm. 21), 257.

[23] Karl Barth, Der Römerbrief (Zweite Fassung) 1922 (GA II.47), hg. von Cornelis van der Kooi und Katja Tolstaja, Zürich 2010, 69.

[24] Barth, Römerbrief 1922 (Anm. 23), 70.

[25] Ebd.

Was ist geschehen, wenn diese kolossale Verwechslung von Schöpfer und Geschöpf geschieht? Nun,

> «der Sinn für das Spezifische an Gott geht verloren: der Gedanke an die Gletscher-
> spalte, an die Polarregion, an die Verwüstungszone, die zu überschreiten ist, wenn der
> Schritt vom Vergänglichen zum Unvergänglichen wirklich getan sein soll».[26]

Das religiöse Erlebnis ist

> «die unverschämte und misslingende Vorwegnahme dessen, was immer nur von dem
> unbekannten Gott aus wahr sein und werden kann. Es ist in seiner Geschichtlichkeit,
> Dinglichkeit und Konkretheit immer der Verrat an Gott. Es ist die Geburt des Nicht-
> Gottes, des Götzen.»[27]

So steht es um den Menschen und seine Religion. Nicht das Bezogensein Gottes
auf den Menschen artikuliert sich in ihr, sondern die menschliche Anmassung,
nicht nur ohne Gott sein zu wollen, sondern die höchste menschliche Möglichkeit, das Religiöse, zum letzten, erhabensten Vehikel des Lebens ohne Gott zu
machen.[28]

Und weil der Gott der Religion der Götze ist, der nach Bild und Bedarf des
Menschen geformte, *deshalb* kann der lebendige Gott sich nur als Fremder zeigen. «Jesus als der Christus», so schon ganz am Anfang des *Römerbriefs*, «ist die
uns unbekannte Ebene, die die uns bekannte senkrecht von oben durchschneidet»,
und die neue Welt Gottes berührt – um die wohlbekannten Formeln nochmals
zu zitieren – die alte «wie die Tangente einen Kreis, ohne sie zu berühren, und
gerade indem sie sie *nicht* berührt, berührt sie sie als ihre Begrenzung, als *neue*
Welt».[29] Die Fremdheit Gottes, das ist hier wichtig zu unterstreichen, ist nicht
die Fremdheit einer für das Irdische unfassbaren Transzendenz, kein *finitum non
capax infiniti*. Mit solcher Fremdheit wäre zurechtzukommen. Die Fremdheit, die
der *Römerbrief* meint, ist aber etwas ganz anderes, nämlich die Selbstentfrem-

---

[26] Barth, Römerbrief 1922 (Anm. 23), 76.

[27] Barth, Römerbrief 1922 (Anm. 23), 77.

[28] Zusammenfassend Cornelis van der Kooi: «Religion ist nicht nur der gelebte
Glaube, sondern ein Instrument in den Händen des Menschen, der buchstäblich egozent-
risch lebt. So wird Gott ein Mittel, um selbst Frieden mit dem Transzendenten herzustellen; Gott wird instrumentalisiert, um das Irdische, die europäische Kultur oder die Modernität als etwas Heiliges zu krönen. Das ist die tiefe Ambivalenz der Religion nach Barth.
Es geht nicht mehr um Gott, sondern um den Menschen» (Der «Römerbrief». Ein Jahr-
hundertbuch in neuer Edition: Georg Pfleiderer / Harald Matern [Hg.], Theologie im Umbruch der Moderne. Karl Barths frühe Dialektische Theologie, Zürich 2014, 169–183 [181f.]).

[29] Barth, Römerbrief 1922 (Anm. 23), 51f.

dung des sündigen Menschen von seinem Schöpfer. Offenbarung gibt es deshalb nicht ohne Gericht, nicht ohne Krisis.

Die real existierende Religion als Spiegel des Menschen, als undurchschaute Intention seiner selbst – diese Interpretation der Religion kommt einem vertraut vor. In ihrer klassischen Gestalt ist sie von Ludwig Feuerbach vorgetragen worden, insbesondere in seinem *Wesen des Christentums* (1841), mit der leitenden These: «Das Bewusstsein Gottes ist das Selbstbewusstsein des Menschen, die Erkenntnis Gottes die Selbsterkenntnis des Menschen.»[30] Die Assoziation ist durchaus nicht zufällig. Es mutet ziemlich frech an, wenn Barth in seine Vorlesung *Die protestantische Theologie im 19. Jahrhundert,* die er in Münster und Bonn mehrmals hielt, auch ein Kapitel über Feuerbach einschliesst.[31] Feuerbach, der Gottesleugner, ein Theologe? Barth bestreitet nicht, dass es sich bei Feuerbach um einen Anti-Theologen handelt. Aber er hält dafür, dass er von der Theologie seines Jahrhunderts so weit nicht entfernt ist. Ihm, Feuerbach, ging es darum, die Theologie in Anthropologie aufgehen zu lassen. Ist nicht dies, fragt Barth, der verborgene Zielpunkt einer Theologie, die statt von Gott primär vom religiösen Menschen spricht und damit unklar werden lässt, inwiefern das eine vom andern noch zu unterscheiden ist? «Die Frage erhebt sich», schreibt er, «ob Feuerbach nicht der Schnittpunkt ist, auf den hin alle jene Linien konvergieren, so wenig das im Sinn ihrer Urheber liegen mochte».[32] Die Konsequenz dieser Diagnose lautet, dass nur durch eine entschlossene theologische Kritik solcher Religion der neuzeitlichen Religionskritik zu entkommen ist.[33]

III. Religionskritik in der *Kirchlichen Dogmatik*

Allgemein bekannt sind Karl Barths Ausführungen über die Religion in den Prolegomena zur *Kirchlichen Dogmatik,* in § 17 unter dem Titel «Gottes Offenbarung als Aufhebung der Religion». Hier finden sich die pointierten und darum häufig kritisierten Denkfiguren, die zum Teil schon zitiert wurden.

Der Grund, warum gerade an dieser Stelle der Dogmatik von der Religion gehandelt wird, versteht sich: Soll vom göttlichen Beziehungshandeln als Offenbarung gesprochen werden, dann kommt auch derjenige in den Blick, auf den

---

[30] Ludwig Feuerbach, Das Wesen des Christentums, Stuttgart 1969, 53.

[31] Karl Barth, Die protestantische Theologie im 19. Jahrhundert. Ihre Vorgeschichte und ihre Geschichte, Zürich [4]1981, 484–489.

[32] Barth, Protestantische Theologie (Anm. 31), 487.

[33] Vgl. Weinrich, Kompromisslosigkeit (Anm. 4), 272.

dieses Handeln sich bezieht, der Mensch, und damit die Form, in welcher die göttliche Beziehungsnahme sich bei diesem abbildet:

> «Indem Gott sich offenbart, verbirgt sich das göttlich Besondere in einem menschlich Allgemeinen, der göttliche Inhalt in einer menschlichen Form und also das *göttlich Einzigartige* in einem *menschlich* bloss *Eigenartigen*.»[34]

Reflexion auf die Religion heisst freilich auch hier sofort Reflexion auf ihre Verfallsgestalt, weswegen Barth seine Ausführungen auf das Phänomen der Religion beginnt mit dem Satz:

> «Religion ist *Unglaube*; Religion ist eine Angelegenheit, man muss geradezu sagen: *die* Angelegenheit des *gottlosen* Menschen.»[35]

Dieser Satz, und selbst seine kompromisslose Härte, kann nach allem Bisherigen eigentlich nicht schockieren. Im Gefüge der Dogmatik wird noch plastischer als in den früheren Einlassungen zum Thema, woher diese Härte sich begründet.[36] Sie wird nämlich einsehbar als unausweichliche Konsequenz dessen, was in der Offenbarung offenbar gemacht wird. Erstens wird dem Menschen in der Offenbarung gesagt, dass angesichts von Gottes gnädiger «Selbstdarbietung und Selbstdarstellung» seine eigenen Versuche, Gott von sich aus zu erkennen, «umsonst sind».[37] Unter dieser Voraussetzung werden die menschlichen Erkenntnisversuche aufgedeckt als das «Unternehmen», «an die Stelle der göttlichen Wirklichkeit, die sich uns in der Offenbarung darbietet und darstellt, ein Bild von Gott» zu setzen, «das der Mensch sich eigensinnig und eigenmächtig selbst entworfen hat».[38] Zweitens ist Gottes Offenbarung «die Tat, durch die er den Menschen aus Gnade und durch Gnade mit sich selber versöhnt», damit aber auch die göttliche Feststellung, «dass der Mensch sich nicht [...] selber helfen könne».[39] Unter dieser Voraussetzung werden die Riten, Kulte und Dogmatiken

---

[34] Barth, KD I/2 (Anm. 2), 307.

[35] Barth, KD I/2 (Anm. 2), 327.

[36] Wenn Cornelis van der Kooi Barths Begriff der Religion als Unglaube als «Kampfparole im deutschen Kirchenkampf» bezeichnet, dann ist dies sicher zutreffend (Religion als Unglaube. Bemerkungen zu einer Kampfparole, in: Michael Beintker et al. [Hg.], Karl Barth im europäischen Zeitgeschehen [1935–1950]. Widerstand – Bewährung – Orientierung. Beiträge zum Internationalen Symposion vom 1. bis 4. Mai 2008 in der Johannes a Lasco Bibliothek Emden, Zürich 2010, 447–456 [452]). Das grundlegend kritische Urteil Barths über die Religion ergibt sich freilich nicht aus der historischen Situation, sondern hat systematischen Rang.

[37] Barth, KD I/2 (Anm. 2), 328.

[38] Barth, KD I/2 (Anm. 2), 329.

[39] Barth, KD I/2 (Anm. 2), 335f.

des Menschen entlarvt als Versuche, «Rechtfertigung und Heiligung als sein eigenes Werk» zu vollbringen und sich so dem versöhnenden Gott gegenüber «zu verschliessen, sich ihm zu entfremden, ja direkt gegen ihn zu verstossen».[40]

Entfaltet Barth in den Prolegomena zur Dogmatik die Offenbarung als Voraussetzung menschlichen Redens von Gott, so ist die darauffolgende Dogmatik die nach allen Seiten ausgreifende Untersuchung dessen, als wer Gott sich offenbart und was von dort aus über die Schöpfung und die Menschen zu sagen ist. Zum Gang des Nachdenkens von Gottes Offenbarung gehört an jeder Stelle wieder das Nachdenken über den von der Offenbarung betroffenen Menschen, der ja *realiter* stets der sich dieser Selbstvergegenwärtigung verweigernde, der sündige Mensch ist. Und es kann deshalb nicht überraschen, dass an zahlreichen Stellen der *Kirchlichen Dogmatik* auch die menschliche Verweigerung an Gott in der Gestalt der Religion thematisch wird. Im Rahmen dieses Beitrags besteht nicht der Raum, um all diese Orte abzuschreiten; es seien lediglich drei besonders aussagekräftige Stationen angesteuert:

a) Die erste dieser Stationen ist die Lehre von der Erkenntnis Gottes, mit welcher Barth seine Gotteslehre in den Bänden II/1 und II/2 eröffnet. In drei Paragrafen durchleuchtet Barth die zentralen Aspekte der Gotteserkenntnis, jeweils zunächst im Blick auf Gott, danach auf den Menschen. Die Voraussetzung der Erkennbarkeit Gottes ist wiederum dessen Offenbarung. Diese Voraussetzung ergibt sich aber nicht aus einer religionsphilosophischen Deduktion, sondern allein aus der stattgehabten Offenbarung Gottes in Jesus Christus. An Jesus Christus lesen wir die Wirklichkeit und den Inhalt der Gotteserkenntnis ab, an ihm zeigt sich Gottes Bereitschaft, sich erkennen zu lassen, aber auch die bleibende Verborgenheit in seinem Offenbarsein. All das braucht hier nicht im Einzelnen dargelegt zu werden, wichtig ist die Exklusivität, mit der laut Barth die Erkenntnis Gottes im Handeln dieses Gottes allein wurzelt. Der Wirklichkeit der Offenbarung korrespondieren keine entsprechende Fähigkeit, Offenheit und Bereitschaft auf Seiten des Menschen.

Mit Blick auf die theologischen und kirchlichen Realitäten stellt Barth allerdings fest, dass diese an sich unmissverständlichen Feststellungen zu Gottes Erkennbarkeit «nun doch nicht so einfach und selbstverständlich» sind.[41] Er fügt deshalb eine längere Passage über das Phänomen der «natürlichen Theologie» ein, jenes theologische Unternehmen, laut dem der Mensch vor und unabhängig von der Offenbarung wenigstens unvollständige Möglichkeiten mitbringt, Gott

---

[40] Barth, KD I/2 (Anm. 2), 338.
[41] Karl Barth, Die Kirchliche Dogmatik II/1, Zürich 1940, 93.

gewahr zu werden. Barths kompromisslose Ablehnung dieses Unternehmens ist bekannt, ihr verdankt sich etwa der harte Ton in seiner Streitschrift *Nein!* gegen Emil Brunner.[42] Barths Diktion zeigt, dass es sich für ihn dabei genau um das handelt, was er anderswo als Religion kritisiert.

> «Der natürliche Mensch», schreibt er, «d. h. der Mensch so, wie er sich ohne Gott selbst verstehen und regieren zu können meint, hat dies zum Sinn und Inhalt seines Lebens: mit sich selbst und mit der Welt fertig zu werden und das Ziel und den Ursprung dieses seines Strebens für ein Erstes und Letztes und also für seinen Gott zu halten».[43]

So gesehen zeugt denn unsere Existenz davon, «wir können ‹Gott› erkennen».[44] Bloss: «Was dem natürlichen Menschen Gott ist und was er dann auch wohl seinen Gott nennt, ist ein Götze.»[45]

Man würde sich nun in falscher Sicherheit wiegen, meinte man, im Glauben an Christus und als Glied der Kirche sei man über den Irrweg der natürlichen Theologie erhaben. Das Gegenteil ist der Fall, nach Barths Urteil ist die inkriminierte Theologie im Raum der Kirche «als *christliche* natürliche Theologie unheimlich tief und fest begründet».[46] Und dies, weil der Mensch auch in der Kirche nicht aufhört, «natürlicher» Mensch zu sein, und deshalb ein Mensch, der seine Wege abseits der göttlichen Gnade sucht.

> «Der Mensch müsste sich selbst verleugnen, wenn er den Grundgedanken aller natürlichen Theologie – gleichviel, ob er ihn als solchen schon explizit gedacht und entwickelt hat oder nicht – verleugnen wollte. Der Mensch müsste sich dazu selbst aufgeben.»[47]

Das Crescendo geht noch weiter, wenn Barth notiert, der Mensch sei einer, der «gerne die ganze Welt tragen, der aber unter keinen Umständen getragen sein will und der darum zuletzt und zutiefst immer ein Feind der Gnade und ein Hasser

---

[42]   Karl Barth, Nein! Antwort an Emil Brunner, in: ders., Vorträge und kleinere Arbeiten 1934–1935 (GA III.52), hg. von Michael Beintker et al., Zürich 2017, 437–527.

[43]   Barth, KD II/1 (Anm. 41), 94.

[44]   Ebd.

[45]   Ebd.

[46]   Barth, KD II/1 (Anm. 41), 150.

[47]   Barth, KD II/1 (Anm. 41), 150f. «Deshalb hat die natürliche Theologie solche Vitalität, weil der Mensch ahnt, was hier auf dem Spiel steht, dass er sich selbst aufgeben, seine Selbstbehauptung lassen, d. h. aber über seinen eigenen Schatten springen müsste, wenn er davon abliesse» (Walter Kreck, Grundentscheidungen in Karl Barths Dogmatik. Zur Diskussion seines Verständnisses von Offenbarung und Erwählung, Neukirchen-Vluyn 1978, 106).

und Verleugner seiner wirklichen Bedürftigkeit sein wird».[48] Und darum kann der Gott, den dieser Mensch kraft eigener Kompetenz zu erkennen beansprucht, nie mehr sein als ein Stück seiner selbst.

«Was ist der Gott, den er unmittelbar zu erkennen, dem er unmittelbar verbunden zu sein behauptet, Anderes als sein eigenes Spiegelbild, die Hypostasierung seines Selbstbewusstseins?»[49]

In diesem Spiegelbild seiner selbst hat der Mensch «auch die Offenbarung [...] absorbiert und domestiziert und aus einer ihm gestellten Frage in eine von ihm [...] gegebene Antwort verwandelt».[50]

In dieser domestizierten Gestalt wird christlicher Glaube zu einem «Element des Lebens des Volkes, des Gemeinwesens, der Familie, der allgemeinen Bildung» und damit schlicht zum «Prozess der *Verbürgerlichung* des Evangeliums».[51] Solch bürgerliche Theologie nun, so Barth, ist in einem sehr tiefen Sinne «natürliche» Theologie, «diejenige Theologie, von der der Mensch von Natur herkommt»; eine Natur, die er «auch als Christ betätigt», nämlich

«in der Verbürgerlichung und das heisst in der Verharmlosung, noch mehr: in der Nutzbarmachung des Evangeliums für den Streit gegen die Gnade, der seine eigene tiefste und innerste Wirklichkeit ist.»[52]

b) Eine nächste Station im Gang durch die Kirchliche Dogmatik ist die *Versöhnungslehre* (Bände IV/1–3). Hat Barth in den bisherigen Passagen die Anmassung der menschlichen Religionsproduktivität entlarvt, so geht es nun eher um die *Tragik* der Religion des Menschen. In einer Auseinandersetzung mit dem Atheismus der Moderne trägt Barth die nur scheinbar überraschende Analyse vor, dass diese Ablehnung Gottes auf derselben falschen theologischen Basis aufruht wie ihr Gegenstück, der Theismus. Beide nämlich wissen nicht um denjenigen Gott, der in Jesus Christus den Weg in die Fremde gewählt hat und zum niedrigen, mitleidenden Gott geworden ist. Die einen lehnen einen Gott ab, die

---

[48] Barth, KD II/1 (Anm. 41), 151.

[49] Ebd. Michael Trowitzsch paraphrasiert: «Die Gottesdeutung, -bewertung, -schätzung subjektiviert ihn: lässt ihn von Gnaden des menschlichen Subjekts sein, was er ist (und dass er ist)» (Karl Barth heute, Göttingen ²2012, 307).

[50] Barth, KD II/1 (Anm. 41), 154.

[51] Barth, KD II/1 (Anm. 41), 157, und stärker historisch orientiert ders., Protestantische Theologie (Anm. 31), 71–79. Vgl. Dieter Schellong, Bürgerliche und christliche Religion. Anpassungsprobleme der Theologie seit Schleiermacher, München ²1984, 96–115; Weinrich, Kompromisslosigkeit (Anm. 4), 255–257; ders., Karl Barth. Leben – Werk – Wirkung, Göttingen 2019, 233–241.

[52] Barth, KD II/1 (Anm. 41), 158.

andern bejahen ihn, in beiden Fällen aber handelt es sich dabei um ein höchstes Wesen, das sich auszeichnet durch «Unweltlichkeit, Übernatürlichkeit, Jenseitigkeit».[53] Götter dieser Art, so Barth, sind aber nichts weiter als «Spiegelbilder des menschlichen Hochmutes, der sich nicht beugen, zu dem, was unter ihm ist, nicht herablassen möchte».[54] Der Theist wie der Atheist zimmert sich seinen eigenen Gott, dem er «gleich sein möchte»: ein «nur für sich seiendes, nur sich selbst bejahendes und wollendes, nur in sich zentriertes und nur um sich selbst rotierendes Wesen».[55]

Der Mensch, der sein möchte wie Gott – ob er nun an diesen glaubt oder ihn ablehnt – täuscht sich demnach «zuerst und vor allem über *Gott*»,[56] in seiner verfehlten Anthropologie spiegelt sich eine verkehrte Theologie. Angesichts des Weges Christi müsste der Mensch sich nicht abplagen mit einem abstrakten König im Himmel, weder in seiner Nachfolge noch in seiner Ablehnung. Denn «Gott ist nicht hochmütig, sondern gerade in seiner hohen Majestät demütig».[57]

c) Noch im letzten Band der Kirchlichen Dogmatik, den unter dem Titel *«Das christliche Leben»* herausgegebenen Fragmenten des Bandes IV/4,[58] begegnet das Verständnis der Religion, das Barth über 40 Jahre vorher entworfen hat. In einem Abschnitt über das Unbekanntsein Gottes in der Welt, und nachdem er als eine erste Gestalt derselben den theoretischen Atheismus besprochen hat, kommt der Autor auf die Religion zu reden, die er für schlimmer hält als die Leugnung der Existenz Gottes, weil die Gottlosigkeit «sich hier nicht, wie sie es dort wenigstens versucht, offen zu sich selbst bekennt, sondern einen positiven Ersatz für das Fehlende gesucht und gefunden zu haben meint».[59] Dieser Ersatz bleibt freilich so gottlos wie der Atheismus, versucht doch in der Religion die Welt, «den ihr bekannten und nun doch so unbekannten und fremden Gott zu domestizieren, ihn in ihrem natürlichen und geistigen Gesichtskreis und Machtbereich unterzu-

---

[53] Karl Barth, Kirchliche Dogmatik IV/1, Zürich 1953, 173.
[54] Ebd.
[55] Barth, KD IV/1 (Anm. 53), 468.
[56] Barth, KD IV/1 (Anm. 53), 469.
[57] Barth, KD IV/1 (Anm. 53), 173. Vgl. Eberhard Jüngel, ... keine Menschenlosigkeit Gottes ... Zur Theologie Karl Barths zwischen Theismus und Atheismus, in: ders., Barth-Studien, Zürich u. a. 1982, 332–347. Ähnlich Ricœur: In Jesu Tod «stirbt Gott, damit der Mensch sei. Dies ist die inverse Bewegung zur Entfremdung, wo wir sehen, dass der Mensch stirbt, damit Gott sei» (ders., Plaidoyer [Anm. 11], 88).
[58] Karl Barth, Das christliche Leben. Die kirchliche Dogmatik IV/4. Fragmente aus dem Nachlass. Vorlesungen 1959–1961 (GA II.7), hg. von Hans-Anton Drewes und Eberhard Jüngel, Zürich 1975.
[59] Barth, Das christliche Leben (Anm. 58), 212.

bringen».[60] Barth spricht hier vom «Versuch der *Nostrifikation* Gottes», der «Verunsrigung».[61]

IV. Gottes Offenbarung als Kritik der Religion

Nach dieser Skizze von Karl Barths Theologie der Religion seien einige Interpretationen angeschlossen. Zunächst sei aber nochmals auf die eingangs erwähnte
Kritik zurückgekommen, die Barths Religionskritik erfahren hat und nach wie
vor erfährt. Hat man es, blickt man auf diese mit stärksten Worten vorgetragene
Demontage menschlicher Religionspraxis, bei Barth nicht mit einer einseitig negativen, «schwarzen» Anthropologie zu tun? Werden hier nicht die in sich
höchst differenzierten, reichen Ausdrucksformen von Religion unter den grossen
Schatten eines undifferenzierten dogmatischen Urteils gestellt und damit in ein
trübes Einheitsgrau verwandelt? Und wird damit aus der unleugbaren Ambivalenz von Religion[62] mit ihrem Ineinander von Lebensfreundlichkeit und Lebens-
feindlichkeit nicht ein für jede weitere Analyse unbrauchbares Bild dessen, was
menschliche Religiosität ausmacht?

Es wird sich gleich zeigen, dass Barths Religionskritik bedeutend dialektischer ist, als dies oft dargestellt wird. Ausserdem sei nochmals auf seine dezidiert
theologische Zugangsweise zur Religion – im kategorialen Unterschied zu einer
religionswissenschaftlichen – hingewiesen. Vor dem Einstieg in die Interpretation sollen aber doch einige Phänomene aufgerufen werden, die die analytische
Kraft von Barths Begriff der Religion als Nostrifikation Gottes bestätigen. Sie
haben allesamt mit der Struktur des neuzeitlichen Religionsdiskurses zu tun –
und mögen deshalb verständlich machen, warum Barths kritische Sichtweise der
Religion in einem grundsätzlichen Sinne befremdlich anmuten *muss*.

«Verunsrigung» Gottes: Sofort drängt sich da natürlich der Erste Weltkrieg
auf als Exempel für die vielen Kriege, in die alle Seiten im Namen Gottes gezogen
sind. Aber es gibt auch unspektakulärere Beispiele. Erscheint es dem modernen
Menschen nicht vollkommen selbstverständlich, Glauben und Kirche ausschliesslich unter dem Gesichtspunkt ihrer Dienlichkeit für das menschliche Leben – das
eigene und das gesellschaftliche – zu denken? Als Lebenshilfe, Kontingenz-
bewältigung, Sinnstiftung? Und streicht man nicht gerne heraus, welchen wich-

---

[60]   Barth, Das christliche Leben (Anm. 58), 213.
[61]   Barth, Das christliche Leben (Anm. 58), 214.
[62]   Rolf Schieder, Sind Religionen gefährlich? Religionspolitische Perspektiven für
das 21. Jahrhundert, Berlin [2]2011.

tigen Stellenwert Religionsgemeinschaften für den sozialen Zusammenhalt, die Tradierung von Werten, die Kultur haben? Allgemein gefragt: Stehen heute überhaupt andere Zugänge zu religiösen Erscheinungen zur Verfügung als anthropozentrische? Und weiter: Bedienen sich nicht Religionsgegner wie -befürworter funktionaler Interpretationen von Religion, also wiederum solcher, die Religion im Horizont menschlicher Bedürfniserfüllung wahrnehmen? Oder, um ins Fachtheologische zu wechseln: Ist nicht gerade in der deutschsprachigen Theologie das Verständnis von Religion als (menschliche) Lebensdeutung, als «Deutung von Erfahrung im Horizont der Idee des Unendlichen»,[63] für viele sehr plausibel? Oder ganz praktisch: Welche Pfarrerin, welcher Pfarrer wurde nicht schon in Gesprächen gefragt, was einem der Glaube an Gott denn eigentlich «bringe»? Begegnet uns Religion nicht in all diesen so unterschiedlichen Phänomenen als ein Unternehmen, in welchem Gott oder das Göttliche oder die Transzendenz immer schon in menschliche Interessenlagen eingezeichnet ist? Man ist zu fragen versucht, ob die Moderne Gott überhaupt anders zu sehen in der Lage ist denn als Antwort auf Fragen, welche der Mensch stellt. Und dies selbst dann, wenn man zum Schluss kommt, dass diese Antwort heute nicht mehr an der Zeit sei. Und vielleicht auch die Fragen nicht mehr.[64] Anders gesagt, der Moderne fehlt möglicherweise das Sensorium dafür, dass die Pointe von Religionen gerade darin besteht, eine nicht-anthropozentrische Perspektive auf Welt und Menschen einzunehmen. Diese Alternative formuliert etwa der jüdische Religionsphilosoph Abraham Joshua Heschel: «Religion besteht in Gottes Frage und der Antwort des Menschen.»[65] Die nun folgenden Überlegungen möchten ausweisen, dass Barth auf die Seite dieser Alternative gehört.

1. Offenbarung und Religionskritik

Aus der vorstehenden Skizze ist zu entnehmen, dass die Religion Barth von Beginn weg bis in die letzten Seiten seines theologischen Schaffens beschäftigt hat. Es ist aber im Untertitel dieses Beitrags mehr in Aussicht gestellt, nämlich der

---

[63] Ulrich Barth, Religion in der Moderne, Tübingen 2003, 10.

[64] So der Philosoph Andreas Urs Sommer: «Es könnte sein, dass wir die Probleme nicht mehr haben, auf die die Religion die Antwort war» (Religionsverzicht um des guten Lebens willen? Eine skeptische Übung: Zweifel, Hermeneutische Blätter 1/2, 2011, 135–146 [142]).

[65] Abraham Joshua Heschel, God in Search of Man. A Philosophy of Judaism, New York 1955, 137 (Übersetzung MZ).

Nachweis, dass Barths Theologie – und zwar inhaltlich wie auch methodisch – eine eigentlich religionskritische Theologie sei. Dass also für diese gesamte Theologie gilt, was Sabine Plonz über Barths Hauptwerk notiert: «Die Kirchliche Dogmatik ist *methodisch* als theologische Religionskritik angelegt.»[66] Und dies «als Auslegung des ersten Gebots».[67]

Sehr deutlich hat sich bis hierher gezeigt, dass die religionskritischen Äusserungen Barths auf seinem offenbarungstheologischen Ansatz aufruhen. Sie sind deshalb grundsätzlich abständige, sekundäre Äusserungen. Die Kritik an der Religion ist die unvermeidliche kritische Seite des immer wieder neuen Ereignisses der Selbstkundgebung und Beziehungsstiftung Gottes. Und entsprechend die Offenbarung das Licht, zu dem untrennbar der von diesem Licht geworfene Schatten der Kritik an der menschlichen Religion gehört. Aber warum, mag man fragen, kann das Positive denn nicht ohne das Negative ertönen? Warum diese penetrante Dialektik nicht nur des jungen, sondern auch noch des späten, in dieser Hinsicht überhaupt nicht altersmilden Barth? Warum verhält es sich so, wie Barth in einer Adventspredigt in der Basler Strafanstalt «Schällemätteli» einschärft: «Das grosse Ja [Gottes] hat [...] auch ein deutliches Nein in sich»[68]?

Nun, es verhält sich so, weil Gott in seiner Selbstkundgebung nicht auf jemanden stösst, der dafür offen und bereit wäre, der auf seine Beziehungseröffnung mit Zustimmung und fröhlicher Umkehr antworten würde. Vielmehr trifft seine Gnade «einen gegen sie verkehrten Menschen, der von sich aus ins Argument drängt und sich mit Gott ins Benehmen setzt».[69] Gott begegnet in seiner Zuwendung einem Menschen, der sich in seiner ganzen Existenz darauf eingerichtet hat, gerade ohne diesen gnädigen Gott Mensch zu sein, und der auch das Offenbarungsgeschehen sehr schnell wieder in diesen Lebensentwurf einzupassen sich bemüht.[70] Aus diesem Grund gibt es Offenbarung nur im Verbund mit jenem Geschehen, in welchem Gott dieses scheinbar so menschenfreundliche, so gesellschaftsdienliche, so kulturaffine Tun des Menschen als das enttarnt, was es immer auch ist, nämlich Religion als Kern des menschlichen Sünderseins. Das

---

[66] Sabine Plonz, Revolutionäres Ethos und theologische Zeitgenossenschaft, in: Neue Wege 113/3, 2019, 30–33 (32).

[67] Plonz, Revolutionäres Ethos (Anm. 66), 32.

[68] Karl Barth, Predigten 1954–1967 (GA I.12), hg. von Hinrich Stoevesandt, Zürich 1979, 267.

[69] Weinrich, Kompromisslosigkeit (Anm. 4), 275.

[70] So, stärker zeitdiagnostisch, auch Theodor W. Adorno: «Nicht die Wahrheit und Authentizität der Offenbarung entscheidet, sondern das Bedürfnis nach Orientierung, der Rückhalt am festen Vorgegebenen» (Vernunft und Offenbarung, in: ders., Kulturkritik und Gesellschaft II. Eingriffe. Stichworte, GS Bd. 10.2, Frankfurt a. M. 1977, 608–616 [610]).

aber bestätigt nochmals, dass Religionskritik ihr Ziel nicht in sich selbst hat, sondern dass ihr Ziel identisch mit demjenigen der Offenbarung ist – und somit dem Kommen Gottes zum Menschen dient. Gottes Kritik menschlicher Religion ist Dienst am Menschen.

Wo Offenbarung geschieht, fallen sich nicht zwei Liebende in die Arme, sondern es wird ein Kampfgeschehen in Gang gesetzt, in welchem für den Menschen sein Teuerstes auf dem Spiel steht, seine als Gottesverehrung camouflierte[71] Existenz *etsi Deus non daretur.* Es ist deshalb die «Kampfsituation», wie Dieter Schellong völlig richtig beobachtet, «Grundelement bei Barths Auffassung von dem, was Religion ist».[72]

In dieser religionskritischen Struktur der Offenbarung liegt übrigens auch der tiefste Grund dafür, dass nach Barths Ansicht die Theologie nicht eine allzu friedfertige Wissenschaft sein sollte, ist doch gerade sie nie gefeit vor allerlei fremden Göttern:

> «Darum muss Rede und Gegenrede stattfinden, darum muss Streit sein in der Theologie, damit es nirgends zu einem Frieden komme mit den sicher überall mitherrschenden und mit anerkannten ‹andern Göttern›.»[73]

2. Religionskritik und Rechtfertigung

Man sagt dasselbe aus anderem Blickwinkel, wenn man die Religionskritik vom rechtfertigenden Handeln Gottes her zu verstehen versucht.[74] Offenbarung ist inhaltlich Versöhnung des Menschen mit Gott und Religionskritik der Aufweis der tiefen Unversöhntheit des Menschen mit dem Schöpfer. Anders ausgedrückt:

---

[71] Zur Sünde als Mimikry vgl. Karl Barth, Kirchliche Dogmatik IV/3, Zürich 1959, 499–531, sowie Eberhard Jüngel: «In ihrer Urgestalt als Unwahrheit und Lüge ist die Sünde die *Imitation,* die Nachäffung des Wahren, des Verlässlichen und Guten» (Das Evangelium von der Rechtfertigung des Gottlosen als Zentrum des christlichen Glaubens, Tübingen ³1999, 96).

[72] Dieter Schellong, Barth lesen, in: Friedrich-Wilhelm Marquardt et al. (Hg.), Karl Barth: Der Störenfried (Einwürfe 3), München 1986, 5–92 (72).

[73] Karl Barth, Das erste Gebot als theologisches Axiom, in: ders., Vorträge und kleinere Arbeiten 1930–1933 (GA III.49), hg. von Michael Beintker et al., Zürich 2013, 214–241 (240).

[74] Hans-Joachim Kraus stellt die Frage, ob die theologische Religionskritik Barths nicht «als die angemessene Weise gegenwärtiger Rezeption und Interpretation der reformatorischen Rechtfertigungslehre zu gelten hat» (Theologische Religionskritik, Neukirchen-Vluyn 1982, 22).

Die Kritik der menschlichen Religion lässt sich begreifen als die negative Seite der Rechtfertigung des Gottlosen. Dazu Hans-Joachim Kraus in Bezug auf Barth:

«[I]m Licht der iustificatio impii, der Rechtfertigung des Gottlosen, wird Religion als Ausdruck der Gottlosigkeit, des Unglaubens und des Widerstands offenbar.»[75]

Denn die Rechtfertigung des Gottlosen, das ist ja nicht bloss die tröstliche Behauptung, der Mensch sei recht, so wie er gerade ist,[76] sondern sie ist die Gerechtsprechung eines Ungerechten, und damit auch das Urteil über den Menschen, dass er eben ein solcher sei: ein Ungerechter, ein Gottloser. Die Rechtfertigung Gottes ist so gesehen das grosse Realitätsprinzip in der Welt, jenes Geschehen, durch welches dem Menschen jede Grundlage entzogen wird, sich über sich und seine Lage in der Welt und vor Gott zu betrügen.

Wieder macht Barth sichtbar, dass die Enttarnung des gottlosen Menschen ein Nein im Ja ist und als solches eine Dimension des dem Menschen eröffneten Weges zu Gott. Die Religionskritik ist die epistemologische Seite der Aufdeckung menschlicher Entfremdung von Gott, indem sie offenlegt, dass die religiösen Erkenntnisversuche nichts anderes als Gotteskonstruktionen sind und Gott notorisch verfehlen. Diese Kritik erfolgt aber auf dem Hintergrund der sich vollziehenden Selbstkundgabe Gottes, und diese Selbstkundgabe entlastet den Menschen von all seinen Versuchen, Gott selbsttätig zu erkennen bzw. zu konstruieren. Angesichts des Offenbarseins Gottes erübrigt sich jede Notwendigkeit, Gott von sich aus finden zu müssen. Die menschliche Religionsproduktivität kommt dem Gott Jesu Christi gegenüber immer schon zu spät. Und indem Gott in seinem Offenbarsein dem Menschen seine prinzipielle Verspätung vor Augen führt, überlässt er ihn nicht dieser Situation. Die Religionskritik ist Teil der Bewegung Gottes, mit welcher er den von ihm abgewendeten Menschen sich zuwendet. Religionskritik dient der heilvollen *metanoia*. Sie ist immer Kritik zugunsten des Menschen.

«Schwarze» Anthropologie bei Barth? Liest man seine Religionskritik rechtfertigungstheologisch, dann erweist sie sich als Anthropologie des gerechtfertigten Sünders und des rechtfertigungsbedürftigen Menschen. Und der Streit wird

---

[75] Kraus, Theologische Religionskritik (Anm. 74), 22. Vgl. ders., Systematische Theologie im Kontext biblischer Geschichte und Eschatologie, Neukirchen-Vluyn 1983, 79–88.

[76] Zu dieser populären Verkürzung der Rechtfertigungsbotschaft Peter Bukowski, Theologie im Kontext. Reden von Gott in der Welt, Neukirchen-Vluyn 2017, 24f. In diesen Zusammenhang gehört auch Dietrich Bonhoeffers bekannte Unterscheidung von «billiger» und «teurer» Gnade (Nachfolge, DBW 4, hg. von Martin Kuske und Ilse Tödt, Gütersloh 1989, 29–43).

sich dann darum zu drehen haben, inwiefern reformatorische Theologie Ausdruck «schwarzer» Anthropologie sei.

3. Religionskritik als Befreiung

Sabine Plonz hat die *Kirchliche Dogmatik* als konsequente Religionskritik und als solche als Vollzugsgestalt des 1. Gebotes bezeichnet, keine anderen Götter neben dem Retter aus Ägypten zu haben. (Mit gleichem Recht könnte man sie als Vollzugsgestalt des 2. Gebotes interpretieren, sich kein Bildnis von Gott zu machen.) Dieser Satz von Plonz, dem ich zustimme, wird in seiner theologischen Tiefe aber erst erfasst, wenn man das 1. Gebot – und mit ihm den gesamten Dekalog – als Teil von Gottes Befreiungshandeln an seinem Volk begreift. Der Gott des Dekalogs stellt sich vor als der Gott, der Israel aus dem ägyptischen Sklavenhaus befreit hat und der es als Volk vor ihm freier Menschen bewahren will. Wenn nun theologische Religionskritik gleichsam das 1. Gebot in Aktion ist, dann ist sie eine Dimension von Gottes Befreiungshandeln. Mit seiner Offenbarung befreit Gott *sich selber* aus der Gefangenschaft in menschlicher Domestizierung; er befreit sich dazu, sich dem Menschen in seiner ganzen Gnade seiner ganzen Gerechtigkeit und seinem ganzen Reichtum erkennbar und erfahrbar zu machen. Damit befreit er den Menschen aus der Gefangenschaft von dessen «Nostrifizierungen» Gottes zu einem Erfüllungsgehilfen eigener Interessen; von all jenen selbstgebauten Göttern, die nicht mehr sein können als Antworten auf menschliche Fragen und Garanten für jene Güter, die der jeweilige Mensch eben für gut befindet. Gott befreit den Menschen damit von einer verharmlosten, weil je auf den eigenen Horizont restringierten Religion hin zur Kraft der Verheissungen, die nur er ihm eröffnen kann. Religionskritik befreit schliesslich zu einem Gott, der über die Enge unserer Selbstbesessenheit hinausführt, der – wie Eberhard Jüngel sagt – «um seiner selbst willen interessant» ist,[77] zu einer Sicht von Gott im Sinne Calvins, in der es des Menschen Ziel ist, nicht seine, sondern Gottes Ehre zu suchen.[78] Theologie der Offenbarung ist stets Befreiungstheologie, und als Nein im Ja ist dies auch die Kritik an der menschlichen Religion.

---

[77] Eberhard Jüngel, Gott – um seiner selbst willen interessant. Plädoyer für eine natürlichere Theologie, in: ders., Entsprechungen: Gott – Wahrheit – Mensch. Theologische Erörterungen, München 1980, 193–197 (196).

[78] Matthias Zeindler, Gott Ehre erweisen. Wider die Funktionalisierung des Glaubens, in: Georg Plasger (Hg.), Calvins Theologie für heute und morgen. Beiträge des Siegener Calvin-Kongresses 2009, Wuppertal 2010, 209–217.

Gerade die dialektische Gestalt von Karl Barths Offenbarungstheologie, die konsequent des Menschen bleibende Gefährdung durch seine Religionsproduktivität vor Augen führt – diese Offenbarungstheologie nötigt dazu, sie wirklich als *Befreiungs*theologie zu denken. Und nicht etwa als eine blosse Freiheitstheologie, die dem Missverständnis Vorschub leistet, als sei die von Gott gewährte Freiheit ein Besitzstand, bei dem man sich beruhigen könnte. Oder gar die Signatur einer Epoche, die mit der Reformation begonnen hat und in der dann die Gehalte des Protestantismus kultur- und gesellschaftswirksam geworden sind, sei es in der Individualität, in der Demokratie oder in der modernen Sozialstaatlichkeit.[79] Das diesbezügliche Schulterklopfen anlässlich des Reformationsjubiläums ist zum Glück mehrfach kritisch vermerkt worden.[80]

V. Die religionskritische Struktur der Theologie Barths

1. Bleibend dialektische Theologie

Nochmals zur Frage nach Kontinuität und Diskontinuität in der theologischen Entwicklung Barths. Findet sich beim Dogmatiker Barth nicht zunehmend ein Abschied von den scharfen Diastasen des Römerbriefs hin zu stärkeren Affirmationen, eine Entschärfung des unendlichen qualitativen Unterschieds hin zu einer christologischen Vermittlung zwischen Gott und Menschen? Lässt sich mithin auf dem Anmarschweg auf die Kirchliche Dogmatik in den 1930er Jahren eine eigentliche Wende von der Dialektik zur Analogie feststellen?

Es ist unbestritten, dass sich bei Barth die Tonalität im Laufe der Jahre verändert. Ebenso hat er in vielen Themen in seiner Entwicklung markante Verschiebungen vorgenommen.[81] Nach dem, was bis hierhin gesagt wurde, dürfte er aber in all diesen Modifikationen und Neuansätzen eines nicht hinter sich gelassen haben, nämlich die durch und durch dialektische Gestalt seiner Theologie. Das neuschöpferische Ja Gottes zum Menschen ist nie, kann nie sein ohne ein Nein, nämlich das Nein zu jenem Alten, das durch das neuschöpferische Handeln Gottes dahinten gelassen werden soll. Ja, in der sogenannten dialektischen Phase

[79] Zur Diskussion über die Wirkungen der Reformation in der Moderne Ingolf U. Dalferth (Hg.), Reformation und Säkularisierung. Zur Kontroverse um die Genese der Moderne aus dem Geist der Reformation, Tübingen 2017.
[80] Vgl. dazu die Beiträge in Matthias Felder / Magdalene L. Frettlöh (Hg.), Unsere grossen Wörter. Reformtorische ReVisionen (reformiert! 11), Zürich 2022.
[81] Dazu Karl Barth, Die Menschlichkeit Gottes (ThSt 48), Zürich 1956.

der 1920er Jahre begegnen Ja und Nein in einem unauflöslichen, oft paradox anmutenden In- und Miteinander, während in den späteren Werken deutlicher ein Weg vom Ja zum Nein und wieder zum Ja führt. Das ändert aber nichts an der bleibend dialektischen Verfasstheit der Barthschen Theologie. Wie könnte es anders sein, ist diese Theologie doch durchgehend und in einer atemberaubenden Konsequenz Theologie des Wortes Gottes, Offenbarungstheologie und damit immer auch theologische Religionskritik.

2. Bleibend lebendige Theologie

Die Dialektik ist bei Barth nicht zu verwechseln mit einer starren theologischen Methodik. Im Gegenteil, ihrer dialektischen Verfasstheit verdankt diese Theologie ihre oft beobachtete enorme Lebendigkeit. Eine Lebendigkeit, die wieder nichts etwa mit einer ausgeprägten Neugier ihres Autors zu tun hat – auch wenn Barth mit Neugier sehr ausgeprägt begabt war. Es handelt sich bei Karl Barth einmal mehr um eine *fundamentale* Lebendigkeit, die seiner Theologie von ihrem Gegenstand, von Gott selbst, zutiefst eingeschrieben ist.

In einer Berner Vorlesungsreihe unter dem Titel «Reformierte Theologie weltweit» hielt Michael Weinrich im Frühlingssemester 2011 den Vortrag zu Barth, und er setzte ihn unter die Überschrift: «Karl Barth – ein reformierter Reformierter».[82] Ein gleichsam potenzierter Reformierter zu sein, diese Ehre verdient sich Barth laut Weinrich allerdings nicht aufgrund einer besonderen Traditionstreue.[83] Der Traditionalismus ist, wie Barth in einem frühen Vortrag beim Reformierten Bund betont, nicht das, was das Wesen der reformierten Lehre ausmacht.[84] Es gibt, so der junge Professor, «streng genommen keine reformierte Tradition ausser der einen zeitlosen: dem Appell an die offene Bibel und an den Geist, der aus ihr zum Geiste redet».[85] Darin besteht das Reformierte an der re-

---

[82] Zuerst in: Marco Hofheinz / Matthias Zeindler (Hg.), Reformierte Theologie weltweit. Zwölf Profile aus dem 20. Jahrhundert, Zürich 2013, 23–46; wieder abgedruckt, in: Weinrich, Kompromisslosigkeit (Anm. 4), 153–171. Zitate nach dieser Ausgabe.

[83] Zum Bezug des frühen Barth zur reformierten Tradition: Matthias Freudenberg, Karl Barth und die reformierte Theologie. Die Auseinandersetzung mit Calvin, Zwingli und den reformierten Bekenntnisschriften während seiner Göttinger Lehrtätigkeit, Neukirchen-Vluyn 1997.

[84] Vgl. dazu auch den Beitrag von Gregor Etzelmüller in diesem Band.

[85] Karl Barth, Reformierte Lehre, ihr Wesen und ihre Aufgabe, in: ders., Vorträge und kleinere Arbeiten 1922–1925, hg. von Holger Finze-Michaelsen, Zürich 1990, 202–247 (212). Zur Geltung des reformierten Bekenntnisses vgl. auch Karl Barth, Die Theologie

formierten Lehre, dass sie ihren Ausgangspunkt beim stets lebendigen Sich-Ver-
gegenwärtigen Gottes nimmt und sich «als je neu zu formulierende Antwort auf
das heute gehörte Wort Gottes artikuliert».[86] Später, in den Prolegomena, schreibt
Barth dann: «Grundsätzlich in diesem Offenhalten und nur darin besteht die
dogmatische Methode.»[87]

Das Wort Methode könnte zum Irrtum verführen, als hätte man es hier mit
einem Set von wissenschaftlichen Verfahrensregeln zu tun, welche man nur richtig zu handhaben hätte, damit das Unternehmen des theologischen Erkennens
gelingen möge. Eine Methodik, in welcher dann auch die Religionskritik ein Moment der richtigen Einstellung zum wissenschaftlichen Gegenstand würde. In
diesem Sinne schreibt Joachim Ringleben (kritisch gegen Barth gemünzt):

> «Im Christentum – als Religion der Offenbarung schlechthin – kommt mit dieser Dia-
> lektik [von Offenbarung und Religion, MZ] die Religion als solche zu ihrem vollkom-
> menen Selbstbewusstsein, insofern die offene Problematik aller Religion hier beim
> Namen genannt und der Unterschied von Religion und Offenbarung prinzipiell und
> als Selbstunterschied gewusst werden kann.»[88]

Abgesehen vom etwas peinlichen Triumphalismus in diesem Satz ist für Barth
die Unterscheidung von Offenbarung und Religion gerade nichts, was wiederum
ins Selbstbewusstsein des religiösen Subjekts übernommen und dort einfach «gewusst» werden könnte. Denn dieses Selbstbewusstsein des religiösen Subjekts
zeichnet sich ja dadurch aus, dass bei ihm selbst diese von ihm gewusste Dialektik wiederum zum religiösen Tun und damit zur aktiven Selbstdistanzierung von
Gott umgestaltet wird. Die Dialektik von Offenbarung und Religion kommt in
der Kritik der Religion zum Austrag, und das Subjekt dieses Streits ist nicht der
Mensch, sondern der sich offenbarende Gott. Das Äusserste, was sich zur theologischen Methode sagen lässt, ist deshalb tatsächlich der Verweis auf das Sich-
Offenhalten für die Anrede Gottes.

Karl Barth hat das Sich-Offenhalten für das Wort Gottes nicht nur zur theologischen Methodik erklärt, sondern diese auch in ausgesprochenem Masse
praktiziert. Es gibt in Barths Theologie eine Lebendigkeit, die dieser ausdrücklich
als menschliche Entsprechung zur Lebendigkeit des sich offenbarenden Gottes

---

der reformierten Bekenntnisschriften 1923, hg. von der Karl Barth-Forschungsstelle an
der Universität Göttingen (Leitung Eberhard Busch), Zürich 1998, 1–103.

[86] Weinrich, Kompromisslosigkeit (Anm. 4), 163.

[87] Barth, KD I/2 (Anm. 2), 970.

[88] Joachim Ringleben, Religion und Offenbarung. Überlegungen im kritischen Anschluss an Barth und Tillich, in: Ulrich Barth / Wilhelm Gräb (Hg.), Gott im Selbstbewusstsein der Moderne. Zum neuzeitlichen Begriff der Religion, Gütersloh 1993, 111–128 (124).

verstanden hat. In seiner letzten Vorlesung unter dem Titel *Einführung in die evangelische Theologie* sagt er: «Fortfahren heisst in der theologischen Wissenschaft immer: noch einmal mit dem Anfang anfangen.»[89] Die Wendung «Mit dem Anfang anfangen» begegnet bei Barth bereits 1916 ein erstes Mal[90] und begleitet ihn durch sein gesamtes Theologenleben. Sie ist der Reflex davon, dass Gott den Menschen nicht bloss als Inbegriff einer christlichen Tradition oder als Chiffre für eine Sammlung von Werten gegenwärtig sein will, sondern immer als der lebendige Gott. Solche Schwundgestalten christlichen Glaubens gehören zu denjenigen Beständen, die heute bevorzugt Adressaten religionskritischer Auseinandersetzung werden müssen. Theologische Erkenntnis und christlicher Glaube haben Gott nie in derartiger Weise hinter sich, dieser Gott ist immer noch interessanter und überraschender als alles, was wir von ihm zu wissen und zu kennen meinen. Die unüberholbare «Anfänglichkeit» der Theologie hat ihren Grund deshalb in Gott selbst. Weil Gott so unüberbietbar interessant und überraschend ist, dürfen Christenmenschen jeden Tag neu «mit dem Anfang anfangen».

VI. Wahre Religion

Es wurde bisher – manchen vielleicht bis zum Überdruss – wieder und wieder die Insistenz Barths aufgerufen, mit welcher dieser die menschliche Religion als Widerstand gegen Gott, als eigenmächtiges Verzeichnen Gottes und in all dem als Unglauben zeichnet. Heisst das nun, dass die faktische Religion, das religiöse Verhalten des Menschen, recht eigentlich verloren, weil in jedem Fall widergöttlich ist? Obwohl die Religionskritik der bei Barth vorherrschende Religionsdiskurs ist, wäre er ein weiteres Mal missverstanden, würde man daraus die reine Negation der Religion erschliessen. Dass der religionskritische Religionsdiskurs im Dienst der Begegnung mit dem sich offenbarenden Gott steht, wurde schon gesagt. Es gibt darüber hinaus aber auch eine Wirkung von Gottes Selbstoffenbarung auf die Religion selbst.

Es sei an den ersten *Römerbrief* erinnert, wo wir der Religion als der Entsprechung zum Offenbarwerden Gottes beim Menschen begegnet sind. Diese Möglichkeit der Religion geht ihr auch dann nicht verloren, wenn ihre Wirklichkeit dem widerspricht. Ja, sie *darf* ihr nicht verloren gehen, ansonsten würde es auf Seiten des Menschen keine Wirkung von Gottes Selbstkundgabe geben. Aber es

---

[89] Karl Barth, Einführung in die evangelische Theologie, Zürich 1962, 182.
[90] Karl Barth, Predigten 1916 (GA I.29), hg. von Hermann Schmidt, Zürich 1998, 118.

kann diese Gestalt der Religion, nach allem, was Barth über sie ausführt, nicht als menschliche Möglichkeit geben. Nicht als menschliche, sehr wohl aber als göttliche Möglichkeit. So und nur so kann von «wahrer Religion» gesprochen werden, wie es Barth am Ende seines Religionsparagrafen in KD I/2 tut. Und so eröffnet er diesen Abschnitt folgerichtig mit der programmatischen Feststellung:

> «Es ist nach unseren bisherigen Ausführungen darüber entschieden, dass wir von ‹wahrer› Religion nur in dem Sinne reden können, wie wir von einem ‹gerechtfertigten Sünder› reden.»[91]

Von sich aus, muss dies heissen, ist Religion nie wahr. Sie kann aber, wie der sündige Mensch, durch Gott wahr *werden*. Wo dies geschieht, handelt es sich nie um das Wirklichwerden einer menschlichen Potenzialität, es handelt sich um das Wirken der göttlichen Gnade: «Offenbarung kann Religion annehmen und auszeichnen als wahre Religion.»[92] Und es folgt nun ein Satz, der genau nur unter Voraussetzung des soeben zitierten gehört werden darf: «[...] *die christliche Religion ist die wahre Religion*».[93] Man muss ihn so hören: Die durch Gottes Offenbarung in Christus gerechtfertigte und gnädig angenommene Religion ist die wahre Religion. Oder in Barths Worten:

> «In dieser Erkenntnis der Gnade: in der Erkenntnis, dass sie die Rechtfertigung des Gottlosen, dass sie Gnade auch und gerade für Gnadenfeinde ist, vollzieht der christliche Glaube seine Erkenntnis der Wahrheit der christlichen Religion.»[94]

Konkret heisst dies: Religion ist nicht wahre Religion, sie wird auch nicht ein für alle Mal wahre Religion. Sondern Gott lässt sie immer wieder von der abgefallenen zur wahren Religion werden, indem er sie durch sein Wort und das Wirken des Heiligen Geistes aus ihrer selbstherrlichen Wirklichkeit zu ihrer wahren Möglichkeit umkehren lässt.[95] Das wahre Sein der Religion bleibt immer im Werden. Oder, in einer früheren Formulierung Barths, Religion hat «nur dann Daseins-

---

[91] Barth, KD I/2 (Anm. 2), 356.
[92] Barth, KD I/2 (Anm. 2), 357.
[93] Ebd.
[94] Barth, KD I/2 (Anm. 2), 370.
[95] Georg Pfleiderer artikuliert diese Dialektik für den Vollzug der Theologie so: «Entscheidend scheint mir die Einsicht zu sein, dass Barth den Religionsbegriff nicht einfach [...] sang- und klanglos verabschiedet und durch einen Theologie- und Offenbarungsbegriff ersetzt. Vielmehr arbeitet er daran, das Verhältnis von religiöser Erfahrung und theologischer Reflexion in ein Verhältnis dialektischer Reflexionssteigerung zu überführen» (Progressive Dialektik. Zur Entwicklung von Karl Barths theologischem Denken im Zeitraum des Ersten Weltkriegs, in: ders. / Matern [Hg.], Theologie [Anm. 28], 81–103 [84]).

berechtigung [...], wenn sie sich fortwährend aufhebt».[96] Im Lichte der Römerbriefe und der Kirchlichen Dogmatik sollte man allerdings präzisieren: «[...] wenn sie sich fortwährend aufheben *lässt.*»

Ralf Frisch behauptet in seinem Barth-Buch «Alles gut», Barths Idee der Aufhebung der Religion durch die Gnade sei «ein theologischer Taschenspielertrick». Dieser Trick bestehe darin, «so zu tun, als sei Barths Entscheidung, Religion als natürliche Theologie zu kritisieren oder als von Gott gerechtfertigtes Gefäss der Wahrheit gelten zu lassen, prinzipiell anderer Natur als alle Entscheidungen, Erscheinungen und Reflexionen religiöser Rationalität»[97]. Ich meine, dass man die damit bezeichneten Aussagen Barths anders lesen kann – anders lesen *muss.* Frisch moniert, dass Barth gleichsam aus einer Perspektive über der Religion rede und nicht ernst nehme, dass auch die Theologie – die Barthsche eingeschlossen – ein Bereich menschlicher Religion sei. Und damit dem Verdacht nicht entzogen, sündige Konstruktion zu sein. Diese Kritik lässt sich kaum widerlegen, vor allem auch deshalb, weil sie immer gleich auf den zurückfällt, der sie äussert. Ihre Berechtigung wäre daran zu messen, in welchem Masse eine jeweilige Theologie das gottwidrige Wesen der Religion reflektiert und in ihren Vollzug zu übernehmen versucht. Und da ist mir keine Theologie bekannt, die an dieser Stelle bewusster wäre als diejenige von Karl Barth.[98]

VII. Rückfrage: der Schrei der Opfer

Es gibt unter den menschlichen Äusserungen im religiösen Feld ein Phänomen, das sich der konsequent kritischen Deutung Barths zu entziehen scheint: der

[96] Barth, Biblische Fragen (Anm. 1), 678.

[97] Ralf Frisch, Alles gut. Warum Karl Barths Theologie ihre beste Zeit noch vor sich hat, Zürich 2018, 153f.

[98] Das Problem der nicht auf die eigene Sicht bezogenen Zirkularität des Arguments findet sich auch bei Peter Sloterdijk und seiner «These von der Dichtungsnatur der Religionen» (Den Himmel zum Sprechen bringen. Über Theopoesie, Berlin 2020, 276) – kritischer wünschte man sich hier den Religionskritiker! Sloterdijks Vorwurf an Barth lautet, dass dieser das Christentum «als Offenbarungstat des göttlichen Subjekts jenseits aller menschlichen, theopoetischen und kulturellen Zutaten interpretierte» (121) und damit als dem wesenhaften religiösen Dichten entzogen wähnte. Die Lektüre von Barths Religionskritik zeigt, dass durch sie eine solche gesicherte Position gerade methodisch ausgeschlossen werden soll. Und womit der Philosoph den Theologen zu entlarven meint – dass dessen Abweisung der Religion «als Machenschaft des ungläubigen Menschen [...] indirekte Selbstkritik» sei (124) –, erweist sich damit als hellsichtige Beschreibung der Intention ebendieser Religionskritik.

Schrei des leidenden Menschen zu Gott, dass dieser ihm helfen möge. Als Klage, als Seufzen, als inständige Bitte ist dieser Schrei biblisch vielfältig belegt, und ohne umständlich Belege beibringen zu müssen, wird man feststellen können, dass es sich dabei nicht nur um eine weit verbreitete, sondern um eine der ursprünglichsten Artikulationen von Religion handelt. Es ist der Schrei zu Gott aus der Not das Rufen eines Menschen, der sich an der Grenze seiner Handlungsmöglichkeiten befindet, der «nur noch beten» kann. Dieser Schrei ist äusserster Ausdruck von Hilflosigkeit und Ausgeliefertsein, weniger eine letzte noch mögliche Aktivität denn eine von der Qual selbst aus dem Leidenden herausgepresste, höchst passive Expression des Zugemuteten. Wie genau diese sich sprachlich ausdrückt, ist der Tatsache solcher Passivität gegenüber sekundär.[99]

Inwiefern kann man diesen Schrei zu Gott unter die Barthsche Religionskritik subsumieren? Hier, wo ein Mensch sich nicht mehr zu helfen weiss und nur noch die Möglichkeit sieht, Gott um seinen Beistand anzurufen? Weit weg davon, diesem Gott vorschreiben zu können, wie diese Hilfe auszusehen, wie er, Gott, zu sein habe? Selbst wenn auch dieser religiöse Akt nie frei sein wird von der allgegenwärtigen Tendenz, Gott dem eigenen Willen gemäss zu denken und zu wollen – wie weit entfernt ist doch der verzweifelte Schrei zu Gott vom Verfügenwollen über ihn. Hier, wo sich im Rufen nach Gott nichts anderes als das hilf- und aussichtslose Angewiesensein auf ihn ausdrückt, scheint das Barthsche Konzept der Religion als Unglauben einem elementaren Phänomen menschlicher Religiosität – vielleicht dem zentralen Phänomen derselben – nicht angemessen zu sein.

Wohl am nächsten kommt Karl Barth der ausweglosen Passivität des Schreis zu Gott dort, wo er in seiner posthum veröffentlichten Versöhnungsethik vom Gebet als dem Grundvollzug des christlichen Lebens handelt. Er exemplifiziert diesen Sachverhalt am *Unser Vater*. In der ersten Bitte «Geheiligt werde dein Name!», so Barth, wird Gott angerufen, dass er den unseligen Zwiespalt von Licht und Finsternis in der Welt «nicht etwa schlichten (es gibt da nichts zu schlichten!), vielmehr in einer Tat, die nur er tun, mit einem Wort, das nur er sprechen kann, vernichten, gänzlich aus der Welt schaffen wolle».[100] Diese Bitte signalisiert die Grenze allen menschlichen Handelns (und ihre Auslegung gehört genau deshalb an den Anfang einer evangelischen Ethik), weil in ihr das erbeten

---

[99]   Zum Schrei als Kern des Gebets Johann Baptist Metz, Memoria passionis. Ein provozierendes Gedächtnis in pluralistischer Gesellschaft (GS 4), Freiburg u. a. 2017, 95–107. Metz interpretiert den Schrei im Gebet als Ausdruck des Leidens an Gott und gibt ihm damit bereits eine theologische Richtung, die mir über die Passivität des Schreis hinauszugehen scheint. Im Schrei artikuliert sich zunächst allein die pure Not des Leidenden.

[100]   Barth, Das christliche Leben (Anm. 57), 254.

wird, was kein Mensch aus eigener Kraft zu bewerkstelligen vermag. Die Bitte um Gottes Heiligung seines Namens ist deshalb «eine reine Bitte, die über alles gegenwärtige und auch künftige menschliche Eifern, Wollen, Vermögen und Vollbringen hinausblickt auf ein Werk, dessen Subjekt ganz allein Gott selber, das die Tat seines Wollens, Vermögens und Vollbringens sein wird».[101] In dieser Bitte verdichtet sich, was menschliches Leben unter dem Wort Gottes grundsätzlich sein soll, nämlich «Leben in der Anrufung».[102] In solcher Anrufung kommt der Mensch jenseits vereinnahmender Religion zu stehen, indem er sich ganz in die Position des Empfangenden begibt und die Erfüllung der Bitte vollständig Gott überlässt. Freilich vollzieht sich solches Gebet nicht in der selbstsicheren Gewissheit, diese Haltung selbsttätig erreicht zu haben. Vielmehr: «Diese Form der Religionskritik bewahrt den Kritiker vor der Hybris der Selbstzurechnung seines Einspruchs und richtet damit eine Warnung gegenüber der eigenwilligen Möglichkeit religiöser Selbstkritik auf.»[103] In der reinen Bitte hört der Mensch auf, sich Gottes bemächtigen zu wollen, diese Haltung steht aber dem Menschen als eigene Möglichkeit nicht zu Gebote.

Nochmals: Auch im hilf- und ausweglosen Schrei zu Gott haben wir trotz aller Not mit einer Form menschlicher Religion zu tun, und deren Eigenmächtigkeit wird mithin auch das innigste Gebet durchdringen. Auch das Rufen aus der Tiefe ist, insofern es menschliches Tun ist, nicht «reine Bitte», und damit göttlicher Religionskritik nicht entnommen. Aber der Ruf aus der Tiefe, so wird man ergänzen (und korrigieren) müssen, ist in der Dialektik von Religion und Religionskritik nicht angemessen zu erfassen, er muss – und kann – in einer anderen theologischen Perspektive in den Blick genommen werden. Denn Gottes Heilshandeln vollzieht sich nicht nur in der Rechtfertigung der Sünder:innen, sondern auch in der Errettung der Opfer. Der auferstandene Gekreuzigte tritt stellvertretend ein für die, die sich dem Bund mit Gott verweigert haben (den Sünder:innen), er wird aber auch solidarisch mit denen, die am Unrecht leiden, und setzt sie ins Recht.[104] Den Schrei aus der Not hört Gott deshalb zuerst und vor allem den Ruf des geschundenen Geschöpfs. Wo ein Mensch ruft: «Eile, Gott, mich zu retten» (Ps 70,2), ist nicht der Ort der Religionskritik. Vielmehr ist gerade dort besonders

[101] Barth, Das christliche Leben (Anm. 57), 260.
[102] Weinrich, Kompromisslosigkeit (Anm. 4), 290–295; ders., Karl Barth (Anm. 51), 246f.
[103] Weinrich, Kompromisslosigkeit (Anm. 4), 291.
[104] Dazu Jürgen Moltmann, Gerechtigkeit für Opfer und Täter, in: ders., In der Geschichte des dreieinigen Gottes. Beiträge zur trinitarischen Theologie, München 1991, 74–89.

mit der Solidarität des Geistes zu rechnen, der für uns eintritt «mit wortlosen Seufzern» (Röm 8,26).[105]

VIII. Schluss: zurück zum Anfang

Ich erinnere nochmals an das Zitat am Anfang: «Das ewige vermeintliche Besitzen, Schmausen und Austeilen, diese verblendete Unart der Religion, muss einmal aufhören, um einem ehrlichen grimmigen Suchen, Bitten und Anklopfen Platz zu machen.»[106] Der Gang durch Barths Theologie hat gezeigt, wie sehr sie durchgängig bestimmt ist durch den Streit mit jenem religiösen «Besitzen, Schmausen und Austeilen». Einem Besitzen, Schmausen und Austeilen, das darin komisch und tragisch zugleich ist, dass es sich notorisch um etwas anderes dreht, als auf seiner Affiche steht – das nicht Gottes Sache, sondern penetrant die eigene intendiert. Die Alternative besteht für den frühen wie für den mittleren und den späten Barth nicht darin, eine andere Mahlzeit anzurichten, eine richtige anstelle der falschen. Die Alternative besteht, wie der Safenwiler Pfarrer vor den Studenten in Aargau ausruft, darin, überhaupt nicht anzurichten. Sondern anrichten zu *lassen* von dem, bei dem reiche Fülle ist. Damit können wir nun wirklich nicht umgehen, danach können wir bloss suchen, darum müssen wir bitten, dafür müssen wir anklopfen. Doch Barth wird schon in dieser frühen Zeit nicht müde zu betonen: Es ist auch nicht nötig, selber anzurichten. Ist uns doch verheissen, «wer bittet, empfängt; wer sucht, der findet; wer anklopft, dem wird aufgetan» (Mt 7,8).

---

[105] An dieser Stelle wäre auch die Gebetsform der Klage zu thematisieren, die bei Barth wenig Beachtung findet. Dazu Matthias D. Wüthrich, Gott und das Nichtige. Zur Rede vom Nichtigen ausgehend von § 50 der Kirchlichen Dogmatik Karl Barths, Zürich 2006, 337–341.

[106] Siehe Anm. 1.

Ilka Werner

Der Kirschbaum in der Kirche

Verschiebungen in Analyse und Bewältigung des «Pfarrerproblems der Predigt»[1]

I. Einführung

1. Was es mit dem Kirschbaum auf sich hat

«Wenn Menschen [...] in die Kirche kommen», so schreibt Karl Barth vor nahezu hundert Jahren, «dann haben sie, ob sie es wissen oder nicht, Kirschbaum, Symphonie, Staat, Tagewerk und noch einiges andre hinter sich als irgendwie erschöpfte Möglichkeiten» (75).[2]

Sie haben sie hinter sich, weil der «Wahrheitsgehalt dieser Dinge, ihr Zeugnis von einem Sinn des Lebens [...] offenbar selbst wieder fraglich geworden» (75) ist, und so kommen die Menschen in die Kirche, um Antwort zu finden auf die brennende Frage: «Ob's denn auch wahr ist?» (76). Zwischen dieser Frage und der Aufgabe der Wortverkündigung entfaltet sich das Pfarrerproblem der Predigt: Was heisst predigen? Wie kann man das? Nicht: Wie macht man das? So die Exposition des Vortrags «Not und Verheissung der christlichen Verkündigung» damals.

Heute, so meine These, steht der Kirschbaum in der Kirche. Dabei wird «Kirschbaum» in diesem Text zur Metapher für die Suche nach Sinn in Natur, Kunst oder Lebensstil. Die meisten derer, die heute in die Kirche kommen, haben den blühenden Kirschbaum eben nicht, wie es Barth für seine Gegenwart feststellt, hinter sich gelassen. Sie haben ihn noch vor sich. Sie suchen ihn in der Kirche, um überhaupt auf die Spur eines Wahrheitsgehaltes zu kommen oder ein

---

[1]   Die mir für meinen Vortrag vorgegebene Auseinandersetzung mit Karl Barths «Not und Verheissung der christlichen Verkündigung» (in: ders., Vorträge und kleinere Arbeiten 1922–1925 [GA III.19], hg. von Holger Finze-Michaelsen, Zürich 1990, 65–97) bietet mir im Folgenden die Möglichkeit, meine pastorale und kirchenleitende Praxis (s. u. I.2.) in kritischer Würdigung des von Barth beschriebenen «Pfarrerproblems der Predigt» zu reflektieren. Für die Drucklegung wurde der Vortragscharakter bewusst beibehalten.

[2]   Alle Zitate aus Barth, Not und Verheissung (Anm. 1). Die in Klammern angegebenen Seitenzahlen beziehen sich auf diesen Text.

Indiz von einem Sinn des Lebens zu finden. Und so haben die Kirchenleute den Kirschbaum in die Kirche geholt. Oder sie haben die Kirche verlassen und versammeln sich sonntagmorgens auf blühenden Obstwiesen. Wie sich mit dem Ort des Kirschbaums auch das Pfarrerproblem der Predigt verschiebt, will ich mit diesem Vortrag erläutern.

2. Mein eigener Ort im kirchlichen Leben

Ich will das tun aus der kirchlichen Perspektive einer Superintendentin der Evangelischen Kirche im Rheinland. Auch wenn für Sie als Hörerinnen und Hörer in Bern die rheinische Kirche und Solingen weit weg sind. Ich gehe dabei davon aus, dass Sie sich, wenn ich bei Solingen bleibe, für Ihre kirchlichen Orte Ähnlichkeiten und Unterschiede deutlich vorstellen können.

Was macht meine Perspektive aus? Der Kirchenkreis Solingen, in dem ich arbeite, ist klein: Zehn Gemeinden, alle auf Solinger Stadtgebiet, gehören dazu. Der Pfarrkonvent umfasst 18 Pfarrer:innen im Gemeindepfarramt und neun Kolleg:innen im kreiskirchlichen Dienst, nicht alle auf ganzen Stellen. In die Gottesdienstpläne bin ich regelmässig einbezogen, bereite auch oft mit Teams Gottesdienste vor und bin Synodalbeauftragte für Prädikant:innen. Offizielle Anlässe führen dazu, dass ich die Kolleg:innen auch in ihrer Gottesdienstpraxis erlebe. Ich bin Superintendentin im Hauptamt seit sechs Jahren und war vorher 14 Jahre Pfarrerin an einem Berufskolleg. In den ganzen Jahren habe ich in verschiedenen Kirchen regelmässig gepredigt, hatte aber weder je eine «eigene» Gemeinde noch eine «eigene» Kanzel. Dadurch entsteht eine grosse Vertrautheit zu den Gemeinden und gleichzeitig eine Draufsicht, die ein Moment der Distanz immer behält. Ich gehe nicht in der Gemeinde auf.

3. Karl Barths «Pfarrerproblem der Predigt»

Karl Barth schreibt den Vortrag «Not und Verheissung der christlichen Verkündigung» für einen Pfarrertag des Südwestsprengels der Kirchenprovinz Sachsen im Juli 1922, für den er gebeten war, eine Einführung in das Verständnis seiner Theologie zu geben (66). Einführend betont er, «dass das, was ich ‹meine Theologie› allenfalls nennen kann, wenn ich genau zusehe, schliesslich in einem einzigen Punkt besteht, [...] einem *Gesicht*spunkt bloss» (67). Was er vorträgt, will er verstanden wissen etwa als Randbemerkung, als Glosse, vielleicht als Korrektiv oder ein bisschen «Zimt» zur Speise. Nicht um eine neue oder bestimmte Theologie soll es ihm gehen, sondern um die kritische Situation des – damals noch notwendig männlichen – Pfarrers, der sich bei der Aufgabe, zu predigen, zurechtzufinden sucht «zwischen der Problematik des Menschenlebens auf der einen und dem Inhalt der Bibel auf der anderen Seite. Zu den Menschen, in den unerhörten Widerspruch ihres Lebens hinein sollte ich ja als Pfarrer reden, aber reden von der nicht minder unerhörten Botschaft der Bibel, die diesem Widerspruch des Lebens als ein neues Rätsel gegenübersteht» (70). Diese Situation wird Barth «zur Erläuterung des Wesens aller Theologie» (71), zur grundlegenden Frage also vor und unter allen theologischen Richtungen und Schulen.

In zwei Durchgängen möchte ich die Ausführungen Barths mit meinen kirchlichen Beobachtungen heute[3] ins Gespräch bringen – für den ersten Durchgang folge ich ihm in der Einschätzung des Pfarrerproblems der Predigt als einer grundlegenden Frage und blicke so auf die kirchliche Situation heute, wie sie sich mir an meinem Ort erschliesst, und frage, welchen Zimt – oder vielleicht besser: welchen Pfeffer – Barths Analyse dazuzutun vermag. Im zweiten Durchgang werde ich überlegen, ob Barths Frage so grundlegend zugespitzt überhaupt verstanden werden muss.

II. Erster Durchgang: Verschiebungen in der Analyse des Pfarrerproblems. Zwischen der Problematik des Menschenlebens und dem Inhalt der Bibel

1. Barths eine Seite: die Erwartung der Kirchgänger:innen

«Wenn am Sonntag morgen die Glocken ertönen, um Gemeinde und Pfarrer zur Kirche zu rufen, dann besteht da offenbar die *Erwartung* eines grossen, bedeutungsvollen, ja entscheidenden *Geschehens*» (73). Diese Erwartung liegt nicht unbedingt im Bewusstsein der Kirchgänger, sondern in der ganzen Situation: in der Institution Kirche, die allen Weltläufen zum Trotz noch da ist, in den Menschen, die, wenn auch in kleiner Zahl, dem Kirchengebäude zuströmen, in dem Mann, der im Talar die Kanzel besteigen und mit der Gemeinde beten und singen und

---

3   Dieser Vortrag ist im Frühjahr 2019 entstanden. Durch die Auswirkungen der Corona-Pandemie hat sich die kirchliche Praxis seitdem deutlich verändert. Da sich diese Veränderungen aus der unmittelbaren Zeitgenossenschaft noch nicht angemessen beschreiben lassen, wurde der Text nicht ergänzt oder verändert.

zu ihr predigen wird. Diese Situation «zeugt, ruft, schreit» (75) davon, dass Gott gegenwärtig ist. Und zwar anders gegenwärtig, als «wenn wir auf einen blühenden Kirschbaum, auf Beethovens neunte Symphonie, auf den Staat oder auch auf unser und anderer ehrliches Tagewerk solche Rede anzuwenden uns erlauben» (75). Nach dieser anderen Gegenwart fragen die Menschen, die sonntags in den Gottesdienst kommen: Ob's denn wahr ist? – «Darum greifen sie, nicht wissend, was sie tun, nach der unerhörten Möglichkeit zu beten, die Bibel aufzuschlagen, von Gott zu reden, zu hören und zu singen» (76). Wer in die Kirche geht, sucht, so Barth, bewusst oder unbewusst, in der Gottesdienstsituation nach Beglaubigung. Einer Beglaubigung, die über die Hinweise in Natur, Kultur, Rechtsordnung und eigener Leistung hinausgeht.

Ich frage mich, ob die Situation heute noch so beschrieben werden könnte. Schon vor hundert Jahren war der Ruf der Institution Kirche angeschlagen, und die Zahl der Menschen, die in den Gottesdienst kamen, klein, manchmal sehr klein. Aber die Frage, ob es wahr sei, dass Gott gegenwärtig ist, war gemäss Einschätzung von Barth so präsent, dass die Aufgabe, zum Instrument ihrer Beglaubigung zu werden, die Pfarrer ordentlich einschüchtern konnte. Anders als damals scheint mir heute nicht die Frage nach der Wahrheit der Gegenwart Gottes dringend präsent, sondern eher die Frage nach der Relevanz der Institution Kirche.

2. Erste Verschiebung: Die verlorene Unverwüstlichkeit der Institution Kirche

Ob wir es heute mit einer irgendwie vergleichbaren Lage zu tun haben, ist also fraglich. Wer – bewusst oder unbewusst – fragt, «[o]b's denn wahr ist?», hat eine halbwegs konkrete Vorstellung davon, was denn wahr sein könnte, was es ist, das sich als wahr erweisen könnte. Das hat sich in den letzten hundert Jahren verändert. Die Stichworte, die diese Entwicklung etwa in Deutschland beschreiben, sind bekannt: Traditionsabbruch, Entkirchlichung vieler gesellschaftlicher Milieus, weitgehende Entchristlichung in den Ländern der ehemaligen DDR, Erosion der Institutionen überhaupt und schwindende Kirchenmitgliedschaftszahlen, der Weg in die Minderheitskirche, teilweise extreme Individualisierung bis hin zu narzisstischer Persönlichkeitsprägung. Wer meint, da sei mit Sicherheit nichts, was sich als wahr erweisen könne, schwimmt im Mainstream der Meinungen – jedenfalls bezogen auf die mitteleuropäische Gemütslage. Weitere Indizien dafür sind ein zunehmendes Verständnis von Religionsfreiheit nicht als Grundrecht, sondern als Privilegierung der Kirchen in ihrer öffentlichen Wirksamkeit, die Selbstverständlichkeit von Spielen der Fussballjugend am Sonntagvormittag und der Nachrichtenwert kirchlicher Feste in der Tagesschau.

In Solingen haben wir in der Vorbereitung auf das Reformationsjubiläum aus einem Seminar zufällig ausgewählter Kirchenmitglieder, die eher den Rand der Gemeinde als ihren Kern widerspiegelten, eine Reihe «Solinger Impulse» verfasst. Sie bezogen sich auf das Jubiläumsmotto der Evangelischen Kirche im Rheinland «Ich bin vergnügt, erlöst, befreit» und formulierten die Sehnsucht nach diesem vergnügten Lebensgefühl, die Sehnsucht danach, dem Hamsterrad zu entkommen und zu spüren: Du bist genug. Die Frage dahinter war nicht: Ob's denn wahr ist?, sondern eher: Wie kann's denn an mir wirksam werden?

3. Zweite Verschiebung: Der Kirschbaum in der Kirche

Was Menschen zur Kirche zieht, ist darum nicht (mehr) die Frage nach der Wahrheit der Botschaft, sondern eher eine diffuse Sehnsucht nach einem anderen Lebensgefühl, das oft mit dem Stichwort «Angenommensein» beschrieben wird. Der Kirschbaum kommt in die Kirche, um diese Sehnsucht zu triggern. Das Pfarrerproblem der Predigt besteht – fragt man die Pfarrer – heute eher darin, zu artikulieren, dass diese diffuse Sehnsucht kaum artikuliert werden kann. Und die Gefahr, der die Predigerin erliegen könnte, wäre, aus der Diffusion stellvertretend eine klare Frage zu machen, der dann ebenso klar die biblische Antwort entsprechen könnte. Aber auch wer dieser Gefahr entkommt, weicht dem Problem gern aus und ist bei der Predigt eher mit der Frage, wie man es macht, beschäftigt, als dass sie oder er darüber nachdenkt, wie man das überhaupt kann. Die Frage, wie man Gefühle des Angenommenseins *macht*, steckt nicht nur hinter der «Verwohnzimmerung» vieler Kirchräume, sie verändert auch die Selbstinszenierung des Pfarrers oder der Pfarrerin. Als Beispiel nehme ich den Solinger Reformationsgottesdienst 2018: Beteiligt waren fast alle Kolleg:innen, ob als Liturginnen, Prediger oder Bandmitglieder und Chorsänger:innen. Klar war, nicht alle tragen Talar. Neu war, dass sich alle weigerten. Die beiden Predigenden sagten: Nö, will ich nicht, ich fühle mich ohne wohler, die Liturgin wollte auch nicht, dann hiess es, ich als Supertintendentin könnte doch stellvertretend für alle einen anziehen – das wiederum wollte ich nicht. Am Ende gab es zwei Liturginnen im Talar. Es wird Sie nicht überraschen, dass niemand auf die Kanzel stieg. Und vielleicht auch nicht, dass uns erst nachher auffiel, dass die Predigt keinen Predigttext hatte – sie bezog sich nur auf die persönlichen Erfahrungen der beiden Prediger.

4. Dritte Verschiebung: Wie Pfarrer:innen ihrem Ort zwischen Gemeinde und Bibel ausweichen

Von Barths Fassung des Pfarrerproblems her gesehen haben wir dieses – ohne es zu wollen und ohne uns dessen im Vorfeld bewusst zu sein – umgangen, indem wir uns weigerten, Pfarrer bzw. Pfarrerin zu sein. Wir haben den Kirschbaum sprechen lassen. Ich meine, damit halten wir uns an das «vorletzte und vorvorletzte Begehren der Menschen» (76) – und es steht zu befürchten, dass Barth recht hat, wenn er meint, «sie werden uns keinen Dank wissen, wenn wir es tun» (76f.).

Bleiben wir noch einen Moment bei den Pfarrern und Pfarrerinnen heute: Die Unlust, Talar und Kanzel zu nutzen als ein Indiz für die Neigung, den von Barth gewiesenen fragilen Stand zwischen Problematik des Menschenlebens und Inhalt der Bibel aufzugeben und sich ganz auf die Seite der Problematik des Menschenlebens zu schlagen, ist das eine. Das andere ist dies: Die unausgesprochene Erwartung der Gemeinde richtet sich auf die Authentizität des Pfarrers bzw. der Pfarrerin. Nicht: Ist's denn wahr? ist die Frage, sondern: Wird's an ihm, an ihr wahr und wirksam, bewältigt er, bewältigt sie damit die Problematik seines, ihres Menschenlebens. Pfarrer und Pfarrerin sollen vorbildlich oder stellvertretend für alle für die Plausibilität und Wirksamkeit des Evangeliums einstehen und dabei so normal wie möglich sein, damit das Vorbild erreichbar bleibt. Auch die Erwartung der Gemeinde zieht die Pfarrer:innen aus dem «Zwischen» auf die Seite des Menschenlebens. Was bei dieser Entwicklung Anfang, was Folge ist, kann ich nicht sagen. Ich bin sicher, dass die fortschreitende «Entselbstverständlichung» der Institution Kirche und die als ganze postchristliche Gesellschaft das Pfarrerproblem gegenüber Barths Analyse noch einmal deutlich verschärft und wie beschrieben verschiebt.

5. Barths andere Seite: die Erwartung der Bibel

Kommen wir zur anderen Seite des Pfarrerproblems, zum Inhalt der Bibel. Im März 2019 feierten wir in Solingen einen Gottesdienst für und mit allen, die im Laufe des Vorjahres neu oder wieder in die evangelische Kirche eingetreten waren. Nachher gab es Kaffee und Kuchen und folgende Diskussion: Gefragt wurde, warum die Kirche nicht endlich mal eine leicht verständliche Bibel für das 21. Jahrhundert schreibe – schliesslich verstünde doch niemand diese alten Texte, und überhaupt, nicht mal Jesus konnte sich verständlich ausdrücken, warum hätte er sonst seinen Jüngern ständig Extra-Erklärungen und Nachhilfe geben müssen. Ausserdem könnte man den ganzen schwierigen und langweiligen Kram rauslassen und das mit dem Leiden und Gericht auch, es ginge doch darum, den Leuten Mut und gute Laune zu machen!

Geht es darum? Mit Barth: Nur dann, wenn «der Mensch etwa noch in ungebrochener Naivität bei Kirschbaum, Symphonie, Staat, Tagewerk sich der Gegenwart Gottes trösten kann» (84). Sonst gilt:

> «[D]ie Bibel ist uns unheimlich, weil sie eine neue grosse *(grössere!)* spannungsvolle *Erwartung* in die kirchliche Situation hineinträgt von der *anderen* Seite. *Bringt* die Gemeinde primär in die Kirche die grosse *Frage* des Menschenlebens und *sucht* darauf Antwort, so *bringt* die Bibel umgekehrt primär eine *Antwort,* und was sie dazu *sucht,* das ist die *Frage* nach dieser Antwort, fragende *Menschen,* die diese Antwort als solche, eben als Antwort auf die entsprechende Frage verstehen, suchen und finden wollen» (83f.).

Nun, meine Gesprächspartner beim Kircheneintrittskaffee waren solche fragenden Menschen offensichtlich nicht, sie kämen weder auf die Idee, angesichts der Antwort der Bibel ihre Frage schärfer und lebenswichtiger zu verstehen, noch darauf, die Antwort als das Primäre, in der Frage schon Hörbare wahrzunehmen. Und auch Barth fragt: «Wo sind die Menschen, die in der Frage der Bibel ihre eigene Frage wiedererkennen und dann *in* dieser Frage Gottes Antwort: endgültig, erlösend, neuschaffend, belebend, beseligend, Zeit und alles, was in der Zeit ist, in das Licht der Ewigkeit rückend, Hoffnung und Gehorsam erzeugend?» (87) Und er antwortet selbst:

> «Darum ist das menschliche Erwarten ernstzunehmen, kann nicht ernst genug genommen werden, weil es eine Abschattung ist des grossen Erwartens, mit dem Gott hier zuerst auf dem Plan ist. Das ist eine unheimliche Situation, wer wollte das verkennen? Wohl begreiflich, dass wir ihr ausweichen möchten», aber: «[N]ach der Seite der Bibel sind *wir* [...] durch das, was vor 400 Jahren über die Christenheit gekommen ist, festgelegt» (88).

6. Vierte Verschiebung: Der garstige Graben zwischen Gemeinde und Bibel

Hundert Jahre später bröckelt diese Festlegung auf das Wort, auf die Bibel und ihre Frage an die Menschen. Wie sie in einem sorgfältig geplanten Reformationsgottesdienst fehlen kann, habe ich eben schon berichtet. Sie fehlt auch oft ganz dinglich, wenn Lektoren und Lektorinnen nicht aus der Bibel, sondern von einem ausgedruckten Zettel das Evangelium lesen. Sie fehlt, wo nur noch Textübertragungen und nicht mehr Übersetzungen gelesen werden. Oft wird die Fremdheit der Bibel konstatiert, aber nicht als Herausforderung oder Aufgabe begriffen. Wo die Pfarrer nicht mehr zwischen ihr und der Gemeinde, sondern ganz auf der Seite der Gemeinde stehen, wird das leere «Zwischen» zu einem garstigen Graben, über den niemand hinüberhilft.

Wie sehr sich dieser Graben aufgetan hat, spüre ich auch an den Ausweichbewegungen ins «Katholische». Als ich begann, mich mit Karl Barths Aufsatz «Not und Verheissung [...]» für diesen Vortrag zu beschäftigen, war ich zunächst verblüfft über den Raum, den der Weg der anderen Kirche einnimmt. Diese Passagen brauche ich nicht, dachte ich, bis ich am Palmsonntag einen Pfarrer zu verabschieden hatte und seinen Kollegen vor Beginn des Gottesdienstes diverse bunte Stolen vom Hals zupfte. An sich sind mir Stolen egal, und die rheinische Amtstrachtverordnung erlaubt sie, wenn sie vom Presbyterium eingeführt sind und wenn – darum ging es – alle am Gottesdienst beteiligten Talarträger die gleiche tragen und so keine geistliche Hierarchie suggeriert wird. Viele Kolleg:innen sind aber ganz verrückt nach katholischem Dekor und danach, dem Pfarramt ein bisschen mehr Weihe zu geben. Am selben Palmsonntag war ich bei einer Vernissage in einer kleinen Dorfkirche – ausgestellt wurde ein Kreuzweg; und der begrüssende Presbyter beschrieb umständlich das Ungewöhnliche von Bildern in einer evangelischen Kirche, die ja nur das Wort habe, erklärte die Ausnahme und bedauerte am Ende ausdrücklich das Evangelische am Evangelisch-Sein. Solche Erfahrungen sind nicht selten und nicht neu. Meiner Einschätzung nach geht es dabei nicht nur darum, dem kirchlichen Leben mehr Sinnenfülle zu geben (wogegen ja niemand etwas hat), sondern auch um ein Zurückzucken vor der Aufgabe der Wortverkündigung.

Darum stellt sich die Frage, wie ich predigen kann, hundert Jahre nach Barth in einer veränderten Welt deutlich zugespitzter. Der Graben zwischen Gemeinde und Bibel wird durch die mediale Bilderflut und reduzierte Aufmerksamkeitsspannen noch tiefer, die Verlockung der optischen Inszenierung im Gottesdienst dadurch immer grösser; und die Konzentration auf das Wort immer schwieriger.

7. Das Pfarrerproblem der Predigt als Formulierung der Unmöglichkeit von Kirche

Die beobachtbaren Verschiebungen – die verlorene Unverwüstlichkeit der Institution Kirche, der Kirschbaum in der Kirche, Pfarrer und Pfarrerin ganz in der Gemeinde, die Bibel fern auf dem Altar – bestätigen Barths Pfarrerproblem der Predigt als eine Formulierung der Unmöglichkeit von Kirche. Diese Not der Verkündigung ist mit Händen zu greifen. Und die Empfindlicheren unter den Kolleginnen und Kollegen spüren sie auch unter offensichtlichem Erfolg, den sie oft und oft zu Recht dem besonders schön blühenden Kirschbaum in ihrer Kirche zurechnen. Andere verbrämen ihren Misserfolg als Ausweis dafür, dass sie den Leuten nicht nach dem Mund, sondern Gottes Wort reden. Aber bald alle erleben die Not in ihrem Berufsalltag. Sie artikulieren sie allerdings meist als Frage nach dem Handwerklichen, weniger als Frage nach dem theologisch Möglichen. Und sie hoffen oft eher auf den Erfolg und volle Kirchen als auf die Erfüllung der Verheissung. In der gerade vergangenen Passionszeit habe ich die Mitglieder des Pfarrkonventes zu «Suppe und Barth» einmal in der Woche zu mir nach Hause eingeladen. Es gab Mittagessen, und dann redeten wir eine Stunde über einen Abschnitt aus Karl Barths Aufsatz «Die Menschlichkeit Gottes».[4] Es waren wechselnde Tischrunden, immer sechs bis acht Personen, insgesamt viel Gespräch über uns sowie die Kirche in Solingen und eher wenig über Barths Text, aber ziemlich aufrichtig kam an die Oberfläche, woran sich alle auf die eine oder andere Weise abarbeiten: Wie kann man das heute, Pfarrer, Pfarrerin sein? Und wie macht man das, ein Berufsleben lang?

III. Zweiter Durchgang: Verschiebungen in der Bedeutung des Pfarrerproblems

1. Verheissungsvolle Verkündigung

Bewältigen lässt sich die Not der Verkündigung nicht. Wer sie aushält, erfährt auch die Verheissung, aber nicht unbedingt die Erfüllung. Diese Unverfügbarkeit gehört zu jedem Verkündigungsgeschehen. Eine junge Solinger Kollegin machte das in ihrer Ordinationspredigt im letzten Herbst anschaulich, als sie erzählte, dass ausgerechnet die ihrer eigenen Ansicht nach schlechteste Predigt ihrer ganzen Vikariatszeit für viele Gemeindeglieder zu einem sie persönlich betreffenden Wort geworden sei. Ich denke, dass viele von uns diese Erfahrung kennen und sie zu Recht als Indiz der Unverfügbarkeit und Nicht-Machbarkeit verstehen. Neu ist vielleicht, wie sehr sie diese Erfahrung mit der Gemeinde teilen und sie im Darüber-Reden zum Thema machen.

Für diesen zweiten Durchgang möchte ich Barths Pfarrerproblem der Predigt aus dem Modellhaft-Zugespitzten und Grundsätzlichen herauslösen und in die

---

[4] Karl Barth, Die Menschlichkeit Gottes (ThSt 48), Zürich 1956.

Lebenswirklichkeit der Gemeinden holen – ich meine, so lässt sich das heutige «Kirchenproblem der Verkündigung» über die beschreibende Analyse hinaus auch theologisch fassen.

2. *Erste Verschiebung: Vom Problem des Pfarrers zum Problem der Gemeinde*

Es ist auffällig, wie sehr Karl Barth den Pfarrer vereinzelt und der Gemeinde gegenüberstellt. In seiner Zuspitzung des Problems fehlt die Gemeinschaft der Heiligen wie das Priestertum aller Getauften, es fehlt damit der Gedanke, dass die Not der Verkündigung als eine von der Gemeinde gemeinsam erfahrene und getragene wahrgenommen wird oder werden kann. Die Gemeinde kommt in Barths Zuspitzung nicht als theologisches Subjekt, sondern als allenfalls mit den Füssen abstimmende Herde in den Blick. Einen anderen Akzent setzen die heutigen Agenden, die ich für Einführung, Ordination und Verabschiedung benutze. Darin endet die jeweilige Handlung immer mit einem Wort an die Gemeinde, in dem ausgesprochen wird, dass die ganze Gemeinde zur Bezeugung des Evangeliums berufen ist. Ich lese als Beispiel den Text aus der Einführungsagende:

> «Liebe Gemeinde, lasst euch den Dienst eurer Pfarrerin gefallen. Steht ihr bei und betet für sie. Prüft ihre Worte an der Heiligen Schrift. Bedenkt, dass ihr alle durch die Taufe dazu berufen seid, das Evangelium vor der Welt zu bezeugen. Gott schenke euch dazu seinen Geist. Ihm sei Ehre in Ewigkeit.»[5]

Deutlich wird hier der Dienst der Pfarrerin bzw. des Pfarrers in der Gemeinde verortet. Gefühlt ist es im Alltag zu Barths Zeiten und heute anders. Aber aus der Diskrepanz zwischen theologischer Möglichkeit und alltäglicher Wirklichkeit stellen sich mir zwei Fragen: Einmal, ob nicht die seit Jahren massiv spürbare Erschöpfung und Überlastung der Pfarrerinnen und Pfarrer auch daraus entsteht, dass diese die Not der Kirche fast allein tragen und durch Zuspitzungen, wie sie Barth vornimmt, im Grunde allein zwischen den Erwartungen der Gemeinde und denen der Bibel stehen sollen. Neuere Untersuchungen, die das Pfarramt als «Schlüsselberuf» der Kirche beschreiben, laden damit die theologische Last der Situation ebenfalls bei der Pfarrerschaft ab. Dann, daraus folgend, ob nicht die beschriebenen Ausweichbewegungen der Kolleg:innen aus dem «Zwischen» in die Gemeinde oder hin zum «Katholischen» einem richtigen theologischen Ge-

---

5 Vereinigte Evangelisch-Lutherische Kirche Deutschlands (VELKD) / Union Evangelischer Kirchen (UEK), Berufung – Einführung – Verabschiedung, Agende 6, Hannover/Bielefeld 2012, 157.

spür folgen und die konzeptionelle Ortlosigkeit einer evangelischen Pfarrerin, eines evangelischen Pfarrers erkennen lassen. Wenn immer mehr Kolleg:innen das «Zwischen» leer lassen, macht das deutlich, dass die Frage nach dem Ort der Pfarrer:innen angesichts des Kirchenproblems der Verkündigung offen ist.

3. Zweite Verschiebung: Vom Problem der Verkündigung zum Problem der öffentlichen Rede von Gott überhaupt

Ähnlich wie die Stellung des Pfarrers zieht Barth die Verkündigung ins Modellhaft-Grundsätzliche. Es fehlen hermeneutische und kommunikationstheoretische Konkretionen – verständlicher-, vielleicht sogar notwendigerweise, denn sie würden die Pointe des Problems verschleiern und verschieben hin zur handwerklichen Problematik. Ausserdem lag der theologiegeschichtliche Kairos der frühen 20er Jahre des 20. Jahrhunderts darin, nach der auch theologischen Kriegsbegeisterung im Ersten Weltkrieg jeder methodischen Brücke von Gottes Wort ins Menschenleben zu misstrauen und keinen kulturellen Brückenschlag mehr zu versuchen. Welche Wege Barth selbst von den frühen «Randbemerkungen» und Gewürzgaben bis hin zur Kirchlichen Dogmatik gegangen ist, ist bekannt. Wie sehr das alte Misstrauen nach wie vor berechtigt ist und wie instabil die Kirchen etwa gegenüber einer neuen rechten Herausforderung wären, ist leicht vorzustellen.

Mir geht es an dieser Stelle darum, wie die Frage nach der konkreten kirchlichen Verkündigungsproblematik heute aussieht. Die Verschiebung von der Suche nach Wahrheit hin zur Suche nach Erleben in den Kirchen habe ich schon beschrieben, ausserhalb der Kirchen stellt sich die Not noch einmal anders dar: Wie sollen wir von Gott reden zu Menschen, die, weil sie keinen Gott haben, faktisch längst ihr eigener Gott sind? Man könnte sagen, in der Gesellschaft hat ein «unfroher» Wechsel stattgefunden, der die Menschen zu Gott gemacht und Gottes Stelle leer gelassen hat. So trifft die Erwartung der Bibel nicht auf eine bewusste oder unbewusste Frage der Menschen, sondern auf eine diffuse Sehnsucht, deren Erfüllung wie grundsätzliche Erfüllbarkeit nicht geglaubt wird. Wie oft lassen Menschen ahnen, wie sehr sie sich danach sehnen, angenommen zu sein? Wie oft aber können sie die Zusage, den Zuspruch der Liebe Gottes nicht hören und erst recht nicht für wahr halten? Wie sehr versuchen wir als Kirchen, diesen Zirkel zu durchbrechen etwa durch persönliche Segnung oder Salbung und allerlei andere Zeichenhandlungen, mit nur sehr punktuellem Erfolg? Die Frage danach, wie wir verkündigende Kirche sein können, ist offen.

Die Herausforderung besteht darin, sie nicht methodisch zu schliessen aus Angst vor der Leere und dem garstigen Abstand. Die Herausforderung besteht darin, die Offenheit auszuhalten.

4. Dritte Verschiebung: Von der Not der Verkündigung zum Kirschbaum in der Kirche

Die meisten Gemeinden schaffen das nicht. Sie holen die Kirschbäume in die Kirche, in Form von Kerzenbäumen und Engelfiguren und positiven Erfahrungen und individuell formulierten Fürbitten, von Gemeinschaftsinszenierungen und Symbolhandlungen. Ziel ist es dabei, in einer «coolen» Welt «warme» Erlebnisse von Zugehörigkeit, Resonanz und Selbstwirksamkeit zu ermöglichen. Dieses Ziel wird oft erreicht, und nichts daran ist schlecht. Es stellt sich nur die alte Frage wieder neu: Kann der Kirschbaum zu Gott führen – oder eher zu einer kulturell wichtigen, aber immanenten Sinnerfahrung, die sich wohl in religiöser Sprache auszudrücken versucht? Andersherum: Bedient sich Gott des Kirschbaums? Nun, wenn, dann so, dass wir als Kirche immer damit rechnen müssen, es aber nie einplanen dürfen. Entscheidend ist die Gefahr der Verwechselung, das haben die Reformation und die Geschichte der evangelischen Kirche eingeschärft. In Barths Setting war die Sache klar: Wer die Kirchentür vor sich hat, hat den Kirschbaum hinter sich. Das stimmt so nicht mehr; ich habe versucht, das zu erläutern. Die Versuchung, ist der Baum einmal in der Kirche, ist gross, ihn in das «Zwischen» zwischen menschlicher und biblischer Erwartung zu schieben, das der Pfarrer verlassen hat. Aber da gehört er nicht hin. Da richtet er den Schaden an, vor dem Barth zu Recht warnt: Er steht für die Illusion einer einfachen Lösung, für das Abspeisen mit einfachen Antworten, für das Sich-Halten an das «vorletzte und vorvorletzte Begehren der Menschen» (76), für pastorale Lieblosigkeit. Vordergründig sind wir alle einander dankbar: die Gemeinde den Pfarrer:innen, die so schön und lebensnah sprechen, die Pfarrer:innen der Gemeinde, die freundliche Rückmeldungen gibt. Gemeinsam als Kirche aber trösten wir uns damit nur weiter über unsere Not hinweg und merken so auch hundert Jahre nach Barth nicht, «was die Glocke geschlagen hat» (78): dass wir die Leere des «Zwischen» aushalten müssen.

IV. Schluss: Die Leere aus- und Gottes Platz freihalten

Ich habe viel vom «Zwischen» geredet. Bei Barth ist dieses «Zwischen» der Ort des Pfarrers zwischen den Erwartungen der Gemeinde und den Erwartungen der Bibel und also der Ort und die Zeit der Verkündigung. In meiner Relektüre ist dieses «Zwischen» der leere Raum zwischen der Sinn-Sehnsucht der Gemeinde und ihrer Pfarrer:innen und den Erwartungen der Bibel. Dieses leere «Zwischen» entsteht durch die Ausweichbewegung derer, die verkündigen sollen und, weil sie es nicht vermögen, von ihren eigenen Erfahrungen und nicht von den Erwartungen der Bibel reden und darüber ortlos werden. Ich habe dafür plädiert, diese Ausweichbewegungen theologisch ernst zu nehmen und die ganze Gemeinde in der Not der Verkündigung zu sehen. Dadurch bliebe der bisherige Ort des Pfarrers, das «Zwischen», leer. Faktisch wird diese Leere gern gefüllt mit Kirschbäumen aller Art. Damit drücken wir uns davor, wahrzunehmen, dass die Möglichkeit der Verkündigung überhaupt fraglich ist.

Notwendig wäre es, sie auszuhalten, die Leere. Und damit anzuerkennen, dass wir als Kirche keine angemessene Sprache für die Rede von Gott heute finden. Die ehemals erfolgreichen theologischen Sprachspiele funktionieren nicht mehr. Sie haben teil an der auch kommunikativen Fraktionierung der Gesellschaft: Narrative, die die einen berühren, erscheinen anderen als naiv und voraufklärerisch. Diskurse, die den einen plausibel sind, werden von anderen wissenschaftlich infrage gestellt. Liturgien, die den einen Heimat vermitteln, befremden andere so, dass sie wegbleiben. Die verschiedenen Alltagssprachen der verschiedenen Milieus und Gruppen finden nicht nur keine gemeinsame religiöse Sprache, sie suchen sie auch nicht mehr. Die religiöse Pluralität tut das übrige dazu. Als entscheidend wichtige Frage blieb aus dem Reformationsjubiläum 2017 übrig: Was heisst *sola scriptura* heute, was bedeutet «Gottes Wort» heute? Konnte Barth 1922 einen wenn auch kümmerlichen Erwartungsrahmen voraussetzen, in dem man sich individuell und darum auch unkonventionell und anders verhalten konnte, so ist solch ein Rahmen nicht mehr oder allenfalls noch als schwaches Echo gegeben. Der Sprache der Kirchenleute heute müsste das anzumerken und abzuhören sein, dass sie keine verfügbare und funktionierende Sprache ist, sondern Platzhalterin einer Leere. Es müsste ihr abspürbar sein, dass sie nicht Gott verorten, sondern Gottes Platz freihalten will.

Barth beendet seinen Vortrag damit, dass er vorschlägt, «*Besinnung* eintreten zu lassen über das, was da geredet und getan wird, Besinnung auf das Eine, Notwendige [...], Unentrinnbare, dem unsre Kirchen, dem wir Pfarrer und Theologen vor allem heute mehr als je tatsächlich gegenüberstehen; Besinnung heisst *Erinnerung* an den *Sinn* unsres Redens und Tuns» (96).

Das vielleicht gilt heute so wie damals und wird nicht leichter geworden sein. Solche Besinnung könnte anfangen damit, mit der eigenen Sprachlosigkeit ehrlich umzugehen und den Abstand zur Bibel, zu Gott wahrzunehmen und einzuräumen. Das hiesse, dem Raum geben, dass Gott selbst die Bibel immer wieder zum Sprechen bringt. Das liesse Gott Platz, Gott zu sein. Und uns gäbe es die Hoffnung, Gott werde den Abstand, die Leere, das «Zwischen» von sich aus überbrücken, weil eben das allein verlässlich verheissen ist: Gott will nicht Gott sein ohne uns Menschen.

Darum ist die Aufgabe der Verkündigung heute: so reden, dass Gottes Platz frei bleibt. Ihr Pfeffer: Den Kirschbaum aus der Kirche werfen. Und ihre Verheissung: Predigen zu können, weil Gott die Leere gefüllt hat und füllen wird.

Christophe Chalamet

«Despiser of scientific theology»?

Karl Barth in debate with Adolf von Harnack

I. Introduction

The purpose of the present contribution is to examine the theological debate which unfolded, in the first weeks and months of the year 1923, between Adolf von Harnack and Karl Barth. As I hope to show, the somewhat heated, tense conversation which took place between these two theologians in those weeks remains very instructive for us almost a century later. Before we turn our attention to this academic *disputatio,* a few words might be useful concerning its context and its two actors.

Adolf von Harnack was one of the most significant figures of modern Protestant theology at the time. Born in 1851, he was a seventy-two year old scholar in 1923, yet still active in research and writing. He was close to the end of his career as a professor at the Friedrich-Wilhelms Universität (now the Humboldt Universität) in Berlin, a position from which he retired a year later, in 1924. A long, highly distinguished career of 48 years years (1876–1924) of academic teaching at several German institutions of higher learning thus ended. With the deaths of Wilhelm Herrmann in January 1922, of Ernst Troeltsch in February 1923, Adolf von Harnack was arguably the last major figure from the leading theologians who came to prominence in the last decades of the 19th century and who dominated the landscape before and during the First World War as well as in the immediate post-war years. Harnack survived his colleagues and friends Wilhelm Herrmann and Ernst Troeltsch until his death in 1930. Of the three, he was thus the only one who was able to follow the first developments of the new theological movement, led by Karl Barth, Friedrich Gogarten and others, which was coming to prominence during the Weimar Republic. And so it was as a sort of symbolic figure, as an acknowledged leading figure of modern German Protestant theology, that Harnack published «Fifteen Questions to the Despisers of Scientific Theology» in the then well-known journal *Die christliche Welt* on January 11, 1923.[1]

---

[1]   Die christliche Welt (hereafter: CW) 37, January 11, 1923, n°1–2, col. 6–8; Karl

Who were these «despisers of scientific theology»? They were the «young lions» of a new theological movement, which would soon be called «dialectical theology» because of its (at times) dizzying use of tensions, paradoxes, and contradictions in theological discourse. At the head of that movement was Karl Barth, alongside other key contributors in those years, namely Friedrich Gogarten, Eduard Thurneysen and Emil Brunner. Karl Barth was then thirty-six years old. He was thirty-five years younger than Harnack – a rather big gap in years, but the gap in academic standing was also quite wide between them. One, i. e. Adolf von Harnack, was a world-renowned historian of Christianity and theologian, even though as an older man he was in the process of relinquishing various prestigious positions, such as, in 1921, his role as general director of the Königliche Bibliothek (renamed after 1918 the Preussische Staatsbibliothek). The other, i. e. Karl Barth, was a young academic whose career was then less than two years old: he had begun to teach at the University of Göttingen in the autumn of 1921, after serving as a pastor in an obscure village of Aargau for ten years. He had no doctorate and would never obtain one – even as a number of honorary doctorates would eventually be bestowed upon him, starting in February 1922 with the University of Münster, and eventually followed by about a dozen more.

The two scholars knew each other personally: as a student, Barth had eagerly participated in a seminar Harnack gave at the University of Berlin during the Winter semester of 1906–1907. He had written a long paper in connection with this seminar, which focused on the Acts of the Apostles. They met again in Aarau, at the yearly theological conference of Christian students, on April 17, 1920. Harnack gave a lecture and then heard Barth's lecture, titled «Biblical Questions, Insights, and Vistas» («Biblische Fragen, Einsichten und Aussichten»). Harnack was incensed by what he heard, saying publicly right after the lecture that «since Kierkegaard the matter had never been treated *as* badly as it is now».[2] Despite his friend Eduard Thurneysen's attempt at convincing him

─────

Barth's replies are found in CW 37, February 8, 1923, n°5–6, col. 89–91; Adolf von Harnack then published an open letter, in CW 37, March 8, 1923, n°9–10, col. 142–144; Barth's answer: CW 37, April 26, 1923, n°16–17, col. 242–252; Harnack's postscript: CW 37, May 24, 1923, n°20–21, col. 305–306. The whole exchange is reprinted in Karl Barth, Theologische Fragen und Antworten. Gesammelte Vorträge, Zollikon 1957. For an English translation, see H. Martin Rumscheidt, Revelation and Theology: An Analysis of the Barth-Harnack Correspondence of 1923, Cambridge 1972, 29–53 (below I rely on this translation, which I revise here and there).

[2]   Letter from Barth to Agnes von Zahn-Harnack from October 23, 1935 (Karl Barth-Archiv 9235.392), quoted in Amy Marga's introduction to Barth's lecture, in Karl Barth,

otherwise, Barth thought his lecture in Aarau was a «failure» *(Misserfolg).*[3] Barth met with Harnack the following day, April 18, at the house of Eberhard Vischer in Basel. Toward the end of that conversation, Harnack characterised Barth as a «Calvinist» and an «intellectualist» who would eventually create his own religious sect, in whose midst he would be the beneficiary and the transmitter of divinely inspired messages ...[4]

Then came, in January 1923, Harnack's fifteen questions, quite publicly addressed to the new, disruptive generation of theologians who were making waves since several years in German-speaking Protestant theology. Let us turn to this text and to Barth's reply.

II. Adolf von Harnack's «Fifteen Questions to the Despisers of Scientific Theology»

Harnack begins by asking whether it is possible to «simply speak of ‹the Bible›» in the singular, and thus to consider «the religion of the Bible», or «its revelations», «so completely a unity», as do the young theologians he has in mind. Harnack then switches, from the first sentence to the second one, to a rather different question, as if he could not keep this second question to himself any longer: in order to determine «the content of the gospel», does one not «need here historical knowledge and critical reflection?»[5] The first of Harnack's

---

The Word of God and Theology, trans. Amy Marga, London-New York 2011, 73. See also Christiane Tietz, Karl Barth. Ein Leben im Widerspruch, München 2018, 136: «seit Kierkegaard [...] sei die Sache nicht mehr *so* schlimm gemacht worden, wie jetzt eben!» See also Harnack's letter to Eberhard Vischer from April 26, 1920, quoted in the editors› Preface to Karl Barth, Der Römerbrief (Zweite Fassung) 1922, ed. Cornelis van der Kooi and Katja Tolstaja (GA II.47), Zurich 2010, XX. On the Aarau theological conference and the clash between Harnack and Barth, see Frank Jehle, Die Aarauer Konferenz (1897–1939). Spiegel der evangelischen Theologiegeschichte, Zurich 2020.

[3]   See Karl Barth's letter to Eduard Thurneysen from April 20, 1920, in Karl Barth-Eduard Thurneysen, Briefwechsel, Bd. 1 (1913–1921), ed. Eduard Thurneysen (GA V.3), Zurich 1973, 378–380, as well as as Thurneysen's remarks in his letter to Barth from that same day (381–383), and Barth's comments in his letter from April 27, 1920 (385): «Aarau war ja wirklich ein Misserfolg.»

[4]   «Zuletzt wurde ich als Calvinist und Intellektualist beschimpft und mit der Weissagung, dass ich nach allen Erfahrungen der Kirchengeschichte eine Sekte gründen und Inspirationen empfangen werde, entlassen [...].» Letter to Eduard Thurneysen from April 20, 1920, in Barth 1973 (note 3), 379.

[5]   Rumscheidt, Revelation and Theology (note 1), 29.

«Fifteen Questions» thus contains two very distinct questions: one on the unity of the message or content of the Bible; and another one on the significance of historical knowledge and critical reflection in the study of theology.

In the second of his fifteen questions, Harnack in fact returns to what he already asked in the first one, clarifying further the point he wished to address. He suggests that the unity of the «religion of the Bible», or of «the revelations in the Bible», is not as clear as imagined, and that «historical knowledge and critical reflection» *(geschichtliches Wissen und kritisches Nachdenken)* are «needed for a correct understanding of their meaning». It is not the case, he claims, that the «religion of the Bible» and «its revelations» are «so incomprehensible and indescribable that one must simply wait until they radiate out in man's heart because no faculty of man's soul or mind can grasp them». It is a mistake to think that the «religion of the Bible» can simply be assumed to be «one», and it is another mistake to imagine that the meaning of the Bible simply «radiates out» *(aufstrahlen)* and that it cannot be grasped by the human person's soul or mind. What is needed in order to understand the meaning of «the religion of the Bible» is not a biblicist approach, which presupposes the unity of its message, or a sort of «enthusiast» method which lets the message imprint itself on the human subject who seeks to apprehend it. What is needed, instead, Harnack hammers for the third time in quick succession, is, «next to an inner openness, historical knowledge and critical reflection».[6]

Again, in the third of his fifteen questions, Harnack asks whether the preaching of the gospel can occur «without historical knowledge and critical reflection». This is of course a rhetorical question, and the answer is, obviously, negative: the preaching of the gospel cannot occur independently of historical knowledge and critical reflection. Harnack seems to imply that the approach which is being promoted by the new theological movement risks ending in «uncontrollable enthusiasm» *(unkontrollierbarer Schwärmerei).*[7]

In the following questions, especially questions four, five and six, Harnack criticizes the radical opposition of God and the world in the new theology. Does not the double command of love of God and love of neighbor contradict such

---

[6]   Rumscheidt, Revelation and Theology (note 1), 29, rev. For the original version, see Adolf von Harnack, Fünfzehn Fragen an die Verächter der wissenschaftlichen Theologie unter den Theologen: Barth, Theologische Fragen und Antworten (note 1), 7.

[7]   Rumscheidt, Revelation and Theology (note 1), 29, rev. (Rumscheidt translates «Schwärmerei» with «fanaticism», but Harnack is thinking here, more precisely, of what we now call the «Radical Reformation», against which the Protestant Reformers struggled so vehemently and indeed violently).

stark opposition? How is it possible to educate «in godliness, that is in goodness» *(Erziehung zu Gott hin, das heisst zum Guten)*, if God and the world «are complete opposites» *(schlechthin Gegensätze)?*[8] Then, in question seven, Harnack reveals much of his own presuppositions as a theologian when he asks: «If God is simply unlike anything said about him on the basis of the development of culture, on the basis of the knowledge gathered by culture, and on the basis of ethics, how can this culture, and in the long run one's own existence, be protected against atheism?»[9]

I cannot consider all of Harnack's questions here. In some of them he defends the legitimacy of Goethe and Kant's «conception of God». At the end come questions fourteen and fifteen, which deserve to be quoted: «If the person of Jesus Christ stands at the centre *(Mittelpunkt)* of the gospel, how else can the basis for a reliable and communal knowledge of this person be gained but through critical-historical *(kritisch-geschichtlich)* study, so that an imagined *(er-träumten)* Christ is not put in place of the real one? What else besides scientific theology is able to undertake this study?» And question 15: «Granted that there are inertness, short-sightedness and numerous ills, yet is there any other theology than that which has strong ties *(feste Verbindung)* and is in blood-relationship *(Blutverwandschaft)* with science as such? Should there be one, what persuasiveness and value belong to it?»[10]

Harnack's questions are quite clear, even as they are at times somewhat misguided, imagining for instance that Barth may still be a defender of a theology of experience or that he may be interested in such a theology (see questions one, three and four).

The overall points Harnack wishes to raise concern the nature of «scientific theology», and the methods which make theology into a «scientific» field of knowledge. Theology becomes scientific, i. e. intellectually rigorous, methodical and sound, when it is firmly connected to science as a whole, and especially to the science of history, in the modern sense of the term, that is as a *critical* endeavour. If theology severs its ties to science, and in particular to historical

---

[8] Rumscheidt, Revelation and Theology (note 1), 30.
[9] Loc. cit. «Wenn Gott alles das schlechthin nicht ist, was aus der Entwicklung der Kultur und ihrer Erkenntnis und Moral von ihm ausgesagt wird, wie kann man diese Kultur und wie kann man auf die Dauer sich selbst vor dem Atheismus schützen?» Barth, Theologische Fragen und Antworten (note 1), 8.
[10] Rumscheidt, Revelation and Theology (note 1), 31, rev.; Barth, Theologische Fragen und Antworten (note 1), 9.

science, it is doomed: it will lose its capacity to convince *(Überzeugungskraft)*, it will become worthless.

We can only imagine the worry which seized the eminent scholar when he became aware of the new direction Protestant theology was taking in Germany and in German-speaking regions. Here was a man who had dedicated his entire life, more than fifty years of scholarship, to buttressing theology's standing in the context of the modern university. And not long before his retirement from teaching, there was this new theological movement, this new generation of theologians who seemed to wish to throw it all overboard.[11] Much was at stake, according to Harnack, who must have been convinced that his fifteen questions were severe blows sent in the direction of the young «despisers of scientific theology». Would these despisers answer his questions? Probably, yes. But how would they do this? One senses that Harnack thought he had (and would keep) the upper hand. Why would he have published these fifteen questions if he did not think that?

---

[11] On September 13, 1928, Harnack commented on the new theological landscape to Martin Rade: «Our theology today – it is good (and this is something great) that it is done *seriously,* that it focuses on the *main thing.* But how weak it is as science, how narrow and sectarian its horizon, [...] how expressionistic its logic and method, how short-sighted its view of history! [...] What we risk losing, incidentally, is the link between theology and the *universitas litterarum,* the link with culture [...].» Here is the entire passage in German: «Unsre heutige Theologie – erfreulich ist (und das ist etwas Grosses), dass sie es *ernst* meint und dass sie auf die *Hauptsache* geht. Aber wie schwach ist sie als Wissenschaft, wie eng und sektiererisch ist ihr Horizont – eine neue, erweiterte Auflage von *Kohlbrügge* in Elberfeld – wie expressionistisch ist ihre logische Methode und wie kurzsichtig ihre Auffassung der Geschichte! Ein grosses Verdienst erwirbst Du Dir, wenn Du fortfährst in den Bemühungen, unser so viel grösseres und freudigeres kirchlich-theologisches Erbe lebendig zu erhalten und nahezubringen. Dass Du und wir dabei auch für Schleiermacher eintreten müssen, ist freilich unerwartet und vielleicht eine Strafe für an ihm verübtes Unrecht; aber die von Ritschl an ihm geübte Kritik bleibt in der Hauptsache zu Recht bestehen. Ritschl ist heute der Verachtetste, obgleich er nach meiner Auffassung viel bietet, an das die Barthianer anknüpfen könnten; aber die Söhne sind den Vätern noch feindlicher als den Grossvätern. Was übrigens einstweilen ganz verloren zu gehen droht, ist für die Theologie ihr Zusammenhang mit der universitas litterarum und der Kultur; dagegen tauchen neue Verbindungen dieser evangelischen Theologie mit dem Katholizismus und der Romantik auf. Hoffen wir, dass das alles ein Verpuppungsstadium bedeutet, und ein wirklich evangelischer Schmetterling einst diesen Hüllen entsteigen wird.» Postcard from Adolf von Harnack to Martin Rade, September 15, 1928, in: Johanna Jantsch ed., *Der Briefwechsel zwischen Adolf von Harnack und Martin Rade. Theologie auf dem öffentlichen Markt,* Berlin / New York 1996, 837.

III. Karl Barth's reply

Adolf von Harnack did not have to wait too long. Less than a month after the publication of his questions, Barth's replies appeared in the issue of *Die christliche Welt* dated February 8, 1923.

Barth begins by stating that it is one thing to raise critical questions about modern Protestant theology, and quite another to «despise» «scientific theology». One can do the first, namely criticize recent theological discourse, without necessarily falling into the trap of such a general attitude of contempt or hostility versus «scientific theology».

Even as he prefaces his «Fifteen Answers to Professor Adolf von Harnack», Barth already mentions *the* key issue at stake in this debate, as he sees it, namely the issue of theology's «theme» *(Thema)*. This was, and would remain, the single most important question he raised in the direction of modern Protestant theology (and not just this particular kind of theology): could it be that modern Protestant theology «might have moved further away from its theme than is good»?[12] Barth was convinced this was indeed the case, and Harnack had contributed to this sorry state of affairs. In the first of his fifteen answers, Barth states unambiguously that «the theme of theology, and this beyond the ‹religion› and the ‹revelations› of the Bible», is «the *one revelation of God.*»[13] So the question of the «theme» of Christian theology emerges right from the start as a key point of contention. But Harnack was also raising the question of scientific theology and its *methods* in his questions, and Barth takes up this particular point in his first answer. He writes:

> «‹Historical knowledge› could tell us that the communication of the ‹content of the gospel› can be accomplished, according to the gospel's own assertion, only through an act of this ‹content› *itself.* But ‹critical reflection› could lead to the conclusion that this assertion is founded in the substance of the subject matter (the relation of God and human beings) and is therefore to be seriously respected. The ‹scientific character› of

---

[12] Rumscheidt, Theology and Revelation (note 1), 31. «Der Einwand lautet dahin, *diese* Theologie möchte sich mehr als gut ist von ihrem (zuletzt durch die Reformation deutlich gestellten) Thema entfernt haben.» Barth, Theologische Fragen und Antworten (note 1), 9.

[13] Rumscheidt, Theology and Revelation (note 1), 31, rev. «Jenseits der ‹Religion› und der ‹Offenbarung› der Bibel dürfte als Thema der Theologie auch die *eine Offenbarung Gottes* in Betracht kommen.» Barth, Theologische Fragen und Antworten (note 1), 9–10 (Rumscheidt leaves the word «auch» untranslated).

theology would then be its adherence *(Gebundenheit)* to the recollection that its object was *once subject* and must become that again and again [...].»[14]

These are arguably the key claims Barth makes in his answers to Harnack. They have to do with what constitutes the «scientific» character of theology, with what makes theology «scientific». And Barth's answer is rather straightforward, at least at first glance: theology is «scientific» when it conforms to its «theme», to its «subject matter». Barth will never tire of repeating this, throughout his career, including in the *Kirchliche Dogmatik*.[15] But his answer goes beyond this simple claim, for it also includes, especially in reply to Harnack's second question, certain aspects which pertain to the method of theology. Barth is not convinced that «historical knowledge and critical reflection», or also «inner openness» or «experience», guarantee that one is on the way to understanding the gospel or the Bible. Understanding the Bible depends on «*that* Spirit which is *identical* with the content of the Bible», and it depends on faith.[16] To Harnack,

▬

[14]   Rumscheidt, Theology and Revelation (note 1), 31–32. «‹Geschichtliches Wissen› könnte uns dann freilich sagen, dass die Mitteilung des ‹Inhalts des Evangeliums› jedenfalls nach dessen eigener Aussage nur durch eine Handlung dieses ‹Inhalts› *selbst* sich vollziehen kann. Aber ‹kritisches Nachdenken› könnte ja zu dem Ergebnis führen, dass diese Aussage des Evangeliums im Wesen der Sache (der Beziehung zwischen Gott und Mensch) begründet und also ernstlich zu respektieren ist. Die ‹Wissenschaftlichkeit› der Theologie wäre dann ihre Gebundenheit an die Erinnerung, dass ihr Objekt *zuvor Subjekt* gewesen ist und immer wieder werden muss [...].» Barth, Theologische Fragen und Antworten (note 1), 10.

[15]   See for instance: «The dogmatic *method* is [...] the way necessarily taken by dogmatic work, as claimed by its object *(Gegenstand)*. [...] In its unfolding and presenting of the content of the Word of God, it has no option but to proceed in this way. The content of the Word of God itself must command *(regieren)*, and dogmatics and Church proclamation must obey. Therefore the content of dogmatics can only be an exposition of the work and action of God as it takes place in God's Word.» CD I/2:856, rev.; KD I/2, 957. «The proper aim *(Sachlichkeit)* of theology consists in making the exposition of revelation its exclusive task.» CD II/1:203 («Die Sachlichkeit der Theologie besteht darin, dass sie sich die Auslegung der Offenbarung zu ihrer einzigen Aufgabe macht.» KD II/1, 228). Rudolf Bultmann made similar pronouncements on the «scientificity» of theology: see Rudolf Bultmann, Theologie als Wissenschaft (1941), in: ZThK 81, 1984, 447–469 (467); see also his indictment of both theological liberalism, with its focus on *fides qua creditur,* and theological orthodoxy, with its focus on *fides quae creditur* (454).

[16]   Rumscheidt, Theology and Revelation (note 1), 31–32. «‹Innere Aufgeschlossenheit› – Erfahrung, Erlebnis, Herz und dergleichen – einerseits und ‹geschichtliches Wissen› und ‹kritisches Nachdenken› andererseits sind Möglichkeiten, die zum ‹Verstehen› der Bibel ebensowohl förderlich, gleichgültig oder hinderlich sein können. ‹Verstanden› wird die Bibel weder durch diese noch durch jene ‹Seelen- und Geistesfunktion›, sondern kraft *des* Geistes, der ihrem Inhalt *gleich* ist, und das im *Glauben.*» Barth, Theologische

as we saw, such pronouncements smacked of «biblicism» and, even more so, of «enthusiasm».

One can only imagine Harnack's immediate reaction when he read, in Barth's reply to his third question, that «the task of theology is at one with the task of preaching. It consists in the reception *(aufnehmen)* and transmission *(weiter-zugeben)* of the Word of the Christ.»[17] Identifying the task of theology with the task of preaching: this is how Barth put it in February 1923, but I think he began to see things in a more differentiated way in subsequent years, after having pondered in greater depth the three forms of the Word of God (Jesus Christ as God's Word, the Bible as God's Word, the proclaimed word as God's Word) and the relation of theology as human word to the Word of God. Yes, preaching and theology are both concerned, in a central way, with God's Word; but they do not «transmit» it, they do not relate to it in the same manner. In 1923, this difference did not yet appear, at least not in these brief answers to Harnack's questions, even as Barth offered some more nuanced comments in his longer, final «answer» to Harnack's own reply.[18] Barth may eventually have gained a more nuanced understanding of the relation between the task of preaching and the task of theology, but one thing did not change, over the years: surely, the task of preaching is focused on God's Word; but, no less surely, the task of theology, too, is focused on God's Word. And so preaching and theology have one and the same *task:* God's Word, even as they approach and (at least aim to) fulfill this task in quite distinct ways.

Barth returns to the main point he wishes to make, in relation to what constitutes theology as science, as he answers Harnack's last question (question fifteen). Barth writes (and I quote his answer in its entirety):

Fragen und Antworten (note 1), 10.

[17] Rumscheidt, Theology and Revelation (note 1), 31–32; Barth, Theologische Fragen und Antworten (note 1), 10. We can read Barth's later comments on Church History as an «auxiliary science indispensable to exegetical, dogmatic and practical theology» (CD I/1:5; «die unentbehrliche Hilfswissenschaft der exegetischen, der dogmatischen und der praktischen Theologie»; KD I/1, 3) to theology proper as a further clarification of what he states here. Of course Harnack would have been incensed by Barth's statement in the first pages of his Church Dogmatics, if he had been able to read it (he died in 1930, two years before the publication of the first volume of Barth's Church Dogmatics). Barth's comments on the meaning of «science» in relation to theology in his 1923 debate with Harnack were not his final word on the topic, as is well know, but he never rejected what he stated then (see his debate with Heinrich Scholz, for instance). On this broader topic, see Gerhard Sauter ed., Theologie als Wissenschaft. Aufsätze und Thesen, München 1971.

[18] Rumscheidt, Theology and Revelation (note 1), 42; Barth, Theologische Fragen und Antworten (note 1), 20–21.

«If theology were to regain the courage to orient itself toward its own subjet matter *(Mut zur Sachlichkeit),* the courage to become a witness to the *Word* of revelation, of *God's* judgment and of *God's* love, the outcome might well be that ‹science in general› would have to seek ‹strong ties and a blood-relationship› with *theology* instead of the other way around; for it might be better perhaps also for jurists, physicians and philosophers if they knew what theologians ought to know. Or should the present fortuitous *opinio communis* of others really be the instance through which we have to let our work be judged as to its ‹persuasiveness and value›?»[19]

In this final answer, Barth repeats his central thesis: theology needs to reclaim its own subject matter. It needs to have the courage to center, to focus once again on it: *Mut zur Sachlichkeit* was then, and remained a key motto of Barth's theology throughout his long academic career. This subject matter, as he sees it, is «the *Word* of revelation, of *God's* judgment and *God's* love». This is the heart of the matter.

We do not need to spend too long analysing Harnack's response (an «open letter») to Barth's replies. Harnack takes aim at Barth's claim on the identity of the theological task with the task of preaching and asserts that the task of theology is one with the task of *science* as such, not with the task of preaching.[20] He also writes that Barth's convoluted, problematizing answers, especially on the topic of neighbourly love, have little to do with «the simple gospel» *(das schlichte Evangelium).* Barth is too fond of problematising («in ‹Problematik› reden», as Harnack puts it) certain notions or realities which are in fact simple.[21] He is promoting a version of the Christian faith which might end up «troubling»

---

[19]   Rumscheidt, Theology and Revelation (note 1), 35, rev. «Wenn die Theologie wieder den Mut zur Sachlichkeit bekäme, den Mut, Zeuge des *Wortes* von der Offenbarung, vom Gericht und von der *Liebe* Gottes zu werden, so könnte es ja auch so sein, dass die ‹Wissenschaft überhaupt› nach ‹fester Verbindung und Blutverwandtschaft› mit der *Theologie* ausschauen müsste, statt umgekehrt; denn es stünde vielleicht auch um die Juristen, Mediziner und Philosophen besser, wenn sie wüssten, was die Theologen – wissen sollten. Oder sollte die heutige zufällige opinio communis der Andern wirklich die Instanz sein, von der wir unserem Tun ‹Überzeugungskraft› und ‹Wert› zusprechen lassen müssten?» Barth, Theologische Fragen und Antworten (note 1), 13. Barth makes similar comments in 1962 in Evangelical Theology: An Introduction, trans. Grover Foley, Garden City 1964, 11; Karl Barth, Einführung in die evangelische Theologie, Zürich ⁹2017, 23.

[20]   Rumscheidt, Revelation and Theology (note 1), 36; Barth, Theologische Fragen und Antworten (note 1), 14.

[21]   Rumscheidt, Revelation and Theology (note 1), 37, on question five (see also 38, on questions ten and eleven). Barth, Theologische Fragen und Antworten (note 1), 15 (see also 16); for the quote, see Rumscheidt, Theology and Revelation (note 1), 38 (on question twelve); Barth, Theologische Fragen und Antworten (note 1), 17.

«regular» folks who will feel that they are missing something decisive if they do not personally know the «experience» that the apostle Paul and Luther lived in their own lives.[22] As Harnack saw it – but this only confirms his own difficulties in really understanding Barth's thought – his former student was «stuck in highly sublime psychology and metaphysics».[23] Instead of commenting on, or responding to, Barth's reply to the final, fifteenth question, Harnack concludes his «open letter» by warning that if Barth's «way of doing» theology comes «to prevail», the gospel «will not be taught any more; it will rather be given over into the hand of revivalist preachers who freely create their own understanding of the Bible and who set up their own dominion».[24]

We can see from this pronouncement, which is quite similar to what Harnack said to his former student in private conversation in Basel soon after their public clash in Aarau in April 1920, how worried he was, in 1923 and in fact during the last decade of his life. He was worried for theology as a science, for the teaching of the gospel, for the standing of theology within the university. Detached from the modern, scientific study of history, unfettered from an objective, rigorous study of its sources and their context, theology would fall into the trap of subjective enthusiasm and unfettered hubris.

IV. Despiser of … what? Assessing the 1923 Harnack–Barth debate

How should we assess this debate, almost a century after it occurred? First, we can say that Harnack's dire, gloomy prophesy concerning the end of theology as science was quite exaggerated. In the places where Barth's theology became an important reference point, i. e. among the theologians who were influenced by him, theology did not become a sort of free-floating, subjective prophesy. Half a

---

[22] Rumscheidt, Revelation and Theology (note 1), 38, rev. «Doch – sind uns Paulus und Luther Vorbilder zur Nachahmung? Können wir uns in ihre Rüstung stecken? Müssen wir Kleineren uns abquälen, das zu erleben, was sie erlebt haben?» Barth, Theologische Fragen und Antworten (note 1), 16.

[23] Rumscheidt, Revelation and Theology (note 1), 38; Barth, Theologische Fragen und Antworten (note 1), 16 («[…] Sie ganz und gar in sublimster Psychologie und Metaphysik stecken»).

[24] Rumscheidt, Revelation and Theology (note 1), 39. «Wenn Ihre Weise zur Herrschaft gelangen sollte, wird es aber überhaupt nicht mehr gelehrt, sondern ausschliesslich in die Hand der Erweckungsprediger gegeben, die ihr Bibelverständnis frei schaffen und ihre eigene Herrschaft aufrichten.» Barth, Theologische Fragen und Antworten (note 1), 17.

century after his death, it is difficult to keep track of the many doctoral disser-
tations which are still being written on his œuvre, including in some of the most
respected institutions of higher learning throughout the world. This fact alone is
a confirmation that, with Barth, theology did not lose its «scientific» vocation.

Less anecdotally and perhaps more profoundly, Barth's call to *Sachlichkeit*
remains an interesting criterion in relation to theology's scientific vocation.
Harnack was first and foremost concerned with method: the method determines
how one works as a theologian. Barth begged to differ and claimed that it is the
«object» *(Gegenstand)* of theology which is determinative, i. e. which determines
how one works as a theologian, including one's method.[25] And this did not mean,
in Barth's mind – he made this clear in several of his answers to Harnack – that
the historical and critical methods have to be banned from theology![26] Barth was
no despiser of the modern methods, which he had learned since his very first
semester of theological studies at the University of Bern, in part under the
guidance of Rudolf Steck (1842–1924), a professor of New Testament according
to whom the apostle Paul's epistles, including Romans, the two Corinthians, and
Galatians, were all inauthentic and were written in the 2nd century![27] As can be
seen with his sympathy for David Friedrich Strauss or Franz Overbeck, Barth had
nothing against a radical historical and rational critique of religion, of religious
texts and of theology. But he also thought one should not call such critiques
«theology» too quickly. Theology is something else, which presupposes faith –
faith understood not as a possession (something one «has» or does not «have»),
but rather as a fragile yet decisive act of trust and knowledge: faith seeking
understanding of God, of the world, and of human beings within it. History has
its place in this endeavour, but as such it does not have access to the subject
matter *(die Sache)* or the theme *(Thema)* of theology: only faith discerns this
object, which gives itself to be discerned under the veil of worldly signs. But these
worldly signs may be, and must be, objects of historical examination and study.

The courage to orient itself toward its own subject matter *(Mut zur Sachlichkeit)* allows theological discourse to proceed in different avenues, even as this

---

[25]   See Barth's answer to Harnack's open letter, in Rumscheidt, Revelation and Theology (note 1), 41–42; Barth, Theologische Fragen und Antworten (note 1), 20 («massgeb-
licher *Gegenstand*»).
[26]   Rumscheidt, Revelation and Theology (note 1), 42; Barth, Theologische Fragen
und Antworten (note 1), 20. See also Barth's answer to Harnack's second and third questions, in Rumscheidt, Revelation and Theology (note 1), 32; Barth, Theologische Fragen
und Antworten (note 1), 10.
[27]   Karl Barth, Interview von H.A. Fischer-Barnicol, Südwestfunk (5.5.1964), in: Karl
Barth, Gespräche 1964–1968, ed. Eberhard Busch (GA IV.28), Zürich 1997, 135–136.

diversity of avenues or paths will of necessity be connected to God's Word, to God's revelation in Jesus Christ. Barth himself called for a theology which is always «in vigorous motion when its eyes are fixed on the God of the Gospel».[28] The motion itself depends from its eyes being fixed on the gospel. And so it is quite likely that as theologians attempt to follow Barth's indication of what makes theology «theological» and «scientific», they will enter into a fruitful but also critical conversation with his work. Barth would not have liked it any other way: as many of us know, he was more than a little bit suspicious of «Barthians», and in retrospect we cannot say that the «Barthians» always helped promote his theology; in some cases they were not able to maintain the suppleness of Barth's theology. But that is a different story, as is also the question of the meaning of «having the courage to orient oneself toward the subject matter» for us in our own situation. Howsoever we answer that question, howsoever we envision the present and the future of Christian theology, Barth remains, this much is clear, a vital conversation partner for us, since he reminds us not to lose sight of the very heart of the matter.

---

[28] Barth, Evangelical Theology (note 19), 7. «Evangelische Theologie kann im Blick auf den Gott des Evangeliums nur in lebendiger Bewegung sein und bleiben.» Barth, Evangelische Theologie (note 19), 16.

Gregor Etzelmüller

«Der entschiedene Schritt über das Luthertum hinaus führt in die Wüste»

Was Karl Barth den Reformierten zu sagen hatte und hat

Im September 1923 hält Karl Barth, damals Professor für reformierte Theologie in Göttingen, vor dem Reformierten Bund in Emden einen Vortrag über *Reformierte Lehre, ihr Wesen und ihre Aufgabe*. Barth bedankt sich einleitend bei den Verantwortlichen des Reformierten Bundes für deren «Mut», das von ihm formulierte Thema auf die Tagesordnung gesetzt zu haben.[1] Es war vor hundert Jahren ebenso wenig selbstverständlich wie heute, dass sich reformierte Bünde, Synoden und Konvente mit theologischer Lehre beschäftigen.

Barths zeitgeschichtliche Beobachtungen klingen auch heute noch aktuell: 1. Man meide es, sich auf Konventen und unter Pfarrern über den «Predigtinhalt» auszutauschen. Die Inhalte treten in der Regel hinter die praktischen Fragen des Pfarramtes zurück. 2. Man rede nicht über den Predigtinhalt, weil man den Streit scheue. Ich würde formulieren: Man verschweigt lieber die gegebene Pluralität, als sich mit dieser auseinanderzusetzen. 3. Letztlich aber rede man nicht über die Inhalte, weil es hier eine grosse Ungewissheit gebe. Barth spricht von einem, nein von dem «Vakuum in der *Mitte* unseres Kirchen- und Christentums» (206).

Spannend ist nun, dass Barth in seinem Vortrag dieses Vakuum nicht einfach füllt, etwa mit dogmatischen Lehrsätzen. Er hütet sich davor, eine neue Theologie zu entfalten, die fortan zu predigen sei. Schon Barths Sprache verdeutlicht, dass das Vakuum in der Mitte unseres Kirchen- und Christentums nicht ein Problem der anderen ist, für das Barth die Lösung hätte. Die «*Verlegenheit* des modernen Protestantismus» (206) ist nicht nur die Verlegenheit der anderen, sie ist auch unsere, sie ist auch Barths eigene Verlegenheit. Im Grunde rät Barth dazu, sich dieser Verlegenheit bewusst zu stellen und sie nicht durch kirchlichen Aktionismus zu verdecken und zu verdrängen.

---

[1] Karl Barth, Reformierte Lehre, ihr Wesen und ihre Aufgabe, in: ders., Vorträge und kleinere Arbeiten 1922–1925 (GA III.19), hg. von Holger Finze-Michaelsen, Zürich 1990, 202–247 (207). Zitate aus diesem Vortrag werden im Folgenden im fortlaufenden Text nachgewiesen.

Barth stellt dem Vakuum also nicht einfach die Sache der Theologie gegenüber, als stünde ihm schon vor Augen, wie dieses Vakuum zu füllen wäre. Barth ruft vielmehr angesichts der Unsicherheit der kirchlichen Verkündigung und der akademischen Theologie ob ihres eigentlichen Inhaltes zu einer bestimmten Haltung auf. Er bezeichnet diese Haltung als «reformierte *Sachlichkeit*» (210). Reformierte Sachlichkeit bedeutet, «den Weg, den Luther *und* Zwingli *und* Calvin gegangen sind, den Weg von der *Besinnung* zum Handeln mit Ernst und Strenge *auch* zu gehen und *keinen* anderen» (209). Barth ruft also inmitten aller kirchlichen Geschäftigkeit, angesichts der vielfältigen Herausforderungen, vor der die Kirche steht, zur Besinnung auf, zur Unterbrechung unseres Tuns und Handelns, zum Innehalten.

Unterbrechung und Innehalten sind dabei kein Selbstzweck, sondern dienen der Besinnung auf die Sache. Barth erinnert daran: «Mit *Predigten* hat die Reformation Zwinglis, mit *Vorlesungen* die Calvins ihren Anfang genommen» (209). Am Anfang aller Kirchenreform steht die sachliche Arbeit der Theologie – und ich betone: nicht nur der universitären Theologie, sondern diejenige aller Theologinnen und Theologen, unabhängig davon, ob sie in der Kirche oder an der Universität arbeiten, ob sie ordiniert sind oder nicht.

I. Reformierte Sachlichkeit und die Schule der Heiligen Schrift

Reformierte Sachlichkeit ist nach Barth nicht konfessionalistisch zu bestimmen, sondern eine Form der die Reformation insgesamt kennzeichnenden Sachlichkeit. Dass vor allem Handeln die Konzentration auf die biblisch bezeugte Sache der Theologie stehen soll, das können und sollen die Reformierten nach Barth sogar immer wieder gerade von Luther lernen. Jenen Reformierten, die um der Praxis willen die Besinnung zurückstellen, ist nach Barth «kein besserer Rat zu geben als der, zunächst einmal recht gründlich lutherisch zu werden, wie es ja Zwingli und Calvin auch getan haben» (245).

Warum sollen wir dann aber unser reformiertes Erbe im Besonderen pflegen? Barth nennt in seinem Vortrag zunächst drei Gründe, die man immer wieder höre, die aber – wer Barth kennt, hört es sofort – keine wirklichen Gründe sind. Man könnte sich reformiert nennen wollen, (erstens) aus Liebe zur eigenen Tradition, (zweitens) um einzelner spezifisch reformierter Lehren willen und (drittens) aus Ehrfurcht vor dem Werk Zwinglis und Calvins.

Barth wendet ein: Wer aus der Liebe zur eigenen Tradition heraus reformiert sein wolle, der müsse erkennen, dass die reformierte Tradition immer traditionskritisch gewesen ist: «Nicht Gegenstand liebevoll-andächtiger Verehrung, sondern Gegenstand ernster kritischer Prüfung war unsern Vätern das geschichtlich Gegebene» (212). «An den Anfängen unsrer Kirche steht im Unterschied zum Luthertum überall in grosser Pietätlosigkeit eine grundsätzliche Absage an die ganze christliche Tradition» (212). Man kann sich das an den gottesdienstlichen Reformen der Reformatoren verdeutlichen: Luther prüft die katholische Messe dahingehend, ob sie der Schrift entspricht. Er streicht die nicht-biblischen Texte, hält aber im Ganzen an Aufbau und Struktur der Messe fest. Demgegenüber entwerfen Zwingli und Calvin aus dem Biblischen schöpfend ganz eigene Liturgien.[2]

Wer sich auf die reformierte Tradition einlässt und sich zu ihr bekennt, wird folglich selbst zum Traditionskritiker. Jede Tradition ist dem Urteil der Schrift auszusetzen. Eben deshalb gibt es nach Barth «streng genommen keine reformierte Tradition ausser der einen zeitlosen: dem Appell an die offene Bibel und an den Geist, der aus ihr zum Geiste redet» (212).

Zweitens: Wer um einzelner reformierter Lehren willen reformiert sein will, den erinnert Barth daran, dass es den Reformierten nie um die Heiligkeit bestimmter Lehren gegangen sei, sondern immer um die Heiligkeit Gottes. Reformierte Sachlichkeit bedeute nicht, bestimmte Lehren zu pflegen, sondern von Gott zu reden – und alle menschliche Lehre immer wieder der Kritik Gottes auszusetzen. Reformierte Bekenntnisse zeichnen sich dadurch aus, «dass sie es Gott, nicht ihrem Gottes*gedanken,* sondern Gott *selbst,* Gott *allein* in seinem durch Schrift und Geist verkündigten *Worte* überlassen, *die* Wahrheit zu sein» (217). Keine menschliche Lehre ist mit der Wahrheit identisch. Das gilt ebenso für die Erwählungslehre (und übrigens auch für die von Barth) wie für die Rechtfertigungslehre. Im besten Fall bezeugen theologische Lehren die Wahrheit Gottes. Weil die reformierte Tradition darum weiss, kann sie nicht bei einzelnen Lehren stehen bleiben, sondern fragt immer wieder neu nach jener Wahrheit, die durch diese Lehren bezeugt werden soll. Reformiert zu sein bedeutet letztlich: sich die eigenen Lehren immer wieder aus der Hand schlagen zu lassen, um neu nach Gott zu fragen.

Drittens: Wer aus Bewunderung für Zwingli oder Calvin reformiert sein will, den erinnert Barth daran, dass Calvin nachfolgen nur heissen könne, «sich selbst dorthin zu stellen, wo Calvin stand: in den Gehorsam des Berufenen gegenüber dem Gesetz» (222). Was Calvin auszeichnet, ist die Sachlichkeit seiner Existenz,

---

[2] Vgl. dazu Gregor Etzelmüller, ... zu schauen die schönen Gottesdienste des Herrn. Eine biblische Theologie der christlichen Liturgiefamilien, Frankfurt a. M. 2010, 193–250.

um derentwillen er seine eigene Persönlichkeit ganz zurückstellt. Calvin will nichts anderes sein «als *Diener* des göttlichen Wortes» (221) – und wir werden ihm nur gerecht, wenn wir ihn nicht als Gestalt der Vergangenheit verklären, sondern ihn in unserer Gegenwart als einen hören, der uns zur Sache ruft. Deutlich formuliert Barth: «Was gewesen ist, kehrt nicht wieder, soll auch nicht wiederkehren. Wohl aber könnten uns die Anfänger zur Aufforderung werden, *selber* Anfänger zu werden, in ihr Suchen, Fragen, Verlegen- und Bedrängtsein, in die ganze grenzenlose Schwere und Not des Menschen, der vor seinem Herrn steht, *auch* einzugehen in *unsrer* Zeit» (222).

Das, was die reformierte Lehre ausmacht, so fasst Barth selbst zusammen, ist das Schriftprinzip: «Am Anfang der reformierten Kirche steht die Erkenntnis, dass die Wahrheit allein im Worte Gottes und das Wort Gottes allein in der alt- und neutestamentlichen Schrift enthalten sei, dass alle *Lehre* der Wahrheit also in der Schrift ihre unveränderliche und unüberschreitbare Regel zu anerkennen habe» (223). Alle christliche Lehre ist also – reformiert gedacht – an der Schrift zu messen. «Doctrina ist das durch die Krisis, die erbarmungslose Läuterung und Reinigung des in der Schrift bezeugten Gotteswortes hindurchgegangene christliche Menschenwort» (223). Reformiert zu sein heisst, sich immer wieder durch Gottes Wort reformieren lassen zu wollen. Die Schrift ist Kritikerin der Theologie, sie gibt der Theologie ihr Thema vor, nämlich Gott in seinem Handeln unter den Menschen, und sie weist der Theologie den Weg, wie von diesem Gott zu reden ist.

Reformierte Gotteslehre beginnt nicht mit dem, was scheinbar alle für wahr halten und als selbstverständlich voraussetzen. Am Anfang der reformierten Kirche steht der «Mut, sich eine so zufällige, kontingente, menschliche Grösse wie die Bibel allen Ernstes zum Zeugnis von Gottes Offenbarung, diese an sich profane zur *Heiligen* Schrift werden zu lassen» (226).

Der italienische Philosoph Gianni Vattimo hat die damit gegebene Prekarität unserer Theologie pointiert herausgestellt: Der Glaube kommt aus dem Hören – das «bedeutet auch, dass man an den Gott der Offenbarung glaubt, weil man von ihm hat ‹reden gehört›, also mit einer Ungewissheit, die sich mit den Dingen verbindet, welche wir für wahr nehmen, weil sie uns von jemandem gesagt worden sind, zu dem wir Vertrauen haben».[3]

Reformiert zu sein heisst, sich einer partikularen Tradition zuzuordnen, sich von den biblischen Überlieferungen zeigen zu lassen, wer und was Gott ist. Reformiert zu sein heisst, nicht in der Schule der reinen Vernunft, nicht in der

---

[3] Gianni Vattimo, Jenseits des Christentums, Wien 2004, 16.

sogenannten deutschen Innerlichkeit, sondern in der Schule Israels von Gott reden lernen zu wollen. Reformiert zu sein heisst, sich von Jüdinnen und Juden in das Ernstnehmen eines jeden biblischen Buchstabens einüben zu lassen.[4] Reformiert zu sein heisst, im Licht der Reich-Gottes-Verkündigung des Juden Jesus von Nazareth und der Theologie des Israeliten Paulus die Welt neu wahrnehmen zu lernen.

II. Das reformierte Schriftprinzip und die Gefahr des Biblizismus

An dieser Stelle unterbreche ich mein Referat von Barths Vortrag von 1923. M. E. hat Barth eindrucksvoll dargestellt, was das Wesen reformierter Lehre und den Kern der reformierten Kirche ausmacht, nämlich, ich wiederhole noch einmal das wunderbare Zitat, der «Mut, sich eine so zufällige, kontingente, menschliche Grösse wie die Bibel allen Ernstes zum Zeugnis von Gottes Offenbarung, diese an sich profane zur *Heiligen* Schrift werden zu lassen» (226). Formal gesagt: Das Schriftprinzip ist der Kern reformierter Theologie. Theologinnen und Theologen werden wir allein in der Schule der Heiligen Schrift.

Weil ich in diesem Sinne Theologie treiben möchte, verstehe ich mich als reformierter Theologe. Eben deshalb muss ich aber zugleich auf eine Gefahr der reformierten Tradition hinweisen, die Barth 1923 so deutlich noch nicht vor Augen stand.

Die Gefahr der konsequenten Zuwendung zur Heiligen Schrift in der reformierten Tradition ist der Biblizismus. Es gibt zwar biblizistische Strömungen auch ausserhalb der reformierten Tradition, aber der Biblizismus stellt für die Reformierten eine besonders naheliegende Gefahr dar. Die *Old Princeton School*, die massgeblich den amerikanischen Evangelikalismus begründet und geprägt hat, gehört eben auch zur reformierten Tradition. Anders als Emil Brunner, der 1928 als Botschafter der dialektischen Theologie in die Vereinigten Staaten reiste, stand Barth dieses Phänomen des US-amerikanischen Biblizismus in den 1920er Jahren nicht vor Augen.

---

4   Vgl. Karl Barth, Kirchliche Dogmatik II/2, Zollikon-Zürich (1942) [4]1959, 257: «Eben darum muss aber das israelitische (das ‹jüdische›!) Achthaben auf Satz, Wort und Buchstaben in der Kirche weitergehen, darf es sich auf keinen Fall in freie Spekulation verwandeln und verlieren. Eine antisemitisch oder auch nur asemitisch gewordene Kirche würde ihres Glaubens früher oder später dadurch verlustig gehen, dass er gegenstandslos würde. Sie würde der Welt – im selben Mass, als sie sich selber sagen wollte, dass sie und was sie zu glauben hat – nichts mehr zu sagen haben.»

Barths Aufsatz von 1923 erinnert freilich daran, was von der reformierten Tradition her kritisch gegen jeden Biblizismus einzuwenden ist:

1. Der Bezug auf die Schrift muss immer ein kritisch-selbstkritischer Bezug sein. Die Bibel ist uns nicht als Waffe gegen andere in die Hand gegeben, sondern steht uns als unsere erste Kritikerin gegenüber. Schülerin der Heiligen Schrift zu sein, heisst nicht, über andere zu richten, sondern zuallererst sich selbst durch die biblischen Überlieferungen infrage stellen zu lassen. Es ist nicht so, als hätten wir ein für alle Mal verstanden, was die Bibel uns sagen will. Wir müssen immer wieder, wenn wir meinen, das biblische Zeugnis verstanden zu haben, dieses Verständnis dem Urteil der Heiligen Schrift aussetzen.

2. Auch der Bibel geht es nicht um einzelne heilige Lehren, sondern um den heiligen Gott. Die Bibel ist nicht mit der Offenbarung identisch, sondern bezeugt sie. Die Offenbarung ist aber, wie Barth formuliert, «keine Doktrin [...], sondern der Ursprung aller Doktrin, aber auch das Mass, an dem alle Doktrin gemessen und immer wieder zu messen ist» (217). Zwischen der Wahrheit einzelner biblischer Überlieferungen und der Wahrheit Gottes ist strikt zu unterscheiden. Deshalb gilt: Wenn die Offenbarung das Mass ist, an dem alle (also auch alle biblische) Lehre zu messen ist, dann ist prinzipiell von der biblisch bezeugten Offenbarung Gottes her auch Sachkritik an biblischen Überlieferungen denkbar. Barth selbst ist diesen Weg der expliziten Sachkritik an biblischen Texten nicht gegangen, aber er hat stets daran festgehalten, dass alle biblische Lehre auf ihr Zentrum, auf Jesus Christus, auf den Immanuel, bezogen werden muss, um nicht ihrerseits zu einem Götzen zu werden.

3. Die Autorität der Heiligen Schrift kann logisch nicht begründet werden. Es gibt zwar gute Gründe, die biblischen Überlieferungen zur Regel unserer Theologie zu machen, aber es gibt keine zwingenden Gründe. Die Bibel ist eine «zufällige, kontingente, menschliche Grösse» (226). Im Biblizismus droht die Lehre von der Verbalinspiration diesen Sachverhalt zu verstellen. Es gilt – und ich denke: auch mit Barth – die Ambiguität der Heiligen Schrift wahrzunehmen. Die biblischen Überlieferungen bezeugen die Offenbarung – und sie tun es, wie es für Zeugen und Zeuginnen charakteristisch ist, aus bestimmten, unterschiedlichen Perspektiven. Vor Gericht gelten nicht solche Zeuginnen und Zeugen als zuverlässig, die meinen sagen zu können, wie es gewesen sei, sondern die schildern, was sie aus ihrer Perspektive gesehen haben. Für die Urteilsfindung sind gerade die Differenzen der unterschiedlichen Perspektiven hilfreich. Dementsprechend brauchen wir eine für die Differenzen der biblischen Überlieferungen sensible Theologie.

III. Dialektische Theozentrik

Reformierte Theologie, die immer wieder neu in die Schule der Heiligen Schrift geht, lernt dort immer wieder, dass es in der Theologie um Gott – und in einem gewissen Sinne: um Gott allein geht, und dass von diesem Gott immer nur dialektisch geredet werden kann und darf.

In der Theologie geht es um Gott. Gegen den Katholizismus wollten Zwingli und Calvin «wieder unzweideutig festgestellt wissen, dass das Subjekt im religiösen Verhältnis Gott sei und nicht der Mensch» (230). Eben deshalb legen die Reformierten auch Widerspruch gegen die lutherische Lehre ein: Entscheidender als die gemeinsame Einsicht, «dass der Mensch statt durch *Werke* durch den *Glauben* gerechtfertigt werde», sei die andere, «dass es *Gott* sei und nicht der *Mensch*, der diese Rechtfertigung vollziehe» (230). Wer beim Menschen ansetzt, der verfehlt das Thema der Theologie. Denn wer beim Menschen ansetzt, der wird im Menschlichen letztlich immer eine Brücke zum Göttlichen finden. Er markiert damit aber einen Bereich, der tendenziell der Kritik durch Gott entzogen bleibt. Demgegenüber betonen die Reformierten: Alles Menschliche, auch die menschliche Religion, egal ob sie ihren Ort in der Kirche oder in der Innerlichkeit habe, verfalle Gottes «Kritik und Absage» (231). Daran erinnern die Reformierten sowohl den Katholizismus als auch das Luthertum. Daraus folgt aber eine konsequent selbstkritische Haltung: Wenn alles Menschliche Gottes Kritik und Absage verfällt, dann gibt es auch in der eigenen Tradition, in der eigenen Theologie, in der eigenen Kirche nichts, was dieser Kritik entzogen werden könnte. Dann muss auch selbstkritisch konsequent zwischen «Gotteswahrheit und Menschenerfindung, Gottesgebot und Kirchengebot» (230) unterschieden werden.

Reformiert zu sein heisst folglich, alles, was wir tun und denken, der Kritik Gottes auszusetzen – im Wissen darum, dass Gott auch in unserem reformierten Tun und Denken viel, allzu viel finden wird, in dem es uns nicht um Gott und um seine Wahrheit, sondern um uns und unsere Interessen geht.

Weil es in der Welt nichts gibt, was der kritischen Negation von Gott her entzogen ist, deshalb können wir nur dialektisch von Gott reden. Barth hat zunächst betont: Gott ist der ganz Andere, aber – so ist nun auch zu sagen – dieser ganz Andere steht in einer Beziehung zu «den Menschen in der Welt» (234). Darauf macht nach Barth interessanterweise das Luthertum aufmerksam. Luther setzt nicht bei der Differenz von Gott und Mensch an, sondern bei der Inkarnation, bei der Menschwerdung Gottes, bei Christi Gegenwart im Abendmahl. Luther betont: Gott kommt zu uns! Wer nur abstrakt die Differenz von Gott und

Mensch denkt – und auch der frühe Barth stand gelegentlich in dieser Gefahr –, der sollte sich von Luther daran erinnern lassen: In Jesus Christus kommt der ganz andere Gott zu uns!

Barth fragt nun: «Kann und darf diese Realität zum Gegenstand einer eindeutigen, undialektischen Aussage in eines Menschen Mund werden? Ja, sagten Luther und die Seinen, sie *muss* das sogar, wenn anders das Heil Gottes, das hier ausgesagt werden soll, nicht wieder zu einer Frage werden darf. Nein, sagten die alten Reformierten, sie darf das unter keinen Umständen, wenn es nicht fraglich werden soll, dass das Heil, das hier ausgesagt wird, wirklich das Heil *Gottes* ist. *Zwei* Menschenworte zum mindesten sind hier notwendig, damit wirklich das Wort Gottes verkündigt werde» (234). Gerade auf dem Feld der Christologie und der Abendmahlslehre bricht der Streit zwischen den reformatorischen Konfessionen auf. Denn gerade hier, wo Luther und das Luthertum die Gegenwart Gottes im menschgewordenen Christus und die Gegenwart Christi im Abendmahl realistisch-undialektisch bekennen, wollen die Reformierten «den göttlichen Vorbehalt auch in der Offenbarung zum Ausdruck» bringen (235). Soll heissen: Auch in Jesus von Nazareth erkennen wir Gott nicht in undialektischer Weise. Vielleicht kann man sich unter gebildeten Menschen darauf verständigen, dass es sich bei Jesus von Nazareth um eine ausgezeichnete religiöse Persönlichkeit handelt. Aber dass in ihm Gott gegenwärtig ist, dass sich in ihm Gott so selbst wiederholt, dass wir in ihm Gott selbst erkennen können, das wird im Leben Jesu nicht sichtbar, das muss uns gesagt werden. Es gibt auch hier keine sichtbare Eindeutigkeit, es bleibt auch im Blick auf Jesus Christus bei der Notwendigkeit des Hörens, um neu sehen zu lernen. Entsprechend betonen die Reformierten: Auch im Abendmahl ist uns Gott nicht einfach gegeben. Nie wird aus der Offenbarung «eine religiöse Gegebenheit» (235). Weil Gott in Jesus Christus in die Zweideutigkeit aller menschlichen Existenz eintritt, weil das Abendmahl eben auch eine religiöse Veranstaltung ist, ist uns weder in Jesus Christus noch im Abendmahl Gott einfach und sichtbar zu erkennen gegeben. Wenn Gott zu uns kommt, in unsere Wirklichkeit eintritt, dann verhüllt er sich dadurch zugleich und entzieht sich so jeder einfachen Identifizierbarkeit.

Barth plädiert in diesem Zusammenhang nicht für die Fortsetzung des konfessionellen Streits zwischen Lutheranern und Reformierten, sondern für «die Fortsetzung des Gesprächs» zwischen den beiden reformatorischen Traditionen (237).[5]

---

[5] Barths Theologie selbst lässt sich übrigens als Fortsetzung dieses Gesprächs verstehen: Man kann seine Erwählungslehre als lutherischen Widerspruch gegen jeden Versuch lesen, Gottes Wählen und Erwählen als losgelöst von seiner Offenbarung in Jesus Christus zu denken. Gott hat sich in Jesus Christus gebunden – und hat so in Jesus Christus

Was Barth 1923 wichtig ist, ist das notwendige Nebeneinander des lutherischen Satzes und des reformierten Widerspruchs: Wir müssen zugleich Gottes Weltzugewandtheit und die Differenz von Gott und Welt denken. Theologie muss dialektisch denken, sofern sie gerade die Einheit von Gottes Zuwendung zur Welt einerseits und seiner Unterschiedenheit von der Welt andererseits begreifen soll. Dabei ist der reformierte Vorbehalt so zu bewähren, dass die Theologie zwar die Einheit von Gottes Ja und Gottes Nein zur Welt denkt, aber zugleich eingesteht, dass sie diese dialektische Einheit nicht verbürgen kann. Dass Gott als der ganz Andere zugleich ein Gott für den Menschen ist, das dürfen wir zwar glauben, das können wir aber nicht beweisen.

Ich fasse die letzten beiden Punkte zusammen: Reformierte Theologie lässt sich von der Schrift dahingehend belehren, dass es in der Theologie um Gott geht und deshalb nichts Menschliches Gottes Kritik entzogen ist – und dass wir also folglich von Gott dialektisch reden und denken müssen.

IV. Die reformierte Wendung – und die besondere Gefahr der Reformierten

Barth bezeichnet in seinem Vortrag als drittes Charakteristikum der reformierten Tradition, dass diese «innerhalb der Gesamtreformation mit Entschiedenheit die Wendung von der Anschauung Gottes [...] zurück zum *Leben,* zum *Menschen* und seiner *Lage*» vollzieht (238). Die reformierte Tradition stellt, ohne Gottes Kritik an allem Menschlichen hinter sich zu lassen, die Frage: Was soll denn nun geschehen? Die Reformierten greifen damit innerhalb der reformatorischen Bewegung die Frage des Alten Testaments, aber auch die Frage des Katholizismus mit seinem Kirchenrecht und letztlich auch die Frage des Humanismus auf. Die reformierte Tradition gibt dabei ihre Konzentration auf die Heilige Schrift nicht auf. Sie wagt es, sich auch mit der Frage, was denn nun geschehen soll, in die Schule der biblischen Überlieferungen zu begeben. Sie ist gekennzeichnet durch die «*Bereitschaft,* nun wirklich und unvoreingenommen die *ganze* Bibel [auf

---

über sich selbst bestimmt. In diesem Sinn nimmt Barth das lutherische Anliegen auf, die Inkarnation radikal ernst zu nehmen. Eben deshalb widerspricht er in der Erwählungslehre einer reformierten Unterordnung der Christologie unter die Prädestinationslehre – nach dem Motto: Christus sei nur für die Erwählten gestorben. Weil Gott sich aber in Jesus Christus gebunden hat, weil der Inkarnierte schon in Ewigkeit bei Gott ist, gibt es keinen Gott jenseits seiner Offenbarung in Jesus Christus. Insofern nimmt Barth das lutherische Anliegen, die Inkarnation radikal ernst zu nehmen, noch ernster als Luther selbst: Es gibt nach Barth keine Menschenlosigkeit Gottes und folglich auch keinen *deus absconditus.*

diese Frage] antworten zu lassen» (244). Sie wagt es, wie Barth formuliert, «mit Gott aufs Ganze zu gehen» (244). Soll heissen: Sie wagt es, sich von Gott in seiner biblischen Bezeugung nicht nur die Antwort auf die religiöse Frage, wie ich einen gnädigen Gott kriege, sondern auch auf die weltliche Frage, was wir denn jetzt tun sollen, geben zu lassen. Eigentlich sind die Reformierten ein verwegener Haufen: Sie wagen es, am Beginn der Neuzeit noch einmal neu auf den Gott Israels zu hören – und sich von ihm sagen zu lassen, wie wir inmitten sich rasant verändernder Zeiten leben sollen. «Bleibende und positive Bedeutung hat darum hier das Alte Testament [...] mit seinem *auch* das Evangelium – aber auch das Evangelium als *Gesetz* verkündigenden Mose, mit seinen keineswegs bloss an die ‹Innerlichkeit› des einzelnen, sondern an die politische *Volksgemeinschaft* sich wendenden Propheten, mit seinem David, in dem Calvin mehr den Elia und sich selbst wiedererkannt hat als das Vorbild Jesu Christi» (241).

Hier leuchtet die weltverändernde Kraft der reformierten Geisteshaltung auf, hier wird es aber auch gefährlich. Barth hatte zu Beginn seines Vortrags dafür plädiert, «den Weg, den Luther *und* Zwingli *und* Calvin gegangen sind, den Weg von der *Besinnung* zum Handeln mit Ernst und Strenge *auch* zu gehen und *keinen* andern» (209). Am Ende seines Vortrags gewinnt man den Eindruck, dass Zwingli und Calvin diesen Weg mit grösserer Konsequenz gegangen sind als Luther, dass ihr Weg wirklich von der Besinnung zum Handeln geführt hat.[6] Sie haben die Frage der Renaissance und des Humanismus aufgegriffen – und die Reformation so «welt- und geschichtsfähig»[7] gemacht.

Dieser Weg ist nach Barth aber hoch problematisch, denn er verleitet dazu, zu meinen, Gottes Kritik nun ein für alle Mal gehört und verstanden zu haben und folglich umso getroster an den Aufbau einer neuen Welt gehen zu können. «Schon was Zwingli und Calvin selbst in Wort und Tat [...] gewagt haben, steht teilweise haarscharf auf der Grenze des ernsthaft Bedenklichen. Aus der Verherrlichung Gottes ist jedenfalls *nach* ihnen auch in der reformierten Kirche die übelste Selbstverherrlichung des Menschen geworden» (246). Barth kommentiert: «Der entschiedene Schritt über das Luthertum [...] hinaus [...] ist ein gewagter Schritt. Er führt in die Wüste, wo nicht nur Entbehrungen, sondern auch Versuchungen unsrer warten.» (245)

---

[6]   Vgl. auch Karl Barth, Die Theologie Calvins 1922 (GA II.23), hg. von Hans Scholl, Zürich 1993, 121.

[7]   Ebd.

1. Die Entbehrungen

Gott selbst führt sein Volk aus Ägypten heraus – und er führt es in die Wüste. Biblisch betrachtet ist der Gang in die Wüste unumgänglich – und für Barth entsprechend auch der entschiedene Schritt über das Luthertum hinaus notwendig. Nicht in die Wüste zu ziehen, ist keine Alternative. Aber in der Wüste warten Entbehrungen. Schon die Israeliten murrten in der Wüste und sehnten sich zurück nach den Fleischtöpfen Ägyptens. Es war Zwingli, der dieses Bild im Abendmahlsstreit aufgriff: Die Lutheraner, formulierte er spitz, würden sich nach den ägyptischen Fleischtöpfen zurücksehnen.[8]

Die Reformation lehrt mit aller Härte die Unterscheidung von Gott und Mensch. Der Mensch ist Sünder – und alles Menschliche Gottes Gericht verfallen. Mit Barth gesprochen: Die Reformation lehrt die kritische Negation alles Seienden, sie entlarvt unsere Welt als Todeswelt – und diesem Urteil entkommt auch die Religion nicht. Das Heil haben wir allein im Wort. Wer sich diesem Denken wirklich aussetzt, der versteht die Sehnsucht, zu den Fleischtöpfen Ägyptens zurückzukehren, d. h. irgendwo einen Ort zu haben, an dem das Heil nicht nur gehört, sondern geschmeckt und gesehen wird. Der Wunsch, zumindest ansatzweise einmal der kritischen Negation zu entkommen, ist nachvollziehbar.

Nach Barth steht diese Sehnsucht treibend hinter Luthers Abendmahlslehre: Im Abendmahl werde es uns geschenkt, nicht nur zu hören, sondern auch zu sehen. Der Zweifel wird gleichsam exkommuniziert – und Gott tritt aus der Zweideutigkeit unserer religiösen Vollzüge heraus. Im Sakrament trete das Wort «auf die Schwelle der Sicht- und Greifbarkeit».[9] Mit dem Wort trete aber auch die Gemeinschaft des Menschen mit Gott aus der Verborgenheit. Barth zitiert Luther: «Sintemal du sein Fleisch und Blut hast, so hast du alle Gewalt, die Gott selber hat, d.i. dass wir ein Kuche werden mit dem Herrn Christo, dass wir treten in die Gemeinschaft seiner Güter und er in die Gemeinschaft unsres Unglücks. [...] Was mein ist, das ist sein, was sein ist, das habe ich auch.»[10] Nach Barth wird hier die Verheissung zur Gabe, der Glaube zum Haben.[11] «Im Brot den Leib Christi essen, das ist kein Symbol mehr unserer Vereinigung mit ihm, das ist das

---

[8]   Vgl. Huldrych Zwingli, Fidei Ratio [1530], CR 93/2, 753–817 (806, 14f.); vgl. dazu Beate Kobler, Die Entstehung des negativen Melanchthonbildes. Protestantische Melanchthonkritik bis 1560 (BHTh 171), Tübingen 2014, 247 mit weiteren Belegen.

[9]   Karl Barth, Ansatz und Absicht in Luthers Abendmahlslehre (1923), in: ders., Vorträge 1922–1925 (Anm. 1), 248–306 (261).

[10]   WA 12, 486 f.; zitiert nach Barth, Luthers Abendmahlslehre (Anm. 9), 282.

[11]   Vgl. Barth, Luthers Abendmahlslehre (Anm. 9), 291.

durch das Symbol bezeichnete Ereignis solcher Vereinigung. Das Gesuchte wird zum Gefundenen, das Verheissene zum Besitz, das Gleichnis zur Gleichung.»[12]

Die reformierte Tradition sagt zu dieser Abendmahlslehre Luthers: Ja, aber ... Ja, Gott schenkt sich uns, aber er wird dadurch nie der unsere. Ja, es gibt eine *unio cum Christo*, eine Gemeinschaft mit Christus, aber diese wird nie sicht- und greifbar. Dass die Reformierten hinter das lutherische Ja! ein Aber! setzen, zeigt, dass sie die kritische Negation, die die Reformation für alles Menschliche bedeutet, radikal und umfassend ernst nehmen.

Reformiert zu sein heisst, bewusst den Versuch aufzugeben, Gott in der Welt sichtbar zu machen. Nichts in der Welt, nichts in der Religion und auch nichts im religiösen Erlebnis verweist von sich aus eindeutig auf Gott. Dass Gott ist und dass er als Gott für uns ist, das hören wir allein im Wort, das wird in dieser Welt nie sicht- und greifbar. Der Gott, auf den wir durch die Schrift verwiesen werden, bleibt in dieser Welt immer eine U-topie.[13] Insofern lebt die reformierte Kirche bewusst in der Wüste.

Aber die Wüste ist auch ein Ort besonderer Verheissung. In der Wüste lebt das reformierte Christentum in grosser Solidarität mit der säkularen Welt, die Metaphysik, Innerlichkeit und Transzendenz verloren hat. Vielleicht ist es die Verheissung des reformierten Christentums, zur Zeugin Gottes in einem säkularen Zeitalter zu werden. Reformierte Existenz würde dann heissen, dort an der Hoffnung festzuhalten, wo Metaphysik und religiöses Erlebnis für die meisten Menschen nicht mehr von Gott zeugen.

2. Die Versuchungen

Die erste Versuchung des reformierten Christentums dürfte darin liegen, selbst der Wüste überdrüssig zu werden. Noch einmal: Jede und jeder, der die kritische Negation radikal und umfassend ernst nimmt, jede und jeder, für den die göttliche Krisis nicht nur ein Gedankenspiel ist, kennt zumindest gelegentlich die Versuchung, römisch-katholisch zu werden, einmal zu sehen statt nur zu hören – und einmal beim Schmecken zu verweilen, ohne anschliessend das reformierte Aber! zu hören. Deshalb kennen auch die Reformierten die Versuchung, zu den Fleischtöpfen Ägyptens zurückzukehren, ihren Gott aus der Metaphysik zu er-

---

[12] Barth, Luthers Abendmahlslehre (Anm. 9), 288.
[13] Vgl. Friedrich-Wilhelm Marquardt, Eia, wärn wir da – eine theologische Utopie, Gütersloh 1997.

weisen, ihre Gottesdienste als Offenbarungsereignisse zu inszenieren und ihre eigene Religion zu feiern, anstatt Gott die Ehre zu geben.

Eine zweite Versuchung ist freilich noch gefährlicher. Man kann sich ja auch rühmen, als aufgeklärter Mensch auf Katholizismus und Luthertum verzichten zu können und bewusst in der radikalen Unsicherheit zu leben. Man kann diese Haltung religiös überhöhen, indem man sich rühmt, bewusst in der permanenten Krisis Gottes zu leben und in dieser Situation die wirklich wichtige Frage zu stellen, was denn nun um Gottes Willen geschehen solle. Man kann sich rühmen, die Reformation vollendet zu haben. Das ist nach Barth die eigentliche Gefahr der Reformierten.

«Der Calvinismus ist der geschichtliche Erfolg der Reformation, weil er ihr Ethos ist. Wer hier Erfolg sagt, der sagt auch Misserfolg, innere Einbusse, Verweltlichung. Wer Ethos sagt, wer von Gott aus in die Welt hineinschreitet, der kehrt eben damit Gott den Rücken. Es gilt, beides einzusehen: die Notwendigkeit dieses Schrittes und die Notwendigkeit immer erneuter Besinnung und Umkehr.»[14] Wenn wir uns der Fragen des Lebens, die beantwortet und bearbeitet werden wollen, annehmen, gerade wenn wir uns der Arbeit der Weltgestaltung zuwenden, dürfen wir nicht vergessen, dass das ganze Leben eines Christenmenschen Busse ist. Eben deshalb schreibt Barth 1923: «Manchem Reformierten wäre wohl kein besserer Rat zu geben als der, zunächst einmal recht gründlich lutherisch zu werden» (245). Wir kommen über den Anfang nicht hinaus – und deshalb sollen uns die reformierten Anfänger zur Aufforderung werden, in ihr «Verlegen- und Bedrängtsein, in die ganze grenzenlose Schwere und Not des Menschen, der vor seinem Herrn steht, *auch* einzugehen in *unsrer* Zeit» (222). Es gilt in der Zuwendung zu den Fragen des Lebens die Fraglichkeit all unseres Tuns nicht aus dem Blick zu verlieren. «Alles hängt [...] davon ab, dass unerbittlich daran festgehalten wird: auch die menschliche Lebensfrage ist die dem Menschen von *Gott* gestellte Frage» (246). Der reformierte Weg von der Besinnung zum Handeln kann nur gewagt werden, wenn er im Bewusstsein jener Krisis gewagt wird, in der all unser Handeln und Tun vor Gott steht.

Ihnen allen stehen Formen reformierter Frömmigkeit und Kirchlichkeit vor Augen, in denen diese selbstkritische Haltung zumindest verblasst, wenn nicht aufgegeben worden ist. Wir brauchen dabei nicht einmal an die Buren in Südafrika zu denken. Die Selbstgewissheit, mit der wir meinen, das, was wir politisch für richtig halten, sei auch das von Gott Gebotene, ist uns allen wohl allzu vertraut – und nicht selten auch ein Charakteristikum reformierter Bünde, Synoden

---

[14]   Barth, Theologie Calvins (Anm. 6), 122.

und Kirchen. Wir halten uns für Propheten – und werden zu moralischen Tyrannen. «Propheten haben es nun einmal an sich – man sehe sich um, soweit man wolle –, dass sie mit Tyrannen und Pharisäern mindestens nahe zusammenwohnen. Wollen sie ihre Geschichte in die Wirklichkeit umsetzen – und das wäre kein echter Prophet, der das nicht irgendwie wollte –, dann pflegen sie, wenn ihnen nicht wie Zwingli ein frühes heroisches Ende beschieden ist, vielleicht Tyrannen und Pharisäer, aber jedenfalls Moralisten zu werden.»[15]

Wie aber können wir dieser Versuchung, die wir auch als unsere eigene Versuchung kennen, entgegenwirken? Damit komme ich zu

3. Die Wüste

Der entschiedene Schritt über das Luthertum hinaus führt in die Wüste. Er führt nicht in das Gelobte Land. Sich das zu verdeutlichen, dürfte eine wesentliche Voraussetzung dafür sein, den reformierten Versuchungen nicht zu erliegen.

Die Verheissung Gottes führt die Israeliten in die Wüste, aber in der Wüste haben sie nicht mehr als Gottes Verheissung. Das Leben in der Wüste ist ein Leben in der Erwartung des kommenden Lebens. Genau so hat auch Calvin das Leben der Christinnen und Christen wahrgenommen. Barth schreibt über Calvin: «Ihm ist das, was wir Christen sein und haben können, ganz und gar Verheissung, promissio, und nichts sonst: wer die promissio wirklich hat als Gabe des heiligen Geistes, der hat alles, was wir jetzt und hier haben können. Und ihm ist dieses Haben selbst ganz und gar expectatio, Erwartung, und nichts sonst: Die Begnadigten sind eben die, die in dieser Erwartung stehen.»[16] Das sollen wir uns immer in Erinnerung rufen – insbesondere dann, wenn wir meinen, Gottes Antwort auf die Frage, was denn nun geschehen solle, in aller Klarheit und Deutlichkeit gehört zu haben.

Die Wüste ist auch ein Ort des Todes und der Anfechtung. Die Israeliten wussten nicht, ob sie das Heilige Land erreichen würden – die Generation des Mose hat es nicht betreten. Der Weg über Luther hinaus, d. h. die Verantwortungsübernahme für das, was aus Gottes Wort werden wird, hat auch Calvin in die Wüste geführt. Barth schreibt über Calvin: «Von den ästhetischen Reizen des Genfer Sees, die vor seinem Fenster lagen, scheint er nicht viel gesehen zu haben. [...] [S]ein täglicher Gedanke während seines ganzen Lebens war die Sorge um

---

[15] Barth, Theologie Calvins (Anm. 6), 164.
[16] Barth, Theologie Calvins (Anm. 6), 168.

die Verfolgten, die in Kerkern und auf Galeeren Schmachtenden, die um des Evangeliums willen mit dem Tode Bedrohten und dem Tode Verfallenen in aller Welt.»[17]

Gegenüber jeder Versuchung, zu meinen, wir seien auf dem rechten Weg, gilt es wahrzunehmen, wie viel Verantwortung auf unsere Schultern gelegt ist – und wie wenig wir erreicht haben und erreichen. Das Leiden in der Welt klagt Gott an – und es klagt uns an. Wir stehen nicht nur inmitten der grossen Krisis Gottes, sondern auch im Schatten der vielen Krisen dieser Welt, die die konsequente Folge unserer Art zu leben und zu wirtschaften sind. Wir haben es noch nicht vermocht, Gottes Gebot so zu hören und weiterzusagen, dass sich unter unserem Hören und Reden daran etwas verändert hat. Insofern tut auch hier Selbstkritik Not.

Dass die Selbstkritik nicht in Resignation umschlägt, dass wir den Mut gewinnen, «in der bösen Zeit zu arbeiten und nicht zu verzweifeln»,[18] das verdanken wir allein der Verheissung, dass die Wüste nicht die letzte Wirklichkeit ist, sondern dass wir unterwegs sind ins Gelobte Land, in die verheissene Stadt, in der Gott unter uns wohnen und alle Tränen abwischen wird. Insofern ist in der Tat, wie Barth im Anschluss an Ernst Troeltsch sagte, das Jenseits die Kraft des Diesseits.[19] Wir leben in der Wüste – weil wir uns aber als Menschen verstehen, die ins Gelobte Land ziehen, arbeiten wir daran, schon die Wüste dem Gelobten Land anzugleichen. Denn das, was bleiben wird, ist nicht die Wüste, sondern das, was bereits in der Wüste durch Glaube, Liebe und Hoffnung geprägt war. Deshalb hat Calvin mit grossem Ernst daran gearbeitet, am Abend der Reformation Genf zu einer Stadt auszubauen, die für die verfolgten Protestanten und Flüchtlinge zu einer neuen Heimat werden konnte. Barth hat in seiner Calvin-Vorlesung einmal formuliert: «Keiner von uns, der wirklich Bescheid weiss, würde in dieser heiligen Stadt gelebt haben wollen.»[20] Zugleich aber war Genf für viele Flüchtlinge ein Gleichnis des Himmelreiches. Es gilt, aus der Kraft der Verheissung schon in der Wüste an solchen Gleichnissen zu arbeiten.

Dass wir unsere Arbeit im Diesseits dabei nicht mit dem Jenseits verwechseln, die Gleichnisse also nicht mit dem Himmelreich identifizieren, dafür sollte gesorgt sein, wenn wir mehr erwarten als das, was gegenwärtig ist – und also erkennen, dass wir noch in der Wüste und nicht über die Wüste hinaus sind.

---

[17] Barth, Theologie Calvins (Anm. 6), 170.

[18] Ebd.

[19] Karl Barth, Der Christ in der Gesellschaft, in: ders., Vorträge und kleinere Arbeiten 1914–1921 (GA III.43), hg. von Hans-Anton Drewes, Zürich 2012, 556–598 (595); vgl. ders., Kirchliche Dogmatik IV/2, Zürich (1955) ²1964, 949.

[20] Barth, Theologie Calvins (Anm. 6), 163.

V. Was hat Karl Barth den Reformierten zu sagen?

1. Karl Barth ruft die Reformierten zur reformierten Sachlichkeit. Alle kirchliche Reform und Erneuerung beginnen mit sachlich-theologischer Arbeit.

2. Dabei erinnert Barth die Reformierten daran, dass wir allein in der Schule der Schrift zu Theologinnen und Theologen werden. Die biblischen Überlieferungen sind der erste Kritiker unserer Theologie, sie geben uns das Thema unserer Verkündigung und Theologie vor, nämlich Gott in seinem Handeln, und sie weisen uns ein in die Art und Weise, wie von diesem Gott zu reden ist.

3. Barth ermutigt die Reformierten dazu, die partikulare Herkunft ihrer Theologie einzugestehen. Nicht die moderne Vernunft, sondern die Überlieferungen Israels (einschliesslich ihrer jüdischen Auslegung) lehren uns, von Gott zu reden.

4. Gottesrede ist immer selbstkritische Rede. Von Barth können die Reformierten lernen, dass der Gott Israels die Kritik all unseres Denkens, Handelns und Seins ist. Am Anfang der Theologie steht die Religionskritik. Weil Gott sich aber, wenn auch kritisch, so doch auf unsere Welt bezieht, ist unsere Welt nicht gottlos. Im Zentrum reformierter Verkündigung steht die Einheit von Gottes Kritik und Gottes Verheissung. Gott rettet uns, indem er uns richtet.

5. Barth ermutigt die Reformierten dazu, ihr Sein in der Wüste bewusst anzunehmen. Indem die Reformierten nicht verdecken, dass sich Gottes Existenz als ein menschenfreundlicher Gott weder aus der Welt noch aus unserem inneren Erleben heraus beweisen lässt, leben sie in grosser Solidarität mit ihren säkularen Zeitgenossen. Indem die Reformierten sich eingestehen, dass sie in der Wüste leben, erkennen sie, dass auch jene Wege, die wir meinen auf Gottes Gebot hin zu gehen, menschliche Wege sind, die von sich aus nicht ins Gelobte Land führen. Indem die Reformierten ihr Sein in der Wüste bewusst wahrnehmen, erkennen sie, dass sie allein von Gottes Verheissung leben.

Magdalene L. Frettlöh

Auferstehung denken können

Notizen und Reflexionen zu Karl Barths Vorlesung
Die Auferstehung der Toten (1923/1924)

«Kein Beweis ist geführt,
nur Raum ist geschaffen im Denken.»
Karl Barth[1]

«Wenn die Raupen wüssten, was einmal sein wird,
wenn sie erst Schmetterlinge sind, sie würden ganz anders leben:
froher, zuversichtlicher und hoffnungsvoller.
Der Tod ist nicht das Letzte.»
Heinrich Böll[2]

---

[1]   Karl Barth, Die Auferstehung der Toten. Eine akademische Vorlesung über
1. Kor. 15, München (1924) [2]1926, 113. Die Seitenzahlen im Text beziehen sich auf diese
zweite Auflage.
[2]   Dieser Text, der mit dem Schmetterling als Auferstehungssymbol zur Postkarten-
weisheit geronnen ist, wird Heinrich Böll zugeschrieben, doch durchgängig ohne biblio-
grafischen Nachweis. Er wird als Anfang eines Gedichtes genannt, das in den Satz ein-
mündet: «Der Schmetterling erinnert uns daran, dass wir auf dieser Welt nicht ganz
zuhause sind.» Dieser Gedanke findet sich auch in einem Interview Bölls wieder: «Es ist
eine Tatsache, dass wir alle eigentlich wissen – auch wenn wir es nicht zugeben –, dass
wir hier auf Erden nicht zu Hause sind, nicht ganz zu Hause sind. Dass wir also noch
anderswo hingehören und von woanders herkommen» (Karl-Josef Kuschel / Hartmut
Meesmann (Hg.), Weil wir uns auf dieser Erde nicht ganz zu Hause fühlen. 12 Schriftsteller über Religion und Literatur, München [4]1987, 65).
    Auf dem Handout meines Vortrags war das im ehemaligen Schottenkloster in Regens-
burg gefundene Schmetterlingsreliquiar (um 1310/20), das im Domschatz des Diözesan-
museums Regensburg zu sehen ist, abgebildet: www.bistumsmuseen-regensburg.de/
museen/domschatzmuseum.html (18.01.2022). Es ist – nicht selten in Verbindung mit
Versen aus 1Kor 15 – zu einem häufigen Gegenstand von Osterpredigten geworden.
    Karl Barth hat sich von dieser Auferstehungsanalogie in der Eschatologie der Göttin-
ger Dogmatik distanziert: «Erlösung bedeutet nicht, dass der Mensch aufhört, sich selber
zu sein, und etwas Anderes wird. Er wird *nicht Gott*. Gott *bleibt* der Schöpfer und der
Mensch *bleibt* das Geschöpf. Die Kreaturgrenze wird mit dem Aufheben der eschatologi-

I. Prolog: «Ein verrückter, undenkbarer Gedanke?»

Es sei schon eine ziemlich verquere Situation, dass es innertheologisch in regelmässigen Abständen Versuche gebe, «den Auferstehungsglauben als ‹mythologisches Relikt› zu verabschieden und der christlichen Lehre dadurch ein modernitätsverträgliches Outfit zu geben», während ausserhalb von Theologie und Kirche, insbesondere von Seiten der Philosophie, daran erinnert werde, «dass das Sinnpotenzial der jüdisch-christlichen Überlieferung nicht einfach durch die säkulare Vernunft beerbbar, sondern im Gegenteil für die Verständigung über die Grundlagen gesellschaftlichen Zusammenlebens unersetzbar sei». Diese Diagnose trifft der Wiener Dogmatiker Jan-Heiner Tück in einem bis heute hochaktuellen Artikel in der Osterausgabe der NZZ von 2002 – unter der Titelfrage *Ein verrückter, undenkbarer Gedanke?*[3]

Zu ebendiesem Sinnpotenzial, von dessen *Un*ersetzbarkeit durch ein säkularistisches Wirklichkeitsverständnis womöglich manche christlichen Theolog:innen selbst am wenigsten überzeugt sind, gehört auch und gerade die Hoffnung auf Auferstehung der Toten. Daran hat – unter dem Eindruck der Ereignisse von 9/11 – Jürgen Habermas in seiner Dankesrede *Glauben und Wissen* anlässlich der Verleihung des Friedenspreises des Deutschen Buchhandels 2001 eindrücklich erinnert:

«Als sich Sünde in Schuld, das Vergehen gegen göttliche Gebote in den Verstoß gegen menschliche Gesetze verwandelte, ging etwas verloren. Denn mit dem Wunsch nach Verzeihung verbindet sich immer noch der unsentimentale Wunsch, das anderen zugefügte Leid ungeschehen zu machen. Erst recht beunruhigt uns die Irreversibilität *vergangenen* Leidens – jenes Unrecht an den unschuldig Misshandelten, Entwürdigten

---

schen Grenze *nicht* aufgehoben. Er wird aber auch nichts Anderes, ein Engel zum Beispiel. Das wäre doch nicht Erlösung, dass er nach dem vielgebrauchten Bild seinen unerlösten Raupenleib nun etwa verliesse und ein erlöster Schmetterling würde» (Karl Barth, «Unterricht in der christlichen Religion». Dritter Band: Die Lehre von der Versöhnung / Die Lehre von der Erlösung 1925/1926 [GA II.38], hg. von Hinrich Stoevesandt, Zürich 2003, 478f.). Doch ist der Schmetterling im Gegenüber zur Raupe etwa leiblos? Warum ist die Transformation der Raupe in den Schmetterling nicht analogiefähig für die Auferstehung, die Transformation des Samenkorns in die Pflanze aber sehr wohl? Nur weil jene nicht in der Bibel steht, sondern etwa bei Friedrich Schiller in den *Philosophischen Briefen (Theosophie des Julius)* als Metapher der Unsterblichkeit begegnet (Friedrich Schiller, Theosophie des Julius, in: ders., Sämtliche Werke. Bd. 5: Philosophische Schriften / Vermischte Schriften. Mit Anmerkungen von Helmut Koopman, München 1968, 116–129 [117])?

   [3]   Jan-Heiner Tück, Ein verrückter, undenkbarer Gedanke?: www.nzz.ch/article81QOM-1.381641 (11.01.2022).

und Ermordeten, das über jedes Maß menschenmöglicher Wiedergutmachung hinausgeht. Die verlorene Hoffnung auf Resurrektion hinterlässt eine spürbare Leere.»[4]

Tück nennt fünf Gründe für den innertheologisch beobachtbaren Hoffnungsschwund: die historische Kritik, die die Entstehung des Osterglaubens – wie etwa bei Gerd Lüdemann – aus innerpsychischen Vorgängen durch Schuld und Verlust traumatisierter Jünger oder mit Scheintod-, Betrugs- und Visionshypothesen erklärt, den Feuerbach'schen Projektionsverdacht, den Missbrauch der Auferweckungsbotschaft zur Jenseitsvertröstung, eine positivistische Wirklichkeitswahrnehmung, die ein innergeschichtliches Handeln Gottes *per se* ausschliesst, und den damit verbundenen Transzendenzverlust.

Demgegenüber erinnert Tück an die Eschatologik des Apostels Paulus in 1Kor 15, die eine wechselseitige Bedingtheit der Hoffnung auf Auferstehung der Toten und des Bekenntnisses zur Auferweckung Jesu bezeugt: «Wenn es keine Auferstehung der Toten gibt, dann ist auch Christus nicht auferweckt worden. Ist aber Christus nicht auferweckt worden, dann ist unsere Verkündigung leer und euer Glaube sinnlos» (V. 13f.).

II. Das Bekenntnis zur Auferweckung Jesu Christi als Axiom

Karl Barth hat von Sätzen wie diesen auf den *axiomatischen* Charakter des Bekenntnisses zur Auferweckung Jesu Christi von den Toten geschlossen:

> «Wenn es ein christlich-theologisches Axiom gibt, so ist es dieses: *Jesus Christus ist auferstanden,* er ist *wahrhaftig auferstanden!* Eben dieses Axiom kann sich aber niemand aus den Fingern saugen. Man kann es nur nachsprechen daraufhin, dass es uns als Zentralaussage des biblischen Zeugnisses in der erleuchtenden Kraft des Heiligen Geistes vorgesprochen ist.»[5]

Kurt Marti kommentiert diese Sätze Barths mit den Worten: «Axiom wird in der Logik eine Aussage genannt, die aus keiner bisher bekannten und anerkannten Wahrheit ableitbar ist. Axiome bleiben deshalb von Zweifeln umlagert. Sie leuchten entweder unmittelbar oder dann überhaupt nicht ein.»[6]

---

4   Jürgen Habermas, Glauben und Wissen. Friedenspreis des Deutschen Buchhandels 2001. Laudatio, in: Jan Philipp Reemtsma (Sonderdruck edition suhrkamp), Frankfurt a. M. 2001, 7–31 (24f.).
5   Karl Barth, Die Kirchliche Dogmatik (=KD), Bd. IV/3, Zollikon-Zürich 1959, 47.
6   Kurt Marti, Gott im Diesseits. Versuche zu verstehen, Stuttgart 2012, 88.

Als *Axiom* ist die Rede von Auferweckung weder begründbar noch beweisbar.[7] Doch beides entbindet nicht von der Aufgabe, ihre Theologik, ihre theologische Grammatik nach- und durchzubuchstabieren und sie – vorrangig *per analogiam* – ins Gespräch mit lebensweltlichen Erfahrungen zu bringen. Und genau dies scheint mir Barth, Paulus nachdenkend, in seiner Vorlesung zu 1Kor 15 zu tun. Barth geht es – so meine These – hier darum, die Auferstehung der Toten *per analogiam* und zugleich *dialektisch* als *denkmöglich* auszuweisen. Wie schon der Tambacher Vortrag,[8] so zeigt auch die Auferstehungs-Vorlesung, dass Dialektik und Analogie einander im Werk Barths keineswegs ablösen. Dialektik und Analogie gehören von Anfang an bei Barth untrennbar zusammen, auch wenn Tambacher Vortrag und 1Kor 15-Vorlesung noch nicht den entfalteten Analogiebegriff der *Kirchlichen Dogmatik* aufweisen.[9]

Barth will mit Paulus zeigen, «was, *wenn* es eine Auferstehung gibt, Auferstehung *ist*», (111) und nachzeichnen, wie der Apostel dafür einen (Wahrheits-) Denkraum aufspannt. Barth überschreibt die Auslegung der Verse 35–49 mit «Die Auferstehung als Wahrheit», bedenkt aber zumindest für V. 35–44a die alternative Überschrift «Die Denkmöglichkeit der Auferstehung» (109). Wiederholt betont Barth, dass es weder Paulus noch ihm selbst um einen *Beweis* der Auferstehung gehe: «[...] nichts *ist* und nichts *wird* bewiesen in Beziehung auf

──────────

[7] Vgl. dazu auch Karl Barths Artikel in der Osterausgabe der NZZ von 1967, also 35 Jahre vor Tücks Artikel am gleichen Ort, in dem Barth das Osterereignis als «das einzige eigentliche Geheimnis» versteht, das «die der Welt ein für allemal nicht nur zugesprochene, sondern eingepflanzte *Hoffnung*» ist. Diese Hoffnung «kann also von keinem Menschen im Rahmen eines von ihm so oder so (vielleicht logisch, vielleicht naturwissenschaftlich, vielleicht ästhetisch, vielleicht politisch-sozial) verstandenen Wirkzusammenhangs des Seienden konstatiert, überschaut und erklärt werden». Und in der Diktion der Römerbrief-Kommentare erläutert Barth – ein unüberlesbares Indiz für Kontinuität im Werk Barths – den Charakter der österlichen Hoffnung: «Diese Hoffnung ist das grosse Neue in der Welt, das doch auch ihr Ältestes ist, sofern sie die ursprüngliche Bestimmung alles Seienden und Wahren ans Licht bringt und in Kraft setzt. [...] Denn die in diesem Ereignis der Welt eingepflanzte Hoffnung ist nun einmal nicht mehr und nicht weniger als die Hoffnung auf eine im Verhältnis zu ihrem jetzigen Zustand total veränderte Gestalt dieses unseres menschlichen Daseins» (Predigten 1954–1967 [GA I.12], hg. von Hinrich Stoevesandt, Zürich 1979, 276–280 [278f.]).

[8] Karl Barth, Der Christ in der Gesellschaft, 1919, in: ders., Vorträge und kleinere Arbeiten 1914–1921 (GA III.48), in Verbindung mit Friedrich-Wilhelm Marquardt (†) hg. von Hans-Anton Drewes, Zürich 2012, 546–598.

[9] Vgl. ähnlich auch Michael Beintker, Die Dialektik in der «dialektischen Theologie» Karl Barths. Studien zur Entwicklung der Barthschen Theologie und zur Vorgeschichte der «Kirchlichen Dogmatik» (BEvTh 101), München 1987, bes. 245–286. Siehe dazu auch den Beitrag von Matthias Zeindler in diesem Band.

die Auferstehung» (111) heisst es im Blick auf die Analogien in V. 36–44a. Und wenig später: «Nicht Beweis, sondern *Beschreibung* der Wahrheit der Auferstehung ist hier die Absicht des Paulus» (118), wohlgemerkt: eben auch nicht Beschreibung der Auferstehung, sondern ihrer Wahrheit.

Für Barth geht es in 1Kor 15 mit dem Thema der Auferweckung der Toten nicht nur um *die* Sache christlicher Theologie, sondern er findet in diesem Kapitel zugleich die «*Methodologie der Apostelpredigt*» (62), die eben nicht isoliert unter Absehung von der Sache,[10] sondern mit dieser entfaltet werden muss.[11] Wer also meint, dass es Barth nicht um Methodisches und Hermeneutisches und die Form theologischer Darstellung zu tun sei – ein Eindruck, an dem er selbst allerdings nicht unschuldig ist –, wird in dieser Vorlesung eines anderen belehrt. Entscheidend ist für Barth, dass die Methode nicht von aussen – als gleichsam sachfremde oder zumindest sachindifferente – an die Sache herangetragen werden darf, sondern mit ihr selbst (vor)gegeben ist.

Indem Barth mit Paulus einen *Denkraum* für die axiomatische Rede von Auferstehung als eines unbegründbaren Handelns Gottes in der Geschichte aufspannt, argumentiert er – so interpretiere ich – angesichts einer dreifachen Frontstellung: in Auseinandersetzung mit den Positionen einer historischen Verifizierbarkeit, einer Bestreitung der Auferstehung Jesu Christi überhaupt sowie ihrer Wahrneh-

---

[10] In diesem Zusammenhang begegnet auch Barths häufiger gebrauchte Metapher vom «Vogel im Flug»: «Die Frage richtet sich an alle Methodologie. Kann man von Voraussetzungen an sich, abgesehen von ihren Anwendungen auf irgendeinem Gebiet, auch nur ein einziges zutreffendes, wirklich erhellendes Wort sagen? Kann man den Vogel im Flug zeichnen? Zeichnet man dann nicht doch wieder etwas ganz anderes, nämlich bestenfalls eine Reihe von Momentbildern, von denen jedes einzelne für sich gerade nicht den fliegenden Vogel wiedergibt? Redet man nicht mit jedem einzelnen Wort und Ausspruch gerade das Tote, wenn man das Lebendigste sagen will?» (62f.) Zum Bild vom «Vogel im Fluge» vgl. etwa auch Barth, Der Christ in der Gesellschaft (Anm. 8), 564; ders., Der Römerbrief (Erste Fassung) 1919 (GA II.16), hg. von Hermann Schmidt, Zürich 1985, 384; ders., Der Römerbrief (Zweite Fassung) 1922 (GA II.47), hg. von Cornelis van der Kooi und Katja Tolstaja, Zürich 2010, 194; ders., Gespräch mit Vertretern der Gemeinschaften (6.10.1959), in: ders., Gespräche 1959–1962 (GA IV.25), hg. von Eberhard Busch, Zürich 1995, 13–41 (17); ders., Einführung in die evangelische Theologie. Text und Anmerkungen, hg. von Matthias Käser et al., Zürich 2021, 44f. (bes. Anm. 41). Vgl. dazu auch Christian Links Beitrag in diesem Band.

[11] Dem entspricht auch der Befund, dass in der *Kirchlichen Dogmatik* immer wieder fundamentalhermeneutische und erkenntnistheoretische Passagen inmitten der materialdogmatischen Erwägungen begegnen, die aber kein selbstständiges Gewicht haben, sondern deren Evidenz sich an der Sache selbst einstellen muss. Friedrich-Wilhelm Marquardt hat diese Praxis der disseminierten hermeneutisch-noetischen Passagen in seine siebenbändige Dogmatik übernommen.

mung als eines (innerpsychischen) menschlichen Erlebnisses. Bei dieser erkenntnis-
theoretisch-hermeneutischen Einsicht müsste m. E. auch die theologiegeschichtliche Verortung der Vorlesung einsetzen. Barth macht die *kognitive* Dimension
im Reden von Auferstehung stark. Damit nimmt er auch und gerade für die Sache
der Auferstehung von den Toten die von Anselm erlernte Grundbewegung
seiner Theologie, *fides quaerens intellectum,*[12] bereits 1923 methodisch vorweg.[13]

Mir geht es im Folgenden primär um ein textimmanentes und Barth immanentes Verstehen seiner Vorlesung zu 1Kor 15, die dringend einer kritischen Edition wie einer monografischen Kommentierung bedürfte. Ich biete hier bestenfalls skizzenhafte Vorarbeiten für einen Kommentar zu Barths Vorlesung *Die
Auferstehung der Toten.*[14]

III. *«Notarbeiten»* von Gewicht und die Marginalisierung dieser Vorlesung in der Barth-Forschung

«Alles, was heute wir *Alle* treiben, sind *Notarbeiten* einer Übergangszeit»* (IV),
räumt Karl Barth im Vorwort zur ersten Auflage der Druckfassung seiner im
Sommersemester 1923 in Göttingen gehaltenen Vorlesung *Die Auferstehung der
Toten* ein.[15] Gemünzt ist diese Aussage vor allem auf die ihm eigene Schriftexegese,
mehr noch auf das «Auseinanderfallen einer vorwiegend historisch und einer

[12]   Vgl. Karl Barth, Fides quaerens intellectum. Anselms Beweis der Existenz Gottes
im Zusammenhang seines theologischen Programms, 1931 (GA II.13), hg. von Eberhard
Jüngel und Ingolf U. Dalferth, Zürich [2]1986; dazu: Christian Link, Fides quaerens intellectum. Die Bewegung der Theologie Karl Barths, in: ThZ 42, 1986, 279–302; wiederabge-
druckt in: ders., In welchem Sinne sind theologische Aussagen wahr? Zum Streit zwischen
Glauben und Wissen. Theologische Studien II, Neukirchen-Vluyn 2003, 79–101.

[13]   Eine umsichtige werkgeschichtliche Verortung der 1Kor 15-Vorlesung unternimmt
A. Katherine Grieb, Last things first: Karl Barth's theological exegesis of 1 Corinthians in
the Resurrection of the Dead, in: SJT 56, 2003, 49–64 (50–56).

[14]   Dabei haben in der Bearbeitung des Vorlesungsskriptes aus dem FS 2019 für die
Druckfassung die neu gewonnenen Einsichten des gemeinsam mit Michael Jost im FS 2020
an der Theologischen Fakultät der Universität Bern veranstalteten interdisziplinären
Seminars *Die Auferstehung der Toten. 1Kor 15 – exegetisch und dogmatisch gelesen* ihre
Spuren hinterlassen.

[15]   Michael Trowitzsch zitiert diesen Satz und fügt postwendend hinzu: «Kann man
sicher sein, dass er am Ende seines Lebens anders geurteilt hätte?» (Pfingstlich genau. Zur
Hermeneutik Karl Barths, in: Michael Beintker et al. [Hg.], Karl Barth in Deutschland
(1921–1935). Aufbruch – Klärung – Widerstand. Beiträge zum Internationalen Symposion
vom 1. bis 4. Mai 2003 in der Johannes a Lasco Bibliothek Emden, Zürich 2005, 363–391
[364]). Die Frage kann kaum anders denn als rhetorische verstanden werden.

vorwiegend theologisch interessierten Exegese», das für Barth «ein unvollkommener Zustand» ist. Wohl Rezensionen und andere Reaktionen auf seine beiden Römerbrief-Kommentare vor Augen, nimmt Barth «eine gewisse gegenseitige Verwunderung über das, womit man die Gegenseite beschäftigt sieht und was dabei herauskommt», wahr und wirbt für «eine provisorische Verständigung über beides, Ärgernis und Verwunderung», und ebenso dafür, dass er selbst «im Bewusstsein der Relativität auch *meines* Unternehmens, mit dem beschränkten historisch-philologischen Rüstzeug, das mir zur Verfügung steht, aber als notwendiges *Korrektiv* den Versuch einer *theologischen* Exegese aufrecht erhalte und fortsetze» (III). Barth ist davon überzeugt, dass sich aus der theologischen Exegese für die rein historische Betrachtung der biblischen Texte durchaus «gewisse nicht zu verachtende Lichter ergeben» (IV) könnten. Entschieden widerspricht er dem «Verbot einer prinzipiell nach-denkenden und selbst-denkenden Exegese überhaupt» und hofft darauf, dass man sich für die anstehenden *«Notarbeiten»* «gegenseitig Raum lassen» werde, ohne sich «das kritische Gespräch zu ersparen» (IV). In, mit und unter der *Sache* wirbt Barth also explizit für die Anerkennung seiner theologischen Exegese auch in den Kreisen der exegetischen Zunft und implizit vermutlich nicht weniger um den Respekt der dogmatischen Kollegen vor der biblischen Fundierung systematischer Theologie.

Damit mag zusammenhängen, dass die kritischen Rezensionen, die nach der Buchveröffentlichung 1924 nicht lange auf sich warten liessen und unter denen als die prominentesten die von Rudolf Bultmann,[16] Paul Althaus[17] und Ernst Lohmeyer[18] gelten dürfen,[19] primär auf das Verhältnis von historisch-kritischer und theologischer Exegese bzw. Schriftauslegung und Dogmatik sowie auf Barths Überzeugung, dass die Einheit des 1Kor gerade in der Schlüsselstellung des 15. Kapitels begründet liege, fokussieren. Das Thema der (Denkmöglichkeit der) Auferstehung tritt demgegenüber in den Rezensionen, die aber in den späteren Bezugnahmen auf die 1Kor 15-Vorlesung eine dominante Rolle spielen, in den Hintergrund.

---

[16] Rudolf Bultmann, Karl Barth «Die Auferstehung der Toten» (1926), in: ders., Glauben und Verstehen. Bd. I, Tübingen 1933, 38–64.

[17] Paul Althaus, Paulus und sein neuester Ausleger. Eine Beleuchtung von Karl Barths «Die Auferstehung der Toten», in: Christentum und Wissenschaft I, 1925, 20–30.97–102.

[18] Ernst Lohmeyer, Barth, Prof. D. Karl, Die Auferstehung der Toten, in: ThLZ 51, 1926, 467–471.

[19] In den Niederlanden hat Gerardus Johannes Streeder der Kritik der Barthschen Exegese von 1Kor 15 seine Dissertation gewidmet: Een beoordeling van Barths Exegese van 1Corinthen 15 (Dissertation Leiden 1937), Amsterdam 1938: https://archive.org/details/MN41522ucmf_0/page/n13/mode/2up (28.08.2022); vgl. dazu die Rezension von James Muilenberg, Een Beoordeeling van Barths Exegese van I Corinthen 15, in: JR 21, 1941, 340.

Barth setzt mit seiner Vorlesung zu 1Kor 15 die im Safenwiler Pfarramt gemachte Entdeckung der «neue[n] Welt in der Bibel»[20] fort *und* vertieft zugleich die im Tambacher Vortrag und im zweiten Römerbrief-Kommentar wiederentdeckte *futurische Eschatologie*. Dabei ist das Thema «Auferweckung der Toten» für Barth geradezu identisch mit dem Evangelium selbst. So lautet, um nur ein Beispiel anzuführen, Barths Einstieg in seine Safenwiler Osterpredigt zu 1Kor 15,50–58 vom 4. April 1920:

> «Wollen wir's wagen, an das *Rätsel der Ostern* heranzutreten? Aber können wir denn anders? Eben dieses Rätsel ist ja auch der ganze *Inhalt der Bibel*. Sie hat keinen anderen Inhalt als diesen: Ostern, Auferstehung, aus dem Tod in das Leben! Wenn das nicht ihr Inhalt wäre, wir könnten sie heute noch schliessen und für immer auf die Seite legen. Wenn sie uns das nicht sagt, sagt sie uns gar nichts. Und eben das ist auch die ganze *Wahrheit des Christentums*. [...] Wenn das Christentum nicht diese Wahrheit in sich trüge, es wäre längst zugrunde gegangen an seiner eigenen Schwachheit und Unlauterkeit. Und eben das ist auch der *Sinn unseres ganzen Daseins*. Wir leben davon, auch wenn wir es nicht wissen.»[21]

Der *ganze* Inhalt der Bibel, die *ganze* Wahrheit des Christentums und der Sinn unseres *ganzen* Daseins – höher als in dieser für Barth typischen Trias lässt sich das Ostergeschehen wohl nicht hängen. Angesichts des biblisch-theologischen und materialdogmatischen Gewichts des Auferstehungsthemas und der Bedeutung der Vorlesung für die Kontroverse um Barths theologische Exegese muss nun aber überraschen, wie wenig Aufmerksamkeit dieser Publikation in der Barth-Forschung lange Zeit zuteilgeworden ist. Die vierte und letzte Auflage stammt von 1953 und ist seit Jahrzehnten vergriffen.[22]

> Hatte Eberhard Busch in *Karl Barths Lebenslauf. Nach seinen Briefen und autobiographischen Zeugnissen*[23] dem Eschatologieverständnis der Vorlesung noch einen zehnzeiligen Petit-Abschnitt gewidmet, so geht sie in Christiane Tietz' Barth-Biografie von 2018 lediglich in ein Summarium ein, wenn es im Blick auf die Göttinger Jahre heisst: «Außerdem bot er [Barth] weiter exegetische Vorlesungen an»,[24] nachdem er in sei-

---

[20] Karl Barth, Die neue Welt in der Bibel (1917), in: ders., Vorträge 1914–1921 (Anm. 8), 317–343; vgl. dort auch die Skizze Vom rechten Bibellesen (1917), 408, sowie Biblische Fragen, Einsichten und Ausblicke (1920), 662–701.

[21] Karl Barth, Predigten 1920 (GA I.42), hg. von Hermann Schmidt, Zürich 2005, 126–134 (126).

[22] Eine englische Übersetzung *The Resurrection of the Dead* erschien 1933 in London (Reprints 1977 und 2003); eine niederländische 2003: *Opstanding, Over 1 Korinthe 15.*

[23] München ³1978, 162.

[24] Christiane Tietz, Karl Barth. Ein Leben im Widerspruch, München 2018, 120. Die

nem ersten Göttinger Semester bereits zum Epheserbrief[25] einstündig gelesen hatte. Eine Kurzcharakteristik der Vorlesung bietet Michael Trowitzsch im Barth Handbuch.[26]

Arbeiten zur Schriftexegese und -hermeneutik Barths konzentrieren sich weithin auf die beiden Römerbriefkommentare, die Vorlesung zum Johannesevangelium und die zahlreichen Schriftauslegungen der Kirchlichen Dogmatik, berücksichtigen aber kaum die 1Kor 15-Vorlesung.[27] Erst nach fast 70 Jahren wird sie wieder in Arbeiten zur Eschatologie, zum Auferstehungs- und Todesverständnis Barths rezipiert.[28] Wenige

---

entsprechende Endnote 40 listet die folgenden auf: Vorlesungen zum Jakobusbrief (WS 1922/23), zu 1Kor 15 (SoSe 1923), zum 1. Johannesbrief (WS 1923/24), zum Philipperbrief (SoSe 1924), zum Kolosserbrief (WS 1924/25) und zur Bergpredigt (SoSe 1925).

[25] Karl Barth, Erklärungen des Epheser- und des Jakobusbriefes 1919–1929 (GA II.46), hg. von Jörg-Michael Bohnet, Zürich 2009.

[26] Michael Trowitzsch, Exegetische Arbeiten, in: Michael Beintker (Hg.), Barth Handbuch, Tübingen 2016, 242–246 (243).

[27] Eine Ausnahme bilden Walter Lindemann, Karl Barth und die kritische Schriftauslegung, Hamburg 1973, 26–34; Peter Winzeler, Widerstehende Theologie. Karl Barth 1920–1935, Stuttgart 1982, 251–258; Otto Merk, Karl Barths Beitrag zur Erforschung des Neuen Testaments (1986), in: ders., Wissenschaftsgeschichte und Exegese. Gesammelte Aufsätze zum 65. Geburtstag (BZNW 95), hg. von Roland Gebauer et al., Berlin / New York 1998, 187–211; Gerrit Neven, Auferstehung als Schlüssel zur nachkritischen Schriftauslegung, in: ZDTh 13, 1997, 7–11; Johan S. Vos, Theologische und historisch-kritische Exegese des Neuen Testaments. Bemerkungen zu Karl Barths Auslegung des ersten Korintherbriefes, in: ZDTh 13, 1997, 12–31; Nina Dorothee Mützlitz, Gottes Wort als Wirklichkeit. Die Paulus-Rezeption des jungen Karl Barth (1906–1927), Neukirchen-Vluyn 2013, 99–137.

[28] Siehe neben dem in Anm. 13 genannten Aufsatz von Katherine Grieb besonders Adriaan Geense, Auferstehung und Offenbarung. Über den Ort der Frage nach der Auferstehung Jesu Christi in der heutigen deutschen evangelischen Theologie (FSÖTh 27), Göttingen 1991, 13–49; Robert Dale Dawson, The Resurrection in Karl Barth (Barth-Studies), Abingdon / New York 2007 / Pb-Ausgabe 2017, 33–64; John Webster, Barth's Earlier Theology. Four Studies, London 2005, 67–90, und Christian Link, Auferweckung Jesu, Auferweckung der Toten, Auferweckung der Welt. Karl Barths Theologie aufnehmen und weiterdenken, in: Herrenalber Protokolle 59, 1989, 23–45; daneben auch Gisbert Greshake, Auferstehung der Toten: ein Beitrag zur gegenwärtigen theologischen Diskussion über die Zukunft der Geschichte, Essen 1969, 52–95; Manfred Kwiran, The Resurrection of the Dead: Exegesis of 1 Corinthians in German Protestant Theology from F. C. Baur to W. Künneth, Basel 1972, 247–284; Peter Eicher, Biblischer Realismus. «Die Auferstehung der Toten» nach Karl Barth (1923), in: ZDTh 8, 1992, 47–74; Hans-Georg Geyer, Karl Barths Umgang mit der Osterbotschaft des Neuen Testaments, in: ZDTh 13, 1997, 47–66; Claudia Janssen, Bodily Resurrection (1 Cor 15)? The Discussion of the Resurrection in Karl Barth, Rudolf Bultmann, Dorothee Sölle and Contemporary Feminist Theology, in: JSNT 79, 2000, 61–78; Gregor Etzelmüller, «… zu richten die Lebenden und die Toten». Zur Rede vom Jüngsten Gericht im Anschluß an Karl Barth, Neukirchen-Vluyn 2001, 102–106; Yo Fukushima, Aus dem Tode das Leben. Eine Untersuchung zu Karl Barths Todes- und Lebensverständnis, Zürich 2009, bes. 121–132.

historisch-kritische Kommentare oder Monografien zum 1. Korintherbrief[29] berücksichtigen Barths Vorlesung, deren Erstausgabe er übrigens – mit zwei Jahren Verspätung – der Evangelisch-theologischen Fakultät in Münster als Dank für die Verleihung der Ehrendoktorwürde 1922 widmete.[30]

Dabei war das damalige Interesse unter den Göttinger Studierenden gross. Während Barths Vorlesungen zu Themen reformierter Theologie von ca. 15 bis 20 Studierenden besucht wurden, fanden sich zu seinen exegetischen Vorlesungen 60 bis 100 Studierende ein, zu der 1Kor 15-Vorlesung sogar über 100. Insgesamt waren in diesen Jahren ca. 180 Theologiestudierende in Göttingen immatrikuliert.[31] Wie auch sonst kam Barth mit der Vorbereitung kaum nach:

> «In dem 1. Kor. 15-Kolleg muss ich von der Hand in den Mund leben, tue es aber getroster, auch wenn es spät wird, weil ich mich mehr in meinem Element fühle. Zunächst bin ich mit einem Dauermarsch durch den ganzen Brief beschäftigt, aus dem dann 1. Kor. 15 sich von selbst ergeben soll. [...] Ich glaube wirklich, wir verstehen jedenfalls den Paulus ein wenig besser als die anderen. [...] Es ist ja wirklich immer wieder viel Erstaunlichstes da, durch das man selber genügend aus dem Sattel gehoben wird.»[32]

IV. «Ostern ist *das Letzte, hinter dem das Erste steht*» – Annäherung an Barths theologische Exegese von 1Kor 15

Safenwiler Vorarbeiten zur Göttinger Vorlesung

Schon in der Safenwiler Zeit hatte sich Barth – zwischen den beiden Römerbrief-Kommentaren – eingehender mit 1Kor 15 befasst. Eine erste Notiz findet sich im

---

[29] Wolfgang Schrage, Der erste Brief an die Korinther (1Kor 15,1–16,24), EKK VII/4, Düsseldorf / Neukirchen-Vluyn 2001, nimmt wiederholt auf Barths Vorlesung Bezug; vereinzelt Zitate der Auslegung Barths begegnen etwa bei Hans Conzelmann, Der erste Brief an die Korinther (KEK V), Göttingen ²1981, und Luise Schottroff, Der erste Brief an die Gemeinde in Korinth (ThKNT 7), Stuttgart 2013.

[30] Barth liess die Münsteraner Fakultät also zwei Jahre auf diese Dankesgabe warten. Vgl. dazu seinen Rundbrief vom 9. Mai 1922: «Ferner fordern sie als Weihrauchspende ein *neues* Buch und nicht nur eine neue Auflage. Nun sollen sie schön *warten!* Es fällt mir gar nicht ein, jetzt ein Buch zu schreiben. Das schöne dickbäuchige D. trage ich nun eben danklos spazieren» (Karl Barth – Eduard Thurneysen. Briefwechsel. Bd. 2: 1921–1939 [GA V.4], bearbeitet und hg. von Eduard Thurneysen, Zürich 1974, 69–76 [75]).

[31] Vgl. die entsprechende Mitteilung im Rundbrief vom 18. Mai 1923 (Barth – Thurneysen. Briefwechsel 2 [Anm. 30], 160–171 [162]).

[32] Barth – Thurneysen. Briefwechsel 2 (Anm. 30), 162f.

Brief vom 15. Januar 1919 an Thurneysen: «Im Übrigen beschäftigen mich Predigten über Joh. 14, die Unterweisung, die Bibelstunde über die Apostelgeschichte und die Erforschung von 1. Kor. 15.»[33] Knapp einen Monat später lässt er Thurneysen bereits wissen:

«1. Kor. 15 hellt sich langsam auf. Es ist aber eine mühsame Untersuchung, den schwierigsten Kapiteln des Römerbriefs vergleichbar, besonders auch weil aus dem Zusammenhang des Briefes so gar nichts Erhellendes zu entnehmen ist. Deutlich ist, dass die ‹Auferstehungsleugner› durchaus keine bösartigen Ketzer waren, sondern im Gegenteil sehr sympathische Normalchristen mit ragazischer Tinktur». Es folgen exegetische Einzelbeobachtungen und dann der Hinweis: «Ich schreibe vorläufig an einem fortlaufenden Kommentärlein dazu, das ich dann vielleicht für die Pfärrer dramatisch bearbeite. Erstaunlich ists, wie wenig sich die Ausleger auch hier um die Ökonomie und innere Bewegung der Sache bemüht haben. Am besten sind wieder meine bewährten Freunde, Calvin, Bengel und Rieger, dazu ein wackerer Thurgauer Pfarrer, der spätere Marburger und Strassburger Professor Alfr. Krauss (1864!). Bousset sympathisiert offen mit den Gegnern des Paulus! Robertson ist eine edle aber schwankende Gestalt, hat das Kapitel sicher nicht begriffen. Aber ich auch noch nicht recht! Lietzmanns Paulusauslegung habe ich nun zu eigen erworben. Satis.»[34]

Wie dann auch die Abfassung des zweiten Römerbrief-Kommentars[35] zieht die Beschäftigung mit 1Kor 15 den Freund Eduard Thurneysen in Mitleidenschaft.

---

[33] Karl Barth – Eduard Thurneysen. Briefwechsel. Bd. 1: 1913–1921 (GA V.3), bearbeitet und hg. von Eduard Thurneysen, Zürich 1973, 309f. (310).

[34] Barth – Thurneysen. Briefwechsel. Bd. 1 (Anm. 33), 320. Barth spricht hier die folgenden Auslegungen an: Johannes Calvin, Commentarius in Epistolam Pauli ad Corinthos (CO 49 = CR 77), 293–574; Johann Albrecht Bengel, Gnomon Novi Testamenti, in quo ex nativa verborum et simplicitas, profunditas, concinnitas, salubritas sensuum coelestium indicatur, nach der von Ernst Bengel besorgten 3. Aufl. hg. von Johannes Ch. F. Steudel, 2 Bde., Tübingen ³1850; Carl Heinrich Rieger, Betrachtungen über das Neue Testament, zum Wachsthum in der Gnade und Erkenntniss unseres Herrn und Heilandes Jesu Christi. 4 Teile in zwei Bänden, Tübingen 1828; Alfred E. Krauss, Theologischer Kommentar zu 1. Korinther XV, Frauenfeld 1864; Wilhelm Bousset, Der erste Brief an die Korinther, in: Johannes Weiss (Hg.), Die Schriften des Neuen Testaments. Bd. 2, Göttingen 1907, 64–140; Frederick William Robertson, Reden über die Korintherbriefe. Deutsche Übersetzung nach der 11. Auflage des englischen Originals. Mit einer Vorrede von Paul Drews, Göttingen 1895 (englisches Original: Expository lectures on St. Pauls Epistels to the Corinthians, 1895); Hans Lietzmann, Die Briefe des Apostels Paulus: Die vier Hauptbriefe, Tübingen 1910. Das «Kommentärlein» liegt im Karl Barth-Archiv in Basel als Manuskript unter dem Titel *Private Beschäftigung mit 1 Kor 15* (1919) vor; einen Vergleich zwischen diesem Manuskript und dem veröffentlichten Vorlesungstext anhand ausgewählter Motive bietet Mützlitz, Gottes Wort als Wirklichkeit (Anm. 27), 101–105.

[35] Siehe «Das Römerbrief-Manuskript habe ich gelesen». Eduard Thurneysens ge-

Am 30. August 1919 schreibt Thurneysen: «Ich habe das Verlangen, dich zu sehen. Wir legen dann 1. Kor. 15 miteinander aus.»[36] Am 12. Dezember desselben Jahres gelangt er mit der Bitte an Barth,

> «wenn du bald einmal kommst, doch einiges von deinen Notizen über 1. Kor. 15 mitzubringen. Ich möchte dieses Kapitel doch einmal mit dir lesen. Ich bin in diesen Tagen selber lang darüber gesessen, ohne alles wirklich zu verstehen, und doch in dem deutlichen Gefühl, dass hinter dem Schleier dieser Sätze die letzte Erkenntnis besonders kräftig verborgen liege. Ich bin wieder darauf gestossen, weil ich in der Unterweisung gerade am *letzten* ‹Gleichnis›, am Sterben war. Die Gleichnismethode ist als solche sicher gut und recht, um vom ‹Weltlauf› zu reden, aber [...]»[37]

Thurneysen meldet hier Gesprächsbedarf im Blick auf die Angemessenheit der Gleichnis- bzw. Analogiemethode zur Veranschaulichung der Auferweckungshoffnung an. Über die gemeinsame Arbeit an 1Kor 15, die Thurneysen 1921 in eine Osterpredigt zu 1Kor 15,57–59 hat einfliessen lassen, erfahren wir nichts weiter. Als dann der Ruf aus Göttingen eintrifft, erwägt Barth:

> «Ich stelle mir vor, dass ich zunächst kein systematisches Hauptkolleg lesen würde, sondern etwas Präludierendes, etwa ‹Die Auferstehung der Toten als Voraussetzung christlicher Theologie, im Anschluss an 1. Kor. 15› oder so etwas. Dazu vielleicht eine Calvin-Vorlesung und in den Übungen Institutio. Aber die Wolkenbilder, die mir dazu durch den Kopf ziehen, können sich noch oft verschieben. Meine Hauptsorge in Göttingen wird sein, mir Ellenbogenfreiheit zu verschaffen, damit niemand mich hindern kann, die merkwürdigsten Themata anzukündigen und Disziplinen *nicht* zu behandeln, die es nach unsrer Lehre gar nicht geben darf.»[38]

Mit exegetischen Kollegs wähnt sich Barth auf vertrautem Terrain. Hier kann er auf seine Predigttätigkeit wie auf exegetische Studien der Safenwiler Zeit in zunehmender Auseinandersetzung mit der historisch-kritischen Bibelauslegung zurückgreifen. Dagegen steckt er im Blick auf den ihm gestellten, konfessionell begrenzten Auftrag, «Einführung in das reformierte Bekenntnis, reformierte Glaubenslehre und reformiertes Gemeindeleben»,[39] ganz und gar in den Anfängen und muss sich selbst das zu Lehrende allererst erarbeiten.

━━

sammelte Briefe und Kommentare aus der Entstehungszeit von Karl Barths *Römerbrief* II (1920–1921), hg. von Katja Tolstoja, Zürich 2015.

[36] Barth – Thurneysen. Briefwechsel. Bd. 1 (Anm. 33), 342.

[37] Barth – Thurneysen. Briefwechsel. Bd. 1 (Anm. 33), 357–359 (358) (Brief Thurneysens vom 12. Dezember 1919).

[38] Barth – Thurneysen. Briefwechsel. Bd. 1 (Anm. 33), 467–470 (469) (Brief Barths vom 16. Februar 1921).

[39] Karl Barth – Rudolf Bultmann. Briefwechsel 1922–1966 (GA V.1), hg. von Bernd

1. 1Kor 15 als Schlüssel zur sachlichen Einheit des 1. Korintherbriefs

Barths Publikation *Die Auferstehung der Toten* gliedert sich nach Vorwort (III–IV) und kurzer Einführung (1f.) in drei Teile: Das erste Kapitel widmet sich der «Blickrichtung in 1. Kor. 1–14» (2–57), das zweite besteht aus einer fundamental-theologisch-hermeneutischen Einführung in das «Kapitel von der Totenauferstehung» (57–71), in der Barth den Begriff Eschatologie kritisch diskutiert, und das dritte Kapitel bietet dann die «Erklärung von 1. Kor. 15» (72–129), die Barth in vier Abschnitte gliedert:

1. Die Auferstehungsbotschaft als Grundlegung der Gemeinde (15,1–11)
2. Die Auferstehung als Sinn des Glaubens (15,12–34)
3. Die Auferstehung als Wahrheit (15,35–49)
4. Die Auferstehung als Wirklichkeit (15,50–58).

Während die historisch-kritisch arbeitende exegetische Zunft Anfang des 20. Jahrhunderts von seiner literarischen Uneinheitlichkeit ausgeht, liest Barth den 1Kor als *sachliche* Einheit, die für ihn durch das 15. Kapitel verbürgt wird. Dieses bilde «nicht nur den Schluss- und Höhepunkt des ganzen Briefes, sondern auch seinen *Schlüsselpunkt,* von dem aus Licht auf das Ganze fällt, von dem aus er, nicht äusserlich, aber innerlich, als Einheit verständlich wird» (1). Barth erprobt mit dieser These im Folgenden eine Lektüre des 1Kor, in der das Auferstehungsthema «äusserlich [zwar] ein Thema neben anderen ist, zugleich [aber] als *das* Thema des Briefes» erkennbar wird und 1Kor 1–14 «den authentischen Kommentar» (2) zu 1Kor 15 darstellen.[40]

> Schon in Safenwil war Barth zur Einsicht dieser Schlüsselstellung von 1Kor 15 für den gesamten Brief gelangt: «Das Kapitel ist der Schlüssel des ganzen Briefes mit seinen merkwürdig steilen, aus letzter Weisheit kommenden Eröffnungen über dies und das, von denen uns letzthin einige getroffen haben wie Schläge eines Zitterrochens. Nicht umsonst. Ich beeile mich, das N.T. an dieser Stelle vorläufig zu schliessen und mich mit Stellen zu beschäftigen, wo es nicht so unheimlich brennt.»[41]

Jaspert, Zürich 1971, 215.

[40] Um die Provokation dieser einheitlichen, auf Kap. 15 zentrierten Sicht des 1Kor in den 1920er Jahren zu verdeutlichen, sei nur verwiesen auf Hans Lietzmann, An die Korinther I–II (HNT 9), Tübingen ([2]1923) [3]1931, 76, der seine Auslegung von 1Kor 15 mit dem Satz beginnt: «Ohne inneren oder äusseren Zusammenhang mit dem vorhergehenden [sic!] folgt nun die Behandlung eines neuen Themas.»

[41] Barth – Thurneysen. Briefwechsel. Bd. 1 (Anm. 33), 350–352 (350), Brief Barths vom 11. November 1919.

In der Einleitung zum 15. Kapitel nennt er 1Kor 15 «das Kapitel vom Positivsten, was sich denken lässt»; es bietet für ihn nicht nur «die Spitze und Krone dieses wesentlich kritisch und polemisch negativen Briefes», sondern Barth findet in der Sache der Auferstehung der Toten überhaupt den «Punkt, von dem aus Paulus redet [...]: Von da aus wird in der apostolischen Predigt wahrhaftig nicht nur der Tod der jetzt Lebenden, sondern vor allem ihr Leben *diesseits* der Todesschwelle gesehen, verstanden, beurteilt, in das Licht letzten Ernstes, letzter Hoffnung gerückt» (57).

2. Eschatologie: «Lehre von den letzten Dingen» als Schlusskapitel der Dogmatik oder Lehre vom «Ursprung» als Zentrum der Theologie?

Wenn Friedrich-Wilhelm Marquardt am Ende der Vorsätze zum ersten Paragrafen seiner dreibändigen Eschatologie festhält: «Nur wenn sich auf eine Befreiung von jedem ‹Ende› hoffen liesse, könnten wir Hoffnung auch denken»,[42] und wenn er damit für die Hoffnung auf eine Geschichtlichkeit auch noch des Eschatons eintritt, dann können wir darin einen theologisch-eschatologischen Reflex auf das an der Wannsee-Konferenz im Januar 1942 beschlossene Programm einer sogenannten «Endlösung der Judenfrage» erkennen. Zugleich erweist Marquardt sich aber mit dieser Einsicht, dass Eschatologie keinen Endlösungen das Wort reden darf, als treuer Schüler Karl Barths und kann sich dabei gerade auch auf dessen 1Kor 15-Vorlesung berufen. Und wenn Jürgen Moltmann seine *kleine Hoffnungslehre* mit *Im Ende – der Anfang*[43] betitelt und sich dafür auf T. S. Eliots Gedicht *In my end is my beginning*[44] beruft, dann steht er damit nicht weniger in der Tradition Barths.[45]

In einer knapp 15-seitigen Einleitung (57–71) zur Auslegung von 1Kor 15 setzt Barth sich kritisch mit dem überkommenen Verständnis von Eschatologie als der «Lehre von den letzten Dingen» auseinander, denn ohne gründliche

---

[42] Friedrich-Wilhelm Marquardt, Was dürfen wir hoffen, wenn wir hoffen dürften? Eine Eschatologie. Bd. 1, Gütersloh 1993, 32.

[43] Jürgen Moltmann, Im Ende der Anfang. Eine kleine Hoffnungslehre, Gütersloh 2003.

[44] Moltmann, Im Ende der Anfang (Anm. 43), 9.

[45] Auch ich bin je länger je mehr davon überzeugt, dass eine evangelische Dogmatik mit der Hoffnungslehre *«de novissimis»* / «von den allerneuesten Neuigkeiten», die nie veralten, nicht zu enden, sondern zu beginnen hat. Vgl. auch Christoph Schwöbel, Die Letzten Dinge zuerst? Das Jahrhundert der Eschatologie im Rückblick, in: ders., Gott in Beziehung. Studien zur Dogmatik, Tübingen 2002, 437–468.

Begriffsklärung sei «Eschatologie [...] eine irreführende und jedenfalls unzureichende Bezeichnung» (61) für das, was Paulus in 1Kor 15 vortrage. Missverstanden wäre Eschatologie als Lehre von den letzten Dingen, wenn sie einer chronologisch vorgestellten «Schlussgeschichte» das Wort reden würde, wenn die Dogmatik, nachdem sie sich allerhand anderen Themen gewidmet habe, sich nun auch noch mit «Tod, Jenseits und Weltvollendung» (61) befasste, als gleichsam additiv angehängten letzten Themen, die nichts anderes wären, als unerhörte Fortsetzungen der irdischen Geschichte. Stattdessen geht es Barth mit der in der Eschatologie zu bedenkenden Endgeschichte um ein Ineinander von Ende und Anfang, von Ziel und Ursprung, weil in der recht verstandenen Endgeschichte die *Ewigkeit* Gottes der irdischen Zeit ein Ende setzt und sie darin zugleich als ihren *Ursprung* begründet.[46] In den Worten Barths:

> «Letzte *Dinge* sind als solche nicht *letzte* Dinge, wie gross und bedeutsam sie immer sein mögen. Von *letzten* Dingen würde nur reden, wer vom Ende aller Dinge reden würde, von ihrem Ende so schlechthin, so grundsätzlich verstanden, von einer Wirklichkeit so radikal überlegen allen Dingen, dass die Existenz aller Dinge ganz und gar in ihr, in ihr allein begründet wäre, also von ihrem Ende würde er reden, das in Wahrheit nichts anderes wäre als ihr Anfang.

> Und von Endgeschichte, von Endzeit würde nur reden, der vom *Ende* der Geschichte, vom Ende der Zeit reden würde. Aber wiederum von einem Ende, so grundsätzlich, so schlechthin verstanden, von einer Wirklichkeit, so radikal überlegen allem Geschehen und aller Zeitlichkeit, dass er, indem er von der Endlichkeit der Geschichte, von der Endlichkeit der Zeit redete, zugleich von dem reden würde, was alle Zeit und alles, was in der Zeit geschieht, *begründet*. Endgeschichte müsste für ihn gleichbedeutend sein mit Urgeschichte, die Grenze der Zeit, von der er redet, müsste die Grenze aller und jeder Zeit, und damit notwendig der Ursprung der Zeit sein.» (59)

Barth bietet mit seiner kritischen Reflexion auf den Eschatologiebegriff nicht weniger als Grundlinien einer theologischen Zeitlehre, wie er sie später in der

---

[46] Siehe schon den intensiven Gebrauch des Begriffs «Ursprung» im Römerbriefkommentar von 1922 (Register). Den Begriff übernimmt Barth von Platon – vermittelt über seinen Bruder Heinrich Barth (ders., Gotteserkenntnis [1919], in: Jürgen Moltmann [Hg.], Anfänge der dialektischen Theologie. Teil 1: Karl Barth – Heinrich Barth – Emil Brunner [ThB 17], München 1974, 221–255; ders., Das Problem des Ursprungs in der Philosophie Platons, München 1921) und den Marburger Neukantianismus; dazu grundlegend: Johann Friedrich Lohmann, Karl Barth und der Neukantianismus. Zur Rezeption des Neukantianismus im «Römerbrief» und ihre Bedeutung für die weitere Ausarbeitung der Theologie Karl Barths (TBT 72), Berlin / New York 1995. Vgl. auch die Beiträge von Hans Peter Lichtenberger und Luca Di Blasi in diesem Band.

Anthropologie der Schöpfungslehre christologisch fundiert,[47] aber auch in einschlägigen pneumatologisch-ekklesiologischen Passagen der Versöhnungslehre[48] entfalten wird und zuvor schon in den Prolegomena der *Kirchlichen Dogmatik*[49] und in der Gotteslehre[50] grundgelegt hat.[51] Von letzten Dingen kann nur insofern die Rede sein, als es die Ewigkeit Gottes ist, die die geschöpfliche Zeit begrenzt, indem sie sie zugleich begründet: «Das *letzte* Wort, das hier gesprochen ist, muss so sehr als letztes Wort verstanden werden, dass es zugleich als *erstes* Wort verstanden wird, die Geschichte des Endes zugleich und als solche Geschichte des Anfangs.» (60)[52]

Einer Verwechslung von Endgeschichte mit Schlussgeschichte begegnet Barth damit, dass die Ewigkeit Gottes die irdische Zeit beendet, sie darin aber gerade als endliche setzt und begründet, also zu ihrem *Ursprung* wird. Eine so verstandene Endgeschichte ist jederzeit der irdischen Geschichte nahe und orientiert diese.

Gegenüber der bereits erwähnten Osterpredigt vom 4. April 1920 haben sich, obwohl auch in ihr von *letzten als ersten Worten* die Rede ist, die Aussagen doch merklich verschoben. Die zeittheologische Dialektik scheint mir dort – ohne den Gebrauch der eschatologisch gewendeten Ursprungskategorie – noch nicht so scharf gedacht wie in der Auslegung von 1Kor 15:

«Ostern ist *das Letzte, hinter dem das Erste steht.* Man könnte auch sagen: das menschlich Letzte, aus dem *das göttlich Erste hervorbricht* [...] Das letzte und zugleich das erste, das entscheidende, das wirkende, das schöpferische *Wort Gottes,* das ist Ostern. Dass *dieses Wort ausgesprochen ist,* das ist's, was wir heute sagen und hören müssen.»[53]

---

[47] Karl Barth, Die Kirchliche Dogmatik. Bd. III/2, Zollikon-Zürich 1948, 524–780 (§ 47. Der Mensch in seiner Zeit).

[48] Karl Barth, Die Kirchliche Dogmatik. Bd. IV/1, Zollikon-Zürich 1953, 810–826 (§ 62.3 Die Zeit der Gemeinde).

[49] Karl Barth, Die Kirchliche Dogmatik. Bd. I/2, Zollikon-Zürich ⁴1948, 50–133 (§ 14. Die Zeit der Offenbarung); vgl. dazu Dieter Clausert, Theologischer Zeitbegriff und politisches Zeitbewusstsein in Karl Barths Dogmatik dargestellt am Beispiel der Prolegomena (BEvTh 90), München 1982.

[50] Karl Barth, Die Kirchliche Dogmatik. Bd. II/1, Zollikon-Zürich 1940, 685–764 (§ 31.3 Gottes Ewigkeit und Herrlichkeit).

[51] Vgl. Gotthard Oblau, Gotteszeit und Menschenzeit. Eschatologie in der Kirchlichen Dogmatik von Karl Barth (NBST 6), Neukirchen-Vluyn 1988.

[52] Vgl. dazu auch die Verknüpfung von erstem und (neuem) letzten Wort Gottes in Markus Jennys ökumenischem Kirchenlied «Gott hat das erste Wort» (RG 260 / EG 199,1–6) nach dem niederländischen «God heeft het eerste woord» von Jan Wit.

[53] Barth, Predigten 1920 (Anm. 21), 130.

Ebenso wenig wie die eschatische *End*geschichte mit einer linearen *Schlussge-schichte* verwechselt werden darf, ist sie als eine «Vernichtungsgeschichte» (61) zu deuten, in der alles Leben Raub des Todes wird. Im Gegenteil: Der Tod als Ende geschöpflichen Lebens kommt nicht an und für sich in den Blick, sondern aus der Perspektive der Auferstehung von den Toten, wenn denn das Ende der Anfang ist und Gottes Ewigkeit Grenze wie Ursprung geschöpflicher Zeit. Es geht in 1Kor 15 – mit Jürgen Ebach gesprochen – um «erinnerte Zukunft und erhoffte Vergangenheit».[54]

Es sind diese Grundmotive einer theologisch-christologisch-eschatologischen Zeitlehre, die erhellen, inwiefern Barth in 1Kor 15 den Schlüssel zu den vorausgehenden 14 Kapiteln des 1Kor wahrnimmt und warum er in einem Leben aus der Kraft der Auferweckung Jesu und in der Hoffnung auf die allgemeine Totenauferweckung in den Konflikten der Gegenwart Wegweisungen erkennt, also ethische und ekklesiologische Früchte der Eschatologie erntet:

«Darum ist die Erinnerung an den Tod so wichtig, so dringlich, so beunruhigend, so aktuell, weil sie ja wirklich die Botschaft von der Auferweckung hinter sich hat, die Erinnerung an das *Leben* ist, an unser Leben, das wir nicht leben und das doch unser Leben ist. Darum kann das Ende des Briefes auch sein Anfang, sein das Ganze tragendes und bewegendes Prinzip sein, weil es nicht nur ein Schluss ist, sondern ein Ende, τέλος, wie es vom Ende redet». (62)

Die Wendung «unser Leben, das wir nicht leben und das doch unser Leben ist» bedarf noch einer Erklärung, um nicht überlesen zu werden. Die futurische Dimension der Eschatologie wiedergewinnend, nimmt Barth in der Auferweckung von den Toten einen *Identitätswechsel* der Menschen wahr, der bei Gott bereits vollzogen *ist,* während er für uns noch als zukünftig *aussteht,*[55] doch zugleich als Gegenstand unserer *Hoffnung* bereits das Leben in der Gegenwart prägt.[56]

[54] Jürgen Ebach, Ursprung und Ziel. Erinnerte Zukunft und erhoffte Vergangenheit. Biblische Exegesen, Reflexionen, Geschichten, Neukirchen-Vluyn 1986.
[55] Trefflich formuliert R. Dale Dawson, «that the resurrection of the dead is already complete in God, in God's eternity. [...] Hence God's eternity is to be understood as both the last which closes history and the first word which establishes history anew. Thus, God's eternity delimits time but in so doing heals time, giving new meaning and wholeness to time» (Resurrection [Anm. 28], 37.36). Paul Althaus dagegen erkennt darin eine «eschatologische Entwertung der Geschichte» und wirft Barth vor, «einem neuen Doketismus zu verfallen» (Paulus und sein neuester Ausleger [Anm. 17], 97.100). Für Johan S. Vos zeichnet sich Barths 1Kor 15-Auslegung durch den «Versuch der Entgeschichtlichung der Endgeschichte» aus (Theologische und historisch-kritische Exegese [Anm. 27], 18).
[56] Dies entspricht Barths Diktum aus dem Tambacher Vortrag: «Echte Eschatologie

«Die Toten! das sind wir. Die Auferstandenen! das sind nicht wir. Aber eben darum handelt es sich in der Auferstehung der Toten, dass *das, was wir nicht sind,* identisch gesetzt wird mit dem, *was wir sind:* Die Toten lebendig, die Zeit Ewigkeit, das Seiende Wahrheit, die Dinge real. Nicht anders als in Hoffnung gegeben das alles, also nicht zu *vollziehen* diese Identität [...]; *nicht* aufzuheben der scharfe grundsätzliche Schritt, der dieses von jenem trennt, als das Unmögliche vom Möglichen, aber in Hoffnung gegeben, in Hoffnung, in Gott schon vollzogen die Identifikation jener mit diesen, die Auferstehung der Toten.» (62)[57]

In der Eschatologie der Göttinger Dogmatik, die die Unterscheidung von Versöhnung und Erlösung einübt und dabei die Erlösung ganz und gar zum Gegenstand der Hoffnung erklärt, verbindet Barth diesen noch ausstehenden Identitätswechsel mit der Parusie Christi: «Erst in der Parusie werden wir *sein,* was wir sind.»[58]

---

leuchtet auch nach rückwärts, nicht nur nach vorwärts» (Barth, Der Christ in der Gesellschaft [Anm. 8], 577).

[57] Claudia Janssen sieht in der *Erfahrbarkeit* der Auferstehung hier und heute die entscheidende Differenz zwischen Bultmann und Barth: Während für Barth die Auferstehung der Toten menschlicherseits nur Gegenstand der Hoffnung sein könne, gehe Bultmann mit 2Kor 5,17 davon aus, dass sie die schon gegenwärtig für uns erfahrbare Realität sei (Anders ist die Schönheit der Körper. Paulus und die Auferstehung in 1 Kor 15, Gütersloh 2005, 30–33). Damit ist aber gerade das in Anm. 56 zitierte Motto unterschlagen und die Wahrnehmung, dass es bei Barth die Auferstehung Jesu Christi ist, von deren Kraft wir hier und heute leben – ein Motiv, das den gesamten Tambacher Vortrag durchzieht: «[...] wer könnte die Auferstehung sehen, ohne selber an ihr teilzunehmen, selber ein Lebendiger zu werden und in den Sieg des Lebens einzutreten?» (Der Christ in der Gesellschaft [Anm. 8], 574). Und unterbestimmt Janssen nicht auch die wirklichkeitsverändernde Kraft der Hoffnung, wie sie Barth auch in seiner Auslegung von Röm 8,24f. (vgl. Barth, Römerbrief 1922 [Anm. 10], 429–431) und im Tambacher Vortrag entwirft: «Wir sind keine unbeteiligten Zuschauer. Wir sind von Gott bewegt. Wir erkennen Gott. Gottesgeschichte geschieht in uns und an uns. [...] Die Hoffnung ist gegenüber der Not das entscheidende, das überlegene Moment» (Der Christ in der Gesellschaft [Anm. 8], 575).

[58] Karl Barth, Unterricht. Bd. 3 (Anm. 2), 478. Marquardt ist ihm auch darin gefolgt: Friedrich-Wilhelm Marquardt, Was dürfen wir hoffen, wenn wir hoffen dürften? Eine Eschatologie. Bd. 3, Gütersloh 1996, 19–163 (§ 6 Vom Kommen Jesu und dem Entgegenkommen der Toten und Lebenden), vorbereitet, in: ders., Das christliche Bekenntnis zu Jesus, dem Juden. Eine Christologie. Bd. 2, München 1991, 309–390 (§ 9 Vom Kommen Jesu). Ruth Heß hat in mehreren wegweisenden Studien – nicht nur, aber besonders im Anschluss an 1Kor 15,35–49 – in dieser in der Auferweckung Ereignis werdenden Transformation der irdischen Leiblichkeit die Spur einer eschatischen Befreiung auch aus dem Zwangskorsett eines Geschlechterduals zu «einem neuschöpferisch qualifizierten Pluralismus der Geschlechterdifferenz» freigelegt (Ruth Heß, «Es ist noch nicht erschienen, was wir sein werden.» Biblisch-[de]konstruktivistische Anstösse zu einer entdualisierten Eschatologie der Geschlechterdifferenz, in: dies. / Martin Leiner [Hg.], Alles in allem. Eschatologische Anstösse. J. Christine Janowski zum 60. Geburtstag, Neukirchen-Vluyn

Barth räumt im Blick auf die so exponierten paulinischen Überlegungen in 1Kor 15 (und vermutlich auch hinsichtlich seiner eigenen Kommentierung) ein, dass es ein «Versuch [sei], das *Unmögliche* zu sagen und insofern ein ganz unmöglicher Versuch, bei dem man sich in ein schweres Zwielicht begibt, höchstem Missverständnis aussetzt, auch dann, wenn man Paulus [und ich ergänze: Barth] heisst. [...] So etwas sagt man nicht alle Tage.» (63) Und Barth verallgemeinert diese Aussagen zugleich für die Theologie überhaupt:

> «[...] zum heilsamen Erschrecken vor der Tatsache, dass Theologie wirklich das Unternehmen des bei den Menschen Unmöglichen bedeutet, ist dieses Kapitel [sc. 1Kor 15] gerade wegen der Exponiertheit, in der es uns Paulus zeigt, sehr geeignet.» (64)[59]

Eschatologie ist, so deute ich diese Zeilen, der Ernstfall von Theologie. Die der Theologie eigene Schönheit wie Gefährlichkeit[60] blitzen nirgendwo so deutlich auf wie im Nachdenken über eschatologische Fragen. Das hängt damit zusammen, dass die Theologie im Verständnis Barths grundsätzlich eschatologisch geprägt ist: «Die christliche Wahrheit wird nicht erst, sondern sie *ist von Haus aus* eschatologisch.»[61] – oder mit Gregor Etzelmüller:

> «Indem Barth die Eschatologie material als Lehre vom Ursprung und formal als Methodologie versteht, vollzieht er in der Architektur der Dogmatik einen Umbau, der Barths Ansatz, dass Theologie ganz und gar Eschatologie zu sein habe, verwirklicht: Einzelne

---

2005, 291–323 [321]; dies., «... männlich und weiblich schuf ER sie»!? IdentitätEn im Gender Trouble, in: Alexander Deeg et al. [Hg.], Identität. Biblische und theologische Erkundungen [BThS 30], Göttingen 2007, 164–188; dies., «... darin ist nicht männlich und weiblich». Eine heilsökonomische Reise mit dem Geschlechtskörper, in: Jürgen Ebach et al. [Hg.], «Dies ist mein Leib». Leibliches, Leibeigenes und Leibhaftiges bei Gott und den Menschen [Jabboq 6], Gütersloh 2006, 144–185). Zur eschatischen Identität vgl. auch Stephan Schaede, Bin denn ich es, der lebte und starb? Einige programmatische Analysen zum eschatologischen Problem, die Identität eines Menschen vor und «nach» seinem Tod zu denken, in: Heß/Leiner [Hg.], Alles in allem, 265–290. Gerade im Blick auf 1Kor 15,43f. hält Schaede fest: «Erst mit der Auferweckung erhält der Leib des Menschen seine δόξα, d. h. eine der menschlichen Person völlig adäquate Gestalt. Erst da wird die Person mit sich selbst in strenger Weise identisch.» (285).

[59] Barth spielt hier auf das prominente Diktum aus seinem Elgersburger Vortrag von 1922 *Das Wort Gottes als Aufgabe der Theologie* an: ders., Vorträge und kleinere Arbeiten 1922–1925 (GA III.19), hg. von Holger Finze-Michaelsen, Zürich 1990, 144–175 (151): «*Wir sollen als Theologen von Gott reden. Wir sind aber Menschen und können als solche nicht von Gott reden. Wir sollen Beides,* unser Sollen und unser Nicht-Können, *wissen und eben damit Gott die Ehre geben.*»

[60] Karl Barth, Offenbarung, Kirche, Theologie, 1934, in: ders., Vorträge und kleinere Arbeiten 1934–1935 (GA III.52), hg. von Michael Beintker et al., Zürich 2017, 169–217 (202).

[61] Barth, Unterricht. Bd. 3 (Anm. 2), 407.

Loci der klassischen Eschatologie – Gericht/Auferstehung der Toten – begegnen nun im Zentrum der Dogmatik, das das Ganze bestimmt.»[62]

V. Im Denkraum der Hoffnung auf die Auferstehung der Toten

Um Barths Auslegung von 1Kor 15 im Kontext seiner eigenen Theologie angemessen zu verorten und in ihrer Tiefe auszuloten, wäre es geboten, nach rückwärts seinem Reden von Totenauferstehung in den Aufsätzen und Predigten der Safenwiler Zeit und den beiden Römerbrief-Kommentaren nachzuforschen. Nach vorwärts wäre ein Vergleich vorzunehmen, mindestens zu § 37 *Die Auferstehung der Toten* im dritten Band der Göttinger Dogmatik,[63] in dem auch 1Kor 15 ein wichtiger Referenztext ist, sowie ein Ausblick auf die Auferstehungsaussagen in der *Kirchlichen Dogmatik*, die ja keine ausgeführte Eschatologie mehr enthält, aber doch auf weite Strecken eschatologisch imprägniert ist und eine Reihe von Bezügen auf 1Kor 15 aufweist. Es würde sich zudem ein minutiöser Vergleich zwischen dem Tambacher Vortrag und der 1Kor 15-Vorlesung nahelegen, denn in beiden sind einander entsprechende *Übergangsphänomene* wahrzunehmen.[64]

Auch wäre Barths Übersetzung und Deutung von 1Kor 15 ins Gespräch mit historischen und zeitgenössischen 1Kor-Kommentaren zu bringen: Wer sind seine Gewährsleute, von welchen Auslegungen grenzt er sich ab? Und hinsichtlich der schrifthermeneutischen Debatte ist endlich auch diese Vorlesung zum tieferen Verständnis von Barths theologischer Exegese heranzuziehen. Ihre bleibende Aktualität wie ihre Grenzen für unser heutiges Verständnis dieses paulinischen Auferstehungstraktats sind zu diskutieren.

All diesen Fragen und Aufgaben wäre monografisch nachzugehen. Ich streife stattdessen jetzt nur drei Grundthemen der Auslegung des 15. Kapitels:

---

[62] Etzelmüller, «... zu richten die Lebenden und die Toten» (Anm. 28), 104. Etzelmüller spielt hier an auf Barth, Römerbrief 1922 (Anm. 10), 430: «Christentum, das nicht ganz und gar und restlos Eschatologie ist, hat mit Christus ganz und gar und restlos nichts zu tun», vermeidet dabei aber den Barthschen Kategorienfehler, der das Christentum mit der Eschato*logie* auf eine Lehre reduziert.

[63] Barth, Unterricht. Bd. 3 (Anm. 2), 464–481.

[64] Vgl. dazu den Vortrag von Christian Link in diesem Band sowie ders., Bleibende Einsichten von Tambach, in: Michael Beintker et al. (Hg.), Karl Barth in Deutschland (1921–1935). Aufbruch – Klärung – Widerstand, Zürich 2005, 333–346, und Friedrich-Wilhelm Marquardt, Der Christ in der Gesellschaft 1919–1979. Geschichte, Analyse und aktuelle Bedeutung von Karl Barths Tambacher Vortrag (TEH 206), München 1980.

1. Das Reich Christi als provisorisches Interim – oder: die Wiedergewinnung futurischer Eschatologie

Das, was in Korinth geleugnet wird,[65] nämlich der konstitutive Zusammenhang zwischen der schon geschehenen Auferstehung Jesu von den Toten und der noch ausstehenden allgemeinen Totenauferweckung – das Bekenntnis zur ersten und die Hoffnung auf die zweite bedingen sich für Paulus wechselseitig –, nimmt Barth zum Anlass, die Gegenwart als provisorisches Interim zu zeichnen und bezüglich der Auferweckung aller die Unterscheidung von Verheissung und Erfüllung, von Präsens und Futur, von Reich Christi und Reich Gottes einzuschärfen. Christsein im Jetzt und Hier ist als Leben im Reich Christi Leben im aktiven Wartestand, geprägt von einer unumkehrbaren Ausrichtung, von einer adventlichen Teleologie, und zwar in einer solch starken Betonung des *Noch nicht*, wie sie m. E. der *Kirchlichen Dogmatik* eher fremd ist:

> «Warten heisst einem erst Kommenden wirklich *entgegensehen,* und hier ist es nur die Absicht des Paulus, dieses Kommende als solches kräftig zu bezeugen.» (99)
>
> «Glauben, im Reiche Christi stehen, heisst der *Auferstehung* warten.» (102)
>
> «[...] da die Auferstehung noch nicht da ist, ist das Reich Gottes noch nicht vollendet, auch nicht in dem, was die christliche Gemeinde in ihrem Glauben hat und ist.» (101f.)
>
> «Gott steht also jetzt, wo dieses Letzte [sc. dass Gott alles in allem sei, V. 28] noch nicht da ist, in einem *noch nicht* definitiv geordneten Verhältnis zur Welt. Dass Gott alles in allem ist, das *ist* nicht wahr, das muss wahr *werden.* Christlicher Monismus ist keine gegenwärtig mögliche, sondern eine kommende *Erkenntnis.*» (101)

Barth nimmt nun den Gedanken der eschatischen *End-*, nicht Schlussgeschichte aus der Einleitung wieder auf:

> «Das ist unsere Hoffnung, der Sinn der Auferstehung Jesu besteht darin, dass Auferstehung der göttliche Horizont auch unseres Daseins ist. Das Leben, die Welt wird endlich. Gott ist das Ende. Er ist darum und damit auch der Anfang.» (98)

---

[65] Barth profiliert die korinthische Position ausführlich in der Einleitung (64–70): «Nicht als ob sie etwa die Auferstehung Jesu Christi von den Toten in Abrede stellten, sie bejahen sie (V [13], [16]), aber sie betrachten sie als ein isoliertes historisches Ereignis, das zu uns jedenfalls nicht in der Beziehung steht, dass aufgrund davon unsere eigene Auferstehung bejaht werden müsste (V [15]). Sie glauben und bejahen auch das, dass die in Christo Entschlafenen unverloren sind (V [18]), dass es also eine Fortexistenz nach dem Tode in einem irgendwie vorstellig zu machenden Jenseits gibt. Aber offenbar | gilt dieses Jenseits für sie irgendwie als eine Verlängerung zu diesem Leben, denn nur in diesem Leben hoffen sie auf Christus (V [19]).» (66f.).

Das Eschaton ist keine – wie auch immer geartete – Fortsetzung unserer irdischen Lebensgeschichte. Auffällig ist, wie Barth hier die Überlegungen der Einleitung zur Endgeschichte *theo*logisch zuspitzt: Nicht Gottes Ewigkeit, sondern Gott selbst ist das Ende der Zeit, der Welt, unseres Lebens. Womöglich ist hier schon ein Anklang zu hören an das viel spätere Diktum: «Gott ist sein [des Menschen, MLF] Jenseits.»[66] Denn Barths Auslegung bewegt sich (nicht nur) bei diesen Versen – und das kennzeichnet die 1Kor 15-Vorlesung als einen *Passagetext* – zwischen den beiden Römerbrief-Kommentaren und jenen Abschnitten in der Versöhnungslehre, die der Jetztzeit als der messianischen Zwischenzeit und der letzten Parusie Christi gewidmet sind:

An die Römerbrief-Kommentare erinnert, dass Barth das «Gott alles in allem» von V. 28 mit dem – ursprünglich doch die Alterität Gottes wahrenden und Ex 3,14 aufnehmenden – «Gott ist Gott»[67] korrespondieren lässt. Und ebenso steht in der Tradition des zweiten *Römerbriefs,* dass die Auferweckung Jesu Christi und der in ihr angekündigte Sieg Christi über den Tod «doch immer und überall als die Krisis alles Menschlich-Dinglich-Zeitlichen gedacht sein will» (99), dass sie also keineswegs affirmativ irdische Herrschaftsstrukturen und Siegergeschichten legitimiert.

Mit der Theozentrik der paulinischen Argumentation geht Barth hier (noch) völlig einig und übernimmt die Begrenzung der Episode des provisorischen Interims-Reiches Christi durch das Reich Gottes. Während sich die korinthischen Christenmenschen mit dem Reich Christi zufriedengäben, müsse an dessen Vorläufigkeit erinnert werden:

> «[...] das messianische Reich ist nicht ewig. Jenseits des kämpfenden und triumphierenden Christus steht immer Gott selbst. Weil Gott in Christus herrscht und herrschen will, darum ist das Christentum eine ernste Angelegenheit, das ist der Sinn des Glaubens» (101).

Doch lässt sich das «Gott alles in allem» wirklich in Herrschaftskategorien denken? Das «in» ist ja gerade kein «über». Ist nicht spätestens nach der Entmachtung und Vernichtung des Todes jede Herrschaft, auch die göttliche, obsolet ge-

---

[66]   Barth, KD III/2 (Anm. 47), 770 (§ 47.5 Die endende Zeit); vgl. dazu die Paraphrase bei Eberhard Jüngel, Tod (Themen der Theologie 8), Stuttgart/Berlin ⁴1977, 148–154. Siehe ausführlicher unten Abschnitt VI.
[67]   Barth, Römerbrief 1922 (Anm. 10), 94: «Mensch ist Mensch und Gott ist Gott.» Vgl. auch 115.

worden?[68] Müsste nicht der Gedanke der Endgeschichte auch auf Gottes *Herrschaft* bezogen werden?

2. Analogiefähigkeit und -würdigkeit der Natur als Schöpfung – oder: die Denkmöglichkeit von Auferweckung

Wie lässt sich denken, «was, *wenn* es eine Auferstehung gibt, Auferstehung *ist*» (111)? Auf diese Frage sieht Barth Paulus in den Versen 35–44a antworten: «Es wird Raum gemacht, es wird der Ort bezeichnet, wo die Auferstehung hingehört» (110). Es geht, wie eingangs schon deutlich gemacht, nicht um einen Beweis der Auferstehung, nicht um ihre logische Erklärung, sondern um die Eröffnung eines Denkraums *per analogiam*. Was kann und soll die Analogie leisten? Was ermöglicht dieser Denkraum? Barths Resümee zu den paulinischen Analogien überrascht:

> «Damit haben wir freilich noch nicht Gott und die Auferstehung verstanden, wohl aber die Möglichkeit sie zu verstehen, wenn sie sich zu verstehen *geben*.» (113)

Die Analogie hat also hier nur dienende erkenntnistheoretische Funktion gegenüber der Selbstoffenbarung Gottes als «Herr des *Lebens*» (115) wie «Herr des Leibes» (116) in der Auferweckung von den Toten. Mit ihr wird kein dem Menschen von Haus aus möglicher Erkenntnisweg zum Ereignis der Auferweckung beschritten, sondern sie veranschaulicht die Sache der Auferweckung an Vorgängen in der Schöpfung, verleiht ihr Evidenz, wenn diese sich selbst gezeigt hat. So verstanden, dient die Analogie dem *Nach*denken der Selbstoffenbarung Gottes im Auferweckungshandeln. Barth versteht hier – anders als später in der KD – Analogie offenkundig als in noch so grosser Ähnlichkeit immer noch grössere Unähnlichkeit.[69] Die Grenze der von Paulus herangezogenen Analogien liegt sachlich ja schon darin, dass hier Beispiele aus der als Schöpfung gedeuteten Natur herangezogen werden, um etwas zu erhellen, was gerade kein natürlicher Prozess, sondern ein neuschöpferisches Handeln Gottes ist. Darum auch grenzt sich Barth von den naturphilosophischen Erklärungsversuchen eines Friedrich

---

[68] Vgl. dazu Magdalene L. Frettlöh, ‹Herrschaftszeiten!› für immer? – mitnichten! 1Kor 15,19–28. Ostersonntag (20.4.2014), in: GPM 68, 2013, 218–226.

[69] Vgl. Eberhard Jüngel, Zum Ursprung der Analogie bei Parmenides und Heraklit (1964), in: ders., Entsprechungen: Gott – Wahrheit – Mensch. Theologische Erörterungen, München 1980, 52–102; ders., Von der Dialektik zur Analogie. Die Schule Kierkegaards und der Einspruch Petersons, in: ders., Barth-Studien (ÖTh 9), Zürich u. a. 1982, 127–179.

Christoph Oetinger ab, der in der Auferweckung eine Art höheren Naturprozess gesehen habe. Oetingers Hochschätzung der Leiblichkeit als das «Ende der Werke GOttes»[70] teilt Barth aber: «[...] das Ende der Wege Gottes ist die Leiblichkeit» (116), heisst es, leicht variiert, in seiner Auslegung von 1Kor 15,44b–49.

Es ist das Verständnis der Auferstehung als «einer radikalen grundsätzlichen Neuprädikation des Menschen bei beharrendem Subjekt» (113), zu dem die zwei-strängige Analogie Anschauungsunterricht gibt. «Das Subjekt hat beharrt, die Prädikate sind andere geworden» (112) – so bringt Barth Kontinuität und Dis-kontinuität im Ereignis der Auferstehung auf den Punkt. Dies zeige Paulus zu-nächst in V. 37f. am «*Wechsel der Erscheinungen desselben Dinges im zeitlichen Nacheinander*» (112), nämlich am Samenkorn, das gesät, in der Erde sterben muss, um dann zu einer Getreidepflanze zu werden, sodann in V. 39–42 an der «*Verschiedenheit der Erscheinungen desselben Dinges im zeitlichen Nebeneinander*» (112), nämlich an der Verschiedenheit von Fleisch (σάρξ), Leib (σῶμα) und Glanz (δόξα) in der Mannigfaltigkeit der Geschöpfe.

Da für Barth beide Analogien dasselbe besagen, was aber nicht zwingend ist, können wir uns auf die erste, Samenkorn und Pflanze, beschränken. Barth münzt die Frage aus Korinth «Wie auferstehen die Toten, mit was für einem Leib kom-men sie wieder?» (V. 35) um in ein ganzes Fragenbündel:

> «Was ist das für ein Dasein, das einerseits von diesem bekannten, gegebenen Dasein geschieden ist durch den Tod, der doch das Ende alles bekannten gegebenen Daseins ist, und andererseits doch mit diesem Dasein identisch? Wie kann aus dem Tod Leben kommen? Was ist das für ein Leben, von dem wir seinem Begriff nach keine Anschau-ung haben können? Wie kommen wir dazu, dieses Leben zu bejahen?» (110)

Es geht um die grossen Fragen von Kontinuität, Diskontinuität und Identität im Angesicht des Todes als dem Ende geschöpflichen Lebens. Barth geht von der Auferstehung als göttlicher Neuschöpfung aus und will dem Missverständnis be-gegnen, dass es sich bei ihr um ein blosses Weiterleben, um eine Prolongierung des irdischen Lebens, um seine Unsterblichkeit oder Verewigung handelt. Alles

---

[70] «Dieser eigene Leib ist doch leiblich, und leiblich seyn aus dem Fleisch und Blut Jesu ist die höchste Vollkommenheit, sonst wohnte die Fülle Gottes nicht leibhaft in Christo. Leiblichkeit ist das Ende der Werke GOttes» (Friedrich Christoph Oetinger, Bib-lisches und Emblematisches Wörterbuch, dem Tellerischen Wörterbuch und Anderer fal-schen Schrifterklärungen entgegen gesetzt [1776], 406; dazu: Matthias Krieg, «Leiblichkeit ist das Ende der Werke Gottes». Gedanken zum Sinne dieses Oetingerzitates, in: ders. / Hans Weder, Leiblichkeit, Zürich 1983, 51–59; in Jürgen Moltmanns Schöpfungstheologie trägt das X. Kapitel das Oetinger-Zitat als Titel: Jürgen Moltmann, Gott in der Schöpfung. Ökologische Schöpfungslehre, München 1985, 248–278).

kommt ihm für das Verständnis der Auferweckung auf die entscheidende Zäsur zwischen diesem und jenem Leben, auf den Tod als der notwendigen Voraussetzung für das neue Leben, an. Und dafür wird ihm – wie Paulus – die Schöpfungswirklichkeit, das Bild von Samenkorn und Pflanze, gleichnisfähig. Allerdings glückt diese Analogie nur, wenn man hier nicht von einem «organisch-biologischen Entwicklungs- und Reproduktionsprozess» ausgeht, «der unausweichlich und selbsttätig abläuft und sich ohne Bruch vollzieht».[71] Darum muss man eben präzise auch von der Analogiefähigkeit der *Schöpfung* und nicht der *Natur* für die Rede von Auferstehung sprechen, denn alles kommt auf die Mitte, auf den Umschlagspunkt zwischen diesem und jenem Leben, an. Hier ist der Ort sowohl der *Kontinuität* wie der *Diskontinuität* zwischen Samenkorn und Pflanze, zwischen altem und neuem Leben. Hier

> «in der Mitte, in dem gänzlich unanschaulichen Punkt zwischen vorher und nachher liegt eine Schöpfung, genauer gesagt: eine Neuschöpfung, denn nicht aus dem Nichts wird hier Etwas, aber, ebenso befremdlich, aus Etwas etwas Anderes: Gott gibt ihm (dem alten Leib) den (neuen) Leib nach seinem Willen [...]. Wie vorher der neue Leib *noch nicht*, so ist nun der alte *nicht mehr* da. Wir bejahen selbstverständlich die Identität des Alten mit dem Neuen, des Vergangenen und Gewordenen. [...] Wir bejahen aber mit dieser Identifizierung gerade nicht nur den Tod, als die Mitte zwischen beiden, sondern wir bejahen das unbegreifliche schöpferische Leben [...], das Eine, das mitten im Tode sich wandelt in der Erscheinung, um im Wandel nun erst recht sich als das Eine zu bewähren.» (112)

In dieser Mitte, in diesem kritischen Punkt (hier ist die *Krisis* des zweiten Römerbrief-Kommentars mitzuhören!) fallen Sterben und Neuschöpfung zusammen, und zwar im Verborgenen, völlig unanschaulich, keinem Blick durchs Mikroskop, keiner *Super Slow Motion* zugänglich. Wir sehen nur die Diskontinuität, die beiden Gestalten des alten und des neuen Lebens, aber nicht den die Identität des Subjekts nicht tangierenden Prädikatswechsel in der Mitte. Barth bedient sich – wie schon im Tambacher Vortrag, und doch auch unterschieden davon[72] – des Begriffs der *Synthese,* um dieses Geschehen in der verborgenen Mitte zu kennzeichnen: «Der Nullpunkt ist zugleich die Synthese der Plus- und der Minusseite» (111).

Neuschöpfung ist keine *creatio ex nihilo,* sondern Transformation des alten Lebens. Darum ist das neue Leben gegenüber dem alten auch nicht *totaliter aliter.*

---

[71] Schrage, EKK VII/4 (Anm. 29), 284.
[72] Vgl. Barth, Der Christ in der Gesellschaft (Anm. 8), bes. 577; dazu den Beitrag von Christian Link in diesem Band, bes. Abschnitt V.

Wäre es das, bliebe die Identität des Subjekts auf der Strecke. Aber ebendiese Identität wird nicht auf Seiten des geschöpflichen, sondern allein des göttlichen Subjekts gewahrt. Durch die Krise des Nullpunkts, in dem das alte Leben aufhört und zugleich das neue beginnt, in dem der neuschöpferische Prädikatswechsel stattfindet, trägt allein Gott als Schöpfer und Erlöser hindurch. Darum – so betont Barth wohl noch weit stärker als Paulus – geht es in 1Kor 15 um ein kräftiges Stück Gotteslehre:

> «Ganz unzweifelhaft ist ja das Wort ‹Auferstehung der Toten› [...] für ihn nichts anderes als eine Umschreibung des Wortes ‹Gott›. Was könnte die Osterbotschaft anderes sein als die ganz konkret gewordene Botschaft, dass Gott der Herr ist.» (115)

«Auferstehung der Toten» wird – so pointiert wird mensch es wohl sagen müssen – hier gleichsam zu einem Namen Gottes. Sie benennt *in nuce*, worin das Gottsein Gottes besteht. Mit den Worten R. Dale Dawsons: «It is God's primordial and definitive *reality*.»[73] Gott wäre nicht Gott, denn Gott würde der eigenen Schöpfung und damit sich selbst als deren Bundespartner untreu werden und sich so als Gott unmöglich machen, wenn SIE die Toten im Tod liesse. 1Kor 15 begegnet also in erster Linie der korinthischen und mit ihr unserer *agnosia theou* (V. 34), dem Nichtkennen, ja Verkennen Gottes.[74] Wer die Auferstehung von den Toten bestreitet, so Barths Deutung, hat keine Ahnung von Gott, wenn denn Gott *per definitionem* ein aus dem Tod auferweckender Gott, wenn Auferweckung der göttliche *identity* marker schlechthin ist. Auch diese *theo*logische Zuspitzung der paulinischen Argumentation ist nicht unwidersprochen geblieben. Man hat in ihr eine Verkürzung des paulinischen Evangeliums sehen wollen.[75]

---

[73] Dale Dawson, Resurrection (Anm. 28), 59.

[74] Auch schon im Tambacher Vortrag sind *Gotteserkenntnis* und *Auferstehungswirklichkeit* verknüpft, wie es etwa in jener berühmt gewordenen Passage heisst: Gegenüber einem «Standort», den der Mensch zur aktuellen gesellschaftlichen Lage und ihren politischen wie kirchlichen Bewegungen einnehmen könnte, kommt es Barth auf «*die* Bewegung, die sozusagen senkrecht von oben her durch alle diese Bewegungen hindurchgeht, als ihr verborgener transzendenter Sinn und Motor [...], die Bewegung der Gotteserkenntnis, die Bewegung, deren Kraft und Bedeutung enthüllt ist in der Auferstehung Jesu Christi von den Toten», an (Barth, Der Christ in der Gesellschaft [Anm. 8], 564).

[75] Siehe etwa Althaus, Paulus und sein neuester Ausleger (Anm. 17), 23: «Auferstehung wird bei ihm [Barth, MLF] zum einzigen Inhalt des paulinischen Evangeliums. Wir könnten das insofern anerkennen, als die Auferstehung Christi bei Paulus *der* Grund unseres Christenstandes und die Auferstehung der Toten *das* eine Ziel ist. Aber so gewiss für Paulus das ganze Christentum mit der Auferstehungshoffnung steht und fällt, [...] so gewiss ist ihm doch die Auferstehung der Toten nicht einziger *Inhalt* des Heils.»

Barth aber bietet sie die Gelegenheit zu unterstreichen, dass es Paulus nicht um Apologetik nach aussen, sondern um innerchristliche Kritik gehe:

«Apologetik darf man das, was Paulus hier treibt, darum nicht nennen, weil das ganze Kapitel viel weniger Verteidigung des Glaubens als Angriff und zwar nicht auf die Welt, sondern, um der Errettung der Welt willen, auf die Christenheit ist, Angriff von der Offenbarung aus.» (110)

3. Das Auferstehungsleben als Neuprädikation der Leiblichkeit – oder: leibhaftige Kontinuität?

Während in der Eschatologie der Göttinger Dogmatik die leibliche Auferstehung von den Toten geradezu vorausgesetzt wird,[76] kommt in der 1Kor 15-Vorlesung alles auf ihre Denkmöglichkeit an. Wie aber kommt Barth nun mit Paulus dazu, die Auferstehung von den Toten als *leibhaftige* Auferstehung zu denken, so dass er sagen kann: «Die Wahrheit Gottes fordert und begründet die Auferstehung der Toten, die Auferstehung des Leibes.» (118)? Warum ist die Auferstehung der Toten als Auferstehung des Leibes zu erhoffen? Warum folgert aus dem Bekenntnis «Gott ist der Herr des *Lebens*» (115) zwingend das andere, nämlich «Gott ist der Herr des *Leibes*» (116)? Wenn das, was an jenem verborgenen, uns völlig unanschaulichen Null- und Wendepunkt, in dem Vergehen und Werden, Tod des Samenkorns und Neuschöpfung der Pflanze zusammenfallen, geschieht, nun bezogen auf die Auferstehung einer «radikalen grundsätzlichen Neuprädikation des Menschen bei beharrendem Subjekt» (113) gleichkommt, inwiefern ist es dann zwingend, dass diese Neuprädikation eine Neuprädikation der *Leiblichkeit* des Menschen ist, so dass Barth sagen kann: «Das beharrende Subjekt ist vielmehr gerade der Leib.» (114)? Jeder Auferstehungsidealismus, jedes bloss spirituelle Verständnis von Auferstehung ist damit ausgeschlossen. Geschöpfliches Sein ist – diesseits und jenseits des Todes – leiblich verfasst.

Bevor sich also die Frage stellt, wie wir uns ein σῶμα πνευματικόν (V. 44) vorzustellen haben,[77] ist wahrzunehmen, dass sich in der Auferstehung der Toten

---

[76] «Ich brauche nicht zu sagen, dass eine andere als die *leibliche* Auferstehung als Auferstehung im Sinn von Erlösung, von vollstreckter Versöhnung überhaupt nicht in Betracht kommt» (Barth, Unterricht. Bd. 3 [Anm. 2], 479).

[77] Die Analogie zwischen der Transformation des Samenkorns in die Pflanze als einem *«praeludium resurrectionis»* (113) und der Auferstehung der Toten hinkt ja an einem nicht unwichtigen Punkt: Samenkorn wie Pflanze sind als die beiden Prädikate des einen Leibes unserer Anschauung zugänglich, nur der kritische Wendepunkt, in dem das Samen-

die «reine[.] *Synthese* […], die Synthese der Plus- und Minusseite» (111) auf die *somatische* Verfasstheit des Menschen bezieht, so dass der Leib – und gerade nicht die Psyche – das sich durchhaltende Subjekt ist, an dem sich der Prädikatswechsel von *psychisch* zu *pneumatisch* vollzieht:

> «Beharrend ist nicht die Seele, sie ist das Prädikat, das einem anderen Platz machen muss, sondern der Leib, auch er freilich nicht als unsterblicher Leib, sondern im Durchgang vom Leben in den Tod zum Leben. […] Genau an die Stelle dessen, was mich zum Menschen macht, der ψυχή, wird das gesetzt, was Gott zu Gott macht, das πνεῦμα, das ist die volle Gottesherrschaft, das ist die Auferstehung der Toten.» (118)

Es findet also ein Prädikatswechsel von einem «(Menschen-)seelische[n] Leib» zu einem «(Gott-)geistliche[n] Leib» (116) statt. Es sind – nach V. 43 – drei Gegensatzpaare, die diesen Prädikatswechsel und damit die Diskontinuität zu veranschaulichen suchen: Vergänglichkeit (φθορά) versus Unvergänglichkeit (ἀθαρσία), Unehre (ἀτιμία) versus Glanz (δόξα) und Schwachheit (ἀσθενεία) versus Kraft (δύναμις). Gottesprädikate treten also an die Stelle der geschöpflichen Prädikate. In späteren Texten[78] wird Barth die Auferstehung von den Toten als göttliche Teilgabe an der ewigen Lebendigkeit Gottes entfalten. Eben das ist hier vorweggenommen, wenn es nun der Gottesgeist ist, der dem σῶμα πνευματικόν der Auferstandenen innewohnt.

3.1 Auferstehung als «die Rückkehr aus der Kreatürlichkeit in die Ursprünglichkeit»

Dass Barth erneut – wie schon bei den Analogien in V. 35–44a – allen Nachdruck darauf legt, dass der Übergang vom seelischen Leib zum geistlichen Leib nicht in ersterem angelegt, also nicht teleologisch als Naturprozess zu deuten ist, sondern dass es sich um «das absolute Wunder» (117) und damit um den entscheidenden Vollzug der Herrschaft Gottes (über den Tod) handelt, muss nach dem bisher Gesagten nicht mehr erstaunen.[79] Verwegener ist demgegenüber, wie er – in

---

korn vergeht / stirbt und die Pflanze entsteht / geschaffen wird, ist uns unzugänglich. Im Blick auf die Auferstehung der Toten ist aber nicht nur das Moment der Synthese verborgen, sondern auch das zweite Prädikat. Wir haben keine Anschauung von unserem künftigen Auferstehungsleib (vgl. 114).

[78] Siehe unten Abschnitt VI.

[79] Schon in seinem Vortrag *Biblische Fragen, Einsichten und Ausblicke* (1920) begegnet diese Knüpfung von Gottesherrschaft und Leiblichkeit im Verständnis der Auferstehung. Barth nennt hier – in je unterschiedlichen Frontstellungen – fünf Deutungen des Auferstehungsgeschehens: «Auferstehung ist *Gottesherrschaft*.» – «Auferstehung ist *Ewigkeit*.» – «Auferstehung ist die *neue Welt*, die neu bestimmte und geartete Welt.» –

Auslegung von V. 44b–49 – die paulinische Adam-Christus-Typologie mit Rekurs auf die Paradieserzählung von Gen 2 mit seinem (neu)platonischen Ursprungsdenken verknüpft, so dass – ich nehme es vorweg – die Auferstehung als

«der Wechsel in der Prädikation [...] die Rückkehr aus der Kreatürlichkeit in die Ursprünglichkeit bedeutet, die Umkehr vom von Gott *geschaffenen* zum von *Gott* geschaffenen Adam, der Wechsel, der doch nirgends anders als an und in dem dinglich sichtbaren Leibesleben der Menschen sich vollziehen soll» (119),

gedeutet wird. Nach diesem Satz ist Auferstehung die «Rückkehr der Kreatürlichkeit in die Ursprünglichkeit». Was Barths Verständnis der paulinischen Deutung von Gen 2,7 betrifft, hängt hier alles an der unterschiedlichen Betonung: der von Gott *geschaffene* Adam, also der *irdische* Mensch (und mit ihm wir alle), und der von *Gott* geschaffene Adam, also der *himmlische* Mensch (jetzt nur der Christus, im Eschaton auch wir alle). Offenbar stossen hier aber menschliche Ausdrucksmöglichkeiten an ihre Grenze, wenn die Antithese von irdischem und himmlischem Menschen und ihrer je eigenen Leiblichkeit durch denselben Satz mit nur unterschiedlicher Betonung ausgesagt wird. Ist dann die Nähe beider nicht grösser, als sie in einer Antitypologie je zum Ausdruck gebracht werden kann?

Wie gelangt nun Barth zu dieser Überzeugung, wie findet er *diese* beiden Menschen, die doch «*einer*» sind und deren Einheit in ihrer differenten Leiblichkeit liegt, mit Paulus in Gen 2,7?

Nach den Analogien, die ihrerseits auf die Vergewisserung zielen, dass der «Gott, der schon in der Schöpfung seine Schöpfermacht so unterschiedlich und vielfältig dokumentiert, [...] auch jenseits des Todes gänzlich andersartige Leiber erschaffen»[80] wird, nimmt Paulus die Adam-Christus-Typologie von V. 21f. wieder auf. Ging es dort um die Antithese von Tod und Leben, so hier um den Schriftbeweis für den Gegensatz von σῶμα ψυχικόν und σῶμα πνευματικόν aus Gen 2,7 (LXX): οὕτως καὶ γέγραπται· ἐγένετο ὁ πρῶτος ἄνθρωπος Ἀδὰμ εἰς ψυχὴν ζῶσαν, ὁ ἔσχατος Ἀδὰμ εἰς πνεῦμα ζῳοποιοῦν. Barth verdeutlicht: «So steht es auch geschrieben: es wurde der erste Mensch Adam zur lebendigen Seele, der letzte Adam zum lebenbringenden Geiste» (115). Gegenüber der LXX-Fassung von Gen 2,7 finden sich in Paulus' midraschartiger Auslegung mehrere Ergänzungen: in der ersten Satzhälfte πρῶτος und Ἀδὰμ sowie die gesamte zweite Satzhälfte, auf der bei Paulus die Betonung liegt. Der Gegensatz von σῶμα ψυχικόν und σῶμα

«Auferstehung ist eine *neue Leiblichkeit*.» – «Auferstehung ist *das eine Erlebnis des Menschen*.» (Barth, Biblische Fragen, Einsichten und Ausblicke [Anm. 20], 695–699).

[80] Schrage, EKK VII/4 (Anm. 29), 293.

πνευματικόν kommt nun als der zwischen *erstem und letztem Adam* (= Christus) in den Blick und wird ab V. 47 mit der Antithese von irdischem und himmlischem Menschen weitergeführt.

Und ebenda knüpft Barths Paulus-Interpretation an, in die er sein Ursprungs-denken so einträgt, dass der letzte Adam mit seinem σῶμα πνευματικόν der ur-sprüngliche Mensch ist, so dass es nun bei Barth zur Koinzidenz von Schöpfung (am Anfang), Auferstehung Jesu Christi und Eschaton kommt – eine atemberau-bende Deutung, die sich Barths Geschichtstheologie verdankt, die er aber bereits bei Paulus vorzufinden meint:

> «Es ist ein ganz unermesslicher Gedanke, den Paulus in diesem V 45b zu denken wagt: Schöpfung, Auferstehung Christi und das Ende aller Dinge sind hier als ein einziges Geschehen begriffen: Gott spricht, und was daraus wird, das ist sein Mensch, die ur-sprünglich=endliche Kreatur, der fleischgewordene Logos, der letzte Adam, der der wahrhaft erste ist.» (119)

3.2 Wenn paulinische Typologie, Barthsche Geschichtstheologie und dogmatische Christologie zusammentreffen ...

Fordert Paulus' typologischer Midrasch von Gen 2,7 (LXX), der – Vergleichbares lässt sich bei Philo finden[81] – mit den antithetischen Gleichungen σῶμα ψυχικόν = *erster Adam = irdischer Mensch* versus σῶμα πνευματικόν = *letzter Adam = himm-lischer Mensch* operiert, bereits das Denken heraus, so verschärft sich die Kom-plexität der Argumentation bei Barth entschieden. Dies hängt damit zusammen, dass er eine Deutung von V. 45 vorlegt, in die – wie schon angemerkt – seine geschichtstheologische Ursprungskategorie, aber auch eine Figur der dogmati-schen Christologie einfliesst, nämlich die des λόγος ἔνσαρκος.

Barth findet in V. 45 eine dreifache Aussage – «Paulus zerlegt dieses Wort in seine Bestandteile» (118) –, ausgehend von der zweiten Vershälfte, von dem, was so gerade nicht in Gen 2,7 steht. (Doch steht es so, wie Barth es liest, denn bei Paulus?) Barth beginnt also mit dem Nicht-Selbstverständlichen, dem «abso-lute[n] Wunder» (117), mit dem auferstandenen Christus, der damit bereits in der Paradieserzählung von Gen 2 und somit im Anfang das *futurum resurrectionis* aller Menschen verbürgt:

---

[81] Vgl. Schrage, EKK VII/4 (Anm. 29), 272–276.303; Gerd Theissen, Verkörperung als Botschaft. Transformative Religion und Theologie im Urchristentum, in: Gregor Etzelmüller / Annette Weissenrieder (Hg.), Verkörperung als Paradigma theologischer Anthropologie (TBT 172), Berlin / Boston 2016, 159–181 (bes. 174–181).

«Der Adam, der Mensch, der wirklich durch den göttlichen Lebenshauch entstanden ist, ist der zweite Adam, Christus; das πνεῦμα ζωοποιοῦν, der Leben schaffende Gottesgeist ist das Prädikat seines Lebens, der Geist, der nicht nur für sich lebendig ist, sondern auch das lebendig macht, dessen Geist er ist, also das σῶμα, den Leib. Was aus dem Anhauchen *Gottes* wird, die Schöpfung im Blick auf ihren ewigen *Ursprung,* das ist schon die Auferstehung der Toten, das σῶμα πνευματικόν, der *geistliche* Leib, der neue Mensch, der Gottes ist.» (118f.)

In dieser ursprungskategorischen Interpretation von Gen 2,7 wird nun aus dem bei Paulus zweiten der eigentlich erste Adam, nämlich der ursprüngliche Adam, der Christus mit dem σῶμα πνευματικόν, dem geistlichen Leib.

Daneben findet Barth in Paulus' Gen 2,7-Midrasch auch «das exegetisch mehr auf der Hand liegende [sic!]» (119), nämlich die Erschaffung des irdischen Menschen mit seinem σῶμα ψυχικόν:

«Was aus dem Anhauchen Gottes *wird,* die Schöpfung im Blick auf ihr *Dasein,* das ist nun eben dieser bekannte anschauliche Mensch, das σῶμα ψυχικόν, der seelische Leib, der alte Mensch, ich, sofern ich nicht Gottes, sondern mein eigen bin.» (119)

Barth dreht die paulinische Reihenfolge in V. 45 um, indem er bei der Erschaffung des *ursprünglichen* Menschen beginnt, «um dann von da aus den *wirklichen* Menschen, die unqualifizierte Kreatur, den ersten Adam zu verstehen» (120). Doch nun muss drittens – darauf kam es ja schon bei den Analogien an – noch die *Synthese* und damit die entscheidende *Einheit* beider Menschen und ihrer je eigenen Leiblichkeit in den Blick kommen. Über die so entfaltete Adam-Christus-Typologie bekräftigt Barth damit seine These von der Kontinuität der Leiblichkeit: «Das beharrende Subjekt ist vielmehr gerade der Leib» (114). Wie Barth in der Schöpfungsanalogie die Einheit von Samenkorn und Pflanze betont hat, so nun auch in der Adam-Christus-Typologie die Einheit dieser beiden Menschen in ihrer je spezifischen Leiblichkeit:

«Aber das hat Paulus offenbar 3. auch in diesem Bibelwort gefunden: der Mensch[,] den *Gott* schafft und der Mensch[,] den Gott *schafft* [...], er ist nicht zwei, sondern *einer.* [...] Es besteht eine indirekte Identität zwischen dem λόγος ἔνσαρκος, dem Fleisch gewordenen Wort Gottes (vgl. Joh. 1¹⁴) [...] dort und der *Kreatur* hier, und gerade die *Leiblichkeit* ist das dritte Gemeinsame zwischen beiden, gerade an ihr muss die indirekte zur direkten Identität werden.» (119)

Aus diesem Zitat lässt sich zumindest erahnen, inwiefern Barth – mit Paulus, wie er ihn liest – schon in Gen 2,7 das σῶμα πνευματικόν, den himmlischen Menschen, den auferstandenen Christus und mit ihm auch die Verheissung einer Auferstehung aller Menschen von den Toten und ihres je eigenen eschatischen σῶμα πνευματικόν finden kann: Barth greift hier auf den dogmatischen Begriff des λόγος ἔνσαρκος zurück, doch ohne dabei das Gegenüber zum λόγος ἄσαρκος oder auch nur die Unterscheidung von *logos incarnandus* und *logos incarnatus* mit im Sinn zu haben.[82] Denn in der Logik dieses Zitats ist der λόγος ἔνσαρκος der Mensch, den – in Barths Betonung – *Gott* in Gen 2,7 schafft, der in indirekter Identität zu dem Menschen steht, den Gott *schafft*. Der λόγος ἔνσαρκος ist also der ursprünglich erste Adam, der auferweckte Christus, der Mensch mit dem σῶμα πνευματικόν. Barth kommt es hier – nur so kann ich diese Sätze verstehen – allein darauf an, dass der ursprüngliche = eschatische Mensch *leibhaftig* existiert. Es geht ihm nicht um die sarkische (und damit auch sündenanfällige), sondern um die somatische Daseinsweise des Gottessohnes. Damit kommt sein Gebrauch des traditionellen Begriffs λόγος ἔνσαρκος hier aber dem Verständnis nahe, das er Jahrzehnte später in der *Kirchlichen Dogmatik* vertritt. Dort kennt er keine zweite Person der Trinität, keinen Gottessohn mehr, der nicht immer schon der λόγος ἔνσαρκος ist. Es gibt weder einen präexistenten noch einen endgeschichtlichen λόγος ἄσαρκος. Entsprechend heisst es im ersten Band der Versöhnungslehre:

> «Ist es wahr, dass *Gott* in der Zeit *Mensch* wurde, dann haben wir eben darin seinen ewigen Willen, Vorsatz und Beschluss zu erkennen und zu ehren: seinen freien, gnädigen Willen, den zu haben, in dem sich gerade so zu entscheiden er weder sich selbst noch der Welt schuldig war, in welchem er sich faktisch so entschieden hat und hinter den wir, da dem so ist, nicht mehr zurückgehen, hinter dem wir also mit *keinem* Sohn Gottes *an sich*, gerade mit keinem λόγος ἄσαρκος, mit keinem anderen als dem fleischgewordenen Wort Gottes zu rechnen haben. Der ewige Sohn Gottes ist nach Gottes freiem gnädigem Willen Jesus Christus, wie er in der Zeit lebte, starb und auferstand, und nur er. [...] Wir würden unter dem Titel dieses λόγος ἄσαρκος doch wieder einem *Deus absconditus* und dann bestimmt irgendeinem selbstgemachten Götterbild huldigen.»[83]

Geschieht die Menschwerdung des Gottessohnes, die Inkarnation des Logos auch *in der Zeit* – nach Gottes Willen ereignet sie sich *in Ewigkeit*, so dass gerade nicht von einem geschichtlichen λόγος ἔνσαρκος auf einen präexistenten λόγος ἄσαρκος zurückgegangen werden könnte. Hier liegt – so meine These – nach Barth der entscheidende Grund dafür, dass es eine begründete Hoffnung auf eine leibliche

---

[82] Beide Figuren begegnen wenige Jahre später in der Göttinger Dogmatik, in der sich Barth ja noch deutlich stärker in den Bahnen der (reformierten) Tradition bewegt (siehe Barth, Unterricht. Bd. 3 [Anm. 2], 95f.166–177), bevor dann in der Versöhnungslehre der *Kirchlichen Dogmatik* der λόγος ἔνσαρκος auch als Grenzbegriff aufgegeben ist (s. Anm. 83).

[83] Karl Barth, Die Kirchliche Dogmatik. Bd. IV/1, Zollikon-Zürich 1953, 55; vgl. auch 196–199.

Auferstehung nicht nur des einen Gottessohnes, sondern aller Töchter und Söhne Gottes gibt: Ist die zweite Person der Trinität in Ewigkeit der λόγος ἔνσαρκος, dann ist die (pneumatische) Leiblichkeit in Gott selbst präsent, dann kann Gott sich nicht selbst treu bleiben, wenn Sie die Geschöpfe in ihrer Leiblichkeit preisgeben würde. Indem Barth die dogmatische Figur des λόγος ἔνσαρκος in die paulinische Exegese von Gen 2,7 einträgt, bezeugt er die trinitarische Grundlegung des zugleich ursprünglichen *und* eschatischen σῶμα πνευματικόν in der innertrinitarischen Lebendigkeit Gottes. Der dreifaltige Gott ist in sich selbst nicht leiblos. Darum kann Seine Treue zu sich selbst wie zu Seiner Schöpfung nur eine somatisch konnotierte sein. In Abwandlung des genannten Diktums Friedrich Oetingers[84] könnten wir sagen: Leiblichkeit ist – ineins – das Ende wie der Ursprung aller Werke Gottes.

3.3 Die geschichtstheologische Vergewisserung des *futurum resurrectionis*

Die – wie mir scheint – doppelte Intention dieser bei Paulus midraschartigen und bei Barth christologisch-dogmatischen Auslegung von Gen 2,7 liegt auf der Hand, münden die Überlegungen doch in V. 49 in die *Vergewisserung* ein: «[...] wie wir getragen haben [werden] das Bild des irdischen, so werden wir auch tragen das Bild des himmlischen [Menschen].» Es geht – nun in einer ikonologischen Figur – um die Einschärfung des *futurum resurrectionis:* Noch tragen wir nicht das Bild des himmlischen Menschen, noch entsprechen wir nicht dem auferstandenen Christus, noch ist unsere Leiblichkeit eine psychisch-irdische und keine pneumatisch-himmlische, aber so sehr schon in Gen 2,7 die Einheit beider Leiblichkeiten christologisch-anthropologisch verbürgt ist, werden wir im Tod den vergänglich-irdischen Leib ablegen und zugleich mit dem unvergänglich-himmlischen Leib überkleidet werden. Oder – mit den Worten Barths: «Zwischen uns und Christus besteht keine Kontinuität. Nur die Beziehung der Hoffnung. Aber die Beziehung der Hoffnung *besteht:* φορέσομεν wir *werden* tragen» (121). «Wir können und dürfen uns auf die ursprüngliche, die erlöste *Schöpfung* berufen, aber darum auf kein Seiendes, kein Gegebenes, darum auf die Ordnungen, die nur als von oben kommend zu begreifen sind» (122). Auf den Punkt gebracht: Diese dialektische Figur, dass nämlich die Schöpfung im Ursprung bereits erlöste Schöpfung ist, setzt beides aus sich heraus: eschatologischen Vorbehalt und Vergewisserung.

---

[84] Siehe oben Anm. 70.

Wenigstens drei Fragen seien – jenseits der Fragwürdigkeit der ursprungskategorischen Deutung von Gen 2,7 – an Barths Auslegung von 1Kor 15,(35–
44a)44b–49 gerichtet:

Wenn der Mensch, den Gott nach Gen 2,7 schafft, wenn also der «wirkliche[.]
Mensch» (120) in der psychischen Verfasstheit seiner Leiblichkeit vergänglich,
unehrenhaft/schändlich und schwach ist, wenn Barth ihn gar als einen Menschen bezeichnet, der nicht Gott, sondern sich selbst zu eigen ist (vgl. 119), ist
dann diese Charakterisierung der irdischen Leiblichkeit nicht eher hamartiolo-
gisch denn schöpfungstheologisch und allemal *remoto Christo* profiliert?

Damit eng zusammen hängt eine zweite Frage: Wenn das σῶμα πνευματικόν
eine ganz und gar zukünftige Grösse ist, wenn es allein den eschatischen Auferstehungsleib meint, wo bleiben dann andere Aussagen des Paulus, die sowohl
Neuschöpfung (vgl. nur 2Kor 5,17) als auch Begabung mit dem Geist Gottes (bes.
Galaterbrief passim) und Verwandlung in die prachtvolle Gestalt des auferweckten Christus (2Kor 3,18) schon im Hier und Jetzt wahrnehmen? Wird der wie
fragmentarisch auch immer sich ereignende Einbruch des Eschatons in die Gegenwart hier nicht doch zugunsten einer ausschliesslich zukünftigen Erlösung
unterbestimmt? Bekennen wir nicht – etwa mit Frageantwort 1 des Heidelberger
Katechismus –, dass wir schon hier und heute nicht uns, sondern Christus (und
mit ihm Gott) gehören?

Wenn das σῶμα πνευματικόν erfüllt ist von einem πνεῦμα ζωοποιοῦν, einem
Leben schaffenden Geist, und Barth sich auch zu der Aussage hinreissen lässt:
«Die Seele des Menschen [des irdischen Menschen mit seinem psychischen Leib,
MLF] ist ja nur der Platzhalter für das πνεῦμα Χριστοῦ, den göttlichen Geist
Christi» (119), entbehrt dann die eschatische Leiblichkeit einer «Seele», einer
ψυχή, einer נֶפֶשׁ und damit dessen, was die Bedürftigkeit des Menschen ausmacht? Ist eschatische Leiblichkeit, indem sie vom göttlichen Geist lebendig gemacht ist, «seelenlose» und folglich autarke Leiblichkeit? Dies aber stünde im
Widerspruch zu Barths Hoffnung, dass in der Auferstehung die Einheit des Menschen aus Leib und Seele keine spannungsvolle, sondern eine erlöste Einheit sein
wird.[85] Hier stossen die beiden Leibbegriffe ganz offenkundig an ihre logischen
Grenzen, weshalb ja auch Übersetzungsversuche dahingehen, das σῶμα ψυχικόν
anders denn als «seelischer/psychischer Leib» zu übersetzen, um dem Missver-

---

[85] Vgl. Barth, Unterricht. Bd. 3 (Anm. 2), 479: «[…] in voller Identität, nicht nur der
Person, sondern des Leibes und der Seele – denn nur in der Einheit von Leib und Seele ist
der Mensch Person –, *in* dieser Einheit *vergehen,* wie man eben im Tode vergeht […], –
um dann in dieser Einheit *neu* zu werden, und zwar so, dass eben das Erreichen der wirklichen *Einheit* zugleich das wirklich Neue ist, das heisst Erlösung.»

ständnis, dass das σῶμα πνευματικόν einer ψυχή entbehre, zu entgehen. Meist wird σῶμα ψυχικόν mit «natürlicher Leib» verdeutscht.[86]

Beides – die nüchterne Wahrnehmung des *gegenwärtigen Noch-Ausstehens* der mit der Auferstehung einhergehenden Transformation der Leiblichkeit wie auch die gewisse Hoffnung auf ihr *einstiges Eintreten* – lässt sich in der Auslegung von 1Kor 15 kontextuell erklären: Ist das erste jenen korinthischen Gemeindegliedern ins Stammbuch geschrieben, die sich schon hier und heute als Pneumatiker:innen begreifen, so das zweite denen, die eine zukünftige leibliche Auferstehung der Toten bestreiten oder sie zumindest bezweifeln. Selbstredend müssen dies nicht zwei verschiedene Menschengruppen sein. Eschatologischer Vorbehalt und eschatologische Vergewisserung gehen hier Hand in Hand. Und es wäre je neu zu entscheiden, was wann stärker zu betonen ist: die Gewissheit gegen Zweifel und Hoffnungslosigkeit oder der Vorbehalt gegen ein enthusiastisches Überspringen oder Ausblenden der Unerlöstheit der Welt und unseres Leibes. Wenn aber die Erlösung der Schöpfung und die Schöpfung am Anfang in der ewigen Gottesgeschichte koinzidieren, wenn Ursprung und Ziel ineins fallen – ist dann nicht die Gewissheit immer noch grösser als der Vorbehalt? Welche Auferstehungshoffnung aber können wir heute verantwortlich denken, bezeugen und – lehren?[87]

VI. Epilog: «Gott ist unser Jenseits. Das zu glauben genügt.»?

In seinem letzten Lebensjahrzehnt hat Kurt Marti den für Paulus und (zumindest den frühen) Barth konstitutiven Zusammenhang zwischen dem österlichen Bekenntnis zur Auferweckung Jesu Christi von den Toten und der Hoffnung auf eine allgemeine Totenauferstehung in seiner Eschatologie gelockert, wenn nicht

---

[86] So etwa die Schlachter (2000), die Zürcher (2007), die Elberfelder (2007) und die Lutherbibel (2017); die Einheitsübersetzung (2016) übersetzt 1Kor 15,44a mit: «Gesät wird ein irdischer Leib, auferweckt ein überirdischer Leib.» Die Bibel in gerechter Sprache (2006): «Gesät wird ein lebendiger Körper, ein Körper, den Gottes Geist erfüllt, steht auf.» Die Neue Genfer Übersetzung: «In die Erde gelegt wird ein irdischer Körper. Auferweckt wird ein Körper, der durch Gottes Geist erneuert ist.» Die Gute Nachricht Bibel: «Was in die Erde gelegt wird, war von natürlichem Leben beseelt; aber was zu neuem Leben erwacht, wird ganz von Gottes Geist beseelt sein.» Die BasisBibel (2021): «Gesät wird ein natürlicher Leib. Auferweckt wird aber ein Leib, der vom Geist Gottes geschaffen ist.»

[87] Vgl. dazu den Schlusssatz der ausgezeichneten Auslegung von R. Dale Dawson, Resurrection (Anm. 28), 63: «The resurrection reality is thus both the starting point and the critical force of all theological reflection.»

gar gelöst. Jenes, das Osterbekenntnis, ist ihm – wie für Karl Barth – ein Axiom[88] und bildet den Kern christlichen Glaubens:

«Am unverzichtbarsten ist im christlichen Festkalender das Osterfest. Notfalls, schlimmstenfalls könnte man alle anderen Feste bleiben lassen. Nicht aber, nie aber Ostern. Dass Jesus von den Toten auferstanden ist, ist die zentrale Botschaft des christlichen Glaubens. Diesen gäbe es nicht, wenn Ostern nicht gewesen wäre. [...] Wäre Jesus nicht auferstanden, wären auch die neutestamentlichen Schriften nicht geschrieben worden.»[89]

Diese Hoffnung aber, auf eine allgemeine und damit auch auf die eigene Auferstehung von den Toten, wird ihm mit zunehmendem Alter immer frag-würdiger. Unter Berufung auf Karl Barth bekennt er in seinen «Spätsätze[n]»: «Gott ist unser Jenseits. Das zu glauben genügt, und alles weitere (auch Verwandlung, Auferstehung usw.) bleibt ihm überlassen.»[90] In einem St. Galler-Tagblatt-Interview vom 24.12.2010 heisst es ähnlich: «Wir sterben ins Jenseits hinein, da ist Gott. Wir können Gott überlassen, was er dort mit uns anstellen wird.»[91] Ich lese daraus eine grosse Gelassenheit, keine Trostlosigkeit.

Es wird aber zu diskutieren sein, inwieweit sich Martis Skepsis gegenüber einer allgemeinen Totenauferweckung auf das Barthsche Diktum, dass Gott das Jenseits des Menschen sei,[92] berufen kann. Nach Eberhard Jüngel ist für Barth die Teilhabe am ewigen Leben Gottes und damit die Verherrlichung des endlichen, geschöpflichen Lebens ein Synonym für Auferstehung: «Auferstehung von den Toten heisst Versammlung, Verewigung und Offenbarung gelebten Lebens. [...] Eine solche Verewigung gelebten Lebens ist keine museale Archivierung, sondern das Ereignis einer *Verwandlung,* durch die das *Ich* mit seinem *Leben* für immer *identisch* wird: *ewiges Leben.*»[93] Spricht, wenn mensch die folgenden Sätze Barths ernst nimmt, nicht doch viel für Martis Lesart, so dass auch Barth, ein knappes Vierteljahrhundert nach der 1Kor 15-Vorlesung, nicht mehr vollmundig von einer individuellen leiblichen Totenauferstehung spricht und auch in gewisse Spannung zur Argumentation des Paulus in 1Kor 15 gerät?

«Der Mensch *als solcher* hat [...] also *kein* Jenseits, und er bedarf auch keines solchen; denn *Gott* ist sein Jenseits. Dass er, Gott, als des Menschen Schöpfer, Bundesgenosse,

---

88 Marti, Gott im Diesseits (Anm. 6), 87f.
89 Marti, Gott im Diesseits (Anm. 6), 87.91.
90 Kurt Marti, Heilige Vergänglichkeit. Spätsätze, Stuttgart 2011, 37.
91 www.tagblatt.ch/kultur/gott-ist-kein-monopolist-ld.164650 (27.01.2022).
92 Vgl. Anm. 66.
93 Jüngel, Tod (Anm. 66), 153f.

Richter und Retter sein schon in seinem Leben und endgültig, ausschliesslich und total in seinem Tode treues Gegenüber war, ist und sein wird, das ist des Menschen Jenseits. Er, der Mensch als solcher aber ist diesseitig und also endend und sterbend und wird also einmal nur noch gewesen sein, wie er einmal noch nicht war. Dass er auch als dieser Gewesene nicht Nichts, sondern des ewigen Lebens Gottes teilhaftig sein werde, das ist die ihm in diesem Gegenüber mit Gott gegebene Verheissung, das ist seine Hoffnung und Zuversicht. [...] dass *eben dieses sein Sein in seiner Zeit* und also mit seinem Anfang und Ende vor den Augen des gnädigen Gottes und so auch vor seinen eigenen und vor aller Anderen Augen [...] offenbar werde und so von Gott her und in Gott ewiges Leben sein möchte.»[94]

Eine Totenauferweckung, die anderes ist als eine Teilhabe am ewigen göttlichen Leben, als eine Einwohnung in der Lebendigkeit Gottes, lässt sich *diesen* Sätzen wohl schwerlich entnehmen. Wie aber verhält sich diese Vorstellung des ewigen Lebens «von Gott her und in Gott» zur paulinischen Hoffnung, dass «Gott alles in allem sei» (1Kor 15,28)? Liegt hier so etwas wie eine wechselseitige Schechina-Figur vor, ohne dass Barth diese jüdisch-rabbinische Vorstellung vor Augen steht? Gott wohnt eschatisch der ganzen Schöpfung ein und der Mensch (ich möchte ergänzen: jedes Geschöpf) lebt in der Teilhabe an der ewigen Lebensfülle Gottes?

Eine Sichtung ausgewählter Äusserungen Barths zwischen 1924 und 1948 zur Hoffnung auf eine Auferstehung der Toten zeigt, dass *ein* Motiv immer stärker hervortritt, nämlich dass es kein anderes als *unser irdisches, geschöpfliches Leben ist*, dem in der Auferstehung von den Toten eine differenzierte Würdigung durch Gott zukommt: Denn dann wird es im Licht der göttlichen Gnade auch für uns als das offenbar, was es heute schon in den Augen Gottes, für uns aber weithin noch verborgen ist: nämlich ein neugeschaffenes Leben in Christus, das an Gottes eigener Lebendigkeit für immer teilhat.

(a) In der Utrechter *Credo*-Vorlesung von 1935 hebt Barth noch stark auf die Differenz zwischen dem gegenwärtigen *regnum gratiae* und dem zukünftigen *regnum gloriae*, zwischen Versöhnung und Erlösung ab, wenn für ihn dort der eschatische Mensch «nicht der Mensch, der wir sind, sondern der Mensch, der wir laut der uns gegebenen Verheissung und Hoffnung sein werden»,[95] ist. Barth argumentiert aber mit einer christologisch-anthropologischen Analogie. Wie die Auferweckung Jesu Christi allererst die in der Inkarnation und im Kreuzestod Jesu Ereignis gewordene Versöhnung zwi-

---

[94] Barth, KD III/2 (Anm. 47), 770f.
[95] Karl Barth, Credo. Die Hauptprobleme der Dogmatik dargestellt im Anschluss an das Apostolische Glaubensbekenntnis. 16 Vorlesungen, gehalten an der Universität Utrecht im Februar und März 1935, Zollikon 1939, 141.

schen Gott und Mensch enthüllt,[96] so ist auch die allgemeine Auferweckung
die Enthüllung dessen, was wir in den Augen Gottes schon jetzt sind: «Auferstehung des Fleisches heisst sehr schlicht, dass der Mensch auch in sich
selber wird, was er in Christus schon ist: neue Schöpfung (2. Cor 5,17).»
Diese Analogie zeigt, dass die Auferweckung von den Toten eine schon
heute gültige, aber uns noch verborgene Wirklichkeit zum Vorschein bringt:
das ewige Leben, das «darin ewig ist, dass es im unverdeckten Lichte Gottes
gelebt wird und insofern an Gottes eigenem Leben Anteil hat».[97] Die Auferweckung als Neuschöpfung besteht in einer neuen Selbstwahrnehmung,
nämlich uns als Teilhaber:innen am ewigen Leben Gottes in Christus zu
verstehen. Eben in, mit und unter dieser Selbstwahrnehmung realisiert sich
das neue Leben. Noetisches und Ontisches können hier nicht gegeneinander ausgespielt werden.

(b) Die von 1940 bis 1943 in Pfarrkonventen gehaltene, durchaus auch Calvin-
kritische Relektüre des Genfer Katechismus wiederholt die Knüpfung von
eschatischer Offenbarung *und* Transformation des irdischen Lebens. So
heisst es zu § 108 des Katechismus – im Gespräch mit 1Kor 15: «[...] wenn
die Auferstehung ein Übergang ist, wenn sie uns mit völlig neuen Eigenschaften ausstattet, so handelt es sich bei ihr doch um dasselbe Leben, um
unser Leben, das wir hier leben. Es handelt sich um die Erscheinung des
ewigen Lebens *in* unserem Leben, so wie es ist. [...] wir haben nur [...] zu
leben in der Hoffnung der Aufdeckung unseres Lebens, das in seinem
[Christi, MLF] Licht erscheinen wird.»[98] Zugespitzt: Es ist das irdische Leben, das *als transformiertes* im Eschaton offenbar wird. Darum ist Neuschöpfung keine *creatio ex nihilo*.

(c) Auch in seiner Auslegung von Frageantwort 57 des Heidelberger Katechismus ist Barth – mit deutlicher Kritik an deren Dichotomie von Seele und
Leib, die er selbst in der Credo-Vorlesung vertreten hatte – überzeugt: «Es

---

[96] «Wir haben an seinem Ort festgestellt, dass im Tode Christi wirklich alles schon
vollbracht war, was zur Versöhnung des Menschen mit Gott geschehen musste. Es fehlte
nur seine Enthüllung: denn die Gottestat der Versöhnung war geschehen in der Verborgenheit seiner göttlichen Herablassung, noch nicht geschehen in der Offenbarung seiner
Herrlichkeit. Dies ist's, was in seiner Auferstehung von den Toten geschah» (Barth, Credo
[Anm. 95], 141f.).

[97] Barth, Credo (Anm. 95), 146f.

[98] Karl Barth, Das Glaubensbekenntnis der Kirche. Erklärung des Symbolum Apos-
tolicum nach dem Katechismus Calvins. Aus dem Französischen übersetzt von Helmut
Goes, Zürich 1967, 153 (frz. Original: La Confession de Foi de l'Eglise, Neuchâtel 1943).

wird sich [in der Auferstehung des Fleisches, MLF] vielmehr schlicht um *dieses unser Leben* handeln. Dieses Leben ist nicht verlassen und preisgegeben, sondern es ist vor *Gott gelebt* worden, wird vor ihm gelebt und wird darum auch dereinst vor ihm gelebt werden.» Was in der 1Kor 15-Vorlesung als Teilhabe am ewigen Leben Gottes verstanden wird, begegnet nun – in der *coram-Deo*-Relation – als Gleichgestaltung mit dem auferweckten und verherrlichten Christus: «[...] nun darf dieses ganze Leben in seiner Zeitlichkeit ‹gleichförmig› werden mit dem herrlichen Leben Christi.»[99]

(d) Die im selben Bonner Semester vorgetragene *Dogmatik im Grundriss* deutet die Hoffnung auf Auferstehung des Fleisches als Vollendung des irdischen Lebens: «*Wir* auferstehen, es tritt kein anderer an unsere Stelle. [...] *[D]ieses* unser Leben wird vollendet. [...] Die christliche Hoffnung führt uns nicht weg von diesem Leben, sie ist vielmehr die Aufdeckung der Wahrheit, in der Gott unser Leben sieht. [...] Im Eschaton fällt das Licht von oben in unser Leben hinein.»[100] Wieder konvergieren in der Auferstehung der Toten zwei Ereignisse: Ein entbergendes, offenbarendes Handeln am irdischen Leben und dessen Verwandlung als Vollendung, als «unbedingte Teilnahme an der Herrlichkeit Gottes».[101] Diese Hoffnung auf die eschatische Würdigung des irdischen Lebens verbindet Barth – inmitten der Trümmer des vom Krieg gezeichneten Bonn – mit der Einladung, dessen Schönheit zu entdecken: Wer «die Schönheit dieses Lebens nicht erfasst, der kann nicht erfassen, was ‹Auferstehung› bedeutet.»[102]

Sind aber alle diese Versuche, die Hoffnung auf «Auferstehung des Fleisches» zu entfalten, nicht Barths Deutung in der 1Kor 15-Vorlesung näher als der Überzeugung in KD III/2, dass Gott unser Jenseits sei, obwohl zwei von ihnen in unmittelbarer zeitlicher Nähe zu KD III/2 stehen? Wodurch kommen die Differenzen zustande? Durch unterschiedliche Kontexte und Frontstellungen? Durch Perspektivenwechsel? Es bleibt auch nach dieser Sichtung anderer Auferstehungstexte Barths frag-würdig, ob Marti und Barth mit dem eschatologischen Diktum «Gott ist unser Jenseits» dasselbe meinen. Jedenfalls ist den genannten vier Texten kaum zu entnehmen, dass Barth sich gänzlich von der Hoffnung auf eine leibliche Auferstehung verabschiedet habe. Worin aber beide, Barth wie Marti, zweifellos konvergieren, ist das hoffnungsvolle Bekennt-

---

[99] Karl Barth, Die christliche Lehre nach dem Heidelberger Katechismus. Vorlesung gehalten an der Universität Bonn im Sommersemester 1947, Zollikon-Zürich 1948, 82.

[100] Karl Barth, Dogmatik im Grundriss im Anschluss an das Apostolische Glaubensbekenntnis, Berlin 1948, 164.

[101] Barth, Dogmatik im Grundriss (Anm. 100), 163.

[102] Ebd.

nis zur Treue Gottes, der das geschöpfliche Leben in dessen Grenzen nicht verkommen lässt, sondern in die eigene ewige Lebensfülle aufnimmt. Vielleicht könnte dann ja leibliche Auferstehung auch noch einmal anders denn in Gestalt individueller Leiblichkeit, wie Paulus dies in 1Kor 15 und andernorts tut, gedacht werden, indem die ekklesiologische Metapher von der Gemeinde als Leib Christi dann, wenn Gott alles in allem sein wird, auf den Leib Gottes bezogen würde: Dann wäre die Auferstehung als Teilhabe am ewigen Leben Gottes zugleich als Implantation in den Leib Gottes zu verstehen.

Doch noch einmal zurück zu Kurt Marti, um dessen Rezeption des Barthschen Diktums besser zu verstehen: Die Dissoziierung des Bekenntnisses zur Auferweckung Jesu von der Hoffnung auf die Auferweckung aller lässt sich – allemal von den späteren Texten her – auch schon in Kurt Martis *nachapostolische[m] glaubensbekenntnis* von 1980, das wie die altkirchlichen Symbole trinitarisch aufgebaut ist, erkennen: Die Bezeugung der Auferstehung Jesu im zweiten Artikel steht ausser Frage «[...] aber am dritten Tag auferstanden»; doch schon die finale Bestimmung dieser Auferstehung «um weiterzuwirken für unsere Befreiung, bis dass Gott alles in allem wird», liefert mit dem Zitat aus 1Kor 15,28 eine theozentrische eschatologische Perspektive. Dem dritten (oder ist es bei Marti ein vierter, denn er beginnt mit einem vierten «ich glaube»?) Artikel fehlt jedes Bekenntnis zur Auferstehung der Toten; er mündet ein in «und an eine Erfüllung des Lebens über unser Leben hinaus».[103] Martis Hoffnung geht hier – in mehrfacher Hinsicht – «über unser Leben hinaus»: Sie transzendiert unser irdisches Leben, aber auch unsere kollektive personale Identität, von der individuellen ganz zu schweigen, darf sich aber die Rückfrage gefallen lassen: Was heisst «Erfüllung *des* Lebens»? Wessen Lebens?

Ein auf das eigene Weiterleben nach dem Tod fixierter Glaube bleibt für Marti «heillos egozentriert»,[104] bestenfalls kann er dem Wunsch nach ewigem Leben einen «unbeholfene[n] Dank für unser vergängliches, aber einmalig lebenswertes Dasein»[105] abgewinnen. Kaum ein Interview in den späten Lebensjahren, in dem Marti nicht – Karl Barths Diktum von Gott als unserem Jenseits herbeizitierend – eine individuelle Totenauferstehung abgetan hat. Er, Marti, nehme «die

---

[103] Kurt Marti, Abendland. Gedichte, Darmstadt/Neuwied 1980, 92. Vgl. zu diesem Glaubensbekenntnis die Dokumentation der OeME-Herbsttagung 2010 «Kurt Marti – ein Bekenntnis»: https://m.refbejuso.ch/fileadmin/user_upload/Downloads/OeME_Migration/ Herbsttagung/OM_PUB_d_Herbsttagung_2010.pdf (04.02.2022).

[104] Marti, Heilige Vergänglichkeit (Anm. 90), 35.

[105] Marti, Heilige Vergänglichkeit (Anm. 90), 36.

Auferstehung Jesu von den Toten [...] nicht allzu persönlich»,[106] hat ein Interviewpartner trefflich notiert. Stattdessen – neben Barth – eher Zuflucht zu Meister Eckhart:

> «Was kommt danach? Oft stelle ich mir vor, mein Ego werde sich alsdann in Gottes Ewigkeit verlieren, vielleicht sogar auflösen. ‹Was immer zu Gott kommt, entfällt sich selbst.› (Meister Eckhart).»[107]

Bei Dorothee Sölle, die «im Tod ein Tropfen im Meer der Liebe Gottes werden»[108] wollte, wie Bärbel Wartenberg-Potter in ihrer Traueransprache das mystische Todesbild Sölles erinnerte, liesse sich eine vergleichbare Entwicklung nachzeichnen. Eine scharfe Absage an jegliche Jenseitsvorstellung erteilte Othmar Keel 2018 in Interviews in der BZ,[109] in «Der Bund»[110] und andernorts und gab diese Absage gegenüber einer Auferstehungshoffnung als «intellektuell redlicher» aus, was Matthias Zeindler mit guten Gründen infrage gestellt hat.[111]

---

[106] Stefan von Bergen im BZ-Interview vom 3. April 2010: www.bernerzeitung.ch/kultur/buecher/ich-glaube-nicht-dass-ich-auferstehe/story/10805641 (12.01.2022). Vgl. auch das Gespräch zwischen Kurt Marti und Polo Hofer 2006: www.derbund.ch/bern/kanton/es-gibt-kein-ewiges-leben-und-auch-keinen-ewigen-tod/story/30472933 (12.01.2022).

[107] Marti, Heilige Vergänglichkeit (Anm. 90), 34.

[108] Bärbel Wartenberg-Potter, Predigt im Trauer- und Dankgottesdienst für das Leben Dorothee Sölles in St. Katharinen in Hamburg (Offenbarung 21,1–5) am 5. Mai 2003: www.ekd.de/030505_wartenberg_potter.html (12.01.2022). Vgl. auch Dorothee Sölle, Endlichkeit und ewiges Leben. Zur Mystik des Todes, in: Fromm Forum (German edition) 6, 2002, 30–38 (38): «Im Ozean der Liebe Gottes ist auch Platz für mich kleinen Tropfen. [...] Wir brauchen mehr an Geist und einen anderen Atem des Lebens als den, der sich auf das Individuum als letzte Realität konzentriert.»

[109] www.bernerzeitung.ch/kultur/diverses/nein-ich-glaube-nicht-an-ein-jenseits/story/28565425 (12.01.2022).

[110] www.derbund.ch/leben/gesellschaft/nein-ich-glaube-nicht-an-ein-jenseits/story/28565425 (12.01.2022).

[111] www.diesseits.ch/ich-glaube-nicht-an-ein-jenseits/ (12.01.2022). In seinem eindrücklichen Beitrag zur Berner Ringvorlesung im Reformationsjubiläumsjahr hat Wolfgang Schoberth im Blick auf Positionen wie die Keels zu bedenken gegeben: «Wer meint, dass ein ewiges Nichts nach dem Ende leichter zu denken sei als ein ewiges Leben, verfängt sich bereits darin, dass die Negation, dass da etwas sei und bleibe, mindestens auf dieselben logischen Probleme stösst wie die Behauptung des Gegenteils. Ein ewiges Nichts ist genau so wenig von unserer Vorstellung zu umgreifen wie ein ewiges Sein. Bei genauerem Nachdenken handelt man sich sogar noch ein zusätzliches Problem ein: Nachdem es unstrittig Seiendes gibt, wäre vielmehr erklärungsbedürftiger, wie ein Vergehen ins Nicht-Sein sollte gedacht werden können – das gilt auch für das, was wir ‹Ich› nennen.» (Wolfgang Schoberth, Vom Jenseits der Zeit, in: Matthias Felder / Magdalene L. Frettlöh [Hg.], Unsere grossen Wörter. Reformatorische ReVisionen [reformiert! 11], Zürich 2022, 401–419 [404f.]).

Hat Paulus in 1Kor 15, diesem so exponierten Eschatologie-Kapitel, und mit ihm sein Ausleger Karl Barth den Mund zu voll genommen und allzu konkret gewusst, was es sein wird um die Auferweckung von den Toten? Wie von der Auferstehung der Toten reden? Wie *nicht* von der Auferstehung der Toten reden! Ich breche diesen – eher theopoetischen – Epilog ab mit einem Gedicht von Marie Luise Kaschnitz. Elementarer als alles theologische Räsonieren bestärkt es mich darin, weiter mit heissem Herzen auf die Auferweckung der Toten zu *hoffen* und mit kühlem Kopf ihre Wirklichkeit und Wahrheit zu *denken* und zu *lehren:*

«Nicht mutig
Die Mutigen wissen
Dass sie nicht auferstehen
Dass kein Fleisch um sie wächst
Am jüngsten Morgen
Dass sie nichts mehr erinnern
Niemandem wieder begegnen
Dass nichts ihrer wartet
Keine Seligkeit
Keine Folter
Ich
Bin nicht mutig»[112]

---

[112] «Nicht mutig», aus: Marie Luise Kaschnitz, Gesammelte Werke in sieben Bänden. Band 5: Die Gedichte, © Insel Verlag, Frankfurt a. M. 1985, 463. Alle Rechte bei und vorbehalten durch Insel Verlag Berlin. Mir ist dieses Gedicht auch theologisch viel näher als ihr geradezu inflationär zitiertes Gedicht *Auferstehung* (Marie Luise Kaschnitz, Gedichte. Ausgewählt von Peter Huchel, Frankfurt a. M. 1975, 15); siehe dazu Magdalene L. Frettlöh, Der auferweckte Gekreuzigte und die Überlebenden sexueller Gewalt. Kreuzestheologie genderspezifisch wahr genommen, in: Rudolf Weth (Hg.), Das Kreuz Jesu. Gewalt – Opfer – Sühne, Neukirchen-Vluyn 2001, 77–104 (bes. 90–98).

Georg Pfleiderer

Die Kirche und die Kultur

Zu Karl Barths Kritik und Erneuerung des Kulturprotestantismus[1]

I. «Kultur» und Ästhetik im Werk Karl Barths. Ein Umriss

1. Eine Theologie der Kultur?

Fragt man nach den Beiträgen protestantischer Theologie der Moderne zu dem, was man gemeinhin «Kultur» oder besser: «die Künste» nennt, dann wird einem der Name Karl Barth gewiss nicht, jedenfalls gewiss nicht sofort und in der ersten Reihe derer, die da zu erinnern wären, einfallen.[2] Im Gegenteil. Barth gilt nicht als Theologe der Kultur, schon gar nicht des Kultur-Protestantismus, den er bekanntlich heftig bekämpft und an dessen Niedergang er gearbeitet hat, sondern er gilt als Theologe der Kirche. Einer Kirche nämlich, die zuallererst auf ihre eigene Glaubenswahrheit und ihr Glaubensleben konzentriert ist, die solchermas-

---

[1]   Der sich an ein breiteres Publikum richtende, darum mitunter etwas rhetorisch-narrative Vortragsstil wurde für den Druck nur wenig gestrafft und geglättet.

[2]   Eine der wenigen neueren theologisch-kulturtheoretischen Arbeiten, die einen längeren Abschnitt zu Barth enthält, ist: Michael Moxter, Kultur als Lebenswelt. Studien zum Problem einer Kulturtheologie, Tübingen 2000, 174–273; vgl. dazu meine Rezension: ThLZ 130, 2005, 86–90. Moxter kommt jedoch zu einem überwiegend kritischen Ergebnis, was die Fruchtbarkeit von Barths Kulturtheologie angeht. Er wirft ihm eine – natürlich theologisch motivierte – Verdrängung genuin kulturtheologischer Anliegen vor. Unter der Ägide eines anhypostatischen Offenbarungs- bzw. Inkarnationsbegriffs (vgl. 224–230) komme es bei Barth zu einer gezielten Abblendung der menschlich-kulturellen Phänomene; Kultur werde einseitig «als Arbeit» (231, vgl. 231–234) bestimmt; allenfalls beim Zeichenbegriff attestiert Moxter Barth gewisse positive Ansätze (vgl. 252–273) zu einer – notwendigen – Dreistelligkeit und räumt ein, dass Barths «Kritik des Kulturprotestantismus» (254) nicht als einseitige Negation, sondern lediglich als «Kritik einer unmittelbar affirmativen (und darin überschwenglichen [M. M.]) Setzung verstanden werden» (254) könne und «in der Sache unaufgebbar» (254) zu heissen verdiene. Diese letztere ist auch die Position, die hier im Folgenden entfaltet werden soll. Dabei ist dann auch den bei Moxter aufgrund der kritischen Gesamttendenz kaum verfolgten kulturaffirmativen Zügen der Barthschen Theologie, etwa dem «Verhältnis von Kultur und Spiel», für das Barth aus Moxters Sicht «wenig Sinn» (249) hatte, etwas intensiver nachzugehen.

sen Gemeinde von bewusst Glaubenden sein sollte. Und gewiss nicht einer Kirche solcher, die Kirchengebäude in der Regel zur privatfrommen Erbauung oder musikalischen Ergötzung oder aus kunsthistorischem Interesse aufsuchen und nur relativ selten, vorzugsweise an Weihnachten oder bei Gelegenheit von Taufen, Trauungen und Beerdigungen, zu einem Gottesdienst gehen. Solcher «Kulturprotestantismus» als Praxis privater oder gelegentlicher familialer Frömmigkeit mit einem entwickelten Sinn und Geschmack für die Unendlichkeits- und Erhabenheitsdimension in den Künsten, aber auch in der Natur, in der echten wie in der gemalten (Caspar David Friedrich) und vielleicht auch in der Geschichte, war Barth erklärtermassen zuwider, theologisch-programmatisch jedenfalls und zumindest zum Teil auch lebensweltlich.

«Weihnachten im Hause Barth» war, das hat Marco Hofheinz neulich schön gezeigt,[3] eine recht nüchterne Angelegenheit. Da wurde zwar gesungen und musiziert und die Kinder bekamen auch Geschenke, aber das Zentrum und der Höhepunkt des familialen Weihnachtsfestes war nicht der besinnliche Heilige Abend um den Weihnachtsbaum, den es zumindest in den früheren Jahren bei Barths wohl auch gar nicht gab, sondern der Gemeindegottesdienst am Morgen des ersten Weihnachtsfeiertages. In späteren Jahren hat Barth da öfter in der Basler Strafanstalt gepredigt. Ein ziemlich nüchternes reformiertes Entzauberungsprogramm, könnte man sagen. Ganz anders ging es übrigens beim grossen Entmythologisierer und Modernisierer Rudolf Bultmann in Marburg zu. Da gab's selbstverständlich den Lichterbaum und dessen Inszenierung: «[...] das Glöckchen läutet! ‹Ihr Kinderlein kommet!› ‹O du fröhliche!› Und dabei umfing uns wieder Glanz und Duft des Weihnachtsbaumes».[4]

Barth und Kultur, Barth und die Künste? Fehlanzeige also, möchte man sagen. Reformierter Bildersturm *après la lettre*. Ein Bild allein bekanntlich hat ihn zeitlebens begleitet, von Safenwil über Göttingen, Münster, Bonn nach Basel bis zu seinem Tod am 10. Dezember 1968: der über Barths Schreibtisch hängende Kunstdruck der Figur Johannes' des Täufers aus dem Isenheimer Altarbild von Mathias Grünewald und dessen berühmter übergrosser Zeigefinger. Wenn es ein künstlerisches Symbol gibt, ein Kunstwerk, in dem Barth sich und seine Theologie – und zwar quer durch die Jahrzehnte – wiedergefunden hat, dann war es diese

---

[3]   Marco Hofheinz, Vom Praktisch-Werden der Christozentrik. Oder: Wie Barth und Bultmann Weihnachten feiern, in: ders., Christus peregrinus. Christologie auf dem Weg in die Fremde, Leipzig 2022, 217–248.

[4]   Konrad Hammann, Rudolf Bultmann. Eine Biographie, Göttingen ³2012, 333. Zitiert nach Hofheinz, Vom Praktisch-Werden der Christozentrik (Anm. 3), 228.

Geste des Fingerzeigs auf den Gekreuzigten.[5] Barths Theologie wollte solche zeigende, deiktische,[6] fingerzeigende, ‹digitale› Theologie sein: *Ecce homo, ecce Deus!* In dieser prophetischen Zeigegeste, in der die Kultur, auch und gerade die christlich-religiöse sich selber aufhebt und die sich wie ein mahnender, verbietender Finger der Entwicklung zum bürgerlichen Kulturprotestantismus in den Weg stellt, wollte Barths Theologie und die von ihr anvisierte christliche Kultur des Wortes Gottes aufgehen.

Stimmt das? Wohl nicht ganz. Barthkennern fällt an dieser Stelle sofort eines, einer ein: Mozart, Barths berühmtes Verhältnis zu Mozart![7] Ohne Mozart ging im Hause Barths, wenigstens beim späten Barth auf dem Bruderholz, nichts. Ein Tag ohne Mozart war für Barth fast ein verlorener Tag und noch am Abend vor seinem Tod hat Barth natürlich Mozart gehört. Warum Mozart? Weil er so schön gespielt hat, war Barths Antwort.[8] Mozart war für Barth reine, spielerisch-kindliche Weltlichkeit ohne alle religiöse Transzendenzsucherei und gerade darum, aber ebenso indirekt ein Fingerzeig auf das Himmelreich. Ob er damit den Freimaurer Mozart und namentlich dessen Zauberflöte richtig interpretiert hat, sei – insbesondere nach Jan Assmanns Mozartbuch – ausdrücklich dahingestellt.[9] Er wolle, so hat Barth einmal erklärt, «wenn ich je in den Himmel kommen sollte, mich dort zunächst nach Mozart und dann erst nach Augustin und Thomas, nach Luther, Calvin und Schleiermacher [!]»[10] erkundigen.

Barth scheint also doch auch ein positives Verhältnis zu Künsten und Kultur gehabt zu haben. Dafür spricht auch Barths, zumal des älteren und alten Barths, durchaus vorhandenes positives Verhältnis zur Literatur. Die «späte Freundschaft»[11] mit Carl Zuckmayer ist das prominenteste Beispiel, ein anderes die Tatsache, dass Barth drei Essays der Roman- und Krimiautorin Dorothy L. Sayers[12] aus dem Englischen übersetzt hat; – übrigens wohl überhaupt die einzige Editions-

---

[5] Vgl. dazu Reiner Marquard, Karl Barth und der Isenheimer Altar, Stuttgart 1995.

[6] Vgl. Moxter, Kultur als Lebenswelt (Anm. 2), 259.

[7] Verschriftlicht hat Barth seine Mozartliebe u. a. in den kleinen Beiträgen zum Jubiläumsjahr 1956: Karl Barth, Wolfgang Amadeus Mozart 1756/1956, Zollikon 1956, vgl. auch Karl Barth, Die Kirchliche Dogmatik. Bd. III/3 (= KD III/3), Zürich [3]1979, 337f.

[8] Vgl.: «Ich höre Mozart – den jüngeren und den älteren Mozart – und so nur ihn – spielen.» Barth, Wolfgang Amadeus Mozart (Anm. 7), 8.

[9] Vgl. Jan Assmann, Die Zauberflöte, Oper und Mysterium, München 2005.

[10] Barth, Wolfgang Amadeus Mozart (Anm. 7), 8.

[11] Vgl. Carl Zuckmayer, Karl Barth, Späte Freundschaft in Briefen: Briefwechsel, Zürich [5]1979. Vgl. Christiane Tietz, Karl Barth. Ein Leben im Widerspruch, München 2018, 409–411.

[12] Dorothy L. Sayers, Das größte Drama aller Zeiten. Drei Essays und ein Briefwechsel zwischen Karl Barth und der Verfasserin, hg. von Hinrich Stoevesandt, Zürich 1982.

und Übersetzungsarbeit Barths, also eine, in der er in die Rolle eines dienenden Geistes für einen anderen geschlüpft ist.

Also: Natürlich gibt es nicht nur ein kritisch-distanziertes, sondern auch ein positives Verhältnis Barths zu Kultur und Künsten; vielleicht sogar so etwas wie – *horribile dictu* – einen Barthschen Kulturprotestantismus, zumindest einen gelebten? Barth war ja – auch jenseits seines Faibles für Mozart und der genannten Literatenbeziehungen – alles andere als ein finsterer Kulturverächter. Er ist recht gern ins Kino gegangen, hat Romane, insbesondere auch Krimis, gelesen[13] und auf seinen Italien- und Romreisen «ad limina Apostolorum» 1954 und 1966 hat er sich selbstverständlich nicht nur für die Spuren der Apostel, sondern auch für die dort doch noch etwas zahlreicheren der italienischen Renaissancekultur interessiert.[14] Moderne, zeitgenössische Malerei und Musik oder gar Tanz und andere künstlerische Avantgarden allerdings haben ihm offenbar weniger gesagt; hinsichtlich seines Kunstgeschmacks scheint er eher dem 18. Jahrhundert (Mozart) oder in der Literatur dem Realismus des 19. Jahrhunderts zugetan gewesen zu sein.[15] Ein «Tillich» war er – auch hinsichtlich seiner ästhetischen Präferenzen – sicher nicht. Und gerade im Vergleich mit einem solchen «echten» Kulturtheologen bewegt sich Barths Interesse für die Künste doch eher im Bereich dessen, was bei seinem Lehrer Wilhelm Herrmann – von Barth gelegentlich belächelt – die «sittlich erlaubte Erholung»[16] hiess.

Aber das ist vor allem der «gelebte» Barth; wie sieht es beim «geschriebenen» aus? Zum begrifflichen Befund: Mit der einen Ausnahme Mozarts finden sich, soweit ich sehe, einschlägige Passagen zu den Künsten, zur Kultur allge-

---

[13] Vgl. Tietz, Karl Barth (Anm. 11), 181 u. ö.

[14] Vgl. das schöne Foto «Angesichts der Kapitolinischen Venus in Rom (August 1954)»: Eberhard Busch, Karl Barths Lebenslauf. Nach seinen Briefen und autobiographischen Texten, München ³1978, 412.

[15] Vgl. z. B. Karl Barth, Ad Limina Apostolorum, Berlin 1967, 9f. Frank Mathwig ist jüngst ein wenig den Spurenelementen von Barths Beziehungen zu moderner (bildender) Kunst nachgegangen, um dabei festzustellen, dass sich affirmative Äusserungen dazu vor allem im frühen Werk (1912: zum Futurismus; 1918: zum Expressionismus) finden. Vgl. Frank Mathwig, Ahnungen von Transzendenz. Eschatologische Hermeneutik in den Bildwelten von M. S. Bastian / Isabelle L, in: ders. / Matthias Zeindler, Der Gott der Sinne. Reformierte Blicke auf Kunst der Gegenwart. Festgabe für Magdalene L. Frettlöh (reformiert! 7), Zürich 2019, 41–64 (42–44). Siehe dazu auch unten Anm. 29.

[16] Wilhelm Herrmann, Ethik (Grundriss der Theologischen Wissenschaften, Fünfter Teil, zweiter Band Ethik), Tübingen ⁵1913, 236. Dies war auch schon in Barths liberalen Jugendzeiten so; vgl. etwa die Erinnerung an sein Berliner Semester 1908, bei dem er es «fast völlig versäumte, vom Kaiser Friedrich-Museum und andern Schönheiten Berlins gebührend Notiz zu nehmen» (Busch, Karl Barths Lebenslauf [Anm. 14], 51). Immerhin ist er dort gelegentlich ins Theater gegangen (vgl. Tietz, Karl Barth [Anm. 11], 48).

mein, nicht. Im Registerband der Kirchlichen Dogmatik wird unter dem Lemma «Kultur» auf gerade einmal fünf Stellen verwiesen, das Stichwort «Kunst» findet sich dort gar nicht, unter «Kunst, christl.» sind vier Seitenangaben notiert, unter «Künstler» eine einzige. Zehn Belege auf ca. 9'300 Seiten ist ein Prozentsatz von etwas mehr als einem Promille; nimmt man die zehn Verweise auf Mozart dazu, kommt man auf gut zwei Promille. Hinzu kommt, dass die genannten Stellen zu Kunst und Kultur überwiegend kritisch sind, wie etwa der im Bereich der Schöpfungsethik im Abschnitt «das tätige Leben» gegebene Hinweis auf die «Tatsache, dass das Wirken Jesu mit Kulturarbeit direkt gar nichts zu tun hat.»[17] Kunstaffine Theologie würde man sich in der Tat anders vorstellen.[18]

Vielleicht muss man darum, wenn man bei Barth von «Kultur» spricht bzw. nach «Kultur» sucht, anders ansetzen und begrifflich anders suchen. In der Tat ist der Kulturbegriff ja bekanntlich durchaus weiter zu fassen als in der stillschweigenden Konzentration auf die Künste, von der wir uns bisher haben leiten lassen. Unter menschlicher «Kultur» in einem solchen weiteren Sinne lassen sich ja auch andere Lebensbereiche der Gesellschaft als die der Künste subsummieren. In seinem Aufsatz von 1926 *Die Kirche und die Kultur*,[19] der hier einschlägig ist, schon weil er m. W. die einzige unter allen Publikationen Barths mit «Kultur» im Titel ist, fasst Barth den Kulturbegriff denkbar weit – und theologisch: *«Die Kultur ist die durch das Wort Gottes gestellte Aufgabe der in der Einheit von Seele und Leib zu verwirklichenden Bestimmung des Menschen.»*[20] Allerdings hat Barth diese weite Fassung des Kulturbegriffs später nicht mehr verwendet. Statt von «Kultur» ist beim reifen Barth in der Regel etwa vom «tätigen Leben»[21] die Rede, also vom Leben als der dem Menschen «von Gott ihm gegebene[n] *Aufgabe*».[22] Das ist inhaltlich in deutlicher Nähe zu der zitierten theologischen Definition des Kulturbegriffs von 1926 gesagt. Näher spezifiziert wird der Begriff des tätigen

---

[17] Karl Barth, Die Kirchliche Dogmatik. Bd. III/4 (=KD III/4), Zürich ³1969, 557.

[18] Der solchermassen relativ negative Befund spiegelt sich auch in der Forschungsliteratur. Nimmt man die einschlägigen deutsch- und vor allem englischsprachigen Handbücher als Massstab, so zeigt sich, dass darin Barth praktisch nicht als Kultur- bzw. Kunsttheoretiker wahrgenommen wird. Zumindest auf den ersten Blick bildet eine einzige, kleine Ausnahme der von Eberhard Busch verfasste Artikel *Musik* im *Barth Handbuch*, der aber bezeichnenderweise im biografischen Teil des Bandes steht, vgl. Eberhard Busch, Musik, in: Michael Beintker (Hg.), Barth Handbuch, Tübingen 2016, 171–176.

[19] Karl Barth, Die Kirche und die Kultur, 1926, in: ders., Vorträge und kleinere Arbeiten 1925–1930 (GA III.24), hg. von Hermann Schmidt, Zürich 1994, 6–40.

[20] Barth, Die Kirche und die Kultur (Anm. 19), 15.

[21] Barth, KD III/4 (Anm. 17), 538–647.

[22] Barth, KD III/4 (Anm. 17), 538.

Lebens durch den Begriff «Arbeiten».[23] Hier, in diesem Kapitel findet sich auch jene zitierte christologische Abweisung des Begriffs der «Kulturarbeit».[24]

Wir haben es also offenbar mit einer begrifflichen Umbesetzungsstrategie zu tun. Der Kulturbegriff ist für Barth, wie es scheint, kulturprotestantisch kontaminiert. Selbstverständlich hat er aber trotzdem über menschliche Kulturarbeit – in jenem weiteren Sinne – geschrieben. So hat Barth vor allem bekanntlich eine theologische Theorie des Politischen, namentlich des Staates, entwickelt, wenn auch bei weitem nicht so elaboriert wie seine dogmatischen Lehren, aber nicht minder wirkmächtig.[25] Wirtschaftsethik kommt bei Barth nur am Rande und dann praktisch nur als Arbeits- und Berufsethik in den Blick.[26] Der ganze Band (KD III/4) ist einschlägig für Barths theologische Kulturtheorie. Die anderen Bereiche der Gesellschaft und der Kultur, vor allem die Künste, kommen hier aber nur marginal vor.

Das könnte jedoch – abgesehen von persönlichen Präferenzen und vielleicht auch den spezifischen Herausforderungen des Zeitgeistes in den 1930er und 1940er Jahren – auch einen systematischen Grund haben. Er lässt sich aus den Ethikvorlesungen von Münster 1928/29 bzw. Bonn 1930/31 ersehen. Hier ist der Befund insgesamt zwar auch nicht wesentlich anders als sonst in Barths zentraleren Schriften, aber es findet sich immerhin eine zusammenhängende Passage von zehn Seiten, die der theologischen Kunstreflexion gewidmet ist.[27] Und zwar steht diese im Zusammenhang des dritten, pneumatologisch-eschatologischen Teils der Ethik.[28] Die entsprechenden Abschnitte der KD gehören ja zu deren ungeschriebenen Teilen, so dass man mit Gründen vermuten kann, dass eine ausgearbeitete Kulturethik bzw. Ethik der Künste in KD V hätte zu stehen kommen sollen.[29]

---

[23] Barth, KD III/4 (Anm. 17), 540. Das hat Moxter zu Recht herausgearbeitet, vgl. Moxter, Kultur als Lebenswelt (Anm. 2), 231–252.

[24] Barth, KD III/4 (Anm. 17), 557.

[25] Vgl. vor allem Karl Barth, Rechtfertigung und Recht, Christengemeinde und Bürgergemeinde, Evangelium und Gesetz, Zürich 1998, vgl. dazu Georg Pfleiderer, Karl Barth, Rechtfertigung und Recht (1938), in: Geschichte des politischen Denkens. Das 20. Jahrhundert, hg. von Manfred Brocker, Berlin 2018, 233–248.

[26] Vgl. vor allem den Abschnitt «Das tätige Leben», in: Barth, KD III/4 (Anm. 17), 538–648, hier wiederum besonders: 592–648, sowie 732–738; vgl. dazu Torsten Meireis, Tätigkeit und Erfüllung. Protestantische Ethik im Umbruch der Arbeitsgesellschaft, Tübingen 2008, 132–180.

[27] Karl Barth, Ethik II. Vorlesung Münster Wintersemester 1928/29, wiederholt in Bonn, Wintersemester 1930/31 (GA II.10), hg. von Dietrich Braun, Zürich 1978, 437–447.

[28] Vgl. dazu auch z. B. Marquard, Karl Barth und der Isenheimer Altar (Anm. 5), 92–94.

[29] Bestätigung dafür ist eine Stelle in einem Brief an Kurt Lüthi vom 22. Juni 1963

Dem allen kann im Folgenden selbstverständlich nur in einer bestimmten Reduktion und Konzentration nachgegangen werden. Ich beschränke mich zum einen auf Barths Verhältnis zur Kultur im Sinne seiner eigenen Verwendung dieses Begriffs, in der – ungeachtet seines eigenen weiten Definitionsversuchs von 1926 – die auch im allgemeinen Sprachgebrauch bis heute übliche Konzentration auf die Künste anklingt. Zum andern beschränke ich mich vor allem auf die in diesem Band ins Auge gefasste Ära der Römerbriefzeit und der 1920er Jahre. Inhaltlich wird darum vor allem Barths Auseinandersetzung mit Schleiermacher im Zentrum meiner Ausführungen stehen, denn an dieser zeigt und entscheidet sich, warum Barth den Kulturbegriff aus seiner Theologie so weitgehend ausscheidet, bzw. warum und inwiefern er sich zu jener begrifflichen Umbesetzung genötigt sieht.[30] Diese Auseinandersetzung mit Schleiermacher führt Barth zeitlebens, ihr wichtigster werkgeschichtlicher Ort sind aber die 1920er Jahre, mithin die Zeit der Weimarer Republik.

2. Zur Ästhetik der Barthschen Theologie

Bevor das geschehen soll, ist allerdings noch darauf zu reflektieren, dass sich die Frage nach dem Verhältnis von Barth und Kultur bzw. von Barths Theologie zu einer Theologie der Kultur bzw. als Kulturtheologie auch noch einmal anders auffassen lässt, nämlich als Frage nach der literarisch-ästhetischen Dimension oder Qualität der Theologie Karl Barths, seiner wissenschaftlichen Prosa also. Diese ist bekanntlich oft gerühmt und auch öffentlich geehrt worden, nämlich in

---

(ders., Briefe 1961–1968 [GA V.6], hg. von Jürgen Fangmeier und Hinrich Stoevesandt, Zürich 1975, 144–146 [145]), in der Barth ausführt: «Mir stand immer fest, dass das Problem der Kunst bzw. der Künste im Zusammenhang mit der eschatologischen Apokalypse zur Sprache kommen müsste. Und etwas Derartiges habe ich denn auch in der ältesten Fassung meiner Ethik tatsächlich in Umrissen versucht. Unterdessen ist mir nach allerlei Anläufen zum Bewusstsein gekommen, dass ich leider, leider gerade für die [...] moderne Kunst [...] einfach kein Sensorium habe. Aber es ist so und ist für mich ein ernster Grund, den Band V der KD, wo die Sache ja selbst zur Sprache kommen müsste [...] nicht zu schreiben. Vielleicht bin ich noch zu tief im 19. Jahrhundert geboren.». Zitiert nach Mathwig, Ahnungen von Transzendenz (Anm. 15), 44.
[30] Vgl. z. B. «Barths tiefste Feindschaft galt dem *Kulturprotestantismus,* und vom Vorwurf, zu dessen Entstehung beigetragen zu haben, konnte Schleiermacher nach Barths Ansicht nicht freigesprochen werden.» Bruce McCormack, Barth und Schleiermacher, in: Beintker (Hg.), Barth Handbuch (Anm. 18), 64–70 (67).

Gestalt der Verleihung des «Sigmund Freud»-Preises im Jahr 1968, ausdrücklich in Würdigung seiner «Verdienste um die wissenschaftliche Prosa».[31]

Zwar hat Barths Theologie auch hinsichtlich ihrer ästhetischen Qualität, insbesondere derjenigen seines epischen und mitunter redundant wirkenden Schreibstils, fast ebenso viele Verehrer und Bewunderer wie Kritiker bis hin zu erbitterten Feinden gefunden. Trotzdem ist unverkennbar, dass Barths Theologie ihre rhetorisch-stilistische Form keineswegs äusserlich ist. Trotz und in aller episch-redundanten Variabilität gilt für fast alle Texte Barths, übrigens sehr oft auch für ganz kurze, marginale, bis hin zu privaten Postkarten gewissermassen das Motto «form follows function». Die mitunter opulente rhetorische Stilistik ist nicht einfach Spielerei, sondern folgt einem Zweck, nämlich einem kerygmatisch-persuasiven. Barths Texte sind niemals nur gewissermassen absichtsfreie Darlegung von wissenschaftlichen Sachverhalten; sie sind dies auch, aber immer zugleich in der Form ausdrücklich oder implizit adressierter Rede. Barth verliert seine Leserschaft nie aus dem Blick; nicht nur das biblische Wort, sondern auch das theologische ist für ihn stets Handlung, Sprech-Akt. Die Texte entwickeln die theologischen Inhalte dem Anspruch nach – ähnlich wie bei Hegel – gewissermassen aus ihrer immanenten Eigenlogik; und deren immanentes (pneumatologisches) Element ist die persuasiv-appellative Involvierung der Leserinnen und Leser. Barths Texte verlangen in diesem prägnanten Sinn den verstehenden – und zustimmenden – Mit- und Nachvollzug des Dargelegten. Insbesondere in der Frühphase der Römerbriefe ist darum eine mitlaufende In- und Exklusionslogik, ein relativ schroffes Freund-Feind-Schema unverkennbar. Ihre Ästhetik ist eine Anti-Ästhetik; sie zielt nämlich gerade auf die Abschaffung des Zuschauers.[32] Denn Barths Theologie, namentlich die seiner Römerbriefkommentare, möchte ihre Leser- und Hörerschaft in eine selbst- und näherhin religionskritische Denk-, ja Lebensbewegung hineintreiben.[33] Religion im Sinne der Religion des Kulturprotestantismus ist aus Sicht ihres Autors lediglich eine Art frommer Begleitmusik des (eigentlichen) Lebens. Auch wenn sie sittliche Potenziale freisetzt, hat sie eine strukturelle Nähe zur ästhetischen Haltung des Zuschauers, der das Leben als Schauspiel geniesst. Dass damit Schluss sei, weil Gott damit Schluss macht, ist Barths Überzeugung, die seinem prophetischen Gestus zugrunde liegt.

---

[31] Zitiert nach Tietz, Karl Barth (Anm. 11), 399.

[32] Vgl. dazu Georg Pfleiderer, Karl Barths praktische Theologie. Zu Genese und Kontext eines paradigmatischen Entwurfs systematischer Theologie im 20. Jahrhundert (BHTh 115), Tübingen 2000, 29.

[33] Vgl. Georg Pfleiderer, Hermeneutik als Dialektik. Eine Lektüre von Karl Barths Römerbriefkommentar (1922), in: ZDTh 23, 2007, 172–192.

Sehr präzise hat diese Struktur der Barthschen Theologie übrigens neulich – nicht umsonst – ein Kulturwissenschaftler und Germanist analysiert, nämlich Daniel Weidner:

«Indem Barth die Religionskritik aufnimmt, begründet er eine doppelte Semantik der Religion, die von jetzt an zugleich als Ideologie und als Kritik, zugleich als Zauber und als Entzauberung fungieren kann. Erst diese doppelte Semantik macht die grosse Rolle verständlich, die religiöse Diskurse und Figuren im 20. Jahrhundert auch ausserhalb von Theologie oder Religionswissenschaft spielen. Möglich ist diese Übertragung in den allgemeinen Diskurs gerade deswegen, weil die dialektische Rhetorik sich eben nicht mehr auf eine stabile Unterscheidung von Religion und Welt oder von Immanenz und Transzendenz stützt, sondern sämtliche Unterscheidungen rhetorisch-dialektisch in Bewegung setzt. In diesem Sinne ist die ‹prophetische Rede› – als das ambivalente Ineinander von Anspruch und Selbstnegation, von Auftrag und Unmöglichkeit – fundamental für den Status der ‹Religion› in den Diskursen der Weimarer Zeit.»[34]

Dieser Gestus ist aber seinerseits nichts anderes als eine Zuspitzung dessen, was praktische, pastorale Theologie in ihrem Kern ist: nämlich Predigt. Darum kann Barth die performative Krisentheologie der Römerbriefzeit sehr bald in die dogmatische Hermeneutik der dreifachen Gestalt des Wortes Gottes überführen, welche die wissenschaftlich-theologische Wahrheit als Gotteswahrheit in Auslegung der Bibel als Verkündigung versteht.[35] Und darum und in dieser Weise ist die Ästhetik und Rhetorik der Barthschen Theologie immer in diesem Dreiklang von genuin theo- bzw. christologischem Wahrheitsanspruch (Rede von Gottes Selbstauslegung in Jesus Christus), als exegetisch-dogmatische Auslegung des biblischen Wortes im Medium heutiger, adressierter Verkündigung zu verstehen.

Diese Hermeneutik hat Barth, wie gesagt, zunächst in den Römerbriefkommentaren in prophetisch-religionskritischer Manier praktiziert und später in jene dogmatische Hermeneutik überführt. Am werkgeschichtlichen Ursprung dieser wissenschaftlichen Prosa und ihrer performativen Struktur steht aber nicht die dialektische Theologie der «Römerbriefe», sondern die liberale Homiletik etwa im Stile Friedrich Niebergalls, deren Grundfrage «Wie predigen wir dem modernen Menschen?»[36] Barth auf eindrucksvolle, neue Weise in seinem späteren Werk und durch dieses hindurch beant-

---

[34] Daniel Weidner, Mächtige Worte. Zur Politik der Prophetie in der Weimarer Republik, in: ders. / Stefan Willer (Hg.), Prophetie und Prognostik. Verfügungen über Zukunft in Wissenschaften, Religionen und Künsten, München 2013, 37–57 (52).

[35] Vgl. Karl Barth, Die Kirchliche Dogmatik. Bd. I/1, Zürich [10]1981, 89–127.

[36] Vgl. Friedrich Niebergall, Wie predigen wir dem modernen Menschen? 1. Teil: Eine Untersuchung über Motive und Quietive, Tübingen [3]1909; 2. Teil: Eine Untersuchung über den Weg zum Willen, Tübingen [2]1906; 3. Teil: Predigten, Andachten, Reden, Vorträge, Tübingen 1921.

wortet hat.[37] Und zugleich steht an diesem Ursprung sicherlich auch ein Barth gewissermassen angeborenes literarisches Talent zu dramatischen Texten. Schon der 12-/13-Jährige hat Schillerdramen umgedichtet und die Sammlung seiner Grossmutter als «Karl Barths gesammelte Werke» gewidmet.[38] Die Barthsche Wort-Gottes-Theologie ist dramatische Theologie,[39] sie handelt, wie nicht umsonst eine literarische Dramatikerin, eben jene von Barth übersetzte englische Dorothy L. Sayers schön beschrieben hat, vom «Greatest Drama Ever Staged». Und dies hat wiederum Barths Theologie auch für andere moderne Dramatiker bzw. Romanautoren, etwa für John Updike, so anziehend gemacht.

An diese sozusagen phänomenologische Betrachtungsweise von Barths Theologie und ihre implizite Ästhetik sind vielfältige Deutungsversuche angeknüpft worden. Und zwar schon sehr früh; sie beginnen mit zeitgenössischen Beobachtungen zur expressionistischen Stilistik von Barths Römerbriefkommentaren. Folkart Wittekind hat diese Debatten analytisch überzeugend aufgearbeitet.[40] Schon vor über 30 Jahren ist Barths dialektische Theologie von der Literaturwissenschaftlerin Lynn Poland mit dem *linguistic turn* in den Literaturwissenschaften in Verbindung gebracht worden,[41] etwa mit James Joyce Finnigans Wake; ich selber habe in meinem Barthbuch von 2000 Barths theologische Performancetechnik in namentlich seinen «Römerbriefen» mit Strömungen des zeitgenössischen performativen und politischen Avantgarde-Theaters verglichen.[42] Und neuerdings hat Ralf Frisch von Barths theologischen Tautologien «Gott ist Gott» – «Welt ist Welt» etwa aus seinem Aufbruchsjahr 1915 Verbindungslinien zum Dadaismus gezogen, der ja 1916 in Zürich gegründet wurde – also unweit von Zeit und Ort der «Gründung» der Barthschen Theologie in Safenwil im Aargau.[43] Der Nachteil dieser Deutungen, nicht zuletzt auch und in gewisser

---

[37] Vgl. dazu: Georg Pfleiderer, Die liberale Predigt als Quelle dialektischer Theologie. Zur werkgeschichtlichen Bedeutung von Karl Barths «Predigten 1911», in: ThZ 72, 2016, 291–327.

[38] Vgl. Tietz, Karl Barth (Anm. 11), 37.

[39] Vgl. Hans-Wilhelm Pietz, Das Drama des Bundes. Die dramatische Denkform in Karl Barths Kirchlicher Dogmatik (NBSt 12), Neukirchen-Vluyn 1998.

[40] Vgl. dazu Folkart Wittekind, Expressionismus und religiöse Kunst – eine zeitgenössische Debatte als Hintergrund von Barths zweitem «Römerbrief», in: Georg Pfleiderer / Harald Matern (Hg.), Theologie im Umbruch der Moderne. Karl Barths frühe dialektische Theologie (Christentum und Kultur 15), Zürich 2014, 185–214.

[41] Lynn Poland, The New Criticism, Neoorthodoxy, and the New Testament, in: JR 65, 1985, 459–477.

[42] Vgl. Pfleiderer, Karl Barths praktische Theologie (Anm. 31), 441–443.

[43] Vgl. Ralf Frisch, Alles gut. Warum Karl Barths Theologie ihre beste Zeit noch vor sich hat, Zürich 2018, 52f.

Weise vor allem der letzteren, ist, dass sie ganz überwiegend rein strukturell argumentieren; historische Abhängigkeits- bzw. Rezeptionsverhältnisse Barths zu jenen Strömungen können, mit Ausnahme der Expressionismusbeziehung, nicht nachgewiesen werden. Dies gilt z. B. auch für die jüngste Forschung dieses Typs, nämlich für diejenige über eine Beziehung von Barth zu Marcel Duchamp, dem Erfinder der Ready Made-Kunst.[44]

Es dürfte deutlich geworden sein: Auch und vielleicht gerade in seinem Verhältnis zu Kultur und Künsten herrscht bei Barth der kategorische Imperativ theologischer «Autopistie»[45] und Autopoiesis: Kunst und Kultur sollen nicht das Medium sein, in dem der christliche Glaube gleichsam schwimmt, das er lediglich akzentuiert. Sondern: Kunst und Kultur sollen – genau wie alles andere auch – genuin theologisch verstanden werden. *«Christus artifex»*, könnte man sagen. Wenn eine darauf zielende Deutungshypothese berechtigt ist, müsste nicht gleich eine Erweiterung der Barthschen Lehre vom dreifachen Amt Jesu Christi, also neben dem königlichen, priesterlichen und prophetischen auch noch ein viertes, künstlerisches als Barths Intentionen gemäss behauptet werden. Aber die Aufdeckung einer künstlerischen Dimension namentlich im prophetischen Amt Jesu Christi könnte schon versucht werden.

---

[44] Barth hat Duchamp wahrscheinlich nicht gekannt; sicher jedenfalls nicht zur Zeit der Entwicklung seiner dialektischen Theologie; auch hier liegt, wenn überhaupt, eine analoge Entwicklung vor. Worum geht es bzw. würde es gehen? Um die Idee des autonomen Kunstwerks. Ready-Mades sind gewissermassen Kunstwerke ohne Künstler. Der Künstler findet sie lediglich vor – nämlich in der Kultur, genauer: in der modernen Massenindustriekultur. Der künstlerische Akt besteht sozusagen darin, dass er ein solches Massenprodukt – eines noch dazu, das denkbar weit von dem entfernt ist, was die Zeitgenossen mit Kunst, also mit dem Raum der Schönheit und der Erhabenheit verbinden –, wie etwa ein Pissoir, in den Raum der Kunst stellt, es auf diese Weise als Kunst zeigt. Duchamps Kunst ist deiktische, digitale Kunst wie Karl Barths Theologie deiktische, digitale Theologie sein will. Vgl. dazu Georg Pfleiderer, Das autonome theologische Kunstwerk. Karl Barths Römerbriefkommentar von 1919 – mit Blick auf Marcel Duchamps Kunstverständnis (Vortragsmanuskript 01.02.2019, unveröffentlicht).

[45] Barth verwendet den aus der altprotestantisch-reformierten Schriftlehre stammenden Begriff einmal affirmativ zur Charakterisierung des Ansatzes von Wilhelm Herrmann, vgl.: «[S]eine Wissenschaft war geradezu konstituiert durch sein Wissen um das, was die Alten die ‹Autopistie›, das In-sich-selbst-Gegründetsein der christlichen Wahrheit nannten.» Karl Barth, Die dogmatische Prinzipienlehre bei Wilhelm Herrmann (1925), in: ders., Vorträge und kleinere Arbeiten 1922–1925 (GA III.24), hg. von Holger Finze-Michaelsen, Zürich 1990, 545–503, 585.

II. Kulturkritik – Barths Auseinandersetzung mit Schleiermacher

1. Schleiermacher als Kulturprotestant

Der Exponent einer Kulturtheologie und des Kulturprotestantismus ist für Barth bekanntlich Friedrich Schleiermacher. Über Barths Verhältnis zu Schleiermacher ist viel geschrieben worden, zu Recht.[46] Denn dieses ist für Barths theologische Selbstfindung und theologische Positionierung sehr wichtig. Es ist gekennzeichnet durch eine spannende Ambivalenz: einerseits ebenso grundsätzliche wie weitreichende Ablehnung, andererseits aber auch grosser Respekt und Zustimmung. Diese Ambivalenz hält sich übrigens durch Barths gesamtes theologisches Schaffen, seit seiner liberalen Frühzeit, durch. Ein Vertreter der Schleiermacherrenaissance um 1910 war er schon damals, als liberaler Theologe, nicht; ein von Schleiermacher sich geprägt wissender und von ihm beeindruckter Theologe aber dennoch. Er ist es bekanntlich bis in sein letztes Lebensjahr geblieben. Materialdogmatisch kann man Barths «Ringen mit Schleiermacher»[47] vor allem in zwei Lehrstücken zentriert sehen, nämlich erstens in Stellung und Fassung der Christologie bei Schleiermacher und zweitens in dessen Pneumatologie und Eschatologie. Bei beidem geht es aber nicht nur um die entsprechenden materialdogmatischen Inhalte, sondern um die Gesamtdeutung der Theologie Schleiermachers, aber eben auch Karl Barths.

Dass es Barth in seinem Verhältnis zu Schleiermacher um die Gesamtdeutung der Theologie, ihrer Aufgabe, wie ihrer Struktur geht, lässt sich schlagwortartig an seinem Umgang mit der ihrerseits schlagwortartigen Alternativformel ablesen, auf die Emil Brunner seine Auseinandersetzung mit Schleiermacher gebracht hat, – die zugleich die der dialektischen Theologen insgesamt mit diesem Nestor kulturprotestantischer Theologie sein sollte: «Die Mystik und das Wort», so war Brunners Anti-Schleiermacherbuch von 1924 betitelt.[48] Gemeint war: «Das Wort» im Sinne der dialektischen Theologie statt der «Mystik» Schleiermachers.

---

[46]   Vgl. – neben etlichen anderen – nur: Dietmar Lütz, Homo Viator. Karl Barths Ringen mit Schleiermacher, Zürich 1988; James O. Duke / Robert F. Streetman (Hg.), Barth and Schleiermacher: Beyond the Impasse? Philadelphia 1988; Sug Hyon Oh, Karl Barth und Friedrich Schleiermacher 1909–1930, Neukirchen-Vluyn 2005; Matthias Gockel / Martin Leiner (Hg.), Karl Barth und Friedrich Schleiermacher. Zur Neubestimmung ihres Verhältnisses, Göttingen 2015.

[47]   Vgl. Lütz, Homo Viator (Anm. 46).

[48]   Emil Brunner, Die Mystik und das Wort. Der Gegensatz zwischen moderner Religionsauffassung und christlichem Glauben dargestellt an der Theologie Schleiermachers, Tübingen 1924.

Schleiermachers Theologie ist in Brunners Augen naturalistisch gewendete Identitätsphilosophie[49] und Pantheismus, dem das reformatorisch-dialektische «Wort» den personalen, ethischen Anspruchs- und Schöpfergott diametral gegenüberstelle.[50] Barth liest Brunners schroffe Deutung zu Beginn der Arbeit an seiner Schleiermacher-Vorlesung im Oktober 1923 in Manuskriptform und findet sie zunächst einleuchtend,[51] er folgt ihr auch – oft unausgewiesen – in seiner eigenen Interpretation an etlichen Stellen, setzt sich aber doch sogleich auch von ihr ab.[52] In seiner im Frühjahr 1924 in *Zwischen den Zeiten* erschienenen Rezension meldet er einige kritische «*Bedenken*»[53] an. Diese haben einen nur zum Teil ausgesprochenen Fokus: Brunners polemische Attacke auf Schleiermachers theologische Begriffsarbeit bleibt dieser in Barths Augen letztlich äusserlich; sie geht zum einen der theologischen Triftigkeit und teilweise auch Berechtigung von Schleiermachers Anliegen nicht ausreichend nach und nimmt darum auch die Gründe für dessen enorme Wirkmächtigkeit als Begründer des modernen Kulturprotestantismus – wie dieses Phänomen selbst – nicht in den Blick. So findet Barth schon Brunners Bezeichnung «Mystik» für Schleiermachers Theologie nur teilweise zutreffend und – für seine Interessen – zielführend.

Folgendes dürfte dabei im Hintergrund stehen: Zwar ist es richtig, dass der Mystikbegriff um 1900 – ähnlich wie Schleiermacher – und zum Teil im Zusammenhang mit ihm für viele liberale Theologen, auch etwa für Ernst Troeltsch,[54] und vor allem auch weit über diese akademisch-theologischen Kreise hinaus in den allgemeinen religiösen und neureligiösen Szenen zum Leit- und Orientierungsbegriff geworden war. Dennoch insistiert Barth mit Recht darauf, dass quietistisch-innerliche Verschmelzung der Menschenseele mit dem Absoluten, mit Gott, allenfalls die halbe Wahrheit für eine Beschreibung des gelebten und gedachten Kulturprotestantismus der liberalen Theologie seiner Vätergeneration sein kann. Das aktive, weltgestaltende, ethische Element und Potenzial, das den

---

[49] Vgl. Brunner, Die Mystik und das Wort (Anm. 48), 375.386.

[50] Vgl. Brunner, Die Mystik und das Wort (Anm. 48), 375.382.

[51] Vgl.: «Eben lese ich Brunners Manuskript. Es scheint doch ganz gut und ist mir sehr dienlich.» Barth an Thurneysen, ca. 13.10.1923, in: Karl Barth – Eduard Thurneysen, Briefwechsel. Bd. 2: 1921–1930 (GA V.4), Zürich 1974, 193.

[52] Vgl.: «Ich werde mich wohl hüten, eine solche Attacke zu reiten wie der!» Barth an Thurneysen, 31.10.1923, in: Karl Barth – Eduard Thurneysen, Briefwechsel. Bd. 2 (Anm. 51), 196.

[53] Karl Barth, Brunners Schleiermacherbuch, in: ders., Vorträge und kleinere Arbeiten 1922–1925 (Anm. 45), 401–425 (411).

[54] Vgl. dazu Georg Pfleiderer, Theologie als Wirklichkeitswissenschaft. Studien zum Religionsbegriff bei Georg Wobbermin, Rudolf Otto, Heinrich Scholz und Max Scheler (BHTh 82), Tübingen 1992, 61f.

Kulturbegriff der Kulturprotestanten mindestens so sehr auszeichnet wie deren Suche nach religiöser Innerlichkeit und religiösem Verschmelzungserleben mit dem Absoluten, die man «Mystik» nennen mag, ist damit gerade nicht erfasst. Und diese kulturethische Ausrichtung sah Barth eben auch schon bei Schleiermacher angelegt, dessen Programm er darum – anders als Brunner – nicht auf die Formel «Mystik», sondern bezeichnenderweise auf den Begriff «Kulturreligion» bringen wollte.[55] «Könnte man», so wendet er gegen Brunner ein, «nicht ernstlich die These vertreten, dass Schleiermacher ‹im Grunde› eben doch nicht ‹Mystiker›, sondern ‹*Ethiker*› – neuprotestantisch-aktivistischer Ethiker gewesen sei?!»[56] Ein Ziel oder besser: ein ihn selbst teilweise überraschendes Ergebnis seiner Beschäftigung mit Schleiermacher in der Göttinger Vorlesung von 1923/24 war genau dieses: Schleiermachers kulturtheoretisch-ethische Fundierung der Theologie, namentlich ja auch seiner Glaubenslehre, war ernst gemeint; das Christentum ist keine mystisch-passive, sondern eine teleologische Religion, «in der», wie es dann in Barths Theologiegeschichte heisst, «das Gottesbewusstsein ganz bezogen werde auf die Gesamtheit der *Tätigkeits*zustände in der Idee von einem Reiche Gottes»;[57] selbst die romantischen «Reden über die Religion» sind ohne ein solches kulturethisches «Framing» nicht zu denken bzw. auf dieses hin angelegt. Der dort beschworene «jungfräuliche[] Kuss»[58] des religiösen Alleinheitserlebens[59] zielt trotz der pantheistisch gefärbten Verschmelzungserfahrung letztlich nicht auf eine Ich-Auflösung im Absoluten, sondern auf Ich- und Selbstgewinn in solcher Selbst-Erweiterung, der sich in aktivem Weltumgang betätigt und bestätigt.

Und solcher Weltumgang ist gleichursprünglich individualitäts- und sozialitätsproduktiv: Das Individuum findet und gewinnt sich nur in der kommunikativen Gemeinschaft. Umgekehrt bemisst sich der ethische Wert von Gemeinschaft an ihrer individuationsfördernden Potenz. Auch an dieser doppelten Grundeinsicht

---

[55] Barth, Brunners Schleiermacherbuch (Anm. 53), 414.

[56] Barth, Brunners Schleiermacherbuch (Anm. 53), 416; vgl. Rundbrief vom 20.12.1923, in: Karl Barth – Eduard Thurneysen, Briefwechsel. Bd. 2 (Anm. 51), 207f.

[57] Karl Barth, Die protestantische Theologie im 19. Jahrhundert. Ihre Vorgeschichte und ihre Geschichte, Zürich [5]1981, 389.

[58] Friedrich Schleiermacher, Über die Religion. Reden an die Gebildeten unter ihren Verächtern (1799), hg. von Günter Meckenstock, Berlin / New York 1999, 89.

[59] Vgl. auch die recht präzisen Formulierungen in der romantischen Beschreibung: «Ich liege am Busen der unendlichen Welt: ich bin in diesem Augenblick ihre Seele, denn ich fühle alle ihre Kräfte und ihr unendliches Leben, wie mein eigenes, sie ist in diesem Augenblicke mein Leib, denn ich durchdringe ihre Muskeln und ihre Glieder wie meine eigenen, und ihre innersten Nerven bewegen sich nach meinem Sinn und meiner Ahndung wie die meinigen.» Schleiermacher, Über die Religion (Anm. 58), 89.

Schleiermachers hat Barth zeitlebens festgehalten. Beides kommt zusammen, wie Barth vorurteilsfrei gesehen und respektvoll anerkannt hat, in Schleiermachers erstaunlich frühen Einsichten in die depersonalisierenden Tendenzen der modernen Industriekultur, die er in ihrer Entstehung sorgfältig beobachtet, insbesondere für die Arbeiterschaft. Barth hat Schleiermacher im Zuge der Ausarbeitung seiner Vorlesung von 1923/24 geradezu entdeckt als religiösen Sozialisten bzw. Sozialdemokraten *avant la lettre* – der in dieser Hinsicht den meisten liberalen wie positiven Kirchenmännern und akademischen Theologen seiner Zeit wie auch der unmittelbar nachfolgenden Generationen Entscheidendes, gleichsam Prophetisches voraushatte.[60] «Mystik» im Brunnerschen Sinne sieht anders aus.

Und Ähnliches gilt nun auch *vice versa* für Brunners zweiten Kampfbegriff «das Wort». Barth war sich – trotz aller darauf bezogenen Übereinstimmung mit Brunner – bleibend unsicher, wie die Schleiermachersche Christologie hinsichtlich der von ihm, Barth, geforderten Alterität, d. h. der von ihm gesuchten autopoietischen Stellung und Kraft des «Ursprungs», der für ihn Christus ist, zu bewerten sei. In der Schleiermacher-Vorlesung von 1923/24 dominiert zwar eine kritische, ja insgesamt pauschalkritische Sicht: Schleiermachers Christus wird als letztlich naturhafte Wirkursache des christlich-frommen Selbstbewusstseins gedeutet, die diesem gegenüber am Ende keine Selbständigkeit mehr besitze.

Unter dem Strich teilt Barth also durchaus Brunners Vorwurf gegenüber Schleiermacher, dieser löse zumindest tendenziell das Wort Gottes in den menschlichen Geist auf. Darum ist für Barth das «Ergebnis» seiner intensiven Beschäftigung mit Schleiermacher im Wintersemester 1923/24 ein «ziemlich erschütterndes.» Schleiermachers Theologie ist für ihn – trotz bleibendem Respekt für deren intellektuelle Leistung, das Symbol und Fanal der *«Entartung der protestantischen Theologie»*[61] in der Neuzeit. Doch auch bei dieser dominant kritischen Sicht der Dinge hat Barth ein gewisses Verständnis für Schleiermacher. Denn er ist sich darüber im Klaren, dass die Bezogenheit des Wortes auf den Geist, durchaus auch auf den menschlichen Geist, aus dem theologisch, reformatorisch verstandenen Begriff des Wortes, gerade nicht zu tilgen ist. Es ist das Werk des Heiligen Geistes, dass sich das Wort dem menschlichen Geist, wenn man so will: der frommen Innerlichkeit, erschliesst.[62] Auch und vor allem darum dürfen «Mystik» und «Wort» bei und für Schleiermacher, wie auch in der Theologie insgesamt, nicht so antithetisch verstanden werden, wie Brunner das tat.

---

[60]   Vgl. Karl Barth, Die Theologie Schleiermachers 1923/1924. Vorlesung Göttingen Wintersemester 1923/24 (GA II.11), hg. von Dietrich Ritschl, Zürich 1978, 74–78.

[61]   Barth, Die Theologie Schleiermachers (Anm. 60), 461.

[62]   Vgl. Barth, Die protestantische Theologie im 19. Jahrhundert (Anm. 57), 410–412.

Schon 1924, und verstärkt in den späteren Texten, vor allem in den in den Bonner Jahren entstandenen Vorlesungen zur Geschichte der protestantischen Theologie in der Neuzeit, prägt Barth das Bild von der Ellipse mit den zwei Brennpunkten, die – so sieht er es allerdings auch dort – die Tendenz hätten, sich in den einen – den menschlichen Mittelpunkt hin aufzulösen.[63]

2. Die «vermisste festliche Mitte»: Barths Deutung von Schleiermachers Weihnachtsfeier

Dass Barths Auseinandersetzung mit Schleiermacher einerseits aufs Grundsätzlich-Theologische, auf das Verhältnis von göttlichem Wort und menschlicher Religion und Kultur, zielt, dass sie aber andererseits – und zwar nicht minder grundsätzlich und gerade darum – eine praktische, nämlich kulturpraktische, genauer: christentumskultur-praktische Dimension hat, zeigt sich daran, dass Barth einem bestimmten Text Schleiermachers die besondere Aufmerksamkeit eines ihm eigens gewidmeten Aufsatzes zuwendet, Schleiermachers «Weihnachtsfeier».[64] An Barths gleichnamiger Studie lässt sich schön erkennen, wie die strukturelle Elliptik von Barths Schleiermacher-Deutung in der Tat auch deren Deutungsoptik bestimmt: In einer gewissermassen stereo-optischen Sichtweise blendet Barth hier zwischen Schleiermachers Deutung von Joh 1,14 als dem «Grundtext der ganzen Dogmatik»[65] und dessen pneumatologisch-kulturpraktischer Umsetzung hin und her.

Dabei ist ähnlich wie im Falle des Mystikbegriffs auch Barths Zugriff auf Schleiermachers Weihnachtstheologie ein ebenso hohes Mass an begrifflicher Analyse wie Kultursensibilität und kultursoziologischer Deutungskraft zu attestieren. Denn mit der Weihnachtsfeier befinden wir uns zweifellos mitten im Zentrum der modernen bürgerlichen Kulturfrömmigkeit. «Weihnachtschristentum» ist in der Tat eine der besten Chiffren neuzeitlicher Frömmigkeit – bis

---

[63] Vgl. Karl Barth, Schleiermachers «Weihnachtsfeier», 1924, in: ders., Vorträge und kleinere Arbeiten 1922–1925 (Anm. 45), 483. Vgl. Barth, Die protestantische Theologie im 19. Jahrhundert (Anm. 57), 410–412. Eine sehr viel kritischere Lesart von Barths Auseinandersetzung mit Schleiermachers *Weihnachtsfeier* als die im Folgenden gebotene findet sich bei Erwin H. U. Quapp, Barth contra Schleiermacher? «Die Weihnachtsfeier» als Nagelprobe, mit einem Nachwort zur Interpretationsgeschichte der «Weihnachtsfeier», Marburg 1978.

[64] Barth, Schleiermachers «Weihnachtsfeier» (Anm. 63), 458–489.

[65] Barth, Die Theologie Schleiermachers (Anm. 60), 334.

heute.[66] Weihnachten ist die Feier der Urzelle sozialer Individuation, der Familie,[67] der Kleinkinderfamilie, Weihnachten ist Gefühl, Kindlichkeit, Heimat, Licht im Dunkel, Flucht aus der harten, sozialen Wirklichkeit in die Innigkeit des ursprünglich Personal-Sozialen. Das neuzeitlich-christliche Weihnachten ist dominiert von den klassisch-neuzeitlichen Genderwerten der Feminität, näherhin der Maternität. An Weihnachten kehren sozusagen auch die sich sonst in der rauen Wirklichkeit abkämpfenden *«domini»* heim in die liebevoll-lichte Heimat ihrer Kindheit und ihrer *«domina»*, in die Mutter-Kind-Symbiose.

Die «festliche Mitte der Schleiermacherschen Weihnachtsgedanken ist», so lesen wir sehr treffsicher bei Barth, «das Innerste der *Familie,* das *Verhältnis Mutter und Kind* in seinen verschiedenen Abwandlungen.»[68] Das bürgerliche Weihnachten ist das Beschwören und Feiern einer geheimnisvollen Mitte hinter den harten Gegensätzen der Welt, zumal der modernen. Diese Mitte ist, philosophisch-begrifflich gewendet, der Punkt der «Indifferenz beider Formen», gemeint ist Denken und Wollen, das *«[u]nmittelbare Selbstbewusstsein = Gefühl»,*[69] wie es in Schleiermachers Dialektik heisst; es wird präsent im Gefühl schlechthinniger Abhängigkeit.[70] Dieses ist, wie Barth an vielen Stellen seiner Auslegung wie auch seiner Schleiermacher-Vorlesung insgesamt zu zeigen versucht, *als solches* ein Mittleres, ein Versöhnendes, der Friede, der Weihnachtsfriede.

Genau das hat Barth an Schleiermachers Weihnachtsfeier herausgearbeitet. Theologisch sieht er diese zu Recht getragen von einer durchdachten Irenik, es wird viel und kontrovers diskutiert von den Männern, aber deren Kontroversen müssen nicht geschlichtet werden, denn sie dürfen stattfinden im bergenden Lichtkreis weiblicher Intimität und Grazie. Der Geist marianischer Caritas, im

[66] Vgl. z. B. Matthias Morgenroth, Weihnachts-Christentum. Moderner Religiosität auf der Spur, Gütersloh 2002.

[67] Vgl. Wolfgang Steck, Praktische Theologie. Horizonte der Religion – Konturen des neuzeitlichen Christentums – Strukturen der religiösen Lebenswelt, Band I, Stuttgart 2000, 377f. u. ö.

[68] Barth, Schleiermachers «Weihnachtsfeier» (Anm. 63), 473.

[69] Friedrich Schleiermachers Dialektik. Im Auftrage der Preussischen Akademie der Wissenschaften auf Grund bisher unveröffentlichten Materials, hg. von Rudolf Odebrecht, Darmstadt 1988 (Nachdruck der Ausgabe Leipzig 1942), 288, Anm. LI.

[70] Vgl.: «Weil das Gefühl an sich die siegreiche *Mitte* zwischen Wissen und Tun, weil es im Unterschied zu diesen Funktionen das eigentliche *Selbst*bewusstsein selber und schon damit mindestens der *subjektive* Repräsentant der Wahrheit ist, und weil das Gefühl als frommes Gefühl der schlechthinnigen Abhängigkeit des Menschen, d. h. seiner Beziehung zu Gott ist, darum ist die Schleiermachersche Theologie Gefühlstheologie, genauer gesagt [...] Theologie des frommen Selbstbewusstseins.» Barth, Die protestantische Theologie im 19. Jahrhundert (Anm. 57), 405f.

Doppelsinn von Grazie und gnädiger Huld, liegt über Schleiermachers Weihnachtsfeier. Dazu passt, dass als das bevorzugte Ausdrucksmedium «weiblicher»
Grazie der Romantik, und darin der Appräsentation des unmittelbaren Absoluten,
nicht das begriffslastige Wort eingeführt wird, sondern die Musik.[71] «Die *Musik*
und das *Ewig-Weibliche* [...], sie sind als via regia zu dem Unaussprechlichen die
eigentliche theologische Substanz des kleinen Meisterwerkes.»[72] Darum musizieren die Frauen, während die Männer debattieren; und in Musik löst sich in
Schleiermachers Weihnachtsfeier schliesslich alles auf – in Wohlgefallen. Musik,
nämlich das Anhören eines Flötenkonzerts, war es auch, welche Schleiermacher
die Idee zu jener poetischen Schrift eingegeben haben soll.[73]

Barth hat all dies mit ebenso grossem theologischem Scharfsinn wie erstaunlicher Kultursensibilität erfasst. Erfasst hat er dabei auch, wenn auch eher intuitiv
und implizit, den männlich-sehnsuchtsvoll projektiven Blick, dem diese religiöse
Idylle unterschwellig verpflichtet ist. Das Weihnachtschristentum als Programm,
als Unterbrechungsprogramm nämlich des ansonsten in Ruhe, bzw. genauer: in
seiner permanenten Betriebsamkeit gelassen, gelebten, sogar gerne und mit
Überzeugung und mit entsprechendem Superioritätsanspruch gelebten, 364-Tage
Alltagsprogramms, die auch dem härtesten Arbeitstier und eigentlich nur diesem
gewährte «sittlich erlaubte Erholung» – ist eine Männer-Phantasie: Schleiermacher
und seine Weihnachtsfeier sind, das war Barths entscheidender Vorwurf, theore-
tisch-strukturell latenter «Feuerbachianismus»;[74] ein «Feuerbachianer ist auch tatsächlich unter den disputierenden Männern; und er muss – so irenisch ist die
Feier und ihr Autor – nicht einmal widerlegt werden. Und kulturpraktisch ver-
birgt sich trotz, hinter und gerade in allem ethischen Kulturaktivismus ein Rück-
zug des Christentums in eine in der Tat ästhetische, näherhin sublim musikalische Mystik, die jedoch gerade aus ihrer symmetrischen Differenz zum harten,
«männlichen» Alltagsleben ihre Auftankfunktion für dieses zieht. So – dialektisch modifiziert – nimmt also auch Barth Brunners Mystikvorwurf gegen
Schleiermacher auf.

Auch schon Schleiermachers *Weihnachtsfeier* hat darum für Barth, wenn ich
ihn recht deute, heimlich zwei Brennpunkte: das «weibliche» Verschmelzungssich
des ursprünglich Individuell-Allgemeinen, und das «männliche» Differenz-Ich der
hart sich im Raum stossenden Tatsachen. Gerade darum ist die «festliche Mitte»,

---

71 Vgl. Barth, Die Theologie Schleiermachers (Anm. 60), 439.
72 Barth, Schleiermachers «Weihnachtsfeier» (Anm. 63), 486.
73 Vgl. Barth, Schleiermachers «Weihnachtsfeier» (Anm. 63), 466.
74 Barth, Schleiermachers «Weihnachtsfeier» (Anm. 63), 485, vgl. Barth, Die Theologie Schleiermachers (Anm. 60), 387.

um deren Feier sich bei Schleiermacher – trotz seines christologischen Vorbehalts, den Barth ihm zumindest als Intention bleibend zugesteht,[75] womöglich doch alles dreht, in Barths kritischer Sicht – bei Schleiermacher und in der Schleiermacherschen Suchweise – in Wahrheit «vermisst», also eigentlich verloren. Denn in Schleiermachers Versöhnungskonzeption wittert Barth eine fundamentale Unklarheit, ihrerseits eine Indifferenz: Sie findet nämlich einerseits hinter den zu vermittelnden Polen statt, hinter Wissen und Wollen, als Gefühl und zugleich – siehe die bipolare Geschlechterlogik – einseitig auf der Seite des «ewig Weiblichen». Barth hat Schleiermacher und seine Theologie insgesamt eine geradezu gendertheoretische Deutung, ja Pointe unterstellt, wenn er nämlich am Abschluss seiner Auslegung der «Weihnachtsfeier» auf eine Briefstelle Schleiermachers hinweist: «Mir geht es [...] überall so, wohin ich sehe, dass mir die Natur der Frauen edler erscheint und ihr Leben glücklicher, und wenn ich je mit einem unmöglichen Wunsche spiele, so ist es mit dem, eine Frau zu sein.»[76]

Begrifflich sieht Barth diese Unklarheit darin begründet, dass die Vermittlung, also die Versöhnung, eine für den theologischen Begriff «geheimnisvolle Mitte»[77] in dem Sinne bleibt, dass sie nicht aus dem Wesen Gottes selbst herleitbar erscheint. Gott selbst bleibt als «Von Woher» des Gefühls schlechthinniger Abhängigkeit als dem eigentlichen Vermittlungsmoment auf in Barths Augen unklare Weise hinter diesem verborgen.

«In der Welt habt ihr Angst». Wir können nur aus der Mitte leben und auf sie zu, aber nicht in ihr. Auch und gerade nicht an Weihnachten. Dogmatisch-christologisch gewendet: Christus, der Gottessohn darf nicht als Träger und Chiffre des Ursprungs als des «Von woher» des Gefühls schlechthinniger Abhängigkeit gefasst werden, weil er sich in solcher Funktionalität aufzulösen droht; sondern er muss, christentumskulturpraktisch gewendet, auch in der Urfeier schlechthinniger Abhängigkeit in der weihnachtlichen Mutter-Kind-Symbiose als der Christus, man kann sagen: in seiner erwachsenen «Männlichkeit», in seinem In-der-Welt- und Gegen-die-Welt- und vor allem in seinem Die-Welt-Gegen-Ihn-Sein präsent werden. Weihnachten ohne Karfreitag und Ostern funktioniert nicht.

---

[75] Vgl. «‹Und ebenso jeder von uns schaut in der Geburt Christi seine eigene höhere Geburt an, durch die nun auch nichts anderes in ihm lebt als Andacht und Liebe, und auch in ihm der ewige Sohn Gottes erscheint. [...] Und eben dies ist die Herrlichkeit des Festes [...]› Aber sollte nun, wenn *das* die *Schleiermachersche Mitte* ist, Weihnacht als das Fest der Geburt Christi nicht doch wieder [...] an die Peripherie der Betrachtung gedrängt sein?» Barth, Schleiermachers «Weihnachtsfeier» (Anm. 63), 474, vgl. 483.

[76] Barth, Schleiermachers «Weihnachtsfeier» (Anm. 63), 488.

[77] Barth, Wolfgang Amadeus Mozart (Anm. 7), 43.

III. Barths Kulturtheologie

1. Die Kirche und die Kultur

Barths Respekt für Schleiermacher gründet, wie zu zeigen versucht wurde, nicht nur in der von ihm scharf gesehenen und bewunderten Ingeniosität und vielseitigen Intellektualität des grossen Mannes, sondern auch in dessen ausserordentlicher Wirkmächtigkeit.[78] Diese wiederum ist eben kein Zufall, sondern, wie Barth ebenfalls klar erkannt hat, Folge der Qualität und in gewisser Weise auch intentionaler Bestandteil seines theologischen Programms, das zum einen, wie exemplarisch an den freundschaftlichen Kontroversen der Weihnachtsfeier illustriert ist, auf einen gleichsam metatheoretischen Ausgleich von positionellen Gegensätzen zielt, auch da also auf einen Indifferenzpunkt hinter den Differenzen (der zugleich heimlich wiederum mit der einen Seite des Gegensatzes koinzidiert).

Zum andern aber ist das theologische Programm Schleiermachers nicht einfach nur das einer wissenschaftlichen Darlegung des christlich-frommen Selbstbewusstseins und seiner vielfältigen kulturellen Ausfaltungen, sondern es ist als dieses zugleich ein praktisch-theologisches Bildungsprogramm: «Was will er? Die Menschen *in die Bewegung der Bildung,* der menschlichen Lebenserhöhung, die zu tiefst die religiöse, die christliche Bewegung ist, *hineinziehen.*»[79]

Solches Hineinziehen ist aber wesentlich ein rhetorischer Vorgang. Für Schleiermachers Theologie ist eine ästhetische Pragmatik kennzeichnend, wie er sie vor allem in seinen «Reden über die Religion» vorgeführt hat; diese sind «Kunstreden»,[80] der Autor ein religiös-theologischer «Virtuose».[81] Darin bestehe der ethische Kern und die eigentlich ethische Grundlage seines religionsphilosophischen Programms. Die adressatenorientierte Kommunikation seiner Inhalte, mithin seine Performanz, ist ihr entscheidender Bestandteil. Sie zielt nie nur auf rationale Einsicht, sondern immer zugleich auf emotionale Nachempfindung und willentliche Zustimmung. Sie will die Rezipienten nicht (nur) infor-

---

[78] Vgl. den motivierenden Einstieg in die Schleiermachervorlesung: «Wenn irgendeiner heute mitredet in der protestantischen Theologie, als ob er mitten unter uns stünde, so ist es Schleiermacher. [...] Schleiermachersche Methode, Schleiermachersche Voraussetzungen sind heute bewusst oder unbewusst, gewollt oder ungewollt das charakteristische Ferment so ziemlich aller theologischen Arbeit.» Barth, Die Theologie Schleiermachers (Anm. 60), 1.

[79] Barth, Die protestantische Theologie im 19. Jahrhundert (Anm. 57), 389.

[80] Vgl. Barth, Die Theologie Schleiermachers (Anm. 60), 438.

[81] Vgl. Barth, Die Theologie Schleiermachers (Anm. 60), 439.

mieren, sondern immer auch mobilisieren, also bewegen, nämlich wiederum im zweifachen Sinne von «innerlich ergreifen»[82] und «zu praktischer Tätigkeit aus sich herausführen».

Um diese Pragmatik freizulegen und zugleich um ihren religiös-theologischen Kern zu erkunden, hatte Barth in seiner Schleiermacher-Vorlesung mit einer Auslegung der Predigten angesetzt.

Wer aber Schleiermacher überwinden will, muss, so war Barth überzeugt, eine kulturpraktisch ähnlich wirkmächtige Theologie inaugurieren, wie Schleiermacher das vermocht hat. Das steht hinter seiner Bemerkung in seiner Brunner-rezension, eine Überwindung Schleiermachers müsste «in einer theologischen *Revolution* bestehen, die in ihrer Tiefe und Energie wahrlich nicht kleiner sein dürfte als die Reformation selbst».[83] Noch in dem erst nach dem Zweiten Weltkrieg erfolgten Abdruck seiner Vorlesung über die Geschichte der protestantischen Theologie lässt Barth den Satz stehen: «Kein Mensch kann heute sagen, ob wir ihn wirklich schon überwunden haben, oder ob wir nicht bei allem nun allerdings laut und grundsätzlich gewordenen Protest gegen ihn noch immer im Tiefsten Kinder seines Jahrhunderts sind.»[84] Denn sie kann nur in der Ersetzung des Schleiermacherschen Kulturprotestantismus durch eine neue Form der «Kultur» des Christentums bestehen, die einen alternativen Ursprung und eine alternative kulturelle Gestalt hat, nämlich die der «Kirche».

Barths Kirchenbegriff ist mithin in seiner inhaltlichen Struktur, aber auch in seiner Pragmatik, als antithetischer, aber eben auch, und darauf will ich hinaus, dialektischer Gegen- und Überbietungsbegriff zu Schleiermachers Kirchen- und Kulturprogramm zu verstehen. Grundgeschehen von Kirche im Barthschen Sinn soll die Kultus-Kultur des kerygmatischen Gotteswortes sein, im Sinne seiner Lehre der dreifachen Gestalt des Wortes Gottes. Diese aber darf sich gerade nicht in reiner Theologie, in wissenschaftlicher und in gepredigter Kanzeltheologie, erschöpfen, sondern muss – wie die Theologie Schleiermachers – zu lebensweltlich-kultureller Ausprägung, also zu einem kulturell lebbaren und auch tatsächlich kulturell gelebten Christentum führen. Dazu muss die Theologie selbst – wie bei Schleiermacher und zugleich noch einmal ganz anders als bei diesem – performativ werden: Jede Beobachtungsdifferenz der Theologie, die ihrem Religi-

---

[82] Darum ist Verinnerlichung, nämlich das lukanische «und Maria bewegte alle diese Worte in ihrem Herzen», das Ziel der Schleiermacherschen Weihnachtsfeier. Vgl. Barth, Schleiermachers «Weihnachtsfeier» (Anm. 63), 462.

[83] Barth, Brunners Schleiermacherbuch (Anm. 53), 424; vgl. Barth, Die Theologie Schleiermachers (Anm. 60), 462.

[84] Barth, Die protestantische Theologie im 19. Jahrhundert (Anm. 57), 380.

onsbegriff notorisch eingeschrieben ist, ist preiszugeben. Theologie ist zu verstehen als der Nachvollzug des Selbstvollzugs Gottes in seiner dreigestaltigen, weil ursprünglich-kommunikativen Offenbarung und des – sie in dieser Dreigestalt kulturmedial entfaltenden und präsentierenden – dreifachen Wortes Gottes. Das theo-logische Wort, der Logos, darf also gerade nicht als Begleitmusik zur Kultur des Christentums verstanden werden, sondern als dessen eigentliche Entfaltung.

Entfaltet wird solche Theologie als theologisch-theoretische, zugleich aber praktisch-performative Deutung der Welt als geschaffene, begnadigte und erlöste Welt Gottes, als *regnum naturae, regnum gratiae* und *regnum gloriae*. Nicht umsonst hat Barth diese erstmals im Tambacher Vortrag von 1919 systematisch entwickelte trinitarische Figur[85] in seinem Vortrag *Die Kirche und die Kultur* von 1926 wieder aufgenommen.[86] Christliche Kulturgestaltung im Sinne der Performanz des Wortes Gottes folgt diesem Dreiklang: Die Welt ist ursprünglich gut gemeint, faktisch durch menschliche Sünde, Gewalt und Not zerstört, aber von Gott durch all dies hindurch auf Erlösung hin gewendet, nämlich in Jesus Christus, ein für alle Mal. Kultur im breiten, allgemeinen Sinne, ist das Ganze dieser Kulturpragmatik Gottes; denn sie ist, um die Programmformel des Vortrags noch einmal zu zitieren, «die durch Gottes Wort gestellte Aufgabe der in der Einheit von Seele und Leib zu verwirklichenden Bestimmung des Menschen».[87]

Diese Bestimmung lässt nun aber ihrerseits aufhorchen. Denn bei aller Kritik an Schleiermachers Kulturreligion wird hier nun doch auch eine fundamentale Gemeinsamkeit erkennbar. Die Formel von der Kultur als «der Aufgabe der in der Einheit von Seele und Leib zu verwirklichenden Bestimmung des Menschen»[88] steht erkennbar in der Tradition Schleiermachers, wie auch schon Herders. Herder war der erste, der die klassische Lehre von der Gottebenbildlichkeit in eine anthropologisch-ethische Lehre von der ganzheitlich zu verwirklichenden Bestimmung des Menschen umgeformt hatte.[89] Schleiermacher ist ihm darin gefolgt.

---

[85] Vgl. Karl Barth, Der Christ in der Gesellschaft, 1919, in: ders., Vorträge und kleinere Arbeiten 1914–1921 (GA III.48), hg. von Hans-Anton Drewes, Zürich 2012, 546–598 (576–598). Die Figur findet sich auch schon in dem drei Monate früher gehaltenen Vortrag *Christliches Leben*, vgl. Karl Barth, Christliches Leben, 1919, in: ders., Vorträge und kleinere Arbeiten 1914–1921, 503–512 (505–512, bes. 512).

[86] Vgl. Barth, Die Kirche und die Kultur (Anm. 19), 20; dazu die Anm. e, 20f.

[87] Barth, Die Kirche und die Kultur (Anm. 19), 15.

[88] Ebd.

[89] Vgl. Wolfhart Pannenberg, Anthropologie in theologischer Perspektive, Göttingen 1983, 40–71.

Auch insofern scheint hier bei Barth dieses Erbe auf, als auch bei ihm wie bei jenen als Inbegriff kultureller Selbstgestaltung des Menschen die Kunst und die Künste figurieren. Kunst ist die Feier und die Gestaltung der Welt im Medium ihrer Wahrnehmung als eschatologisch erlöste Welt.

In seiner 1928/29 in Münster und zwei Jahre später nochmals in Bonn gehaltenen Ethikvorlesung hat Barth diesen seinen Kunstbegriff zumindest einmal skizziert:

«Das wagt doch der Mensch in der Kunst: die gegenwärtige Wirklichkeit in ihrem schöpfungsgemässen Das-Sein, aber auch in ihrem So-Sein als Welt des Sündenfalls und der Versöhnung nicht letztlich ernstzunehmen, sondern neben sie eine zweite, als Gegenwart nur höchst paradoxer Weise mögliche Wirklichkeit zu schaffen, ohne von jener loszukommen – künstlerisches Schaffen wird freilich immer die Tendenz zum Unerhörten, noch die Dagewesenen, zur Gestaltung des Unmöglichen und zu unmöglichen Gestaltungen haben; alles künstlerische Schaffen ist im Prinzip *futuristisch;* es wird aber auch immer wieder auf die Wirklichkeit zurückkommen, *sie* neu zu gestalten, *sie* verwandelt zu sehen und zu zeigen, die von Gott geschaffene, die mit Gott versöhnte Wirklichkeit, aber nun diese als *erlöste* Wirklichkeit, in ihrer geahnten, vorweggenommenen Vollendung. [...] Aisthesis ist, wo sie wirklich stattfindet, Empfindung der wirklichen, der künftigen Wirklichkeit. Und Kunst ist Schaffen aus dieser Empfindung. Insofern *spielt* die Kunst mit der Wirklichkeit. Sie lässt die Wirklichkeit in ihrem Das-Sein und So-sein nicht gelten als letztes Wort. Sie überbietet sie mit ihrem Wort»,[90]

in der Dichtung, im Gesang, in der Instrumentalmusik, im Roman, im Schauspiel, in der Malerei und Bildhauerei.

«Und in dem allen verkündigt der wahre Künstler immer zugleich *sich selbst,* sofern er als Kind Gottes die Augen hat, im Gegenwärtigen das Künftige zu sehen, und sofern ein Gott es ihm gegeben haben muss, zu sagen, was er leidet.»[91]

Die fundamentaltheologische Pointe dieser theologischen Ästhetik ist, dass gerade die solchermassen als prophetisches Spiel verstandene Kunst im tiefsten Sinne Ernst ist. Sie nimmt gerade nicht, wie Barth der bürgerlichen Kunst und Theologie unterstellt, «eine Zuschauerhaltung dem Leben gegenüber»[92] ein, sondern sie ist Ausdruck und Gestaltung im Angesicht Gottes gelebten Lebens:

«Wird das Spiel ernstgenommen, und wo das nicht der Fall wäre, da hätten wir es ja gar nicht mit wirklicher Kunst zu tun –, da wird es vielmehr selber den Charakter der

---

[90]   Barth, Ethik II (Anm. 27), 440f.
[91]   Barth, Ethik II (Anm. 27), 441.
[92]   Barth, Ethik II (Anm. 27), 442.

Entscheidung bekommen, da wird die Problematik der Gegenwart darum und darin ernstgenommen, dass sie in ihrer Beschränktheit eingesehen, dass sie in der Aisthesis grundsätzlich überboten wird.»[93]

Dieser Begriff einer gleichsam prophetischen Kunst des ernsthaften eschatologischen Spiels ist einerseits zutiefst von Barths theologischer Dialektik bestimmt, zum andern aber auch hinsichtlich des Gedankens selbstvergessener Unmittelbarkeit doch auch wiederum erkennbar der Romantik, ja schon der Klassik Schillers, verpflichtet. Dies gilt *mutatis mutandis* auch für die eschatologische Signatur des Barthschen Kunst- und darin Kulturbegriffs, die sich einerseits als Gegenbegriff zur Romantik und Klassik, andererseits als Neubestimmung jener teleologischen Struktur deuten lässt, die dem Begriff der «Bestimmung des Menschen» bei Herder und Schleiermacher inhäriert.

Kunst als selbst-bewusste Nachahmung des selbstvergessenen Kinder-Spiels ist spielerisch-antizipatorische Inszenierung des Indifferenzpunktes, der jedoch auch als solcher – das ist der Unterschied zu jener Tradition – *extra nos,* in Christus, bleibt. Nur und ursprünglich in ihm koinzidieren Selbstbewusstsein und Selbstvergessenheit; unser menschliches Spiel kann diese faktische Koinzidenz immer nur in eschatologischer Antizipation nachahmen.

2. Zukunftsmusik der Wunderkinder

Und doch findet sich im Medium worttheologischer Brechung und Verfremdung in Barths Kulturbegriff noch eine weitere – ebenfalls überraschende – Gemeinsamkeit mit demjenigen seines grossen Antipoden Schleiermacher. Entgegen naheliegender Vermutung ist das paradigmatische Medium der Künste in Barths Wort Gottes-Theologie nämlich gerade nicht das Wort, also die schöne Literatur, insbesondere die Poesie. Auch nicht die bildende Kunst. Sondern wie bei Schleiermacher ist die paradigmatische Kunst auch bei Karl Barth – die Musik; näherhin eine bestimmte Musik. Gemeint ist natürlich diejenige des eingangs bereits erwähnten Wolfgang Amadeus Mozart.

In seinen kleinen Mozartstudien, die vor allem im Jubiläumsjahr 1956 entstanden sind, hat der reife Barth seine späte Kunst- und Kulturtheorie ihrerseits antizipatorisch skizziert, deren Ort in der pneumatologischen Eschatologie seiner Dogmatik noch lange nicht erreicht war und unerreicht blieb. Thomas Erne hat in einem schönen kleinen Aufsatz, von dem die hier angestellten Überlegun-

---

[93] Barth, Ethik II (Anm. 27), 443.

gen mehr profitiert haben als es diese jetzige Erwähnung am Schluss zu offenba-
ren vermag, schon 1986 gezeigt, dass in Barths Mozartstudien wiederum alles auf
die Metapher der Mitte konzentriert ist.[94] Barth nimmt also das Motiv seiner
Schleiermacherauseinandersetzung und namentlich seiner Weihnachtsfeierdeu-
tung hier wieder auf. Mozarts Musik ist für Barth Musik «aus dieser Mitte heraus»,[95] aber sie ist, wie Erne zeigt, gleichsam durch Kierkegaard hindurchgegan-
gen. Mozarts Musik ist für Barth der Inbegriff zweckfreien Spiels, in dem die
Gegensätze der Welt, Glück und Trauer, Krankheit und Gesundheit, Liebe und
Verlorenheit gerade nicht zugunsten eines ihnen abstrakt bleibenden Indifferenzpunktes in unserem Seelengrund negiert,[96] sondern in dem sie im fast
Hegelschen Sinne aufgehoben sind.[97] Mozarts Musik macht im Angesicht und
vollen Bewusstsein der Not und der Nacht und des Nein das immer noch viel
grössere Ja, den ewigen Morgen Gottes gewissermassen, gleichnishaft hörbar.

Der dogmatische Sitz im Leben dieser Barthschen Mozart-Theologie ist übrigens – neben der Eschatologie und in Beziehung auf sie – die Schöpfungslehre,
nämlich Barths Lehre von der Licht- und der Schattenseite der Schöpfung, genauer die Einsicht, dass «die Schöpfung Gottes in ihren *beiden* Aspekten und also
auch in ihrem *negativen* Aspekt seine *gute* Schöpfung ist!»[98] Diese Einsicht wird
an Mozart exemplifiziert, an dem sich für Barth auch lernen lasse, dass sie nur
als Antizipation eschatologischer Schöpfungserkenntnis zugänglich ist:

«Er hatte eben das gehört und lässt den, der Ohren hat zu hören, bis auf diesen Tag
eben das hören, was wir am Ende der Tage einmal sehen werden: die Schickung im
Zusammenhang. Er hat wie von diesem Ende her den Einklang der Schöpfung gehört,
zu der auch das Dunkel gehört, in welchem aber auch das Dunkel keine Finsternis ist,
auch der Mangel, der doch kein Fehler ist, auch die Traurigkeit, die doch nicht zur
Verzweiflung werden kann, auch das Düstere, das doch nicht zur Tragik entartet, die
unendliche Wehmut, die doch nicht unter dem Zwang steht, sich selbst absolut setzen

---

[94] Vgl. Thomas Erne, Barth und Mozart, in: ZDTh 2, 1986, 234–248 (244).

[95] Barth, Wolfgang Amadeus Mozart (Anm. 7), 8.

[96] Vgl. «Es ist die mozartische Mitte nun doch nicht wie etwa bei dem grossen Theologen *Schleiermacher* die des Ausgleichs, der Neutralität und schliesslich der Indifferenz.
Was sich in ihr ereignet, ist vielmehr eine herrliche Störung der Balance, eine *Wendung*,
in deren Kraft das Licht steigt und der Schatten, ohne zu verschwinden, fällt, die Freude
das Leid, ohne es auszulöschen, überholt, das Ja stärker als das immer noch vorhandene
Nein zum Klingen kommt.» Barth, Wolfgang Amadeus Mozart (Anm. 7), 45.

[97] Vgl.: «Er musizierte das wirkliche Leben in seiner Zwiespältigkeit, aber ihr zum
Trotz auf dem Hintergrund der guten Schöpfung Gottes und darum allerdings [...] in ste-
ter Wendung von links nach rechts und nie umgekehrt.» Barth, Wolfgang Amadeus
Mozart (Anm. 7), 23.

[98] Barth, KD III/3 (Anm. 7), 337.

zu müssen – aber eben darum auch die Heiterkeit, aber auch ihre Grenzen, das Licht, das darum so strahlt, weil es aus dem Schatten hervorbricht, die Süssigkeit, die auch herbe ist und darum keinen Überdruss nach sich zieht, das Leben, das das Sterben nicht fürchtet, aber sehr wohl kennt.»[99]

Mozart habe diese wahrhaft prophetisch-theologische Qualität entwickelt, weil er gerade – anders als Bach – «keine Botschaft und im Unterschiede zu [...] Beethoven kein Lebensbekenntnis»[100] transportieren wollte mit seiner Musik, er hat in Barths Augen oder besser Ohren ganz aus dem Menschsein heraus und aus höchst entwickelter musikalischer Könnerschaft – gespielt und gerade darum ganz im Angesicht der Gnade und Erlösung Gottes, «in der Demut, in der er gewissermassen selber nur Instrument, nur eben hören lässt, was er hört, was aus Gottes Schöpfung auf ihn eindringt, in ihm emporsteigt, aus ihm hervorgehen will».[101]

Barths Mozartbegeisterung ist reich an *De facto*-Revisionen bzw. -Erweiterungen seiner eigenen Theologie: Nicht nur öffnet Barth seine Offenbarungstheologie ungewöhnlich weit zu der von ihm ehedem so vehement perhorreszierten «natürlichen Theologie».[102] Mozart ist für Barth auch, das zeigt die Ernsthaftigkeit seiner Beschäftigung mit ihm, kein aus der Zeit gefallenes Genie, er versteht ihn durch und durch als Menschen des 18. Jahrhunderts; in seiner Theologiegeschichtsvorlesung figuriert er gar als das Paradigma jenes Menschentyps.[103] Bestimmt sei dieser durch einen noch ungebrochenen Glauben an das Gute und Allgemeine, als Scharnierfigur im Übergang zwischen Vormoderne und Moderne. Barth deutet Mozart also als Zeitgenossen der Aufklärer und vor allem Kants, auch Goethes, auch wenn er von der Philosophie und literarischen Kultur seiner Zeit praktisch keine Notiz genommen habe.[104]

Mozart hat diese aufbrechende Kultur der Moderne für Barth gewissermassen intuitiv erfasst; er hat sie aus sich selbst erfasst, wie ein Kind die Welt der Erwachsenen um sich herum intuitiv wahrnimmt. Neben dem Begriff des Spiels, der in Mozart für Barth zum paradigmatischen Inbegriff wird, ist es also die Figur des Kindes, die er in Mozart, auch und gerade im erwachsenen Mozart paradigmatisch realisiert sieht. Gerade weil Mozart, so deutet Barth an, als das Wunderkind eigentlich um seine Kindheit gebracht worden sei, habe er sie sich gleichsam

---

[99] Barth, KD III/3 (Anm. 7), 338.
[100] Barth, Wolfgang Amadeus Mozart (Anm. 7), 27.
[101] Ebd.
[102] Vgl. dazu Busch, Musik (Anm. 18), 171f.
[103] Vgl. Karl Barth, Die protestantische Theologie im 19. Jahrhundert (Anm. 57), 53.
[104] Vgl. Barth, Wolfgang Amadeus Mozart (Anm. 7), 25.

als Erwachsener zum zwanglosen Programm gemacht. Er habe nämlich gerade dann am schönsten und ausgelassensten gespielt, «wenn er faktisch am strengsten bei der Arbeit war».[105] An Mozart, als dem in diesem Sinn, ewigen Kind, sei auch die Nähe des künstlerischen Spiels zum menschlichen Fundamentalphänomen des Humors ablesbar.[106] In der Heiterkeit einer Musik, die den Ernst des Lebens gerade nicht ausklammert, sondern in sich zur Aufhebung bringt, kommt für Barth der Humor Gottes in seiner grenzenlosen Güte zur Darstellung.

Karl Barth war vielleicht mitunter doch mehr romantischer Kulturprotestant, als er es sich eingestehen wollte. Und er war darin auch Schleiermacher stärker und auf andere Weise verpflichtet, als er es selbst bekundet hat. Verbundenheit wie aber schon auch Differenz von Barth und Schleiermacher lassen sich festmachen an der gemeinsamen und zugleich unterschiedlichen Verwendung der Metapher des spielenden Wunder-Kindes. «Im Mittelpunkt» von Schleiermachers Weihnachtsfeier «steht, wie es sich gehört, die Figur des Wunderkindes»,[107] «das erstaunlich artige, kluge, musikalische und erst noch fromme Töchterchen [natürlich mit Namen] Sofie»,[108] das «Wunderkind»,[109] in dem alle ein Spiegelbild der Mutter Ernestine erblicken.[110] Bei Barth ist das Kind das menschgewordene Christuskind, dessen Geburtsfest wir nicht anders feiern können, als indem wir des Schicksals des erwachsenen Kindes gedenken. Zugleich ist es keine literarische Figur einer Sophie, sondern der «reale» Wolfgang Amadeus Mozart, als das Wunder-Kind zeitlebens, in dessen Musik für Barth die Weltlichkeit, nämlich die Weltzugewandtheit Gottes nicht umsonst nicht anschaulich, aber eben hörbar wird. Wer Ohren hat zu hören, der höre!

Auch dieses Wunder-Kind ist nun allerdings in gewisser Weise, nämlich in seiner Barthschen Wahrnehmung und Konstruktion selbstverständlich eine literarische Figur. Barth zeichnet ihm, wie wiederum Thomas Erne gezeigt hat, die Züge seiner eigenen Theologie ein; es ist «ein theologisches Selbstbekenntnis».[111] Darum auch schreibt Barth seinem Mozart nicht eine Schleiermachersche Intuition, sondern ein «kindliches Wissen um die Mitte – weil um den Anfang und um das Ende – aller Dinge»[112] zu. «Mit Ihrer musikalischen Dialektik im Ohr»,

---

[105] Barth, Wolfgang Amadeus Mozart (Anm. 7), 19.
[106] Vgl. dazu auch Barth, Ethik II (Anm. 27), 444f.
[107] Barth, Schleiermachers «Weihnachtsfeier» (Anm. 63), 469.
[108] Barth, Schleiermachers «Weihnachtsfeier» (Anm. 63), 468.
[109] Barth, Schleiermachers «Weihnachtsfeier» (Anm. 63), 469.
[110] Barth, Schleiermachers «Weihnachtsfeier» (Anm. 63), 468.
[111] Erne, Barth und Mozart (Anm. 95), 245.
[112] Barth, Wolfgang Amadeus Mozart (Anm. 7), 8.

so schreibt Barth seinem Mozart einen fiktiven Brief, «kann man jung und alt werden, arbeiten und ausruhen, vergnügt und traurig sein, kurz: leben».[113]
Darin aber hat auch Barths Mozart-Wunderkind, wie die Zentralfigur von Schleiermachers *Weihnachtsfeier,* sozusagen einen weisheitlichen, einen «Sophie»-Kern. «Das schöne Wort Spr. 8, 31f», so schreibt Barth einmal in dem Band seiner Schöpfungslehre, in dem er auch Mozart auftreten lässt,

«von der Weisheit Gottes, die Tag für Tag lauter Entzücken war und vor ihm spielte, die spielte auf dem Erdenrund und hatte ihr Ergötzen an den Menschenkindern – ist in seiner ganzen mythologischen Sprache wahrer als Vieles, was in der Richtung auf eine göttliche Alleinwirksamkeit [...] gesagt worden ist. Gerade dass das Geschöpf [...] in seinen Grenzen seinen eigenen Weg und Laufe haben darf, gerade dass Gott ihm dies nicht missgönnt und wegnimmt, gerade dass es da ein ‹Spiel› gibt, in welchem zwar immer zuerst der Schöpfer, aber dann immer auch das Geschöpf zu seinem Zuge kommt, gerade das ist das schöne, das freie Geheimnis der göttlichen Erhaltung. [...] Und so darf auch der Mensch ausgehen an seine Arbeit und an sein Ackerwerk bis an den Abend (Ps. 104, 23), wozu dann gewiss auch dies gehört, dass er seine Sinne und seinen Verstand brauchen, zwei mal zwei vier sein lassen, aber auch dichten, denken und musizieren, aber auch essen und trinken, fröhlich und manchmal auch traurig sein, lieben und auch einmal hassen, jung sein und alt werden darf – das Alles in eigener Erfahrung und Tätigkeit, um es gerade so, nicht als halber, sondern als ganzer Mensch, erhobenen Hauptes, mit freiem Herzen und gutem Gewissen, wahr zu machen: ‹Herr, wie sind *deine* Werke so gross und viel!› (Ps. 104, 24) Nur die falschen Götter beneiden den Menschen. Der wahre Gott, der sein unbedingter Herr ist, *erlaubt* es ihm, eben das zu sein, wozu er ihn gemacht hat. Er ist zu vornehm, um ihm das nun doch wieder zu verübeln und zu verwehren. Heisst es nicht vielmehr, dass die göttliche Weisheit geradezu ihr *Ergötzen* hatte an den Menschenkindern? [... D]as ist sicher, dass Gott dem Menschen – und nicht nur dem Menschen, sondern je in ihrer Weise allen seinen Geschöpfen eben mit ihrer *selbständigen Wirklichkeit* auch die Freiheit *eigenen Wirkens* gibt und dass er eben als der Geber dieser Gabe ihr *Erhalter* ist.»[114]

«Und den Menschen ein Wohlgefallen!» Wahrer und sprachlich schöner als in solchen Texten der «Kirchlichen Poetik» Karl Barths dürfte das Lob des begnadeten Menschen selten gesungen worden sein. Vor dem Hintergrund seiner radikalen Infragestellung durch den inhumanen Totalitarismus des 20. Jahrhunderts erneuert Barths prophetische Theologie den Wahrheitskern eines kulturprotestantischen Humanismus.

---

[113] Barth, Wolfgang Amadeus Mozart (Anm. 7), 12.
[114] Barth, KD III/3 (Anm. 7), 98f.

Autor:innen

Anker, Andrea (*1977), Pfarrerin in Teufen, Appenzell Ausserrhoden. Neuere Veröffentlichungen in Auswahl: Erwählt – als Gemeinde nach dem Heidelberger Katechismus, in: Martin Ernst Hirzel / Frank Mathwig / Matthias Zeindler (Hg.), Der Heidelberger Katechismus – ein reformierter Schlüsseltext, Zürich 2013, 101–118; «Der wirklich neue Mensch»: Karl Barth im Gespräch mit Paulus, Hegel und Charlotte von Kirschbaum, in: Hartmut von Sass (Hg.), Wahrhaft Neues. Zu einer Grundfigur christlichen Glaubens (ThLZ.F 28), Leipzig 2013, 99–124; mit Bruno Bürki, Messe oder reformiertes Abendmahl?, in: Ralph Kunz / Andreas Marti / David Plüss (Hg.), Reformierte Liturgik – kontrovers, Zürich 2011, 83–97.

Chalamet, Christophe (*1972), Prof. Dr. theol., lehrt Systematische Theologie an der Theologischen Fakultät der Universität Genf. Neuere Veröffentlichungen in Auswahl: A Most Excellent Way. An Essay on Faith, Hope, and Love, Lanham 2020; (Hg.), The Challenge of History. Readings in Modern Theology, Minneapolis 2020; mit Elisabeth Parmentier, Konstantinos Delikostantis und Job Getcha (Hg.), Theological Anthropology, 500 Hundred Years After Martin Luther, Leiden 2021; mit Elio Jaillet und Gabriele Palasciano (Hg.), La théologie comparée. Vers un dialogue interreligieux et interculturel renouvelé?, Genève 2021.

Di Blasi, Luca Daniele (*1967), Prof. Dr. phil., lehrt Philosophie an der Theologischen Fakultät der Universität Bern. Neuere Veröffentlichungen in Auswahl: Der weiße Mann. Ein Anti-Manifest, Bielefeld 2013; Dezentrierungen. Beiträge zur Religion der Philosophie im 20. Jahrhundert, Berlin/Wien 2018; Kunst und Kirche, Heft 2: Das Humboldt Forum. Konfrontation mit dem kolonialen Erbe, hg. gemeinsam mit Johanna Di Blasi, Juni 2019; PJCV. The Philosophical Journal of Conflict and Violence, Special Issue: Conflicting Conflicts, Vol. IV, Issue 1/2020, hg. gemeinsam mit Elad Lapidot; Political Theology, Special Issue: The Empire and Interreligious Conflicts, gemeinsam mit Elad Lapidot, 2022 (in Vorbereitung); darin: Political Intertheology, 2022 (in Vorbereitung); Politik der Schuld. Wie problematische Identitäten bewahrt werden, 2023 (in Vorbereitung); Entschuldung. Grundlagen einer Politik der Scham, in: Jan Knobloch / Antonio Lucci (Hg.), Figuren der Negativität, Heidelberg 2021, 277–294; Cis. The rightist appropriation of identity politics and its boundaries, in: Dominik Finkelde / Rebekka Klein (Hg.), In Need of a Master. Politics, Theology, and Radical Democracy, Berlin 2021, 145–164; Anthropozänische Schuld. Zur Dezentrierung des

Menschen in der Gegenwart, in: The Germanic Review, 96, 2021, 159–176; Politische Kippbildhermeneutik, in: Hermeneutische Blätter 27, 2021, 1–25; Reactionary Nostalgia. Badiou, Heidegger, and the Poets, in: Nassima Sahraoui / Florian Grosser, The Poets and Heidegger, London / New York 2021, 37–45; The Negative Aha-Moment, or: Anticipating the Need for Dialogical Tolerance, in: Religions 13:581, 2022, 1–12; Nachhaltigkeit. Eine Hinterfragung, konstruktiv Nr. 46, hg. gemeinsam mit Mathias Wirth, 2022; darin: Hypernachhaltigkeit, 12f.

Etzelmüller, Gregor (*1971), Prof. Dr. theol., Professor für Systematische Theologie und Sprecher des Graduiertenkollegs Religiöse Differenzen gestalten. Pluralismusbildung in Christentum und Islam an der Universität Osnabrück; Mitherausgeber der Zeitschrift für Dialektische Theologie seit 2018. Veröffentlichungen in Auswahl: mit Margit Eckholt / Habib El Mallouki (Hg.), Religiöse Differenzen gestalten. Hermeneutische Grundlagen des christlich-muslimischen Gesprächs, Freiburg 2020; darin: Karl Barth und der christlich-islamische Dialog, 284–301; Gottes verkörpertes Ebenbild. Eine theologische Anthropologie, Tübingen 2021; mit Claudia Rammelt (Hg.), Migrationskirchen. Internationalisierung und Pluralisierung des Christentums vor Ort, Leipzig 2022; darin: Migrationskirchen als ökumenische Herausforderung für Theologie und Kirchen in Deutschland, 697–715.

Frettlöh, Magdalene L. (*1959), Prof. Dr. theol., VDM, lehrt Systematische Theologie / Dogmatik und Religionsphilosophie an der Theologischen Fakultät der Universität Bern. Neuere Veröffentlichungen in Auswahl: Das ausgemalte Bilderverbot. Notizen zu (m)einer «companionship» mit Bildern Mark Rothkos, in: Manuela Geiger / Rainer Kessler / Johannes Taschner (Hg.), Lieblingsbilder … und das Bilderverbot?, Stuttgart 2020, 28–57; «Gott gegenüber sind und bleiben wir allzumal Dadaisten.» Kurt Marti als Gotteslehrer, in: Pastoraltheologie 110, 2021, 513–536; Unsere grossen Wörter. Reformatorische ReVisionen (reformiert! 11), hg. mit Matthias Felder, Zürich 2022; darin u. a.: «… weil wir ohne die Gnade nicht leben können». Ein vielstimmiges Plädoyer für die Wiederentdeckung der verlorenen Anmut der Gnade, 73–96; mit Angela Berlis, Isabelle Noth und Silvia Schroer (Hg.), Die Geschlechter des Todes. Theologische Perspektiven auf Tod und Gender, Göttingen 2022; Hg.: Klaus Bäumlin, Revolutionäre Geduld. Ausgewählte Aufsätze und Predigten, Zeitansagen und Zwischenrufe (1969–2019) (reformiert! 12), Zürich 2022; Der Schrift zugeneigt. Kleine theologische Stücke geteilter Textlust, Uelzen 2022.

Hunsinger, George (*1945), is the McCord Professor of Systematic Theology at Princeton Theological Seminary in the USA and ordained minister in the Presbyterian Church. In 2006 he founded the National Religious Campaign Against Torture (nrcat.org). In 2019 he was a visiting professor in ecumenical theology at the Pontifical Gregorian University in Rome. He is the co-editor of: The Blackwell Companion to Karl Barth, 2 vols., Hoboken 2020, and among his other books the author of: Philippians, Grand Rapids 2020; Karl Barth lesen, Neukirchen-Vluyn 2009; Reading Barth with Charity: A Hermeneutical Proposal, Grand Rapids 2015; Karl Barth and Radical Politics, Eugene ²2017.

Lichtenberger, Hans Peter (*1948), Dr. theol., war bis 2014 Dozent für Philosophie an der Theologischen Fakultät der Universität Bern. Arbeiten vor allem zur klassischen deutschen Philosophie und zur Religionsphilosophie des 20. Jahrhunderts. Neuere Veröffentlichungen in Auswahl: Ungenügen an der Immanenz. Theologische Religionskritik in der Philosophie der griechischen Antike, in: Marco Hofheinz / Thorsten Paprotny (Hg.), Religionskritik interdisziplinär, Leipzig 2015, 160–179; Coverversion als Conversion. Annotationen zu Ulrich Schödlbauer, Coverversion. Giorgio Agamben und die Seinen, in: Peter Brandt et al. (Hg.), Alphazet der Kulturen. Für Ulrich Schödlbauer, Heidelberg 2017, 103–119; Judentum und Griechentum bei Hermann Cohen, in: Friedrich Avemarie et al. (Hg.), Die Makkabäer, Tübingen 2017, 403–425.

Link, Christian (*1938), Prof. Dr. theol., war bis 2004 Professor für Systematische Theologie / Dogmatik an der Evangelisch-Theologischen Fakultät der Ruhr-Universität Bochum. Neuere Veröffentlichungen in Auswahl: Johannes Calvin: Humanist – Reformator – Lehrer der Kirche, Zürich 2009; Prädestination und Erwählung. Calvin-Studien, Neukirchen-Vluyn 2009; Schöpfung. Ein theologischer Entwurf im Gegenüber von Theologie und Naturwissenschaft, Göttingen 2012; Theodizee. Eine theologische Herausforderung (Theologische Bibliothek. Bd. III), Göttingen 2016; Barth und der Religiöse Sozialismus, in: Michael Beintker (Hg.), Barth Handbuch, Tübingen 2016, 71–75; darin ebenso: Schöpfung und Vorsehung, 328–334; Anthropologie, 335–341; Theologie als originelle Wissenschaft, 416–422; Der Streit um das Menschenbild. Der Konflikt zwischen Wissenschaft und Lebenswelt in biblischer Perspektive, in: EvTh 78, 2018, 298–311; Die Theologie Calvins im Rahmen der europäischen Reformation (Reformed Historical Theology. Sonderband), Göttingen 2021.

Pfleiderer, Georg (*1960), Prof. Dr. theol., VDM, Ordinarius (full professor) für Systematische Theologie / Ethik an der Universität Basel; Leiter des Karl Barth-Zentrums für reformierte Theologie in Basel. Neuere Publikationen in Auswahl: mit Dirk Evers (Hg.), Sünde, Schuld, Scham und personale Integrität. Zur neuen Debatte um die theologische Anthropologie (Veröffentlichungen der WGTh 66), Leipzig 2022; mit Harald Matern (Hg.), Die Religion der Bürger. Der Religionsbegriff in der protestantischen Theologie vom Vormärz bis zum Ersten Weltkrieg, Tübingen 2022; mit Harald Matern (Hg.), Krise der Zukunft I. Apokalyptische Diskurse in interdisziplinärer Diskussion (Religion – Wirtschaft – Politik 15), Zürich 2020.

Schaede, Stephan (*1963), seit 2021 Regionalbischof für den Sprengel Lüneburg der Evangelisch-lutherischen Kirche Hannovers; 2010–2021 Direktor der Evangelischen Akademie Loccum. Neuere Veröffentlichungen in Auswahl: Von des Geistes Gegenwart in der evangelischen Kirche, in: Gottes Gegenwarten – God's Presences. Festschrift Günter Thomas zum 60. Geburtstag, hg. von Markus Höfner und Benedikt Friedrich, Leipzig 2020, 371–383; mit Klaas Huizing (Hg.), Was ist eigentlich normal? Zur Produktion von Normalität in unserer Gesellschaft, München 2020; Corona-Panorama in elf Akten. Fragen der Krise, auf die auch Kirche Antworten finden muss, in: zeitzeichen März 2020, https://zeitzeichen.net/node/8229 (01.12.2021); Lebt Gott?, in: Das Letzte – der Erste. Gott denken. Festschrift Ingolf U. Dalferth zum 70. Geburtstag, hg. von Hans-Peter Grosshans, Michael Moxter und Philipp Stoellger, Tübingen 2018, 315–337; For the Sake of Human Dignity: Ban Reified Concepts of ‹Man Made in the Image of God›. Some theological Perspectives, in: Human Dignity in Context, hg. von Dieter Grimm, Alexandra Kemmerer und Christoph Möllers, Baden-Baden 2018, 107–127.

Werner, Ilka (*1964), Dr. theol., seit 2013 Superintendentin des Kirchenkreises Solingen der Evangelischen Kirche im Rheinland (EKiR). Von 2009 bis 2020 Vorsitzende des Ständigen Theologischen Ausschusses der EKiR. Neuere Veröffentlichungen in Auswahl: Die Freiheit der Christenmenschen. Kanzel-Reden, Solingen 2017; Gottes Gnade gilt allen, in: debatte. Das Themenheft zum Mitreden, Heft 3 Rechtsextremismus: Nicht mit uns, EKiR, 2014, 26–29; Von der Freiheit der Kirche im Reformprozess, in: die reformierten 3/2011, 33–38; «Die Reformation geht noch fort!» – Zur Theologie Friedrich Schleiermachers und Johannes Calvins, in: Calvins Erbe. Die Wirkungsgeschichte Johannes Calvins, hg. von Marco Hofheinz, Wolfgang Lienemann und Martin Sallmann, Göttingen 2011, 182–203; Calvin und Schleiermacher im Gespräch mit der Weltweisheit.

Das Verhältnis von christlichem Wahrheitsanspruch und allgemeinem Wahrheitsbewusstsein, Neukirchen-Vluyn 1999.

Zeindler, Matthias (*1958), Prof. Dr. theol., VDM, Titularprofessor für Systematische Theologie / Dogmatik an der Theologischen Fakultät der Universität Bern und Leiter des Bereichs Theologie der Reformierten Kirchen Bern-Jura-Solothurn. Neuere Veröffentlichungen in Auswahl: mit Ralph Kunz (Hg.), Alle sind gefragt. Das Priestertum aller Gläubigen heute, Zürich 2018; mit David Plüss (Hg.), «In deiner Hand meine Zeiten …». Das Kirchenjahr – reformierte Perspektiven, ökumenische Akzente, Zürich 2018; mit Frank Mathwig (Hg.), Der Gott der Sinne. Reformierte Blicke auf Kunst der Gegenwart. Festgabe für Magdalene L. Frettlöh, Zürich 2019; Gekreuzigt und auferweckt – gegenwärtig, gekommen und kommend. Eine kartographische Skizze zur Christologie, in: Marco Hofheinz / Kai-Ole Eberhardt (Hg.), Gegenwartsbezogene Christologie. Denkformen und Brennpunkte angesichts neuer Herausforderungen, Tübingen 2020, 337–363; Alles oder nichts? Theologische Revisionen des Liebesbegriffs, in: Matthias Felder / Magdalene L. Frettlöh (Hg.), Unsere grossen Wörter. Reformatorische ReVisionen (reformiert! 11), Zürich 2022, 277–294.

Zocher, Peter (*1967), Dr. theol., Leiter des Karl Barth-Archivs in Basel. Neuere Veröffentlichungen in Auswahl: Karl Barth (1886–1968). Die besondere Luft von Basel, in: Luzius Müller (Hg.), Im Geiste der Reformation. Porträts aus Basel 1517–2017, Zürich 2017, 78–83; als Hg.: Karl Barth – Bilder und Dokumente aus seinem Leben (GA VI.54), Zürich 2018; mit Achim Detmers, Hanns-Heinrich Schneider und Johannes Voigtländer, Begleitheft zur Wanderausstellung zum Karl-Barth-Jahr 2019: «Schweizer! Ausländer! Hetzer! Friedestörer!», Hannover 2018; Karl Barth, Predigten 1907–1910, hg. mit Simon Weinreich (GA I.53), Zürich 2018; Karl Barths Aktivdienstzeit 1940–1944: «Soldatisch völlig ungenügend, übt aber guten Einfluss auf die Truppe aus», in: OGinform, hg. von der Offiziersgesellschaft beider Basel, Heft 2/2019, 34–37; Karl Barth, Vorträge und kleinere Arbeiten 1935–1937, hg. mit Lucius Kratzert (GA III.55), Zürich 2021; Vom «Schweizerwinkel» auf das «hohe, bewegte Meer». Karl Barth zwischen Safenwil und Göttingen, in: Christophe Chalamet / Andreas Dettwiler / Sarah Stewart-Kroeker (Hg.), Karl Barth's Epistle to the Romans. Retrospect and Prospect (Theologische Bibliothek Töpelmann 196), Berlin/Boston 2022, 123–138.

Bibelstellenregister

Personenregister

Die Namen biblischer und anderer literarischer Figuren sind nicht aufgenommen.

reformiert!

herausgegeben von Matthias Felder (ab Bd. 4), Magdalene L. Frettlöh, Frank Mathwig,
Torsten Meireis (Bd. 1–3) und Matthias Zeindler

In der Reihe *reformiert!* bereits erschienen:

Bd. 1   Martin Ernst Hirzel / Frank Mathwig / Matthias Zeindler (Hg.), Der Heidelberger Katechismus – ein reformierter Schlüsseltext, 2013.

Bd. 2   Maren Bienert / Marco Hofheinz / Carsten Jochum-Bortfeld (Hg.), Neuere reformierte Bekenntnisse im Fokus. Studien zu ihrer Entstehung und Geltung. Unter Mitarbeit von Raphaela Meyer zu Hörste-Bührer und Frederike van Oorschot, 2017.

Bd. 3   Magdalene L. Frettlöh (Hg.), «Gottes kräftiger Anspruch». Die Barmer Theologische Erklärung als reformierter Schlüsseltext, 2017.

Bd. 4   Matthias Zeindler / David Plüss (Hg.), «In deiner Hand meine Zeiten …». Das Kirchenjahr – reformierte Perspektiven, ökumenische Akzente, 2018.

Bd. 5   Matthias Käser, Judas Ischarioth: «Überlieferer» des Evangeliums. Karl Barths erwählungstheologische Interpretation der biblischen Judasgestalt, 2018.

Bd. 6   Magdalene L. Frettlöh / Frank Mathwig (Hg.), Kirche als Passion. Festschrift für Matthias Zeindler zum 60. Geburtstag, 2018.

Bd. 7   Frank Mathwig / Matthias Zeindler, Der Gott der Sinne. Reformierte Blicke auf Kunst der Gegenwart. Festgabe für Magdalene L. Frettlöh, 2019.

Bd. 8   Martin Ernst Hirzel / Frank Mathwig (Hg.), «… zu dieser dauernden Reformation berufen». Das Zweite Helvetische Bekenntnis: Geschichte und Aktualität, 2020.

Bd. 9   Matthias Felder / Frank Mathwig (Hg.), Credo! Das Apostolikum. Reformiert gelesen – ökumenisch akzentuiert, 2020.

Bd. 10   Frank Mathwig, Handeln, das nach Einsicht fragt. Beiträge zur theologischen Ethik, hg. von Magdalene L. Frettlöh / Matthias Zeindler, 2021.

Bd. 11   Matthias Felder / Magdalene L. Frettlöh (Hg.), Unsere grossen Wörter. Reformatorische ReVisionen, 2022.

Bd. 12   Klaus Bäumlin, Revolutionäre Geduld. Ausgewählte Aufsätze und Predigten, Zeitansagen und Zwischenrufe (1969–2019), hg. von Magdalene L. Frettlöh, 2022.